KB216731

기독연구원 느헤미야 학술 총서 3

신학과 사회적 상상력

기독연구원 느헤미야 학술 총서 3

신학과 사회적 상상력

본질을 회복하고 사명을 수행하는 몸짓

지은이_권연경 권지성 김근주 김기현 김동춘 김성희 김승환 김형원
남병훈 박득훈 박성철 배덕만 전남식 전성민 조석민 최경환
책임편집_배덕만
초판발행_2024년 12월 5일

펴낸이_배용하
디자인_배용하

등록_제2019-000002호
펴낸곳_도서출판 느헤미야
등록한 곳_충청남도 논산시 가야곡면 매죽헌로1176번길 8-54
편집부_전화 041-742-1424
영업부_전화 041-742-1424 · 전송 0303 0959-1424
ISBN_979-11-969079-8-3 03230
분류_기독교 | 신학 | 사회

값 28,000원

• 이 도서의 국립중앙도서관 출판예정도서목록은 서지정보유통지원시스템 홈페이지(http://seoji.nl.go.kr)와 국가자료공동목록시스템(http://www.nl.go.kr/kolisnet)에서 이용하실 수 있습니다.

신학과 사회적 상상력

본질을 회복하고 사명을 수행하는 몸짓

책임 편집 배덕만

차례

차례

2부 • 신학과 사회적 상상력

3부 • 복음주의와 사회적 상상력

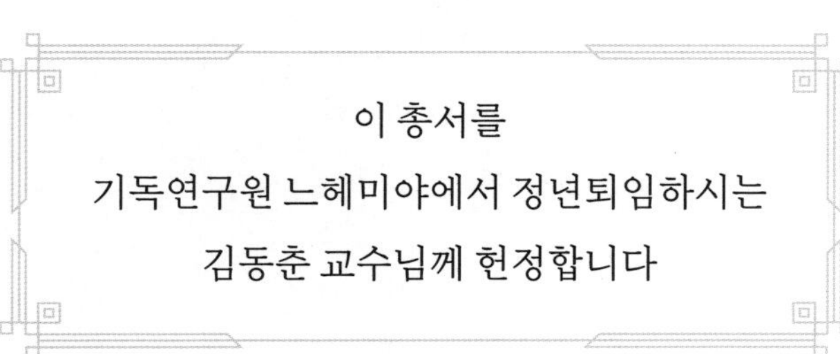

이 총서를

기독연구원 느헤미야에서 정년퇴임하시는

김동춘 교수님께 헌정합니다

서문

배 덕 만
기독연구원느헤미야, 교회사

교회

저는 평생 교회에 다녔고 심지어 전공이 "교회사"이지만, 교회가 무엇인지 가장 혼돈스런 때를 보내고 있습니다. 성경에서 읽은 초대교회의 모습, 그리고 교부들과 신학의 거장들이 서술한 교회의 본질과 현재 우리가 이 땅에서 체험하는 교회의 현실 사이에 존재하는 극심한 간극 때문입니다. 동시에, 제가 평생 그 안에서 생활했고, 저의 정신과 삶에 절대적인 영향을 끼쳤으며, 지금도 제게는 생명처럼 소중한 교회가 세상에서 혹독한 비난과 조롱의 대상으로 추락했기 때문입니다. 교회의 성경적 원형인 세상의 빛과 소금 대신, 탈출과 개혁의 대상으로 지목되기 때문입니다.

그럼에도 우리는 교회를 포기할 수 없으며, 동시에 아무 일 없다는 듯 방관、방치할 수도 없습니다. 교회는 이 땅에서 하늘을 체험할 수 있는 "최고의 도구"이기 때문이지요. 교회는 순교자들의 피 위에 세워진 "그리스도의 몸"이며, 하나님의 사람들이 진리와 사랑, 믿음으로 결합된 "성령의 전"이기 때문입니다. 교회는 세속의 한복판에서 하나님의 꿈을 실험할 수 있는 "최적의 기회"이기 때문이고, 지난 2천 년간 수많은 유혹과 위협 속에도 진리와 생명을 위해 자신의 생애를 기꺼이 헌신한 "성도들의 공동체"이기 때문입니다. 또한 교회는 세속화와 불신, 기후위기와 환경파괴, 전쟁과 테러, 물신숭배와 비인간화로 종말에 직면한 세상을 위한 "최후의 방주"이기 때문입니다.

그런 이유들 때문에, 이 시대에 우리는 여전히 교회에 관심을 집중할 수 밖에 없고, 교회를 살리고 지키기 위한 신학적 탐구와 목회적 분투를 중단할 수도 없습니다. 이 책에 수록된 16편의 글들은 예외 없이 이런 문제의식을 공유하며 각자의 자리에서 적절한 해법을 찾기 위해 분투한 연구자들의 소중한 학문적 소산입니다. 각 글의 필자는 위기에 처한 교회가 적대적인 세상에서 자신의 본질을 회복하고 궁극적인 사명을 순결하고 탁월하게 수행할 방법을 각자의 언어와 논리로 제시합니다. 중심이 흔들리는 교회들이 이 글들에 주목해야 할 일차적인 이유입니다.

사회

한국교회의 역사는 이 민족이 절체절명의 위기에 처했을 때 시작되었습니다. 유학에 기초하여 설립된 조선이 급변하는 세계, 특히 제국주의의 광풍 속에서 속수무책으로 휘청일 때, 선교사들은 학교, 병원, 교회를 세우고 성경을 전달하여 한국 근대화의 문을 열었습니다. 이때부터 교회는 자신의 본질에 충실할 수록 시대와 사회의 절박한 요구에 탁월하게 반응했습니다. 이후 일제 식민통치, 해방, 제1공화국, 한국전쟁, 군부통치, 광주항쟁과 민주화운동이란 격랑의 한복판에서 때로는 굴욕적 순응과 침묵으로 몸을 사렸지만, 때로는 영웅적인 저항과 희생으로 역사의 등불이 되었습니다. 다수는 권력에 협력하며 현실과 타협했지만, 소수는 끝까지 현실을 거부하며 권력에 맞섰습니다.

그러던 20세기 후반 IMF 시절을 통과하면서 한국사회는 신자유주의의 거센 물결에 휩싸였습니다. 힘겹게 성취한 민주주의조차 경제적 위기 앞에서 위축될 수 밖에 없었지요. 김대중 정권의 햇볕정책으로 남북관계가 극적인 반전을 맞이했지만, 한국교회 주류는 반공주의, 반이슬람주의, 반동성애 깃발 아래 뉴라이트로 헤쳐모였습니다. 동시에, 교회는 내적 모순에 근거한 수많은 스캔들교회세습, 성추문, 배임횡령 등로 갈등과 분열의 홍역을 앓게 되었고, 교세와 사회적 평판은 급락했습니다. 이것은 이단들의 창궐과 가나안 성도들의 급증으로 이어졌지요. 한국사회가 존재론적 위기와 근원적 변화를 통과하는 시기에, 그래서 교회가 가장 창조적으로 대응하고 역동적으로 적응해야 할 때에, 다수의 한국교회는 가장 수구적인 인식을 고집하고 지극히 시대착오적인 대응을 반복했을 뿐입니다. 그 결과, 한국교회는 사회와 단절된 "당신들의 천국"으로 전락한 것 같습니다.

그럼에도 우리는 사회와 분리될 수 없으며, 사회의 구성원이자 대안세력이란 이중적 정체성에 따라 주어진 독특한 역할과 책임을 지혜롭고 탁월하게 수행해야 합니다. 여전히 17% 국민들이 기독교인이며, 파워엘리트들 중 40% 이상이 교회에 다닙니다. 전국에 6만 개가 넘는 교회들이 존재하며, 정치, 경제, 문화 면에서 한국교회의 영향력은 막강합니다. 결국, 한국사회와 교회가 직면한 위기와 난제 앞에서, 한국교회는 자신이 소유한 거대한 인력과 재정, 권력을 사용하여 자신에게 맡겨진 역할과 책임을 그야말로 "뱀과 같이 슬기롭고 비둘기와 같이 순진하게"마10:16 수행해야 합니다. 이것은 이 책의 공동집필에 참여한 연구자들이 치열하게 씨름한 또 하나의 공통된 주제입니다. 한 사람의 신학적 천재에게 만병통치약을 기대할 수 없는 상황에서, 집필자들은 각자의 전공분야에서 이 시대적 과제를 보다 정확히 인지하고 실천가능한 해법을 제시하기 위해 최선을 다했습니다. 이 집단지성의 학문적 분투가 이 시대의 교회와 사회를 위한 의미 있는 몸짓이길 기대합니다.

상상력

19세기 이후 조선을 포함한 동아시아는 군함을 앞세운 서구 제국들에게 굴복하며 그들의 정치, 경제, 문화, 종교를 수용하기 시작했습니다. 군함, 사회적 진화론, 기독교로 상징되는 19세기 서구 열강들의 정신적 토대는 계몽주의였고, 물적 기반은 산업혁명이었습니다. 민주주의, 자본주의, 합리주의, 개신교는 그것들을 표현하고 지탱하는 이념이며 제도였습니다. 1948년 이후, 특히 1961년 이후 한국사회는 이런 서양식 근대에 합류하기 위한 국가적 차원의 국민 계몽과 총동원을 본격적으로 체험했습니다. 자연스럽게 근대, 과학, 합리가 시대적 에토스가 되었지요. 이런 상황에서 동아시아의 전통적 가치는 구습과 전근대로 평가절하되고, 숫자로 표기되는 경제적 이익이 절대적 가치로 등극했습니다. 그렇게 우리는 정치경제적 측면 뿐 아니라, 문화적ㆍ사상적 측면에서 거의 완벽하게 서구에 편입되고 서구화에 성공했습니다.

하지만 이런 근대화ㆍ서구화는 한국사회와 교회에게 '야누스의 얼굴'로 다가왔습니다. 자본주의는 극단적 빈곤에서 탈출하게 했지만, 그것은 언제든지 IMF 사태를 반복할 수 있는 구조적 종속의 대가였습니다. 민주주의는 오랜 군사독재를 종식하고 정치 구조를 변화시켰지만, 아직도 가야 할 길은 아득해 보입니다. 또한 이 시기에 한국교회는 이런 흐름을 주도하고 혜택도 만끽했지만, 어느새 극우세력을 대표하는 태극기 부대의 전위대로 전락했습니다. 과연 이런 막막한 현실이 바뀔 수 있을까요? 거대한 세계화의 물결과 신자유주의 체제에서 과연 우리나라는 생존할 수 있을까요? 이 수구적인 개신교회가 과거의 창조력을 회복하고 "심층적 종교"로 도약할 수 있을까요? 지금까지 이 현실과 문제를 진단한 학계의 과학적ㆍ 합리적 연구물은 산더미처럼 쌓이고, 미시적 분석과 거시적 대안이 학계와 서점을 통해 쉼없이 생산ㆍ유통되고 있지만, 과학적 진단과 합리적 대안 앞에서 진정한 탈출구는 여전히 암담하고 해법은 묘연합니다. 변함 없이 계몽과 합리가 주도하고 과학과 논리가 지배하지만, 이 시대에 경험하는 불안과 공포는 그 어느 때보다 강력하고 살벌합니다.

이런 상황에서 우리는 "상상력"을 소환합니다. 합리주의자에게 상상력은 불합리의 동의어에 불과할 것입니다. 이성과 경험에 절대적으로 의존하는 과

학주의자에게 상상력은 전근대의 동굴로 회귀하는 패배자의 변명처럼 보일 지도 모르겠습니다. 과학적 분석과 합리적 설명을 요구하는 현실주의자에게 상상력은 제거되어야 할 비현실적 망상이 아닐까요? 하지만 이성만으로 이 사태를 온전히 파악할 수 없고, 과학조차 속시원한 해법을 제시할 수 없는 교착상태에서, 상상력은 우리가 주목해야 할 새로운 돌파구가 될 수 있습니다. 상상력은 논리의 알고리즘 밖에서 다른 가능성을 모색할 수 있는 뜻밖의 영감을 줄 수 있습니다. 답 없는 현실에서, 좌절과 절망의 나락으로 추락할 상황에서 우리는 상상력을 통해 새로운 출구와 세상을 모색할 힘을 얻을 수 있습니다. 더 이상 버틸 수 없는 막다른 상태에서 우리는 상상의 날개를 타고 다시 노래할 힘, 새 꿈을 꿀 기회, 그리고 다시 일어나 춤을 출 영감을 받을 수 있습니다. 그래서 다시 시작할 이유와 계속 걸어갈 동력을 회복할 수 있습니다. 그런 이유와 목적 때문에, 이 책의 저자들은 상상력에 주목합니다. 그리고 흑암과 혼돈 속에서 성령과 함께 꿈을 꾸며 새로운 창조를 상상합니다. 이 책을 읽고 싶은 또 하나의 이유입니다.

신학

이처럼, 교회, 사회, 상상력은 21세기 한반도에서 신학하는 이들이 씨름해야 할 시대적 화두입니다. 하지만 이런 작업은 결코 쉬운 일이 아닙니다. 이 주제들을 온전히 이해하고 현실과 연결하여 설득력 있는 언어와 논리로 서술하기 위해선, 치밀하고 광범위한 연구, 무한 반복되는 심층적 사색, 그리고 정교한 글쓰기가 요청됩니다. 결국, 한 개인의 영웅적 、천재적 재능만으로 완결할 수 없는 부담스러운 프로젝트입니다. 따라서 다양한 영역에서 비슷한 문제의식을 갖고 구도자적 태도로 학문에 정진해온 신학자들의 집단지성과 공동작업이 절실히 요청됩니다. 이번에 출간되는 느헤미야 신학총서 제3권 『신학과 사회적 상상력』은 이런 문제의식과 공동작업의 실험적 결과물입니다.

이번 총서에는 총 16명의 신학자들이 참여했습니다. 필자들은 두개의 범주로 구분됩니다. 하나는 기독연구원 느헤미야에서 연구위원으로 함께 활동하신 분들이고, 다른 하나는 김동춘 교수님이 추천하신 동료 학자들입니다. 전공영역으로 분류하면, 성서학에서 6명, 조직신학과 윤리학 분야에서 9명, 그리고 교회사가 1명이 필진으로 참여했습니다. 책은 총3부로 구성되었으며, "성서와 사회적 상상력," "신학과 사회적 상상력," "복음주의와 사회적 상상력"이란 제목이 차례로 붙었습니다.

제1부의 문은 권지성 교수가 사무엘서에 나타난 하나님의 진멸하렘 명령을 중심으로 "하나님은 윤리적인가?"란 도발적 질문과 씨름하면서 열고, 뒤를 이어 전성민 교수가 구약의 폭력 문제를 둘러싼 구약학계의 주요 해석을 소개하면서 예수의 십자가를 인류를 향한 "하나님의 사과"로 제시합니다. 한편, 조석민 교수는 요18:33–38a에 대한 주석작업을 통해 예수는 결코 유대인의 왕이 아니라 "세상을 구원할 메시아 왕"이며, 그의 나라는 "하나님나라"였다고 주장합니다. 김성희 교수는 눅6:27–36의 주석 작업을 통해 "하나님의 자비를 통해 거룩을 회복하는 것"을 현 세계가 직면한 각종 문제들의 궁극적인 해법으로 제시하고, 권연경 교수는 바울서신에 나타난 구원의 종말적 특성을 지적하면서 "구원의 확신"을 하나님에 대한 인격적 확신이자 하나님의 사랑에 대한 확신으로 정의합니다.

제2부는 김동춘 교수와 함께 시작합니다. 그는 교의학의 주제를 사회적 차원에서 해석하여 기독교의 사회형성의 대안을 제시하기 위해 사회적 신학을 고민하면서 삼위일체론적 사회신학, 교회론적 사회신학, 복음의 사회화로서 사회신학의 모델을 소개합니다. 이어서 남병훈 목사는 사회변혁의 희망을 상실한 듯한 한국교회에게 의미 있는 대안으로 그동안 한국교회가 외면해왔던 월터 라우셴부시의 사회복음의 신학을 소개하고, 이를 한국 교회에 적용하기 위한 구체적 실천방안을 제시합니다. 박성철 교수는 칼 바르트 신학에서 하나님나

라 이해가 시기별로 어떻게 변화했지는지를 추적하면서 그 핵심을 "희망의 종말론에 기초해 현실을 변혁해 나가는 사회적 운동"으로 규정합니다. 또한, 김기현 교수는 존 하워드 요더의 교회론을 분석하면서 자유교회 전통과 디아스포라 유대교를 그 배경으로 제시하고, 교회는 하나님 나라의 가시적 구현을 꿈꾸는 정치적·종말적 특성을 지닌다고 주장합니다. 한편, 박득훈 교수는 보프 형제레오나르도와 클로도비스가 제시한 해방신학의 방법론을 소개·분석하고, 한국적 상황에서 적용가능성을 비판적으로 검토합니다. 이어서 김승환 교수가 근대적 이원론에 함몰된 세속적 이데올로기를 비판하고, 예배하는 인간과 성찬식의 정치적 의미를 규명함으로써 하나님의 신성성과 피조세계의 초월성을 복원하려는 급진 정통주의를 소개합니다. 최경환 연구원은 종말과 파국의 시대에 공공신학과 사회적 상상력의 상관관계를 모색하고, 공감과 공적 마음을 변화의 시작이자 신학의 사명으로 제안하며, 끝으로 전남식 목사가 교회를 공통분모로 공유하는 공공신학과 공동체 신학의 장단점을 분석한 후, 이 땅에 하나님 나라의 실현을 대망하는 신학적 상상력을 이 시대 문제의 해법으로 요청합니다.

제3부에서 먼저 김근주 교수는 김동춘의 '전환기의 한국교회'를 바탕으로 복음주의 성서해석의 한계를 분석하고, 새로운 가능성과 책임을 위해 구체적 쟁점 및 대안적 해석을 제안합니다. 김형원 교수는 현재 한국교회가 직면한 양적·질적 쇠퇴에 주목하면서 이에 대한 진보진영과 보수진영이 제시하는 원인과 처방을 분석하고, 궁극적 해법으로 공공성과 영성의 통합을 제시합니다. 끝으로 배덕만 교수는 도널드 데이턴이 미국 학계의 변방에서 복음주의 역사서술에 끼친 학문적 영향을 그의 생애와 사상을 상세히 검토하면서 구체적으로 소개합니다.

그리고 김동춘

특별히 이번에 출간되는 느헤미야 학술총서 제3권 『신학과 사회적 상상력』은 김동춘 교수님의 은퇴를 기념하여 동료 학자들이 헌정한 논문들로 구성되었습니다. 책 제목은 김동춘 교수님이 평생 씨름해온 학문적 주제들을 함축적으로 표현한 것입니다. 김 교수님은 지난 30여년 간 이 시대에 교회가 사회 속에서 하나님나라 구현을 위해 무엇을 어떻게 해야 하는지를 신학적으로 안내하고 돕는 일에 헌신하셨습니다. 이 시대에 거의 예외적인 "실천적 조직신학자"로서 연구와 강의, 집필을 치밀하고 성실하게 수행하셨지요.

1959년, 전라남도 진도에서 출생한 김동춘 교수님은 청소년기에 친구의 전도로 교회에 다니기 시작하여, 1979년 총신대학교 신학과에 입학하셨습니다. 로이드 존스와 스펄전을 읽으며 평범한 목회자의 삶을 꿈꾸었지만, 1980년 서울의 봄과 광주민주항쟁을 목도하면서 신학과 교회의 현실을 새롭게 인식하게 되었고, 정치신학과 해방신학 등 참여적 신학으로 학문의 방향을 선회했습니다. 1993년, 독일로 유학을 떠나 하이델베르크대학교에서 잠시 디아코니아학을 공부한 후, 조직신학 전공으로 "위르겐 몰트만의 공동체 개념에서 본 삼위일체적-생태학적 구원이해"라는 제목의 박사학위논문을 제출하고 2000년 졸업하셨습니다. 수학 중에는 두레장학재단과 분당중앙교회 해외장학생으로 선발되어 공부하셨지요.

한편, 김동춘 교수님은 학문 연구와 신학교 강의에 전념하시면서, 동시에 목회도 병행하셨습니다. 독일 하이델베르크 한인교회 담임목사1995-1997, 수원제일교회 협동목사2003-2005, 동백두레교회 담임목사2007-2011를 역임하셨으며, 2020년부터 공동체적 성서읽기와 책모임을 중심으로 하는 소박한 예배모임 "찾는이교회"를 이끌고 계십니다.

귀국 후, 2002년부터 2009년까지 백석대학교와 웨스트민스터신학대학원대학교에서 가르치신 후, 2010년부터 2017년까지 국제신학대학원대학교에서 조직신학 교수로 섬기셨습니다. 한편, 2004년 "현대기독교아카데미"현, 현대기독연구원를 설립하여 복음주의 진영에서 신학아카데미 운동을 시작하셨고, 2009년 11월에 시작된 기독연구원 느헤미야의 창립 준비모임부터 주도적으로 참여하여 느헤미야의 탄생에도 크게 기여하셨습니다. 2017년부터는 전임연구원으로 합류하셨고, 2022년부터 2년간 제3대 원장으로 섬기셨습니다. 뿐만 아니라, 학회 활동에도 활발히 참여하셔서 한국복음주의 윤리학회 회장2016년-2018년을 역임하셨습니다.

특별히, 김동춘 교수님은 지난 14년간 기독연구원 느헤미야와 동고동락 하시면서 학교 발전에 크게 기여하셨습니다. 조직신학과 윤리학을 넘나들며 강의하셨을 뿐 아니라, 그동안 느헤미야 이름으로 발표된 각종 선언문을 거의 전담하여 집필하심으로써, 세상을 향해 느헤미야의 정신을 공적으로 표현하고 확산하는데 결정적인 역할을 담당하셨습니다. 뿐만 아니라, 느헤미야 도서관을 거의 "무에서 유"로 탈바꿈하는데 크게 기여하셨습니다. 또한 분주한 중에도 연구와 집필에 힘을 쏟으셔서, 아래와 같이 귀중한 학문적 결과물을 풍성히 남기셨습니다. 출판된 저서들 대부분이 느헤미야 강의 및 느헤미야 교수들과 함께한 작업임을 고려할 때, 김 교수님과 느헤미야의 학문적, 신앙적, 인격적 동행을 단적으로 확인할 수 있습니다. 우리는 앞으로 그의 학문적 결과들이 더 소개되기를 소망합니다.

『기독교와 환경』SFC , 2003, 공동

『세계 책임의 기독교를 향하여』현대기독교아카데미, 2005, 단독

『사회적 책임의 신학』뉴미션21, 2009, 단독

『전환기의 한국교회』대장간, 2012, 단독

『세월호와 역사의 고통에 신학이 답하다』대장간, 2014, 공동

『인식일이냐 주일이냐』대장간, 2015, 공동

『목사란 무엇인가』 대장간, 2015, 공동

『복음과 정치』 대장간, 2016, 공동

『성전과 예배당』 대장간, 2016, 공동

『칭의와 정의』 새물결플러스, 2017, 공동

『노동하는 그리스도인』 대장간, 2018, 공동

『탈교회: 탈교회 시대, 교회를 말하다』 느헤미야, 2020, 공동

『기독교 윤리의 숲』 대장간, 2021, 단독

『신학과 사회적 상상력』 느헤미야, 2024, 공동

그 외에 다수의 논문과 기고, 강연, 에세이 등을 발표하셨습니다.

느헤미야 가족들은 지난 14년간 김 교수님과 동행했던 시간을 오랫동안 기억할 것입니다. 수업시간의 강의뿐만 아니라, 채플에서 전해주신 말씀, 수없이 밤을 새며 이어진 대화와 토론, 국내외에서 함께 했던 여행, 그리고 광장에서 한 목소리가 되어 외친 함성까지. 이제 그 소중한 기억들을 뒤로 하고 느헤미야에서 정년퇴임하시는 김 교수님께 느헤미야의 모든 가족들, 그리고 이 총서 집필에 동참하신 필자들이 감사와 사랑, 존경과 아쉬운 마음을 담아 이 책을 헌정합니다. 김동춘 교수님, 그 동안 수고 많으셨습니다. 그리고 새로 시작되는 삶의 여정을 축복합니다.

2024년 10월

배덕만

1부
성서와 사회적 상상력-사회학적 분석

여호와는 윤리적인가?: 사무엘서 속 신적 윤리의 문제[1]

권 지 성
기독연구원 느헤미야/구약학

I. 신적 윤리와 사무엘서

성서의 하나님은 윤리적인가? 각 사회의 가치 판단과 시대에 따른 규칙들은 보통 타인과의 관계성에 토대를 둔 규범들이다. 기독교의 신론을 정의하는 구약 성서의 하나님은 이스라엘인들과의 약속을 신실하게 지키며, 의지와 의무감을 가지고 이 약속들을 지키는 것으로 묘사된다. 하지만 구약 성서의 상당한 텍스트들은 하나님의 행위의 비도덕성 그리고 일정한 법칙에서 벗어난 신적 결정을 증언한다. 예를 들어, 이사야 53장의 고난받는 종의 시, 요나서의 니느베에 대한 즉각적인 용서, 요셉의 과도한 고통, 다윗에 대한 편애 등이다. 마크 머피Mark C. Murphy는 자신의 책 『하나님의 윤리』에서 하나님의 도덕적 완벽함이 인간이 만든 도덕 규범에 따라 행동해야만 한다는 개념을 거부하고, 신적 윤리는 자발적으로 부과된 것이고, 인간의 웰빙

1) 기독연구원 느헤미야의 조직신학 교수님이신 김동춘 교수님의 은퇴 기념 총서에 글을 쓰게 된 것을 무한한 기쁨으로 생각한다. 교수님의 학문적 열정과 가르침이 이 글을 통해서 기억되기를 바란다.

과 다를 수 있다고 주장한다.[2] 그는 주장하기를 "하나님은 우리에 관한 친숙한 웰빙중심적 도덕적 선함과 같은 어떤 것을 따를 책임에 관한 어떤 최종적 확신을 주지 않는데, 거기서 하나님은 그 반대에 관한 어떤 합당한 이유가 없다면, 인간의 웰빙을 방해할 장애를 놓는다."[3] 머피는 이러한 우연적 신적 행위들이 마치 신정론에 대한 문제를 상당부분 해결하고 여전히 의심없이 완벽한 신관을 유지할 수 있다고 보지만, 실제로 이 신학적 난제를 해결하지는 않는다.

전통적인 구약윤리에서 하나님의 도덕성과 신명기적 질서의 관점과 달리 구약성서는 무질서하고 임의적이며 파괴적인 신성에 대한 증언으로 넘쳐나지만, 이러한 신성의 행위의 이유가 모두 설명되어 있지는 않다. 본 에세이는 이와같은 하나님의 윤리의 임의성에 대한 하나의 예로서, 사무엘서에 나타난 몇 가지 주요한 주제들을 살펴볼 것이다. 첫째, 무고한 고난을 받는 자로서 다윗의 이미지이다. 다윗은 미래 남북 통일왕국의 진정한 유다족속이 배출한 왕으로서 무고하게 고통을 받았음을 사무엘서는 강조한다. 그렇다면, 신명기 역사서의 일부라고 평가되는 사무엘서는 왜 다윗을 신명기가 제시하는 모세 율법을 준수한 자로 그리지 않을까? 왜 다윗과 같은 부도덕한 자를 처벌하지 않고 특별한 호위를 배푸는 것일까? 하나님은 왜 그에게 과도할 정도로 관대한 것일까? 이와 같은 질문들은 하나님의 행위의 정의로움, 윤리성의 문제로 옮겨간다. 둘째, 사울과 다윗 두 인물을 중심으로 하는 내러티브 속에서 여호와의 행위의 특성들을 살펴볼 것이며, 여기서 우리는 상당히 파괴적인 특성을 보게된다. 이러한 특성을 통해서 사무엘서를 신명기 역사서로 볼 수 있을 것인지, 그리고 사무엘서가 그리는 신관이 신명기

---

2) Mark C. Murphy, *God's Own Ethics*: *Norms of Divine Agency and the Argument from Evil* (Oxford: Oxford University Press, 2017)
3) Mark C. Murphy, *God's Own Ethics*, 189.

역사서의 다른 부분과 맥을 같이 하는지 평가할 것이다.

Ⅱ. 무고한 고통받는 자와 피흘림

사무엘서에서 첫 주요 모티브는 무고히 고난받는 자에 관한 것이며, 이는 또한 피흘림의 죄유혈죄, bloodguilt 와 연계되어 등장한다. 이 모티브는 다윗의 도망과 왕이 되고 이후의 과정에서 드러나며, 사무엘서 전체는 재앙으로 무고히 살해된 희생자들에 대한 내러티브의 흐름을 가진다.[4] 예를 들어, 다음의 단어들이 사용된다; "피" דם/דמי ם(삼상 25:26, 31, 33; 26:20; 삼하1:16, 22; 3:27–28; 4:11; 14:11; 16:7–8; 20:12; 21:1; 23:17; cf. 2:5, 9, 31–33, 37 , "무고한" נקי삼상19:5 [innocent blood, דם נקי]; 삼하 3:28; 14:9

사무엘서의 전체 구조는 크게 세 부분으로 나뉜다. 첫째, 사사시대의 종결과 사울삼상1–15; 언약궤 기사[삼상4:1b–7:1], 사울의 왕위 등극[삼상7:2–12:25], 사울의 범죄와 다윗의 등장[13:1–15:35] 둘째, 다윗 부상 기사삼상16–삼하8; "The History of David' s Rise", HDR 셋째, 왕위 계승 내러티브삼하9–20; 왕상1–2; Succession Narrative, SN 다윗 부상 기사HDR는 다윗을 향한 사울의 폭력적 행위를 주로 묘사한다. 대체로 다윗을 베냐민 지파 소속인 사울 왕에 의해 무고히 고난받는 자로 묘사한다. 하지만 다윗을 긍정적으로 그리는 단일한 목소리만 존재하진 않는다. 왕위계승 내러티브SN와 다윗 부상 기사의 일부에서는 다윗–솔로몬 왕권의 정당성에 의문을 제기하면서 유다지파 소속인 다윗을 비판적으로 그린다. 이 속에서 주요 인물들은 무고한 피를 흘리는 자나 그런 피를 흘리게 만드는 자로 묘사된다.

먼저, 요나단은 사울 왕을 향해 다윗을 죽이려는 행위는 "무고한 이"를

4) David J. Shepherd, *King David, Innocent Blood, and Bloodguilt* (Oxford: Oxford University Press, 2023)

살해하는 죄악된 행위라 말한다. 삼상 19:5 사울 다음의 왕위 계승자는 요나단이었지만, 그는 다윗이 당하는 것은 “까닭 없는” 자가 당하는 죄 없는 피흘림이라는 것인데, 이것은 다윗에게 행해진 폭력의 본질을 증언한다.5[5] 또한, 나발을 치기 위해 달려가는 다윗을 향해 아비가일은 미래 이스라엘 왕이 될 이는 결코 피흘림으로 보복하지 않는다고 말한다. 삼상 25:26, 31, 33 나발을 치려는 다윗의 행위는 이유 없는 살인자의 모습과 다르지 않다는 아비가일의 호소를 다윗은 수용한다.

엔게디 광야의 동굴에서 다윗은 사울을 죽일 수 있었으나 무고한 피를 흘리지 않는다. 삼상24장 이후, 하길라 산에서 다윗은 사울을 죽일 기회를 포기하고 그를 살려주면서, 자신의 피가 땅에 떨어지지 않게 해 달라אל־יפל דמי ארצה고 사울에게 간청한다. 삼상26:20 또한, 사울 죽음 이후, 사울 왕가에 속한 사람들의 그 어떤 죽음에도 다윗은 관여되지 않은 것으로 변호되는데, 사울의 죽음은 아말렉인에게삼하 1:16, 22, 아브넬Abner의 죽음은 요압에게삼하 3:27–28, 이스보셋Ish–bosheth, 사울의 아들의 죽음은 레갑과 바아나에 의한삼하 4:5–6 것으로 기록된다. 사울의 죽음은 여호와의 기름부음 받은 자의 부당한 죽음으로1:14–16, 북이스라엘의 군대장관 아브넬의 죽음은 악한 자에 의한 무고한 죽음으로3:33–35, 39, 이스보셋의 죽음은 악인에 의한 의인의 죽음이 된다. 4:11 남북 통일왕국의 왕이 될 때까지 다윗은 결코 이스라엘의 왕인 사울왕을 해하거나 사울 왕가의 사람들을 해하지 않았고, 다윗을 핍박한 사울을 죽일 기회가 두 번이나 있었으나삼상 24, 26, 자신의 복수를 스스로가 아니라 오직 여호와께 의탁했던 자이다.

---

5) 사무엘서에서 חנם의 의미는 중요하다. 요나단은 사울왕이 다윗에게 행한 것은 “이유 없는” 폭력(1 Sam 19:5)일 뿐이라고 말한다. 대체로 “이유 없는” 폭력에 대한 언급은 주로 다윗을 변호하려는 목적으로 활용된다. 예를 들어, 아비가일은 다윗이 나발(Nabal)을 죽이려 할 때, 여호와가 선택한 이스라엘 왕은 “이유 없는” 살인으로 승리를 쟁취한 자일 수 없다고 말한다.(삼상25:30–31) 요압에 의해 살해당한 이스라엘(Israel)의 군대장관 아브넬(Abner; cf. 2 Sam 3:28)과 유다.(Judah)의 군대장관 아마사(Amasa; cf. 2 Sam 20:4)에 대해 다윗과 다윗 왕가는 무죄하며, 이와 같은 의롭고 선한 이들에 대한 “이유 없는”(חנם) 살인을 초래한 것은 요압이었다.(2 Kgs 2:31–32)

이에 반해, 왕위 계승 내러티브는 다윗를 부정적으로 그린다. 다윗은 더 이상 무고히 고난당하는 자가 아니라, 무고한 이들의 피흘림을 일으킨 자이다. 히타이트 사람 우리아의 무고한 피흘림을 계획한 것은 다름아닌 다윗이었다. 삼상 11 우리아의 경건한 모습과 책략과 속임수와 폭력으로 살인을 계획하는 다윗의 모습은 대조를 이룬다. 우리아의 아내에 대한 강간과 그녀의 남편에 대한 살인죄삼하 12:9로 시작하는 왕위 계승 내러티브는 곧이어 밧세바에게서 난 아기의 무고한 죽음으로 이어진다. 삼하12:16-23 왕위 계승 내러티브는 다윗 가계의 자녀들의 형제살해 죽음으로 이어진다. 맏아들 암논은 동생 압살롬에 의해 죽임을 당하고삼하13:29, 왕위 다툼에서 밀려난 아도니야는 배다른 동생 솔로몬에 의해 비참한 죽임을 당한다. 왕상2:25 압살롬은 다윗의 군대장관 요압에 의해서 죽임을 당한다. 18:14-15 계승 내러티브의 연속적인 에피소드들에서 다윗 자녀들의 죽음은 바로 다윗에 의해서 발생했다. 나단의 예언, "칼이 네 집에서 영원토록 떠나지 아니하리라"삼하 12:10b의 결정된 미래의 시행으로 모든 재앙들은 발생했다. 예를 들어, "내가 네 눈앞에서 네 아내를 빼앗아 네 이웃들에게 주리니 그 사람들이 네 아내들과 더불어 백주에 동침하리라"12:11는 예언은 아히도벨의 조언을 받은 압살롬에 의해 성취된다. 16:22

이 때, 다윗은 무고한 희생자들을 위해 온전한 판단을 내리지 못하는 무기력한 왕일 뿐만 아니라, 피흘리게 만든 당사자이다. 다윗은 맏아들이었던 암논을 처벌하지 않았다. 칠십인역은 히브리어 사본에 한 구절을 추가한다. "다윗은 그의 아들 암논을 압박하지 않았는데, 그는[다윗은] 그를[암논을] 사랑했는데, 그는 맏아들이었기 때문이다"13:21 요압의 요청에 의해 다윗을 방문한 드고아의 여인은 다윗 왕가가 무고하기를 바란다며 ; 삼하14:9 다윗에 대한 립서비스를 함에도, 형제 암논을 계획 살해한 압살롬을 법적 처벌 없이 용서한다. 13:39; 14:33 시므이Shimei는 도피하는 다윗을 "피를 흘린 자"

라 부르면서 압살롬의 반역은 다윗이 사울 족속에 저지른 피흘림에 대한 복수라 말한다.16:7, 8 솔로몬은 다윗 사후에 그의 정적인 아도니야, 요압, 시므이2:5, 9, 31-33, 37를 살해하는데, 이는 피흘림의 칼은 다윗의 집을 영원토록 떠나지 않을 것이라는 나단 예언이 실현된 결말이다.참조. 삼하12:9-10[6]

일반적으로, 왕위 계승 내러티브에 포함되지 않는 편집자에 의한 후대 추가본으로 여겨지는 삼하 21-24장에서도 무고한 자들의 죽음과 피흘림의 모티브는 이어진다. 다윗의 때에 삼 년 기근이 발생하는데, 여호와는 이것이 사울과 그의 집안이 기브온인에 대한 피의 학살 때문이라고 말한다.삼하21:1 기브온인들은 하나의 거대한 속죄의 의식으로 사울 가계의 일곱 목숨을 달라고 말하고, 다윗에게 양도받은 이들을 처형한다.21:8-9,[7] 사무엘서의 마지막에는 제의적 문제로 인해 금지되었던 인구조사를 실시하였고, 이로인해 예언자 갓은 다윗을 향해 7년 기근, 다윗 왕이 원수에 의해 석달 도망, 국가적 전염병24:13 가운데 하나의 재앙을 선택하라고 말한다. 다윗의 범죄 행위에 대해선 다윗이 고통을 면제받고 전염병으로 인해 이스라엘의 무고한 7만 명이 죽임을 당한다.24:15

사무엘서왕상1-2장 포함는 전체적으로 무고한 고통받음과 피흘림의 주제를 다룬다. 이 사건들에서 다윗의 범죄와 실수 들은 철저하게 감추어지고 진정한 남북 왕조의 왕으로서 그의 행위들은 정당화된다.[8] 전혀 윤리적이지 않은 다윗에 관한 사무엘서의 역사적 내러티브는 객관화된 역사서술이라기보다는 북이스라엘인들, 특히 미스바를 중심으로 하는 베냐민적 기억을 기

6) 유다 왕정시대에서 최후의 왕인 므낫세는 열왕기서 마지막에서 유다 왕국 멸망의 원인 제공자로 정죄되는데, 이 때 주요 죄목은 "무고한 피"를 흘리게 했다는 점이다.(왕하21:16; 24:4 [*2])물론, 므낫세에 관한 역대기 기사는 이를 생략한다.(대하33:1-20)

7) Saul M. Olyan, *Ritual Violence in the Hebrew Bible: New Perspectives* (New York, NY: Oxford University Press, 2015)

8) Keith W. Whitelam, "The Defence of David," *Journal for the Study of the Old Testament* 9.29 (1984): 61-87.

반으로 한다.[9] 사무엘서는 5세기 중반 예루살렘 중심의 바벨론 귀환자들의 이데올로기적 반응을 담고 있는데, 이는 다윗에 대한 무한한 긍정으로 드러난다. 예를 들어, 놉의 사건삼상21-22장에서 다윗의 거짓말과 빵과 무기에 대한 다윗의 요구는 이후에 제사장 마을 놉에 대한 집단 학살로 이어졌으나 이는 순전히 사울 왕의 광기와 에돔인 도엑의 살해 행위로 돌려진다.

III. 신적 행위의 임의성

두번째 모티브는 임의적인 하나님에 대한 개념이다. 사무엘서의 하나님은 예측할 수 없으며, 변덕스러운 신으로서 기준 없이 인간의 행동에 개입하며, 일관된 도덕적 규칙을 따르지 않는다. 가장 두드러진 예는 사무엘상 2장으로, 엘리 가계에서 일어난 연속적인 죽음의 원인은 여호와가 엘리의 아들 죽이기를 기뻐했기 때문이라고 말한다.[10] 삼상 2:25b의 번역은 아래와 같다:

> 이는 여호와께서 그들을 죽이기로 뜻하셨음이더라개역개정
>
> כי־חפץ יהוה להמיתם 히브리어 사본, *MT*; *Because Yahweh delighted to put them to death*
>
> 여호와는 그들을 죽이기를 기뻐했기 때문이다. 저자번역; 삼상 2:25

엘리 가계에 대한 저주와 처벌은 엘리의 아들들에 대한 치리의 부재삼상 2:29, 그리고 그의 두 아들 홉니와 비느하스에 의한 제사법과 관련된 위반과 그

9) Diana Edelman, "Did Saulide-Davidic Rivalry Resurface in Early Persian Yehud?," in *The Land That I Will Show You: Essays on the History and Archaeology of the Ancient Near East in Honor of J. Maxwell Miller* (Sheffield: Sheffield Academic Press, 2001), 6991.

10) K. L. Noll, "Is There a Text in This Tradition?: Readers' Response and the Taming of Samuel's God," JSOT 24.83 (1999): 33; Rachelle Gilmour, *Divine Violence in the Book of Samuel* (New York: Oxford University Press, 2021), 14049.

들의 여성에 대한 폭력 때문이었다.2:12-17, 22-24 이들의 범죄에 대한 여호와의 처벌은 실로의 파괴2:32a와 함께 엘리 가계 전체의 단명이다.2:33 엘리 가계에 대한 신적 폭력은 이 심판이 영원한 심판으로서, 그 무엇으로도 영원히 속죄를 받지 못하는 죄악이기에3:13-14; 2:25, 어떠한 중보적 제의로도 용서받지 못한다2:25는 점이 특이하다. 엘리에 대한 영원한 심판의 시작은 홉니와 비느하스의 죽음이 될 것이다. 그런데 중요한 점은 이 표현, 여호와의 기쁨이라는 감정이 곧 엘리 가계의 심판을 수반한다.2:25 이들이 저지른 범죄에 대한 공정한 처벌이 아니라, 개별 가정에 대한 무한대의 보복을 시사한다는 점은 이 텍스트가 주는 놀라움이다.[11] 또한, 엘리 제사장 집단을 대체할 새로운 제사장을 신적 마음, 신적 의지에 따라서 일으킬 것인데, 이것은 확실히 다윗에 대한 영원한 언약을 떠올리게 한다.삼하7장 즉, 엘리 가계 패망의 결과는 다윗의 부상이다. 하지만 다윗에 대한 신적 선택의 합당한 이유는 없다. 더구나, 엘리 가계에 대한 처벌은 예기치 않은 연속적인 비극을 만든다. 첫째, 엘리의 두 아들들은 언약궤를 블레셋과의 전쟁에 가져오고, 이는 실로에서부터 예루살렘으로 언약궤가 옮겨지는 결과를 가져온다. 이 과정에서 이스라엘은 전쟁에서 패하여 이스라엘 보병 삼만 명이 죽임을 당한다.4:10 또한 빼앗긴 언약궤로 인해서 블레셋인들은 이 언약궤를 블레셋의 도시들아스돗, 가드, 에그론로 옮기는데 질병과 죽음이 유발된다.5:6-12 둘째, 사무엘서의 저자는 엘리 가계에 대한 신적 처벌이 놉의 제사장 아히멜렉, 곧 아히둡엘리의 손자이자 비느하스의 아들, 참조. 삼상14:3에게 임한 결과임을 밝힌다. 아히멜렉의 아들 아비아달은 줄곧 다윗과 함께 광야를 체험했으나, 이후에 솔로몬이 아닌 아도니야의 반란에 가담했다는 명목으로 귀향에 처해진다. 왕상 2:27은 "여호와께서 실로에서 엘리의 집에 대하여 하신 말씀을 응하게 함이더라"고 말함으로써 아비아달이 당한 재앙이 엘리 가정에 대한 신적 행위의 결과임을 짐작케 한다.

---

11) Gilmour, *Divine Violence in the Book of Samuel*, 142.

이와같은 사무엘서에서 신적 폭력 이슈는 잘 알려져 왔다.[12] 삼상 15장에서 여호와는 사무엘을 통해 사울에게 아말렉인들에 대한 완전한 헤렘진멸을 명령하였으나, 사울은 일부 전리품을 소유하고 아말렉 왕 아각을 죽이지 않는다.15:8-9 이에 여호와는 사울을 왕으로 세운 것을 "후회"삼상15:11한다고 말하는데, 그 이유는 여호와의 진멸의 명령을 온전히 순종하지 않았기 때문이다.15:18-19, 22-23 사울의 불순종이 크게 부각되는 것과 달리 사울에게는 타당한 이유가 있어 보인다. 사울은 즉각 변명하면서 그는 아말렉 왕을 끌어왔을 뿐이며, 아말렉인들은 모두 진멸했고 다만 백성들이 길갈에서 여호와를 향한 제의용으로 좋은 동물들을 가져왔으며, 이제 길갈에서 번제와 함께 아각을 처리하려 했다고 말하고15:20-21, 사울은 자신의 죄를 회개하면서 용서를 구한다.15:24-25

사무엘에 의해 사울에게 내려진 "헤렘" 기준삼상 15:3은 신 20:16-18과 7:1-5참조. 13:15-18에 기초한다. 사무엘상에서 사울에게 내려진 명령은 신 20:16-18처럼 가나안 땅의 점령한 성읍 주민들과 동물들을 모두 죽이고 탈취물은 모두 불사르라는 것이었다. 하지만 신7:1-5에서 헤렘 명령에는 이 표현이 없다. 실제로, 모든 것의 진멸과 탈취물의 태움이 정확히 지켜진 사례는 여호수아와 사사기에서 발견되지 않는다. 여리고성에서는 라합과 그녀의 가정이 그녀의 협조로 생존했지만, 신명기의 규정은 그런 예외를 두지 않는다. 특별히, 아이성 전투에서 아이성으로부터 가축들과 노략물들은 탈취물로 취해졌으며수8:27-28, 아이 왕은 산채로 여호수아에게 끌려와 나무에 달려 죽였다.8:29 이와 같은 헤렘은 여리고성과 달리 전혀 문제되지 않는다. 게다가 기브온 주민들의 거짓된 책략으로 인해 여호수아와 지도자들은 속임을 당하고 이로

12) Gilmour, Divine Violence in the Book of Samuel; Marti J. Steussy, *Samuel and His God*, Studies on Personalities of the Old Testament (Columbia: University of South Carolina Press, 2010), 4872; "The Problematic God of Samuel," in *Shall Not the God of All the Earth Do What Is Right? : Studies on the Nature of God in Tribute to James L. Crenshaw*, ed. David Penchansky and Paul L. Redditt (Winona Lake: Eisenbrauns, 2000), 12761.

인해 기브온을 멸망시키지 못하게 되는데수9장, 결과적으로 이 역시 헤렘의 절대적 규정의 위반이 된다.

베냐민 지파 소속인 사울은 신적 선택에 의해 기름부음 받은 왕이지만, 실제로 명백한 이유없이 그의 왕권은 손쉽게 폐기된다. 삼상 15:23*13* 라헬 길무어Rachelle Gilmour는 사울은 삼상 9–11장에서 선택되었지만 하나님에게 "호의"favour를 받지 못했고, 사사들의 경우처럼 주기적으로 신적 영이 사울에게 머물지만삼상10:6, 10; 11:6, 하나님이 사울과 함께 있었다는 표현은 다윗의 경우와 달리 없다고 주장한다. 삼상16:13; 18:12, 14, 28 *14* 다윗을 향한 편애가 사울에게는 전혀 적용되지 않다는 것이 여호와의 후회 개념15:11, 35에서 드러난다. 데이비드 건David Gunn이 언급한 것처럼, 사울의 도덕적 타락이 그에 대한 여호와의 거부를 나타냈다기 보다는 여호와의 "후회"נחם, 곧 신적 마음의 돌이킴이 주 원인이다. 15:11, 35 건은 삼상 15장에서 여호와가 "사울이 유죄임을 찾기로 선택했으며," "그가 왕이 되는 것을 거부하기로 각오했다"고 주장한다. *15* 사실, 다윗은 삼상 30장에서 아말렉과의 전쟁에서 취득한 전리품을 시글락의 유다 장로들을 통해 나누어 주지만 아무런 문제가 되지 않는다.

사울과 엘리에 대한 신적 거부의 단호함과 정반대로, 유다 지파 소속인 다윗 또한, 사무엘에 대한에 대해 사무엘서 저자는 절대적으로 호의적이며, 그의 죄악은 선한 의도 속에 편리하게 포장된다. 다윗이 저지른 살인죄와 강간의 죄악은

---

13) Joseph Briody, "The Rejection of Saul in First Samuel 13: 7b–15 and 15:1–35: Synchrony, Diachrony, Theology" (Boston College, 2020)

14) Gilmour, *Divine Violence in the Book of Samuel*, 100, 102. 또한, 삼상15장의 사건은 하나님의 사울의 적합성에 대한 테스트로서, 사울에 대한 하나님의 호의 없는 태도는 사울에 대한 검증을 거치게 했다는 것이다.(p. 102)

15) David M. Gunn, *The Fate of King Saul: An Interpretation of a Biblical Story*, Journal for the Study of the Old Testament: Supplement 14 (Continuum International Publishing Group, 1980), 124 (cf. p. 72–3) 이는 15:29에서 여호와가 후회하거나 마음을 바꾸지 않는 분임을 명시하는데, 이는 YHWH's repentance와 모순된다. John Van Seters, *The Biblical Saga of King David* (Winona Lake: Eisenbrauns, 2009), 131. Seters는 사울을 거부하는 것으로 마음을 쉽게 바꾸는 여호와와 사울에게 심판을 전달하고 나중에 사울의 운명에 대해서 슬퍼하는 사무엘은 극명한 대조를 이루며, 이는 곧 자비와 용서의 예언적 역할에 대한 패로디라고 본다.(신18:15–22)

여호와에 의해 손쉽게 용서된다. 삼하12:13 나단은 다윗이 이해하기 쉬운 이야기 형태로 다윗의 숨은 죄를 지적한다. 다윗은 여호와의 말씀을 업신여기고 악을 행했으며, 우리아를 살해하고 밧세바를 강탈하여 아내로 삼았기에, 그의 집에 칼의 재앙이 일어날 것이며, 그의 아내들이 고통을 당할 것이다. 삼하12:9-12 하지만 사울 왕의 경우처럼, 그의 왕권이 박탈당하는 처벌은 포함되지 않으며, 죄의 목록에 밧세바에 대한 성폭력도 포함되지 않는다. 다윗의 범죄에 대해서 왜 그의 집안 사람들과 그의 아내들이 고통을 받아야 하는가? 가장 이해하기 힘든 지점은 다윗과 밧세바 사이에서 태어난 아기가 다윗이 범한 죄악의 희생자가 된다는 점이다. 삼하 12:14, 18-19 신명기 22:22-29의 성폭력에 대한 처벌은 다윗에게 적용되지 않았으며 삼하11장, 우리야와 밧세바의 정당한 권리는 침묵 속에 묻힌다.

왕위 계승 내러티브는 전반적으로 가르침을 위한 교육적인 지혜 요소들을 담고 있지만,[16] 모세 율법에 대한 존중과 고려는 거의 보이지 않는다. 또한, 다윗 왕가에서 일어난 죽음들은 어떤 결정론적 과정에서 일어난 일들로 보이며, 이는 등장 인물들의 범죄에 대한 단순한 보응적 원리에 따른 것만은 아니다;[17] 나단 예언 "칼이 네 집에서 영원토록 떠나지 아니하리라" 삼하12:10b 은 밧세바의 첫 아기, 암논, 압살롬, 아도니야의 죽음과 다말의 고통을 연이어서 기록한다.

이외에도 여호와의 다윗에 대한 편애와 변호는 다윗 부상기사에서도 살펴볼 수 있다. 놉에서 다윗의 거짓말로 인한 무고한 이들의 학살 삼상 21장, 그리고 나발 이야기에서 다윗의 혈기왕성한 행동으로 나발과 그의 집안 사람들을 살해하려 하고, 여호와의 심판으로서 나발의 예기치 못한 죽음 삼상 25:38 은 신적 처

16) Roger N. Whybray, *The Succession Narrative: A Study of II Samuel 9-20: I Kings 1 and 2*, vol. 9 of SBT2 (London: SCM, 1968)

17) Song-Mi Suzie Park, "The Frustration of Wisdom: Wisdom, Counsel, and Divine Will in 2 Samuel 17:1-23," JBL 128.3 (2009): 464 misunderstood the retribution principle compared to determinism.

벌의 일반적 규범에서 벗어난다.18 다윗의 행위들은 사무엘서의 하나님에 의해 정죄당하지 않고 오히려 직접적으로 변호된다.

사무엘서에서 다윗과 사울 왕가의 이야기를 벗어난 몇 가지 에피소드들에서도 여호와 행위의 비윤리성은 드러난다. 대표적으로, 한나의 노래삼상2:1–10에서 유일신교monotheism; 2:2적 특성과 함께 심판과 구원의 주로서 임의성을 강조한다: "여호와는 죽이기도 하시고 살리기도 하시며 스올에 내리게도 하시고 거기에서 올리기도 하시는도다"2:6 다윗에 대한 아비가일의 고백에서 여호와는 나발에 대한 다윗의 복수를 막는 신이며, 다윗의 적들은 "나발처럼"곧 이어질 나발의 죽음에 대한 예언될 것이라 말한다.삼상25:26 또한, 여호와는 다윗을 위해 집을 세우는 자이며 그의 적들과 싸우는 분이다.26:28–29 다윗과 여호와의 관계는 사무엘하7장에서 드러나는 것처럼 무조건적인 호의 속에서 형성된 것으로 보이며, 어떠한 어려움과 시험 속에서도 여호와의 호의는 변질되지 않는다.

Ⅳ. 사무엘서의 하나님의 비윤리성의 이유

사무엘서의 수많은 피흘림과 무고한 고난의 배후에는 바로 임의적인 신적 행위가 있다. 이는 확실히 사무엘서가 속한 신명기 역사서신명기, 여호수아, 사사기, 사무엘서, 열왕기서의 일관성을 저해한다. 사실, 최근 학자들은 일관된 역사 인식을 가지는 신명기 역사서의 범주를 열왕기서의 일부로 축소한다.크나우프, 후츨리, 올드, 불트봐인 예를 들어, 크나우프Ernest A. Knauf는 사무엘서와 열왕기서의 책들만이 신명기 역사서로 명명될 수 있으며, 신명기는 이 역사서의 도입부가 될 수 없다고 본다.19 올드는 신명기에서부터가 아니라, 열왕기에서 뒤로 가

18) 나발은 마치 사울을 대신하는 것처럼 묘사된다. Ellen van Wolde, "A Leader Led by a Lady: David and Abigail in I Samuel 25," ZAW 114.3 (2002)

19) E. A. Knauf, "Does 'Deuteronomistic Historiography' (DtrH) Exists?," in *Israel Constructs Its History: Deuteronomistic Historiography in Recent Research*, ed. Thomas Romer and A. de Pury,

면서 어떤 영향을 주었는지 읽어내야 한다고 본다. 즉, 열왕기에서 사무엘서 그리고 신명기까지[20] 사무엘서에서 가정된 신명기적 특징들은 신명기의 영향에 의한 것이 아니다. 이와 같은 신명기주의Deuteronomisms는 사무엘의 영향을 통해 신명기에 퍼진 것이다. 후츨리Hutzli는 사무엘서를 신명기 역사서와 별도로 형성된 책으로 본다.[21] 신명기주의는 신명기의 단어, 스타일, 이데올로기적 차원에서 엄격하게 정의되어야 하므로, 단순히 언어적 차원에서 정의될 수 없다고 그는 주장한다.

한 걸음 더 나아가, 최근 학자들 가운데 신명기 역사서 존재 자체를 거부하기도 한다. 데이비스, 놀, 뢰젤, 베스터만 여기서 언급된 학자들은 사무엘서가 다른 신명기 역사서와 불연속성을 가진다는 것에 동의한다. 예를 들어, 뢰젤H.N. Rsel은 텍스트 내부에서 일관된 신명기적 주제가 존재하지 않는다고 본다.[22] 뢰젤은 다음의 몇 가지 주제를 점검한다: (1) 이스라엘 죄지도자, (2) 하나님에 대한 감정적 반응, (3) 하나님의 심판, (4) 미래 구원. 여호수아 1장은 정복 직전의 배경을 가짐에도 백성들의 가능한 운명에 대해 그리고 배교의 문제에 대해 침묵하고 있으며, 삼상 15장과 삼하 7장은 죄와 처벌의 모티브가 있으나 충분히 드러나지 않고, 열왕기상 8장에서 성전을 향한 기도와 죄의 용서에 대한 주제는 신명기 역사서와 완전히 다른 방식으로 죄 문제를 다룬다는 것이다.

신명기 역사의 존재를 부정하는 대표적인 학자 가운데 한 명인 필립 데이비

JSOTSup 306 (Sheffield: Sheffield Academic Press, 2000), 38898.

20) A. Graeme Auld, "The Deuteronomists and the Former Prophets, or What Makes the Former Prophets Deuteronomistic?," in *Those Elusive Deuteronomists: The Phenomenon of Pan-Deuteronomism*, ed. Linda S. Schearing and Steven L. McKenzie, JSOTSup 268 (Sheffield: Sheffield Academic Press, 1999), 11626.

21) Jürg Hutzli, "The Distinctiveness of the Samuel Narrative Tradition," in *Is Samuel among the Deuteronomists?: Current Views on the Place of Samuel in a Deuteronomistic History*, ed. Cynthia Edenburg and Juha Pakkala, AIL 16 (Atlanta: SBL, 2013), 171206.

22) H. N. Rösel, "Does a Comprehensive 'Leitmotiv' Exist in the Deuteronomistic History?," in *The Future of the "Deuteronomistic History*," ed. Thomas R mer, BETL 147 (Leuven: University Press, 2000), 195211.

스Philip R. Davies에 따르면, 사무엘서는 다윗 비판적인 베냐민 땅의 이야기들이 다윗을 옹호하는 골라시온주의자 귀환 공동체의 내러티브와 결합된 것으로서, 베냐민 이야기가 다윗 이야기로 편입된 것이라고 주장한다.23 데이비스가 보기에, 여호수아부터 열왕기서 내러티브까지에는 엄청난 균열들이 존재한다.24 데이비스에게 신명기주의Deuteronomism은 페르시아 시대에 시작된 것으로서, 사무엘서 형성과 무관하며, 현재 사무엘서의 사울-다윗 내러티브는 장기간에 걸친 기억으로 본다.25

쿠르트 놀Kurt L. Noll이 보기에는, 전기 예언서들은 신명기적 이데올로기를 표현하는 것이 아니라, 단지 신명기 역사가적인 논의를 할 뿐이다.26 이 문헌들은 어떤 목적을 위해서 대량 생산된 권위있는 문헌을 만들려는 의도가 전혀 없었다.

---

23) Philip R. Davies, *The Origins of Biblical Israel*(London: T&T Clark, 2007); Philip R. Davies, *Memories of Ancient Israel: An Introduction to Biblical History-Ancient and Modern* (Louisville: Westminster John Knox Press, 2008); Philip R. Davies, In Search of "Ancient Israel," *Journal for the Study of the Old Testament* (London: Bloomsbury, 2015), https://doi.org/10.5040/9780567663009.

24) Philip R. Davies, "The Deuteronomistic History and 'Double Redaction,'" in *Raising up a Faithful Exegete: Essays in Honor of Richard D. Nelson* (Eisenbrauns, 2021), 5160. 예를 들어, 사사기 마지막은 기브아—이스라엘 최초 왕인 벤자민 사람 사울이 정한 수도—에서의 잔혹한 사건과 이로 인한 베냐민 지파와 다른 지파들과의 전쟁에 대해 기록한다.(삿19-20) 사무엘서는 바로 사사시대의 베냐민 지파와의 대립구도에서 출발해서, 사울과 다윗은 사무엘이 중재자로 등장하는 상황에서 대조를 이룬다. 사무엘상에서도 길갈, 미스바, 벧엘 같이 베냐민 영토로 한정된다.(삼상7:16) 사무엘상에서 유다는 사울이 통치하는 이스라엘 밖에 머무는 것으로 묘사된다. 다윗은 이스라엘 왕으로서 사울을 계승하기 전에 이미 유다의 왕이 된다.(삼하2:4) 결국, 신명기 역사서라 부르는 내부에는 유다에 대한 2가지 다른 역사가 존재한다. 여호수아에서 사사기까지 이르는 이스라엘의 일부분, 그리고 다윗에 의해 수립된 독립적인 왕국에 대한 이야기를 다루는 사무엘서와 열왕기서가 그것이다. 사무엘상에서는 유다와 이스라엘이 원래 분리되었으나, 잠시 합쳐진 것 같다가 결국 다시 분리된다. 이스라엘이 단 하나의 국가로 보여지는 것은 신명기 역사서의 텍스트를 모세 오경으로 연계시킬 필요에 의해 여호수아와 사사기를 다시 쓰면서 그 균일이 발생하는 것처럼 보인다.(p. 57)

25) Davies, *Memories of Ancient Israel*.

26) K. L. Noll, "Deuteronomistic History or Deuteronomic Debate?: (A Thought Experiment)," *Journal for the Study of the Old Testament* 31.3 (2007): 31145; K. L. Noll, "Presumptuous Prophets Participating in a Deuteronomic Debate" (n.d.), https://www.academia.edu/32619309/Presumptuous_Prophets_Participating_in_a_Deuteronomic_Debate; Noll, "Is There a Text in This Tradition?"; K. L. Noll, "Is the Book of Kings Deuteronomistic? And Is It a History?," Scandinavian Journal of the Old Testament 21.1 (2007): 49.

이처럼, 사무엘서가 신명기 역사서가 아니라면, 어떤 측면에서 그런가?[27] 만약, 신명기 역사서의 핵심주제를 정할 수 있다면, 예루살렘 중심의 예배 중앙화, 모세 율법에 대한 복종과 땅에 대한 약속, 다윗왕에 대한 이상화이다. 하지만 사무엘서는 엘리 제사장이 섬겼던 실로, 아히멜렉의 제사장 도시인 놉에 대해서 문제삼지 않는다. 또한, 모세와 모세 율법에 대한 강조는 거의 찾을 수 없으며, 신명기 율법 코드는 거의 언급되지 않는다. 예를 들어, 사무엘서는 군주제 시작에 대한 책이다. 왕의 율법에 대한 신명기적 코드는 신17:14-19에 등장하는데, 신명기는 왕정을 부정적으로 바라보지 않지만, 왕에 대한 이스라엘 백성들의 요구는 여호와에게 정죄당한다. 삼상 8:7-18; 12:17 사무엘서는 오히려 언약궤의 제의적 능력에 대해 강조하며, 나단의 예언은 왕국의 미래에 결정적 위치를 차지한다. 여호와가 약속한 땅의 점유와 율법과의 관계성에 대한 언급을 거의 찾을 수 없다는 점은 여호수아 및 사사기와 상당히 구별된다. 더구나, 역대기와 시편과 달리, 다윗의 부정성에 대한 강조들은 사무엘서를 신명기 역사서로 보는 것을 방해한다. 열왕기서는 우리아와 밧세바 사건에 대한 언급을 제외하고, 다윗의 행위를 유다 왕들을 판단하는 중요한 기준으로 삼고 있는데, 사무엘서의 다윗왕에 대한 부정성은 매우 이질적이다.

사무엘서가 신명기 역사서의 이데올로기적 관점에서 벗어난다는 점, 그래서 신명기적 텍스트의 관점에서 벗어난다는 점은 하나님의 임의성과 비윤리성에 대한 사무엘서의 역사적 배경을 제공한다. 5세기 중반 바벨론에서 귀환한

27) 동일한 볼륨에 수록된 다음의 텍스트들을 참조하라. Philip R. Davies, "1 Samuel and the 'Deuteronomistic History,'" in *Is Samuel among the Deuteronomists?: Current Views on the Place of Samuel in a Deuteronomistic History*, ed. Cynthia Edenburg and Juha Pakkala, AIL 16 (Atlanta: SBL, 2013), 10518; K. L. Noll, "1 Samuel and the 'Deuteronomistic History,'" in *Is Samuel among the Deuteronomists?: Current Views on the Place of Samuel in a Deuteronomistic History*, ed. Cynthia Edenburg and Juha Pakkala, AIL 16 (Atlanta: SBL, 2013), 11948; Ernst A. Knauf, "Samuel among the Prophets: 'Prophets Redactions' in Samuel," in *Is Samuel among the Deuteronomists?: Current Views on the Place of Samuel in a Deuteronomistic History*, ed. Cynthia Edenburg and Juha Pakkala, AIL 16 (Atlanta: SBL, 2013), 14970; Hutzli, "The Distinctiveness of the Samuel Narrative Tradition."

예루살렘 공동체는 더 이상 기존의 질서와 종교의 방식으로 하나님과 다윗 왕국을 설명할 수 없었을 것이다. 다윗 왕국에 대한 변호와 함께, 언약에 얽매이지 않고 자유로운 방식으로 활동하는 여호와를 납득시켜야 했을 것이다. 이를 위해서, 즉 기존의 피흘림으로 점철된 초기 왕정시대 유다 지파의 역사를 정당화하기 위해서 여호와 행위의 변덕스럽고 예측불가한 측면을 부각시키게 되었다.

V. 욥기 속 신적 비윤리성

사무엘서의 신적 심판행위의 폭력성과 임의성은 다른 구약성서에서도 발견된다.[28] 욥기 전체는 무고히 고난받는 한 개인에 대한 이야기이며, 이유 없는 ; 히남 고통이 허락된 이유에 대한 다이얼로그이다. 또한, 욥기의 하나님은 욥의 친구들이 말하는 것과 달리, 파괴적이고 무질서한 방식으로 움직인다.

여호와의 연설은 여호와의 무한한 힘과 자유로운 행위를 강조하며 욥이 제기했던 신정론에 대한 질문들은 무시된다. 여호와는 정의 문제에 무감하며 자신이 하고자 하는 일을 할 뿐이다. 우주는 완벽한 균형 속에 놓여 있다. 세계의 질서가 굴절되었다는 욥의 주장과 달리, 여호와가 창조한 세계는 아무런 문제가 없다. 베헤못과 리워야단과 같은 신화적 괴물들은 여호와의 가장 자랑스러운 피조물이며 인간 중심의 세계는 무시된다. 이와 같은 욥기 신학의 흐름은 신명기적 이데올로기의 질서에 도전한다. 이유 없이 폭력을 행사하는 여호와욥 1-2와 지연된 신적 심판욥23의 문제가 발생하는 상황에서 신적 윤리는 결핍된다.

---

28) 놀은 "욥기와 마찬가지로 사무엘서는 신을 거의 희화화에 가깝게 묘사하여 독자가 유신론의 문제를 감정적 지적으로 경험할 수 있는 안전한 피난처를 제공한다"고 주장한다.(p. 38) 비록 사무엘서에서 야훼는 "변덕스러운" 신으로 묘사되지만, 이후 야훼는 "신실하고 예측 가능하며 완전히 길들여진 후원하는 신"으로 변경되었다는 것이다. 즉, 사무엘서는 "야훼의 길들이기에 관한 것"이라고 주장된다.(p. 37) Noll, "Is There a Text in This Tradition?"

VI. 결론

사무엘서가 보여주는 무고한 고난을 받는 자로서 다윗과 무고한 자를 살인한 다윗의 범죄라는 이중성은 텍스트 속 여호와의 일관된 윤리적 특성을 부정케 하는 요소이다. 결국 5세기 유대 서기관은 다윗이 행한 추악한 살인죄와 악행을 감추면서 그가 무고히 사울에 의해 희생당한 자라고 말하고자 한다. 결국 다윗이 기름부음을 입고 신적 호의를 입은 유대왕국 최초의 왕이라는 사실 속에서 여호와는 그의 죄악에 대해 징벌하지 않는다.

더구나, 다윗 왕권에 대한 신학적 정치적 변호의 관점에서, 베냐민 지파의 리더였던 사울에 대한 냉정한 평가, 그리고 다윗에 대한 무한한 관대함은 윤리적 문제를 낳는다. 왜 사울은 처벌받고 다윗은 용서받는가? 왜 다윗의 헤렘에 대한 실천은 문제되지 않지만, 사울의 경우에는 문제가 되는가? 왜 다윗의 죄악 때문에 그의 무고한 자녀들이 죽음을 맞이해야 하며, 수 많은 백성들이 전염병으로 죽어야 하는가?

사무엘서가 보여주는 여호와는 보편적인 윤리관으로 설명이 불가능하다. 오히려 5세기의 도덕과 윤리를 해체하면서 여호와에게 어떠한 인간의 의무도 지우지 않으려 한다. 오경의 율법에 대한 순종이 사무엘서의 하나님에게는 큰 문제가 되지 않는 것처럼 보인다. 이는 제2이사야와 요나서에 대두된 자유로운 하나님의 개념과 연결될 수 있을지 모른다.

구약의 폭력과 하나님의 사과로서의 십자가

전 성 민

밴쿠버기독교세계관대학원/유튜브 민춘살롱/구약학

I. 들어가며

이 글의 목적은 구약에 나타나는 "하나님의 폭력"을 어떻게 이해하고 이를 현대 기독교인의 삶과 어떻게 관련 맺어야 하는지를 탐구하는 것이다.[1] 특히 구약에서 묘사된 하나님의 "폭력"적인 행동과 전쟁 명령을 신약의 십자가 사건을 통해 어떻게 새롭게 이해할 수 있는지를 논의하고, 십자가를 하나님의 "사과"apology로서 해석함으로써 "신앙적 폭력"이 더이상 가능하지 않다고 제안하려 한다.[2] 이 제안은 구약의 폭력이라는 주제를 이해와 적용의 층위-(1)전쟁 같은 폭력을 명령하시는 하나님에 대한 구약의 기록을 어떻게 이해할 것인가 (2)그 기록된 말씀들을 어떻게 적용할 것인가-로 나누며 이루어진다. 이해의 층위에서 "신적 폭력"을 논의하지만 필자의 궁극적인 관심은 적용의 층위이

1) 하나님의 행위를 "폭력"이라고 표현하는 것이 얼마나 정당한지 논의할 수 있다. 그러나 이 글에서는 그러한 논의를 진행하지는 않으며 그런 논의가 필요하다는 사실을 폭력이라는 단어에 따옴표를 붙여 표현하는 정도로 그치고자 한다. 하지만 가독성을 위해 따옴표를 계속 사용하지는 않았다. "신적 폭력"과 "하나님의 폭력"은 맥락에 따라 좀 더 자연스러운 것을 사용했으며 두 표현 사이에 의미있는 차이를 두지는 않았다.

2) "하나님의 사과"라는 표현 자체가 불러올 신학적이고 심리적인 저항이 있을 수 있다. 이에 필자의 논의를 특정 결론을 강제하는 것이 아닌 지속되는 "신학적 상상력"의 과정이라 생각해 주시기를 독자들에게 부탁드린다.

다. 요컨대, "신적 폭력"을 완전히 다 이해하지 못하더라도 현대에 "신적 폭력"을 적용하여 실천하는 것은 가능하지 않다고 주장할 것이다.

II. 구약의 "신적 폭력"들

구약에 나오는 하나님께서 전쟁을 명령하셨다는 본문들을 읽을 때면 현대의 윤리적 감수성과 구약이 충돌한다. 하나님이 전쟁을 명령하실 수도 있는가라는 질문을 일으키기 때문이다. 물론 그런 본문들 중에는 하나님의 명령이 없었음에도 사람들이 하나님이 명하신 전쟁이라고 착각하는 경우가 있다. 사사기 19장이 그 대표적인 예이다.[3] 그러나 가나안 정복 전쟁의 경우, 구약 본문은 그것이 하나님이 명령하신 전쟁이라고 명확히 한다. 게다가 구약에는 가나안 정복 전쟁 외에도 하나님이 직접 개입하여 폭력적 사건을 초래하는 경우가 많이 발견된다. 하나님께서 "지면에서 쓸어버린다"고 하시며 가축과 기는 것과 공중의 새까지도 심판하셨던 홍수 사건 또한 신적 폭력이라 할 수 있다.[4] 출애굽 과정에서도 많은 죽음이 벌어졌다. 이러한 사건들은 헤렘이라 불리는 구약의 폭력에 대한 고전적 문제로 이어진다. 특히 신명기 20장의 헤렘 규정에는 남녀노소를 가리지 않고 모든 이들을 희생 제물로 바치고, 심지어 소, 양, 나귀까지도 모조리 칼로 전멸시키라는 명령이 구체적으로 나타난다. 특히 "호흡이 있는 자는 하나도 살리지 말라"는 구절신20:16은 하나님이 요구하는 방식이 얼마나 철저했는지를 보여준다. 사무엘상 15장에도 아말렉과의 전쟁에서 남녀와 소아, 젖먹이까지 포함하여 모두 죽이라는 명령이 등장한다. 이러한 폭력적 사건들은 종종 예언서나 시편, 지혜문학에서 용사 하나님, 즉 전쟁을 수행하는

3) 전성민, 『사사기 어떻게 읽을 것인가』(서울: 성서유니온, 2015), 276.

4) 홍수와 폭력의 문제에 집중한 책으로 Matthew Lynch, *Flood and Fury: Old Testament Violence and the Shalom of God*(Downers Grove: IVP, 2023)이 있다.

신으로서의 하나님을 언급하는 데에서도 나타난다.[5] 이러한 관찰들이 반복되어 쌓이다 보면 "갈등 해결에 있어서 하나님이 선호하시는 방식은 폭력처럼 보인다"고 말할 지경에 이르기도 한다.[6] 이러한 "하나님의 폭력"은 세 가지 문제를 야기한다. 그것들은 (1)무신론자들의 기독교 공격 (2)그리스도인들의 호전성 강화 (3)기독교 신앙에 익숙할 수록 폭력에 무감각하게 되는 것이다.

III. "하나님의 폭력"이 일으키는 문제들

"하나님의 폭력"이 일으키는 첫 번째 문제는 무신론자들의 기독교 공격이다. 그들은 기독교가 말하는 신이 과연 진정한 신인지 의문을 제기한다. 성경에 나타난 폭력 관련 서술들이 하나님을 사랑하는 존재, 정의로운 존재로 보기 어렵게 만들기 때문이다. 대표적인 예로 리차드 도킨스Richard Dawkins의 비판이 있다.

> 『구약 성서』의 신은 모든 소설을 통틀어 가장 불쾌한 주인공이라고 할 수 있다. 시기하고 거만한 존재, 좀스럽고 불공평하고 용납을 모르는 지배욕을 지닌 존재, 복수심에 불타고 피에 굶주린 인종 청소자, 여성을 혐오하고 동성애를 증오하고 인종을 차별하고 유아를 살해하고 대량 학살을 자행하고 자식을 죽이고 전염병을 퍼뜨리고 과대망상증에 가학피학성 변태성욕에 변덕스럽고 심술궂은 난폭자로 나온다.[7]

---

5) 참고. Tremper Longman III, *Confronting Old Testament Controversies: Pressing Questions about Evolution, Sexuality, History, and Violence* (Grand Rapids: Baker Books, 2019), 125–44; 곽건용, 『정말 야훼가 다 죽이라고 명령했을까?: 여호수아서의 가나안 정복 이야기』 (서울: 꽃자리, 2023), 35–58.

6) 피터 엔즈, 『성경 너머로 성경 읽기』 (서울: 새물결플러스, 2024), 57.

7) 리차드 도킨스, 『만들어진 신』 (서울: 김영사, 2007), 50.

이 인용문은 성경과 폭력이라는 주제를 다룰 때 자주 언급되는 내용이므로, 이 글에서는 자세한 논의를 하지 않겠다.[8]

"하나님의 폭력"이 일으키는 두 번째 문제는 이러한 서술들이 그리스도인들의 호전성을 강화한다는 사실이다. 특히, 자신을 신적 심판의 대리자로 여기는 사람들은 개인적, 사회적, 국가적 차원에서 전쟁이나 폭력이 정당하다고 생각할 위험이 존재한다. 특히 미국의 이라크 전쟁은 도드라진 사례다. 부시 정권은 이라크 전쟁을 수행하는 과정에서 종교적 언어를 사용해 전쟁의 틀을 제시해 왔다. 무엇보다 이라크 전쟁을 "거룩한 전쟁"으로 규정하는 시각이 대표적이다. 아래 인용문은 이 사실을 잘 보여준다.

> 이라크 전쟁이 진행되는 동안 부시 행정부는 전쟁 정책을 일관되게 종교적 언어로 표현해 왔다.… "이 나라가 벌이고 있는 전쟁은 영적인 싸움이며, 우리의 영혼을 위한 싸움입니다. 그리고 적은 '사탄'이라 불리는 자입니다.… 사탄은 국가로서 우리를 파괴하기를 원하고 기독교 군대로서 우리를 파괴하기를 원합니다." 윌리엄 보이킨 장군, 국방부 정보차관보, 2003년 일련의 공개 강연 중에서[9]

이러한 폭력의 신앙적 정당화는 국가 차원뿐만 아니라 개인 차원에서도 나타난다. 사람들이 자신을 죄에 대한 심판의 대리자라고 여길 때 특히 그러하다. 예를 들어, 미국에는 반낙태 운동을 하는 사람들 중 일부가 낙태 시술자들

---

8) 『만들어진 신』에 대한 응답으로 알리스터 맥그라스, 조애나 맥그라스, 『도킨스의 망상』 (서울: 살림, 2008)이 잘 알려져 있다. 최근에는 이사야, "윤리적 책으로 구약 읽기를 위한 한 모색: 여호수아서에 나타나는 헤렘을 중심으로," 「기독교사회윤리」 55 (2023): 237-64도 같은 인용으로 논문 전체를 시작하며 곽건용, 『정말 야훼가 다 죽이라고 명령했을까?: 여호수아서의 가나안 정복 이야기』, 71-2도 같은 인용으로 "야훼의 폭력성에 대한 비판"이라는 단락을 시작한다.

9) Paul Froese and F. Carson Mencken, "A U.S. Holy War? The Effects of Religion on Iraq War Policy Attitudes," *Social Science Quarterly* 90.1 (2009), 103. 필자 번역.

을 살해하는 일련의 사건들의 발생했다. 대표적인 사례로, 1994년 7월, 한 전직 목사가 낙태 시술을 제공하는 의사와 그 진료소의 직원을 살해한 사건이 있다. 그러나 그는 이러한 행동에 대해 후회하지 않고, 오히려 “단기적으로나 장기적으로 볼 때 점점 더 많은 사람들이 내 원칙에 동의할 것이다”라고 주장하며, 자신이 죽임을 당할지라도 영광스럽게 생각한다고 말한다.[10] 이처럼 자신이 악이라고 판단한 행동에 대해 하나님의 대리자로 심판을 집행할 때, 구약의 “신적 폭력”은 이들의 확신과 “헌신”을 강화하는 “성경적 근거”가 된다.

세 번째로, 그리스도인들이 신적 심판의 대리자 역할을 적극적으로 수행하지 않더라도, 구약에 나오는 폭력적인 본문들, 특히 신의 이름으로 정당화된 듯한 폭력에 관한 본문들 때문에 그들의 신앙 경력이 오래될수록 폭력에 대한 문제 의식이나 감수성이 무뎌질 수 있다. 예를 들어, 2021년 5월, 이스라엘과 팔레스타인 간의 분쟁이 있었던 당시, 일부 그리스도인들은 이스라엘의 군사력를 칭송하며 전쟁과 폭력에 대한 무감각을 드러냈다. “이스라엘의 강력한 군사력은 전쟁이 있을 때마다 전 세계에 과시되고 있다. 아이언돔은 93%의 성공률을 보여주며 그 탁월함을 입증했다”는 발언이나, “이스라엘이 막강한 군사적 힘을 확보했다는 것은 하나님의 말씀이 성취된 것이다”라는 표현은 전쟁의 폭력성을 간과한 채, 오히려 이를 하나님의 계획으로 정당화하는 태도를 보여준다.[11]

Ⅳ. 하나님을 오명과 오해에서 구출하기

지금까지 우리는 구약에 등장하는 신적 폭력에 대한 본문들이 어떠한 결과

---

10) Liam Stack, “A Brief History of Deadly Attacks on Abortion Providers,” *The New York Times* (Nov. 29, 2015) (https://www.nytimes.com/interactive/2015/11/29/us/30abortion-clinic-violence.html. Accessed on July 1, 2024)

11) 한국 그리스도인의 발언으로 구체적 출처는 밝히지 않는다.

를 초래할 수 있는지를 살펴보았다. 반면 이런 결과들 때문에 비난 받는 "하나님의 명예"를 지키려는 시도들이 있으며 그것들을 크게 세 가지로 정리할 수 있다. 첫 번째는 "구약에 폭력적으로 묘사된 하나님은 진짜 하나님이 아니다"라는 설명이다.[12] 구약에서 폭력과 결부되어 묘사된 하나님이 아닌, 십자가에 달리신 예수님이 진정한 하나님을 드러낸다는 주장이다. 예수님의 십자가 사건이 하나님을 이해하는 데 가장 중요한 계시이며, 우리가 하나님을 어떻게 이해해야 하는지에 있어 핵심적 사건이라고 설명한다. 이런 주장을 선호하는 사람들은 기독교 신앙에는 예수님이 최우선이며 구약의 어려운 본문들은 신약 그리스도인들에게 십자가 사건만큼의 권위가 없다고 설명한다.[13]

두 번째 방식은, 구약의 폭력과 전쟁에 대한 본문이 묘사하는 행위들은 우리의 선입견보다 덜 잔인한 행위였다고 설명하는 것이다. "모든 것을 진멸하라"는 명령은 고대 근동 문학적 관습에 따른 과장법이라는 해석이 대표적이다. 또한 성경에서 "진멸" 히브리어로 "헤렘" 이라는 단어가 사용된 본문들을 세심하게 살펴보면, 실제로는 모든 것을 죽여버리라는 명령이 아니었다고 설명하기도 한다. 사무엘상 15장에 아말렉을 "진멸" 했다는 진술이 나왔음에도 사무엘상 30장에 아말렉에 대한 진멸 명령이 다시 나온다는 사실은 "진멸"이라고 번역된 히브리어 표현이 사실 완전히 모두를 죽인다는 의미가 아님을 보여준다는 설명

---

12) 최근의 학자로는 Eric Seibert가 이 견해를 주장한다. Eric Seibert, *Disturbing Divine Behavior: Troubling Old Testament Images of God* (Minneapolis: Fortress Press, 2009); Eric Seibert, *The Violence of Scripture: Overcoming the Old Testament's Troubling Legacy* (Minneapolis: Fortress Press, 2012) 이 주제에 대한 최근 작으로는 Eric Seibert, *Redeeming Violent Verses: A Guide for Using Troublesome Texts in Church and Ministry* (Louisville: Westminster John Knox, 2023)이 있다. Seibert라는 이름은 번역서에 따라 "세이버트" 또는 "사이버트"로 번역 표기되었다. 이 글에서는 번역을 직접 인용하는 경우가 아니면 "사이버트"라고 번역 표기했다.

13) 에릭 사이버트, 『구약 재미있게 읽는 법』 (서울: IVP, 2023), 193–96에서도 이 견해를 간략히 설명한다. "우리가 알기에 구약의 하나님 묘사는 예수님의 삶 및 가르침과 일치할 때만 하나님의 성품을 정확하게 반영한다. 어느 묘사가 예수님이 계시하시는 하나님과 제대로 일치하지 않는다면, 그 묘사가 전하는 하나님보다는 그 묘사가 나오는 문화적 정황에 대해 더 많이 말하고 있을 가능성이 높다"(196).

이다.[14]

세 번째 방식은 하나님의 폭력이 죄에 대한 정당한 반응이라고 설명하는 것이다. 같은 맥락에서 데이비드 램David Lamb은 "신적 폭력"이 부정적으로 느껴질 수 있지만, 그 목적이나 결과가 선이나 평화를 이룬다면 그 폭력을 수용할 수 있을 뿐 아니라 "기뻐할" 수도 있다고도 말한다.

> 야웨의 정당한 벌이 폭력적인 것처럼 보이지만, 실제로 이는 난폭한 범죄를 줄이고 그분의 백성 사이에 평화를 이루게 한 효과적인 수단이었다. 나는 구약 성경의 하나님이 극단적인 조처를 취하셔서 가난하고 힘없는 사람들을 돌보시고, 피 흘림과 전쟁을 막으신 것이 기쁘다.[15]

에릭 사이버트Eric Seibert는 이처럼 성경에서 어떤 방식으로든 긍정적으로 그려지고 승인된 폭력그래서 적절하고, 정당하고, 때로는 찬양할 수 있다고 여겨지는 폭력을 "덕스러운" 폭력"virtuous" violence이라고 부른다.[16] 여기서 그의 이 표현은 단지 묘사적일 뿐 그 폭력들을 인정하는 규범적인 의미를 담고 있는 것은 아니다.[17] 그는 어떤 폭력을 "덕스럽다"고 이해하면서 그 행위의 파괴적 특성을 간과할 때 벌어지는 위험을 지적한다.[18] 이에"덕스러운" 폭력과 관련된 램과 사이버트의 지면 논쟁을 따라가 보자.

V. "덕스러운 폭력"은 비윤리적이고 무책임한가?

14) 폴 코판, 『구약 윤리학: 구약의 하나님은 윤리적인가?』(서울: CLC, 2017), 360-70.
15) 데이비드 램, 『내겐 여전히 불편한 하나님』(서울: IVP, 2013), 126.
16) Eric Seibert, *The Violence of Scripture*, 28.
17) Eric Seibert, *The Violence of Scripture*, 30.
18) Eric Seibert, *The Violence of Scripture*, 특히 48-51.

램은『내겐 여전히 불편한 하나님』에서 구약의 하나님이 폭력적인가를 논하는 챕터를「필라델피아 인콰이어러」에 기고된 한 편지를 인용하며 시작한다.

> 미수에 그친 유아 살해창22장, 집단 강간삿19장, 이웃 아내에 대한 욕망을 채울 목적으로 저지르는 살인 교사삼하11장, 그리고 연장자를 놀린 것에 대한 하나님의 징벌왕하2:23을 찬양하는 책 또한 독서 목록에 두기에는 부적절하지 않을까요?[19]

이 항의성 편지가 언급하는 사건들 중에서 엘리사를 놀린 아이들이 죽임을 당한 사건에 대해, 램은 이렇게 말한다.

> 나는 하나님의 폭력적인 반응이 얼마나 심각한 수준이었는지를 완전히 알지는 못하지만, 야웨께서 엘리사를 10대 무리로부터 보호하셔서 그가 계속해서 수천 명의 다른 생명을 축복할 수 있도록 하신 것은 기쁘다. … 나는 야웨가 엘리사를 위해 10대 무리의 행동에 개입하심으로써 많은 생명을 구하셨다고 생각한다. 구약 성경의 폭력적 사건들이 모두 이렇게 쉽게 해결되지는 않으나, 그 사건들 속에서 야웨께서 개인과 나라들을 응징하심으로써 약한 자를 보호하고 생명을 지키고자 하시는 패턴이 드러난다.[20]

램은 구약의 폭력적 사건들이 단순히 폭력으로 끝나는 것이 아니라, 하나님이 이를 통해 약자를 보호하고 궁극적으로 선을 이루는 목적을 가지고 있다는 점을 강조한다. 즉, 폭력적으로 보일 수 있는 하나님의 심판이 결국 평화를 이루기 위한 도구로 사용되었음을 강조한다. 이와 같은 논리의 극단적인 예로 램

19) "Letter to the Editor," *The Philadelphia Inquirer*, July 2, 2009. 램, 111에서 재인용.
20) 데이비드 램,『내겐 여전히 불편한 하나님』, 118.

은 클라우스 슈타우펜베르그의 히틀러 암살 시도를 언급한다. 이는 폭력적인 시도였으나, 만약 암살이 성공했다면 제2차 세계대전이 1년 일찍 끝나고 수십만 명의 생명을 구할 수 있었을 것이라고 말한다.[21]

이러한 램의 설명이 앞서 언급한 하나님의 명예를 지키는 세 번째 방식이었다면, 사이버트는 첫 번째 방식을 잘 보여준다. 사이버트의 핵심 주장은 구약에 묘사된 하나님textual God은 실제 하나님actual God이 아니며, 예수님이 하나님에 대한 가장 확실한 기준이라는 것이다. 그런데 사이버트의 이러한 주장을 램은 『내게 여전히 불편한 하나님』에서 다음과 같이 요약하고 비판한다.

> 세이버트가 … 특별히 주목하는 것은 가나안 사람 학살처럼 사람들을 괴롭게 하는 하나님의 폭력 이미지다. … 그러나 나는 그의 중심 논제에 동의할 수 없다. 사이버트는 기본적으로 구약 성경의 가혹한 하나님은 존재하지 않는다고 말함으로써 신약 성경의 사랑의 하나님과 구약 성경의 가혹한 하나님을 조화시킨다. 또한 폭력적인 행위는 사복음서의 예수님을 통해 드러나는 하나님의 성품과 일치하지 않기 때문에 하나님을 폭력적인 신으로 묘사하는 구약 성경 구절은 거부해도 괜찮다고 주장한다. 어떤 본문이 야웨를 폭력적으로 행하는 분으로 묘사할지라도, 실제로 폭력은 일어나지 않았다는 것이다.[22]

사이버트의 주장을 비판한 램은 구약의 폭력 본문을 대하는 자신의 방법과 태도를 이어서 진술한다.

> 문제가 사라진다는 점에서는 그의 결론에 끌리지만, 구약 성경의 많은 부

21) 데이비드 램, 『내겐 여전히 불편한 하나님』, 118.
22) 데이비드 램, 『내겐 여전히 불편한 하나님』, 121.

분을 거부하는 것은 내키지 않는다. 그의 결론이 드러내는 하나님과 내가 인식하는 하나님이 부합하지 않기 때문이다. 나는 여전히 구약 성경의 하나님 이미지 때문에 괴롭지만, 성경의 문맥과 고대 근동의 맥락에서 구약 성경 본문을 계속 연구함으로써 이러한 하나님 이미지를 더 잘 파악하도록 노력할 것이다.[23]

램은 어떤 구약 본문들의 하나님 묘사의 실재성을 거부하는 대신, 모든 본문의 실재성을 받아들이며 그 의미를 찾으려 씨름한다. 그런데 문제는 그러한 그의 노력의 결과, 사이버트가 경계하는 "덕스러운 폭력"이라는 개념을 통해 폭력을 수용해버리는 일이 벌어지고, 그로 인해 현실의 폭력마저 정당화되는 길이 열릴 수 있다는 것이다. 이에 사이버트는 램과 같은 학자들의 견해를 강하게 비판한다. 사이버트는 램과 유사한 견해를 가진 학자들에게 "인종 학살을 정당화하는 것을 멈추십시오"라고 외치며, 구약의 폭력적 서술, 특히 가나안 정복 전쟁에 대한 정당화를 중단할 것을 요구한다. 사이버트는 적지 않은 구약학자들이 구약의 폭력, 예를 들어 가나안 정복의 잔혹성을 인정하기보다 정당화 한다는 사실에 실망과 당혹감을 표출한다. 그는 램을 예로 든다. 사이버트는 램이 가나안 정복이 "폭력적"이었다 하더라도 그것은 "유별나거나, 가혹하거나, 잔인하거나, 부당하지 않았"다고 단언한다고 비판한다.[24]

사이버트가 비판하는 또 다른 학자는 크리스토퍼 라이트Christopher Wright이다. 라이트 역시 가나안 정복 전쟁을 하나님이 명하셨다고 받아들이며 이를 신학적, 역사적 맥락 속에서 설명하려는 시도를 한다. 사이버트는 이러한 시도를 강력히 비판한다.[25] 다음은 사이버트가 비판을 위해 인용하는 라이트의 고백

23) 데이비드 램, 『내겐 여전히 불편한 하나님』, 121.

24) Eric Seibert, *The Violence of Scripture*, 107. 그가 인용하는 램의 문장은 『내겐 여전히 불편한 하나님』, 120에 나온다.

25) Eric Seibert, *The Violence of Scripture*, 108.

이다.

> 이것이 하나님이 자신의 주권 가운데 택하신 방식이다. 나[라이트]를 포함한 인류와 창조 세계를 구원하시려는 자신의 목적을 성취하기 위해 인간 역사 안에서 일하시기로 말이다. 나는 왜 이 방식이어야 했는지 이해할 수 없을지도 모른다. 그리고 나는 분명히 이 방식이 싫다. 나는 연루된 폭력과 고난을 개탄할지도 모른다. 비록 그것이 정당한 심판 행위였다는 성경의 견해를 받아들이면서도 말이다. 뭔가 다른 길이 있었다면 좋았을 것이라고 바랄지도 모르겠다.
>
> 그러나 어느 지점에서 나는 내 질문, 비평, 불평에서 물러서야만 하고, 이 문제에 대한 성경 자체의 말을 받아들인다. 성경이 내게 모호하지 않게 말하는 바에 의하면, 세상의 구원을 위한 유일한 소망을 구성한 더 큰 내러티브가 있는데, 정복은 그 안에서 일어난 하나님의 행위라는 것이다.[26]

라이트는 하나님이 하셨다고 구약에 명시된 기록들을, 그것이 폭력에 관련된 것이라 하더라도, 하나님의 실재 행위로 수용한다. 반면에, 사이버트는 하나님이 직접 행하시거나 명령하셨다고 기록된 폭력들은 이스라엘 사람들이 당시 문화 속에서 하나님에 대한 이해를 투사한 것이지, 실제로 하나님의 행위나 명령이 아니었다고 주장한다. 이를 통해 하나님을 폭력의 족쇄에서 벗어나게 하려는 것이다. 그러나 라이트는 성경의 기록을 수용하는 것이 신학적 곤란을 수반한다 하더라도 자신이 이해하지 못하는 차원에서 하나님이 무엇인가를 이루어 가신다면, 자신은 겸손히 그 앞에서 침묵할 수밖에 없다고 말한다. 사이버트는 라이트의 이런 태도에 비판적이다.

---

26) 크리스토퍼 라이트, 『성경의 핵심 난제들에 답하다』(서울: 새물결플러스, 2013), 166; Eric Seibert, *The Violence of Scripture*, 108에서 인용.

비록 이 문제와 씨름하고 우리 인간의 한계를 인정하려는 라이트의 노력을 존중하지만, 우리가 "그것이 정당한 심판 행위였다는 성경의 견해를 받아들"여야만 한다는 것에는 동의하지 않는다. 또한 우리는 "질문, 비평, 불평에서 물러서"야만 한다고 믿지 않는다.27

사이버트는 이어서 이렇게 호소한다.

내 사고 방식에 의하면, 이렇게 하는 것은 본문을 윤리적으로 책임있게 읽지 못하는 것이다. 성경이 하나님을 인종학살을 명령하는 분으로 묘사하고, 본문이 남자, 여자, 어린이, 유아를 살해하는 것을 허락할 때, 우리는 목소리를 높여 말해야 한다. 하나님이 실제로 그러한 극악무도한 일을 뜻하신다고 사람들이 생각하지 않도록 인종학살의 부도덕성을 직면하고 비판해야 한다.28

사이버트의 이 호소는 이 글을 시작할 때 구분했던 두 가지 층위의 문제- 구약의 폭력 본문을 어떻게 이해할 것인가, 그리고 그것을 어떻게 적용할 것인가-를 결합시킨다. 지금까지 논의한 램이나 라이트의 경우 가나안 정복 전쟁을 하나님의 행동으로 이해하는 것과 그것을 현대에 적용하는 것을 분리한다. 그러나 사이버트는 전쟁과 같은 폭력적 행위를 하나님의 명령으로 이해한다면 비록 그 명령이 과거의 것이라 하더라도 그리스도인들이 그러한 명령을 현대에 자신에게 적용하려는 것을 막는 것은 현실적으로 불가능하다고 지적한다.

인정할 수 있는 것은, 여호수아 6-11장의 폭력을 옹호하는 많은 학자들이

27) Eric Seibert, *The Violence of Scripture*, 108.
28) Eric Seibert, *The Violence of Scripture*, 108.

> 정복 이야기가 오늘날 인종학살 행위를 정당화하는데 사용되어서는 안된다고 주저 없이 말한다는 것이다. 좋은 일이다. **그러나 그것만으로는 충분하지 않다.** 과거의 인종학살을 정당화하는 것은 오늘날의 인종학살을 정당화하는 문을 열게 된다는 것이 현실이다.[29]

요컨대, 만약 오늘날 인종 학살이 부당하다면, 과거의 기록에 대해서도 동일한 입장을 취해야 한다는 것이다. 이러한 사이버트의 주장은 앞서 언급한 것처럼, "실제 하나님" actual God과 "본문의 하나님" textual God을 구별하는 것에서 출발한다. 사이버트의 주장을 계속 살펴보자.

> 하나님이 전쟁을 원하고, 명하고, 허용하고, 또는 축복까지 한다고 이스라엘이 주장할 때, 우리는 이 주장이 어떤 것인지 인식해야만 한다. 그것은 문화적 제약 안에서 전쟁에 대한 신의 참여를 설명하는 것이다. 하나님이 전쟁을 허용하고, 적을 죽이고, 전투의 결과를 결정한다는 묘사는 그들의 역사적 맥락 속에서 말이 되는 생각이었다. 그러한 묘사가 하나님이 실제로 말씀하시고 행하신 것을 반영한다고 이해해서는 안된다.[30]

이러한 사이버트의 주장은 하나님에 대한 이해가 성경을 해석하는 데 있어서 더 중요한 기준이 되어야 한다는 생각에 토대한다. 그에 따르면 하나님은 결코 폭력적인 분이 아니기 때문에, 구약에서 하나님을 폭력적 존재로 묘사된 부분들은 이스라엘의 역사적 사고방식을 반영한 것일 뿐이라고 해석한다.

지금까지 살펴본 램, 사이버트, 라이트의 논의가 하나님의 명예를 지키려는 첫 번째와 세 번째 방식 사이의 논쟁이라면 아래 코판의 설명은 두 번째 방식

---

29) Eric Seibert, *The Violence of Scripture*, 108. 저자의 강조.
30) Eric Seibert, *The Violence of Scripture*, 108.

의 예를 보여준다.

VI. 구약이 묘사한 폭력은 실제로는 덜 잔인했나?

하나님의 명예를 지키는 두 번째 방식은 구약의 폭력과 전쟁에 대한 본문이 묘사하는 행위들은 우리가 이해하는 것 보다 덜 잔인한 행위였다고 설명하는 것이다. 예를 들어 코판Paul Copan은 가나안 정복 전쟁이 많은 사람들의 생각 보다는 훨씬 덜 광범위하고 덜 잔혹한 것이었다고 설명한다. 그의 설명을 요약해 보자.[31]

여호수아 10장 40절의 "이와 같이 여호수아가 온 땅 곧 산지와 남방과 평지와 경사지와 그 모든 왕을 쳐서 하나도 남기지 아니하고 무릇 호흡이 있는 자는 진멸하였으니 이스라엘의 하나님 여호와의 명하신 것과 같았더라"는 표현은 정복 전쟁의 철저함을 말하며 가나안 땅에 살아남은 사람이 없었다는 인상을 준다. 그러나 그 뒤에 나오는 사사기 2장 3절은 가나안 사람들이 남아 있다고 말한다. "그들이 너희 옆구리에 가시가 될 것이며" 가나안 사람들에 대한 일반적이 묘사 뿐 아니라 구체적인 민족의 경우에도 같은 현상을 관찰할 수 있다. 여호수아 11장 21-22절은 여호수아가 아낙 사람을 이스라엘 산지에서 완전히 멸절했다고 말한다. "그 때에 여호수아가… 온 산지에서 아낙 사람을 멸절하고… 그 성읍들을 진멸하였으므로 이스라엘 자손의 땅 안에는 아낙 사람이 하나도 남음이 없고" 그런데 14장 12절에서 갈렙은 산지를 여호와에게 요청하면서 이렇게 말한다. "이 산지를 내게 주소서 당신도 그 날에 들으셨거니와 그 곳에는 아낙 사람이 있고." 이와 더불어 하나님께서 주신 땅을 차지하러 가는 것을 지체하고 있는 이스라엘을 책망하는 여호수아 18장 3절과 같은 본문은 가나안 정복 전쟁이 수행된 방식에 대해 질문을 던지게 한다. 정복은 짧은 시간에 걸쳐 한 번에 이루어졌는가? 아니면 긴 시간

---

31) 폴 코판, 『구약 윤리학: 구약의 하나님은 윤리적인가?』, 360-70.

에 걸쳐 점차적으로 이루어졌는가? 이러한 관찰들을 토대로 코판은 이렇게 말한다.

> 이스라엘이 그들을 쫓아내는 데 실패했던 이유가 무엇이든, 그것이 불순종이었든 또는 하나님의 느리지만 확실한 접근이었든, 여호수아서는 이를 이스라엘이 가나안 족속을 모두 쫓아냈다는 포괄적인 언어로 표현했다.[32]

요컨대 여호수아서에 사용된 "진멸"이라는 단어는 살아남은 사람이 아무도 없는 특정한 상황을 묘사하는 표현이라기 보다 정복 전쟁에 대한 포괄적인 표현이라는 것이다. 그리고 그는 이러한 류의 과장법은 고대 근동의 전형적 문학 장치라고 설명한다. 예를 들어, 이집트의 투트모시스 3세는 "미탄니의 수많은 군대가 마치 지금 존재하지 않는 것처럼, 시간 내에 전복되어 완전히 소멸되었다"고 기록했으나, 실제로 미탄니의 군대는 15-14세기에도 살아남아 있었다.[33]

"진멸"이라고 번역된 "헤렘"/"헤렘으로 만들다"의 의미가 "한 명도 남김 없이 죽였다"는 뜻이 아닐 수 있다는 설명은 아말렉 족속에 대한 "진멸" 표현에서도 확인할 수 있다. 사무엘상 15장은 아말렉 "진멸" 명령과 그 명령의 실행을 기록한다. "아말렉을 쳐서 그들의 모든 소유를 남기지 말고 진멸하되 남녀와 소아와 젖먹는 아이와 우양과 약대와 나귀를 죽이라 하셨나이다"3절; "아말렉 사람의 왕 아각을 사로잡고 칼날로 그 모든 백성을 진멸하였으되"8절; "나는 실로 여호와의 목소리를 청종하여… 아말렉 사람을 진멸하였으나"20절 만일 이 구절들에 나오는 "진멸"이 "한 명도 살아남지 않았다"라는 의미라면 이제 성경

32) 폴 코판, 『구약 윤리학: 구약의 하나님은 윤리적인가?』, 363.

33) K. A. Kitchen, *On the Reliability of the Old Testament* (Grand Rapids: Eerdmans, 2004), 173; 폴 코판, 『구약 윤리학: 구약의 하나님은 윤리적인가?』, 364에서 재인용.

에서 아말렉은 등장할 수 없다. 그런데 그 뒤 사무엘상 27장에 이르면 아말렉이 다시 등장한다. 그리고 이번에는 다윗이 그들을 살려두지 않는다. "다윗과 그의 사람들이 올라가서… 아말렉 사람을 침노하였으니… 다윗이 그 땅을 쳐서 남녀를 살려 두지 아니하고"8–9절 여기에는 "진멸"이라는 표현이 명시적으로 사용되지 않지만 "남녀를 살려 두지 않았다"는 표현은 거의 같은 의미로 보인다. 그러니 아말렉은 벌써 두 번이나 "진멸"된 셈이다. 그런데 사무엘상 30장에 이르면 아말렉은 또 다시 등장한다. "… 아말렉 사람들이 이미 남방과 시글락을 침노하였는데"1절; "다윗이 아말렉 사람의 취하였던 모든 것을 도로 찾고 그 두 아내를 구원하였고"18절 "진멸" 되었던 아말렉은 불사조처럼 다시 등장할 뿐 아니라 이스라엘을 노략하기까지 했다. 이것도 마지막이 아니다. 역대기 4장 42–43절은 "피하여 남아 있는 아말렉 사람"을 언급한다.

지금까지 정리한 코판의 관찰을 요약해 보자. 구약에서 가나안 족속과 아말렉 족속이 헤렘의 대상이었다. 그런데 그 두 족속 모두 "진멸" 되었다는 진술 후에도 그들이 여전히 존재한다고 알려주는 본문들이 있다. 요컨대 이런 관찰은 "진멸"이라고 번역된 원래 히브리어 표현이 번역어의 인상이나 의미와는 달리 "아무도 살려주지 않고 모두를 죽임"이라는 의미가 아닐 가능성을 열어준다. 만일 그렇다면 "진멸"이라는 표현 때문에 매우 잔혹하게 보였던 구약의 폭력이나 전쟁은 사실 현대인들이 느끼는 만큼 잔혹하지 않았을 것이라는 설명이 가능하다.

VII. 가나안 정복 전쟁을 이해하는 세 가지 틀

하나님의 명예를 지키려는 세 가지 시도들–실제 하나님과 본문이 묘사하는 하나님을 구별해야 한다, 구약의 폭력은 묘사된 것 보다는 덜 잔혹한 것이었다, 구약의 폭력은 덕스러운 폭력이다–을 각각 사이버트, 코판, 램을 중심으로 살펴보았다. 이제 이들 논의에 등장했지만 아직 자세히 살펴보지 않은 크리스토퍼 라이트의 설명을 들어보자.

실제 하나님과 본문의 하나님을 구별해야 한다는 사이버트와는 달리 라이트는 하나님이 가나안 전쟁을 명령하셨다는 구약의 묘사를 수용한다. 그런 그는 가나안 전쟁을 어떻게 설명할까? 그는 먼저 결코 문제를 해결하지 못하고 막다른 골목에 이르는 세 가지 방식을 설명하고 이어서 가나안 정복 문제를 좀 더 의미있게 곱씹어 볼 수 있는 세 가지 틀을 제안한다. 막다른 골목에 이르게 되는 첫 번째 방식은 이 문제는 구약 성경의 문제이며 신약 성경이 이를 바로 잡았다고 여기는 것이다. 이 견해는 신약 성경이 구약 성경의 이야기를 이어 받는다는 사실을 너무 쉽게 간과한다.[34] 막다른 골목에 이르게 되는 두 번째 방식은 앞서 사이버트가 설명한 바와 유사하다. 이스라엘 사람들이 하나님의 명령을 받았다고 생각했지만, 그것은 그들의 잘못된 해석이라는 설명이다. 이 방식은 성경 저자 혹은 나래이터의 진술도 비평의 대상이 될 수 있다는 전제를 수용할 때만 가능하다. 막다른 골목에 이르게 되는 세 번째 방식은 정복 전쟁을 영적 전쟁에 대한 알레고리로 읽는 것이다. 그러나 라이트는 만약 가나안 정복 전쟁을 영적 전쟁에 대한 알레고리로 읽는다고 당시에 죽은 사람들이 사라지지 않는다고 지적한다.[35]

라이트가 제안하는 가나안 정복 전쟁 문제를 좀 더 적절히 이해할 수 있는 세 가지 틀은 다음과 같다. 첫째, 가나안 정복 전쟁은, 비록 하나님께서 명령하신 사건이지만, 구약 성경 전체의 다른 사건들과 비교했을 때 보편적이거나 규범적인 하나님의 방식이 아니다. 라이트는 가나안 정복과 출애굽을 대조한다. 출애굽은 하나님의 구원 역사에서 중심적인 사건으로, 포로 생활에서 돌아오는

34) 구약과 신약의 단절을 강조하는 이 견해는 필자와 같은 구약을 연구하는 그리스도인들에게는 그리 매력적이지 않다. 그러나 한편 팔복을 살피며 십자가를 "하나님의 사과"로 제안하는 필자의 주장은 크게 보아 이 첫 번째 해결 방식에 속할 수 있다.

35) 크리스토퍼 라이트, 『성경의 핵심 난제들에 답하다』, 117-31.

사건이나 예수님의 십자가 사건도 "출애굽"이라는 개념으로 설명될 정도로 구약 성경 전체에 걸쳐 중요한 주제로 자리 잡고 있다. 그러나 가나안 정복 전쟁은 특정 시기에만 국한된 독특하고 제한된 의미를 가진 사건으로 이해해야 한다.[36] 구약 성경 전체는 가나안 정복 전쟁에 집중된 책이 아니라고 라이트는 말한다. 두 번째 틀로, 라이트는 하나님의 주권적 정의 개념을 제시한다. 가나안 정복 전쟁은 폭력성 뿐 아니라, 편파성에 대해 문제가 될 수 있는데, 라이트는 하나님이 이스라엘을 특별히 편들지 않았다고 설명한다.[37] 이스라엘이 혈통적 이유로 가나안 사람들보다 우월하게 대우받지 않았으며, 그들이 가나안 사람들과 같은 모습을 보였을 때 동일한 심판을 받았다는 것이다. 여호수아서에서 가나안 땅을 정복하며 들어간 이스라엘은 열왕기에서 가나안 사람들과 같은 죄를 저지르고 동일한 운명에 처해 쫓겨난다. 세 번째로, 라이트는 하나님의 구원 계획의 궁극적 목표가 전쟁이 아닌 평화에 있다는 점을 강조한다. 하나님은 특정 시기에 전쟁을 통해 역사하셨지만, 궁극적으로 전쟁을 끝내고 평화를 이루는 이상을 추구하셨다고 설명한다. 이러한 큰 틀에서 보면, 가나안 정복 전

36) 그러나 출애굽 과정에서도 "폭력적" 상황들이 벌어지기에–특히 열 가지 재앙, 장자의 죽음, 이집트 군대의 몰살 등–출애굽이 보편적이거나 규범적인 하나님의 방식이라고 여기는 것은 사이버트에게는 문제가 될 것이다. 그는 이집트가 겪은 치명적인 상실에 대해서도 성찰할 것을 요청한다.(Eric Seibert, *The Violence of Scripture*, 42–4) 사이버트는 구약의 전쟁 관련 본문들을 읽을 때, 이렇게 일방적 시각을 버리고 이스라엘의 적에 대해서도 긍휼의 마음을 개발할 때 구약을 덜 폭력적으로 읽을 수 있다고 제안한다.(Eric Seibert, 121–22) 그의 이런 요청와 제안은 그리스도인이 현대 전쟁을 대하는 태도와 관련해 의미심장하다. 예를 들어, 이제는 이스라엘과 팔레스타인의 전쟁에서 신앙의 이름으로 한쪽을, 특히 이스라엘을 일방적으로 지지해서는 안되며, 이러한 태도는 구약의 전쟁 이야기를 긍휼의 마음을 가지고 읽을 때 함양할 수 있을 것이다.

37) 구약의 "구원론"에는 보편주의(universalism)와 선택주의(particularism)의 긴장이 있다. 전통적으로, 구약에서는 이스라엘이 선택된 민족으로서 하나님의 특별한 구원을 경험하는 특수한 역사가 강조된다. 그러나 동시에, 구약에는 하나님의 구원 역사가 특정 민족을 넘어 보편적인 차원에서 이루어지고 있음을 암시하는 본문들도 존재한다. 이 두 흐름과 관련해 신약에 이르러야 그리스도의 사역을 통한 구원 보편주의가 확고해진다는 이해가 일반적이다. 그러나 구약도 이미 보편적 구원 역사에 대한 강력한 증언을 담고 있다. 예를 들어, 아모스서 9장 7절은 하나님이 단지 이스라엘만을 애굽에서 구원하신 것이 아니라, 블레셋과 아람 민족에 대해서도 비슷한 구원을 베푸셨다고 언급한다. 하나님의 구원 역사는 모든 민족들에게 그들의 상황 속에서 베풀어졌다고 이해할 수 있다. 같은 맥락에서 신명기 2장은 하나님께서 에서의 자손, 모압과 암몬 자손에게도 기업을 주셨다고 말한다. 이는 땅을 기업으로 주는 것이 이스라엘 뿐 아니라 모든 민족에게 베풀어지는 하나님의 보편적 역사임을 시사한다.

쟁은 하나님의 구원 계획에서 부수적인 문제로 보일 수 있다. 하나님의 구원 역사 전체를 고려할 때, 전쟁은 일시적이며 제한된 사건이다.[38]

구약의 폭력에 대한 다양한 학자들의 견해와 논쟁을 살펴보았다. 그런데 이 논의들 중에서 완전히 만족스러운 것은 없을 것이다. 그럼에도 불구하고, 이러한 논의들을 통해 구약의 폭력의 문제를 다루어 보는 씨름은 실천적으로 중요한 의미가 있다. 앞서 언급한 것처럼, 그리스도인들이 성경에 익숙해질수록 그 안에 담긴 폭력에도 익숙해져 현실의 폭력에 둔감해질 수 있다. 그렇기에 이 주제를 깊이 성찰하는 과정은 비록 문제를 완전히 해결하지 못하더라도 전쟁과 폭력에 대한 그리스도인의 감수성을 높이는 데 기여할 수 있다.

Ⅷ. 폭력과 십자가

가나안 정복 전쟁에 대한 라이트의 논의는 십자가에 대한 논의로 마무리된다. 라이트는 가나안 정복 전쟁의 문제를 완전히 이해하지는 못한다 하더라도 하나님의 주권적 정의와 구속사에 대한 신뢰 가운데 질문을 그치게 되는 지점이 있다고 고백한다. 이는 코판의 고백과 결을 같이 한다. 코판은 가나안 족속 학살과 관련된 논의를 마무리하며 비평가들에게 답할 고백을 제안한다.

> 나는 가나안의 문제를 말끔히 해결할 수 없지만, 반역적인 인간에게 화해와 우정을 제공하기 위해서, 그런 극심한 길이와 깊이의 고통도 기꺼이 감당하심으로 이를 입증하신 하나님을 신뢰할 수 있다.[39]

비록 가나안 정복 전쟁에 대한 완전한 이해에 이르지는 못하지만, 십자가 사

38) 크리스토퍼 라이트, 『성경의 핵심 난제들에 답하다』, 133-67.
39) 폴 코판, 『구약 윤리학: 구약의 하나님은 윤리적인가?』, 420.

건을 통해 인간의 고통 문제를 기꺼이 감당하신 하나님을 신뢰할 수 있다는 라이트와 코판의 고백들은 문제를 우회하는 것으로 보이기는 하지만 인간 관계의 비유를 통해 그 타당성을 가늠해 볼 수 있다.

내가 누군가를 평화주의자로 알고 있다고 가정해 보자. 지금까지의 관계 속에서 그 사람을 평화주의자로 알아 왔는데, 어느 날 그 사람이 평화를 깨는 행동을 한다면 나는 혼란스러워하며 그 사람이 왜 그렇게 행동했을까 고민할 것이다. 그러나 그러한 의문을 일으키는 사건이 너무 잦거나 너무 충격적이지 않은 한, 나는 그 사람이 그런 행동을 하는 이유가 있을 것이라고 믿으며, 비록 이해하지 못하더라도 그 사람에 대한 신뢰를 유지할 수 있다. 그러나 이해하지 못하는 일이 반복적으로 쌓인다면, 결국 “내가 그 사람을 잘못 알았나?”라고 질문하게 될 것이다. 그럴 때 그동안 쌓아온 신뢰는 도전 받는다.[40]

이와 같은 방식으로, 구약에 나타난 “신적 폭력”에 대한 묘사와 관련된 논의와 고민은 하나님을 이해하는 과정의 부분이다. 여기서 핵심적인 질문은, 폭력적인 사건들을 포함한 구약 성경 전체가 하나님을 어떤 분으로 제시하느냐이다. 여전히 여러 난점이 존재하지만, 구약 성경은 전체적으로 하나님이 사랑의 하나님이라고 제시한다.[41] 비록 어려운 본문들이 존재하지만 이는 여전히 또는 아직까지 구약 성경이 제공하는 가장 중요한 신학적 틀이다. 여기서 “아직까지”라는 표현을 사용하는 이유는 이렇다. 더 많은 구약 본문들이 하나님의 사랑과 충돌된다고 생각하게 되거나, 혹은 실제 삶의 경험들이 하나님의 사랑과 선하심에 대해 계속해서 질문을 던지게 만든다면, 어느 시점에서 “내가 하

40) 비슷한 예시가 Gregory A. Boyd, *Cross Vision: How the Crucifixion of Jesus Makes Sense of Old Testament Violence* (Minneapolis: Fortress Press, 2017), ix-xi와 그레고리 보이드, 『전사 하나님의 십자가에 죽으심 2권: 십자가 형태의 논지』 (서울: CLC, 2022), 6-10에 나온다. 저자는 만일 자신의 아내가 평소 자신이 알고 있는 성품과 전혀 다른 행동을 하는 것을 보게 되었을 때, 그 행동을 어떻게 이해/설명/해석해 나가야 하는지에 대한 논의를 펼친다.

41) Iain Provan, *Seriously Dangerous Religion: What the Old Testament Really Says and Why It Matters* (Waco: Baylor University Press, 2014), 62-5.

나님을 잘못 알고 있었구나," 즉, 하나님이 선하신 사랑의 하나님이 아닐 수도 있다는 실존적 결론에 이르게 될 가능성을 열어 놓았기 때문이다. 이 가능성을 열어 놓은 이유는 타인의 관점에 대해 민감하고 감수성 있게 접근하는 것이 중요하기 때문이다. 어떤 이들은 실제로 앞서 말한 임계점을 넘어 하나님에 대한 신뢰가 흔들리는 경험을 한다.[42]

결국, "신적 폭력"에 대한 논의와 씨름은 단순한 신학 논쟁을 넘어 신앙의 여정 속에서 하나님에 대한 이해를 넓혀가는 일련의 과정이다. 라이트는 이러한 과정 속에서 십자가가 하나님이 어떤 분인지를 결정적으로 보여준다고 말한다. 이 지점에서 라이트와 사이버트는 만난다고 볼 수 있다 가나안 정복 전쟁과 같은 문제들을 우리가 완전히 이해하지 못하더라도, 십자가를 바라볼 때 그 문제가 하나님을 불신하게 만들 정도의 사건은 아니며 가나안 정복 전쟁과 같은 사건들을 더 큰 맥락, 특히 십자가의 빛 아래에서 읽어야 한다고 강조한다.

> 그 성경 전체의 관점 안에서 가나안으로 가는 길은 갈보리로 가는 길을 따르는 작은 한 구간이었다. 그 관점에서 나는 그것을 하나님의 백성이 찬양하도록 부름 받은 하나님의 능력의 행위들 가운데 포함시키는 것 외에 다른 것을 할 수 없다. 나는 정복을 십자가의 빛 아래에서 읽어야만 한다.
>
> 그리고 정복을 십자가의 빛 아래 두었을 때 나는 한 가지를 더 보게 된다. 십자가에도 가장 끔찍하고 악한 인간의 폭력이 연루됐으며, 동시에 이 십자가에 인간의 죄에 대한 하나님의 심판이 퍼부어지게 되었다는 것이다. 물론 결정적인 차이는 있다. 정복에서는 하나님이 심판 받아 마땅한 악한 사회에 자신의 심판을 쏟아부으셨지만, 십자가에서는 인간의 악함에 대한 자신의 심판을 자신에게 지우셨다. 그분의 죄 없는 아들, 심판 받을 이유가

42) Matthew Lynch, *Flood and Fury*, 2-4에 나오는 James의 이야기를 보라.

조금도 없는 분을 통해서 말이다.[43]

라이트는 죄를 심판하는 하나님의 방식과 관련해 가나안 정복과 십자가를 대조한다. 가나안 정복 전쟁에서는 하나님께서 악한 사회에 대해 그들의 죄악을 심판하셨지만, 십자가에서는 그 심판을 그리스도 안의 하나님이 스스로 감당하셨다는 것이다. 이러한 라이트의 설명은 가나안 정복 전쟁과 십자가 사건에서 나타나는 하나님의 심판 방식의 차이가 현재 우리에게 어떤 의미를 주는지, 그리고 이를 신학적으로 어떻게 묘사할 수 있을지에 대한 고민을 촉발시킨다. 이러한 고민 가운데 나는 십자가를 "하나님의 사과"로 이해하는 것을 제안한다.

IX. 온유의 십자가, 하나님의 사과[44]

십자가를 "하나님의 사과"로 이해하는 것을 제안하면서 십자가와 온유를 연결하는 이유는 이 제안이 마태복음 5장의 팔복 중 "온유한 자는 복이 있나니 그들이 땅을 기업으로 받을 것임이요" 마5:5 라는 구절에 대한 성찰에서 시작하기 때문이다. 마태복음 5장 5절의 구약적 배경으로 언급되는 시편 37편을 제외하고 "온유함"와 "땅을 기업으로 받는다"는 개념을 연결하는 것은 구약에서는 낯설다. 구약에서 땅을 기업으로 받는 과정은 주로 전쟁이었기 때문이다. 가나안 정복 전쟁이 그 대표적 예다. 수11:23, 12:6 참고 그러나 마태복음 5장 5절은 이와는 전혀 다른 방식−온유한 사람이 땅을 기업으로 받는다−을 선언한다.

43) 크리스토퍼 라이트, 『성경의 핵심 난제들에 답하다』, 166.

44) 이 단락은 전성민, 『팔복, 예수님의 세계관』 (서울: 성서유니온, 2023), 83−104에서 제안한 논의를 좀 더 발전시킨 것으로 『팔복』의 내용과 유사한 부분들이 있다. 십자가를 "하나님의 사과"로 이해하자는 제안은 "하나님의 사과"가 십자가의 의미 전부라고 말하는 것은 당연히 아니다. Jaeha Woo, "The Cross as Divine Apology," unpublished manuscript, 12.

온유함이 다른 사람을 위해 자신의 권리나 힘을 내려놓는 것을 의미한다면, 예수님께서 십자가에서 힘을 발휘할 수 있었음에도 불구하고 타인을 위해 그 힘을 포기하셨던 것은 온유함의 가장 분명한 모습이다.[45] 그리고 이렇게 예수님의 온유함이 가장 극명하게 드러난 십자가는 하나님의 심판의 방식과 관련해 새로운 시대를 알리는 선언이다. 라이트의 설명처럼, 십자가 이전에는 죄악의 책임이 있는 당사자들이 심판을 받았지만 십자가에서 하나님은 그 죄악의 심판을 스스로 감당하셨다. 십자가는 하나님께서 세상의 죄를 다루시는 방식이 바뀌었음 보여주는 중요한 전환점이다. 그리고 이러한 전환은 구약의 폭력, 특히 하나님의 심판으로 이해되는 폭력을 이해하고 적용하는데 영향을 미쳐야 한다.

더불어 십자가를 "하나님의 사과"로 이해하는 제안하게 된 개인적 경험이 있다. 가나안 정복 전쟁에 대한 질문을 다양한 상황에서 반복적으로 받으면서, 더 이상 질문이 필요 없는 만족스러운 대답은 무엇일까를 한 모임에서 되물어 본 적이 있다. 이 때 두 가지 대답이면 만족할 수 있다는 말을 들었다. 만일 가나안 정복 전쟁이 하나님께서 명령하신 것이 아니라는 설명이 납득될 수 있다면, 그것으로 충분하겠다는 것이다. 그러나 여러 이유로 본문의 명령을 실제로 하나님께서 내리신 것으로 받아들여야 한다면 하나님께서 그 명령에 하셨던 것에 대해 사과해 주신다면 더 이상 질문하지 않을 수 있을 것이라는 말을 들었다. 즉, 하나님이 예전에 그러한 명령을 내리셨더라도, 그것에 대해 사과가 이루어진다면 더 이상 이 문제를 묻지 않겠다는 것이다. 첫 번째 대답은 이미 사이버트와 같은 신학자들이 시도했던 것이지만, 두 번째 요청은 파격적이고 당황스럽기도 했다. 이 요청은 하나님에게 "당신이 잘못했으니 미안하다고 말해야 한다"고 다그치는 "신성 모독"의 가능성도 내포한 난감한 요청이다. 그러나 가나안 정복 전쟁에 대한 성찰을 십자가와 연결시키는 크리스토퍼 라이트의 신학적

45) 전성민, 『팔복』, 87-91.

제안을 토대로 하고, 사과라는 개념에 상응하는 성경의 표현들을 확인하고, 윤리학적으로 사과하는 행위가 반드시 도덕적 결함을 전제하지 않아도 된다면 전통적인 신론을 유지하면서도 십자가 사건을 하나님의 사과로 이해할 수 있는 가능성을 모색해 볼 수 있을 것이다.

X. 사과에 상응하는 성경의 표현들

진정한 사과의 특징을 고찰할 때, 두 가지 핵심 요소를 상정할 수 있다. 첫째, 잘못된 행동에 대한 유감 표명이 포함되어야 한다. 둘째, 동일한 행동이 반복되지 않을 것이라는 재발 방지의 약속과 새로운 대안이 뒤따라야 한다. 과연 하나님은 유감 표명을 하시거나 하실 수 있으신가? 또한 기존의 방식을 바꾸기도 하시는가? 만일 이 두 질문에 대해 "그렇다"라고 대답할 수 있다면 십자가 사건을 하나님의 사과라고 할 수 있는 근거가 생길 것이다.

먼저, 하나님이 유감을 표명하신 본문이 있는지 살펴보자. "여호와께서 땅 위에 사람 지으셨음을 한탄하사 마음에 근심하시고… 이는 내가 그것들을 지었음을 한탄함이니라"라는 창세기 6장 6-7절에서 "한탄"이라고 번역된 표현은 히. 나함. 니팔. 아래의 모든 용례들도 모두 이 동사의 같은 어형이다 하나님께서 자신이 행하신 일에 대해 유감을 표명하셨다는 해석을 가능하게 한다. "뜻을 돌이키다"라고 번역되어 하나님이 내리시려던 재앙을 철회하신 것을 표현하는 경우도 있다. 렘18:8; 26:3,13; 42:10; 욜2:13; 욘3:9 이러한 행동들은 하나님의 인자하심에 따른 것으로, 시편 106편 45절에서도 그러한 맥락을 확인할 수 있다. "그들을 위하여 그의 언약을 기억하시고 그 크신 인자하심을 따라 뜻을 돌이키사" 또한, 하나님은 사울을 왕으로 세운 것을 "후회"하셨으며삼상15:11, 35, 다윗의 인구조사로 인해 재앙을 내린 것에 대해서 "뉘우치셨다"개역개정, 삼하24:16; 대상21:15 이와 같은 구절들은 하나님께서 자신의 결정이나 행동에 대해 유감을 표명하신 전례가 있다는 것을 보여준다. 성경에서 "한탄," "뜻을 돌이킴," "후회," "뉘우침" 등으로 번역된 표현은 하나님께서 어떤 방식으로든 자신이 내리신 결정에 대해 재고하시는 모습을 보여준다. 따라서 첫 번째 질문, "하나님이 자신이 하셨던 일에 대해 유감을 표명하실 수 있는가?"에 대한 성경 표현에 근거한 답변은 "그렇다"이다. 이제 "하나님의 방식은 바뀔 수 있는가?"라는 두 번째 질문과 관련한 답은 홍수 이후 하나님의 언약에서 찾을 수 있다. "다시는 물로 세상을 심판하지 않겠다"창9:11는 하나님의 선언은 세상을 다루시는 방식, 특히 심판의 방식에 있어 과거와는 다른 새로운 방식을 선언하신 것이다.

사과의 특징과 관련해 하나님의 사과 가능성을 확인하는 두 가지 질문에 대해서 성경의 표현들은 모두 "그렇다"라는 답을 제시한다. 하나님이 사과하실 수 있다면, 십자가를 하나님의 사과라고 할 수 있는가? 여기서 가나안 전쟁과 십자가의 차이에 대한 라이트의 설명을 다시 생각해 보자. "정복에서는 하나님이 심판 받아 마땅한 악한 사회에 자신의 심판을 쏟아부으셨지만, 십자가에서는 인간의 악함에 대한 자신의 심판을 자신에게 지우셨다."[46] 만일 이 차이가 일회적인 사건이 아니라 십자가 이후 계속 유효하다면 십자가 사건은 하나님께서 과거의 심판 방식에 대해 유감을 표명하고 더 이상 죄인들을 직접 심판하는 방식이 아닌 자기 희생을 통해 세상의 죄를 다루시는 새로운 방식을 제시하신 사건으로 볼 수 있다. 그리고 그것은 하나님의 사과라 표현할 수 있다. 이는 과거의 폭력적 심판 방식을 종식시키고, 새로운 방식으로 죄를 다루는 하나님의 구속 계획을 보여주는 신학적 전환점이라 할 수 있다.

구약의 폭력의 문제를 다룰 때 이해와 적용의 층위가 있다고 이야기했다. 이와 관련해 십자가를 하나님의 사과로 해석하는 것은 단순히 이해의 층위에 머무르지 않는다. 적용의 층위에서, 그리스도인들은 더 이상 하나님의 대리인으로서 악을 심판하는 역할을 주장할 수 없다. 만약 세상의 죄와 악을 해결해야

---

46) 크리스토퍼 라이트, 『성경의 핵심 난제들에 답하다』, 166.

한다고 생각한다면, 그리스도인들의 방식은 하나님께서 보여주신 자기 희생의 방식이어야 한다. 요컨대 이 글 전체의 실천적 핵심 고민은 누군가가 개인적이거나 국가적인 차원에서 "이것이 악에 대한 하나님의 심판이다"라고 주장하며 자신의 폭력을 하나님의 대리 행위로 정당화할 때, 그것을 어떻게 평가할 수 있을 것인가이다. 그런데 만일 십자가 사건을 하나님께서 더 이상 과거의 방식으로 세상을 심판하지 않겠다고 선언하신 하나님의 사과로 이해할 수 있다면, 자신이 폭력적 방식으로 하나님의 심판을 대리한다는 주장은 더 이상 정당화될 수 없다.[47]

XI. 도덕적 결함이 없는 존재가 사과하는 경우들

십자가를 하나님의 사과로 이해하는 제안에 대한 마지막 검토는 과연 하나님의 사과라는 개념이 하나님의 도덕적 결함을 전제하지 않아도 가능한지 생각해 보는 것이다. 우재하Jaeha Woo는 "신적 사과로서의 십자가"The Cross as Divine Apology라는 미간행 논문에서 도덕적 결함이 없는 존재가 사과할 수 있는 세 가지 경우들을 다음과 같이 논증한다.[48] 첫 번째 경우는 어떤 바람직하지 않은 결과의 원인으로 결부 되었을 경우다. 예를 들어, 어떤 사람이 여행을 마칠 즈음에 마침 판데믹이 시작되어 돌아오는 비행기에서 바이러스에 감염되고 그로 인해 주변에 피해가 생겼다 하더라도 이 사람이 도덕적 잘못을 한 것은 아니다. 하지만 그 사람이 주변의 피해에 원인을 제공하게 된 것에 대해 사과할 수

---

47) 그레고리 보이드도 "신적 폭력"이라는 문제와 관련해 십자가를 논의의 핵심으로 여긴다. 그는 십자가는 "전사이신 하나님"이 죽으신 곳으로, 그런 십자가의 빛 아래서 구약의 "신적 폭력" 본문들을 이해해야 한다고 논증한다. 그레고리 보이드, 『전사 하나님의 십자가에서 죽으심』, 2 vols. (서울: CLC, 2022)

48) Jaeha Woo, "The Cross as Divine Apology," unpublished manuscript, 2–6. 이어지는 XI장의 나머지 내용은 우재하의 설명과 예들을 나의 말로 요약 정리한 것으로 우재하의 탁월한 논증을 정확히 파악하려면 그의 글을 직접 읽을 것을 권한다.

있다. 도덕적 결함이 없는 존재가 사과할 수 있는 두 번째 경우는 자신에게 주어진 의무를 다하지 못한 경우다. 이러한 경우가 자주 발생하는 상황은 다양한 의무가 충돌할 때다. 다양한 의무들 중에서 더 중요하거나 시급한 의무를 선택하게 되어 다른 의무를 충족시키지 못한 것이 도덕적 잘못은 아니지만 그에 대해 사과할 수 있다. 하필이면 아들의 축구 시합과 딸의 연주회 일정이 겹쳤을 때, 상대적으로 드물게 벌어지는 딸의 연주회에 참석했고 이 때문에 아들의 축구 시합에 응원가지 못한 것은 도덕적 잘못은 아니지만, 아들에게 사과할 수 있다. 세 번째 경우는 대신 사과하는 경우이다. 자신의 잘못은 아니지만 잘못을 한 사람과 특별한 관계에 있을 때-예를 들어 정체성을부분적으로 공유할 때-잘못한 사람을 대신해서 사과할 수 있다. 가족 중 한 명의 잘못을 대신해 가족 중 누군가가 가족의 이름으로 사과를 하거나 정치 또는 종교 지도자가 그가 지도자로 있는 그룹의 과거 잘못에 대해 사과하는 경우가 예가 될 수 있다. 이 때 사과하는 개인은 도덕적 잘못이 없지만, 자신이 속한 그룹과 정체성을 공유하며 대신 사과할 수 있다. 도덕적 결함이 없는 존재도 사과할 수 있는 다양한 상황에 대한 우재하의 논의는 하나님의 사과라는 개념이 하나님을 도덕적 결함이 있는 존재로 여기는 것이 아닐 수 있는 가능성을 열어준다.

우재하는 하나님의 사과 가능성에 대한 자신의 논의가 일반적인 유신론의 신관과 잘 어울린다고까지 논증한다. 첫째, 전통적인 유신론에서 하나님은 제일원인으로 세계에서 벌어지는 모든 결과들에 직간접적 원인이다. 둘째, 하나님에게 (1)사람의 자유의지를 존중하며 창조 질서와 원리를 유지하는 것과 (2) 세계에 적극적이고 지속적으로 개입하는 것은 우선 순위가 다를 수 있으며, 이로 인해 하나님의 적극적인 개입이 없어 벌어지는 일들이 있을 수 있다. 세째, 창조주 하나님은 모든 피조물의 지도자 같은 존재이다. 신정론과 관련된 우재하의 논의에서 그가 말하는 하나님의 사과는 세상의 악에 대한 하나님의 사과다. 반면 필자가 생각하는 하나님의 사과는 폭력적 방법을 사용한 심판에 대한 사과로 우재하의 논의와 배경이 다르다. 그렇지만 하나님의 사과 가능성에 대한 그의 논의를 필자의 제안에 적용하는 것은 가능하다.

XII. 나가며: 기독교 세계관이 폭력적이 될 위험을 극복하기

지금까지 구약의 "신적 폭력"에 대한 다양한 견해들을 살펴보고, 이와 관련해 십자가를 하나님의 사과로 이해하는 것을 제안한 이유와 그런 제안이 타당할 수 있는 신학적, 성경적, 윤리학적 논의를 정리했다. 하나님은 십자가를 통해 과거의 폭력적 심판 방식을 유감으로 여기시고, 온유와 희생을 통해 세상의 죄와 악을 해결하는 새로운 길을 열어 보이셨다. 이러한 이해를 받아들인다면 그리스도인들은 더 이상 폭력을 하나님의 대리 행위로 정당화할 수 없다. 구약의 심판과 정복의 언어는 더 이상 신앙의 이름으로 행하는 폭력의 근거가 될 수 없으며, 십자가는 이와 같은 폭력적 심판의 종식을 선언한다. 그리스도인들은 이제 하나님께서 보여주신 자기희생의 본을 따라 세상의 악에 대항해야 하며, 폭력 대신 온유와 사랑의 방식을 선택해야 한다. 십자가를 통한 하나님의 사과를 받아들일 때, 그리스도인들은 신앙적 폭력과 정당화를 거부하고, 화해와 평화를 추구하는 길을 선택해야 할 것이다.

이제 십자가를 하나님의 사과로 이해하는 것을 제안하게 된 개인적 맥락을 나누고 글을 마치려 한다. 필자는 현재 밴쿠버기독교세계관대학원에서 기독교 세계관을 연구하고 가르치고 있다. 그러다 보니 한국 사회와 한국 기독교 맥락 속에서 기독교 세계관이 어떻게 형성되고 다루어지는지에 관심을 가지게 되었다. 그러면서 기독교 세계관과 함께 자주 등장하는 개념이 바로 "전쟁"이라는 점에 주목하게 되었다. 심지어 "세계관 전쟁"이라는 표현도 빈번하게 사용된다. 이는 기독교 세계관이 옳은 세계관이고, 그렇지 않은 다른 세계관들은 잘못된 "반기독교적" 세계관이라는 이분법적 대결에서 기인한 것이다. 또한 이러한 전쟁 개념은 "땅을 차지한다"는 비유적 표현과도 종종 함께 한다. 이런 표현은 하나님의 주권을 확보하고 선포한다는 의미로 하나님의 다스리시는 땅을 확장하고 지키기 위해 "전쟁"이 불가피하다는 생각을 하게 만든다.

그러나 팔복은 이러한 생각을 근본적으로 뒤집는다. "온유한 자는 복이 있나니, 그들이 땅을 기업으로 받을 것"이라는 예수님의 말씀은 한국 교회 내에서 자주 사용되는 세계관 전쟁이라는 개념에 근본적인 질문을 던진다. 팔복은 하나님의 주권을 회복, 확립, 확장하는 것이 무례하고 폭력적인 전쟁이 아니라 십자가에서 보여주신 온유함을 통해 이루어진다는 사실을 선언한다. 무례하고 폭력적인 "전쟁"은 더 이상 하나님의 통치를 회복하는 길이 아니다. 결국 하나님의 사과인 온유의 십자가는 평화의 복음을 드러낸 사건이다. 복음은 본질적으로 하나님이 통치하신다는 선언이며, 그 통치의 방식은 전쟁과 폭력이 아닌 온유와 자기 희생이니, 복음은 평화의 복음일 수 밖에 없다. 복음에 대한 이런 이해가 기독교 세계관이 진리 수호라는 명분 아래 폭력적이 되는 위험을 극복하게 할 것이다. 우리가 추구해야 하는 기독교 세계관은 대결이 아니라 대화와 평화의 세계관이다.

예수의 왕권과 그의 나라(요18:33-38a)[1]

조 석 민
기독연구원 느헤미야/신약학

I. 들어가는 말

요한복음 18-19장의 수난사화 기록에 따르면 예수는 대제사장과 유대인들로부터 고발되어 십자가에 못 박혀 처형되었고, 그 십자가패 위에는 '나사렛 예수 유대인의 왕' 이라고 기록되었다. 요 19:19-22 하지만 예수가 '유대인의 왕' 이란 이름표아래 십자가 처형을 당했으나, 자신의 왕권을 명시적으로 주장한 것은 요한복음에서 찾아보기 어렵다. 물론 다른 사람이 예수를 왕으로 호칭한 경우는 쉽게 찾아 볼 수 있다. 요 1:49; 6:15; 12:13, 15; 18:33, 37, 39; 19:3, 12, 14, 15, 19, 21 요한복음 수난사화의 여러 장면들 속에서 특히, 요한복음 18:33-38a 단락은 예수가 자신의 왕권을 분명하게 주장한 것처럼 보이는 독특한 장면이다. 이 장면의 내용을 중심으로 다음과 같은 질문을 통해 예수의 왕권과 그의 나라의 의미를 확인해 볼 것이다.

빌라도는 예수를 심문하면서 계속하여 '유대인의 왕' ὁ βασιλεὺς τῶν Ἰουδαίων '호 바실레우스 톤 유다이온' 이란 호칭을 사용한다. 18:33, 39; 19:3 왜 빌라도

1) 이 논문을 그 동안 기독연구원느헤미야에서 조직신학과 윤리학을 넘나들며 학생들을 가르치고, 한국교회의 당면한 신학적 주제를 함께 논의하고 고민했던 김동춘 교수의 정년퇴임을 맞이하여 은퇴를 축하하며 기념하여 헌정한다.

는 예수를 심문하면서 '유대인의 왕' 이란 호칭을 사용하고 있는가? 예수는 빌라도의 심문에 응답하면서 비록 '유대인의 왕' 이라고 시인하지 않지만 자신을 '왕' 이라고 직간접적으로 선언한 후에 '그의 나라' 에 대해서도 분명하게 언급한다. 예수가 언급한 '왕' 과 '그의 나라' 의 정체는 무엇인가? 예수의 왕권과 그의 나라는 무슨 관계이며 그 의미는 무엇인가?

이런 질문들에 답하기 위하여 첫째, 요한복음 18:33-38a의 단락의 앞뒤 문맥과 문학구조를 분석할 것이다. 둘째, 요한복음 18:33-38a의 장면을 세분하여 각각 석의할 것이다. 셋째, 요한복음에 등장하는 '왕' βασιλεύς, '바실레우스' 이란 단어를 통해서 이 단락에 나오는 예수의 왕권의 의미를 살펴보고, '그의 나라' 와 관련하여 예수의 국가관과 '하나님 나라' τὴν βασιλείαν τοῦ θεου, '텐 바실레이안 투 데우' 의 의미를 고찰할 것이다. 참조. 요 3:3, 5 특히 예수의 국가관을 고려할 때 요한복음 뿐 아니라 공관복음서 전반에 반영된 그의 사상을 요약하여 고려할 것이다. 마지막으로, 예수의 왕권과 그의 나라가 주는 의미에 대한 실천적 적용점을 고려해 볼 것이다.

II. 요한복음 18:33-38a의 전후 문맥과 문학구조

요한복음 18:33-38a의 단락은 요한복음 18:1-19:42의 보다 넓은 문맥 속에 포함되어 있는 작은 단락이다. 요한복음 18-19장은 예수 그리스도의 수난을 묘사하고 있다. 이 넓은 단락은 예수의 수난사화가 연속적으로 연결되는 하나의 문학단위를 구성하고 있다. 이 단락의 처음 부분인 18:1에서 "동산이 있다" ἦν κῆπος, '엔 케포스' 로 시작된 예수 수난사화는 역동적으로 중단 없이 이어지며 이야기의 마지막 단락인 19:41에서 "동산이 있다" ἦν … κῆπος, '엔 … 케포스' 로 끝나는 인클루지오 구조inclusio structure를 형성한다.[2] 이런 구조 속에서 전

2) F.J. Moloney, *The Gospel of John* (Sacra Pagina Series 4; Collegeville: Liturgical Press, 1998), 481-

체 내용은 다섯 단락으로 구분될 수 있다. 첫째, 가룟 유다의 배신과 체포당하신 예수18:1-11, 둘째, 대제사장과 예수 및 베드로의 예수 부인18:12-27, 셋째, 빌라도 총독의 예수 심문과 예수에 대한 무죄 선언18:28-19:16a, 넷째, 예수의 십자가 처형과 죽음19:16b-30, 다섯째, 예수의 시신과 장례19:31-42이다. 다섯 단락 가운데 우리가 살펴볼 내용은 셋째 단락18:28-19:16a에 포함되어 있다.[3]

셋째 단락18:28-19:16a은 빌라도가 당시 그 지역의 로마 총독으로 예수를 심문하는 장면이다. "빌라도"Πιλᾶτος, '필라토스'는 당시 로마가 유대 지역을 다스리기 위하여 파송하여 세운 이 지역의 최고 실권자로 아켈라오Archelaus가 폐위된 후 5번째 유대 총독으로 부임하여, CE 26-36년까지 유대, 사마리아, 이두매 지역을 다스렸다.[4] 빌라도는 대제사장과 유대인들에게 체포되어 넘겨진 예수를 총독 공관πραιτώριον, '프라이토리온'[5]의 뜰에 소환하고 예수를 심문한다. 그는 예수를 심문하면서 자신의 공관 안과 밖을 드나들고 있다. 이런 상황을 야기한 것은 다음과 같은 두 가지 이유 때문이다. 첫째, 유대인들이 당시 임박한 유월절을 지키기 위하여 이방인의 집에 들어가서 자기 몸을 부정하게 하지 않으려고 빌라도의 공관에 들어가지 않았기 때문이다. 둘째, 빌라도가 예수의 심문을 위하여 유대인들과 공적 의사소통을 해야 하기 때문이다. 이런 정황은 당시

---

82. 요한복음 18-19장 전체 구조를 A-B-C-B'-A' 라는 하나의 병행 구조(parallel structure)로 이해하려는 시도이다. Moloney는 수난사화의 전체 내용을 A 단락-(18:1-12), B 단락-(18:13-27), C 단락-(18:28-19:16), B' 단락-(19:17-30), A' 단락-(19:31-42) 으로 구분한다. 이 구조 속에서 중심 단락으로 이해하는 C 단락은 빌라도가 예수를 심문하면서 예수의 무죄를 세 차례 입증하고 있어서 동의할 수 있으나, 다른 단락 구분에 인위적 요소가 너무 많아 보이기에 동의하기 어렵다. 이와 다른 구조에 대한 제안에 대하여 이상훈, 『요한복음』(서울: 대한기독교서회, 1993), 507-11을 참조하라.

3) 자세한 내용을 위해 조석민, 『이해와 설교를 위한 요한복음』(고양: 이레서원, 2019), 435-71을 참조하라.

4) H.W. Hoehner, 'Pontius Pilate' in J.B. Green et al, (eds), *Dictionary of Jesus and the Gospels* (Leicester: IVP, 1992), 15-17; 게리 버지, 『NIV 적용주석: 요한복음』, 김병국 역 (서울: 솔로몬, 2011), 641-42를 보라.

5) F.W. Danker, ed., *A Greek-English Lexicon of the New Testament and Other Early Christian Literature* (Chicago and London: University of Chicago Press, 3rd edn, 2000), 859. πραιτώριον은 그 의미가 governor's official residence로 요즈음의 공관에 해당한다. NIV는 이 단어를 'the palace of the Roman governor' 라고 영역하였다.

빌라도가 예수를 심문하고 판결하는 재판이 그렇게 녹록한 일이 아니었음을 간접적으로 시사해준다.

이 셋째 단락18:28-19:16a은 수난사화의 핵심내용을 구성하는데, 각 단락의 내용과 빌라도의 동선을 따라 일곱 장면으로 세분하여 아래와 같이 나눌 수 있다.6

ⓐ18:28-32총독 공관 밖의 빌라도

ⓑ18:33-38a총독 공관 안의 빌라도

ⓒ18:38b-40총독 공관 밖의 빌라도

ⓓ19:1-3총독 공관 안의 빌라도

(c')19:4-8총독 공관 밖의 빌라도

(b')19:9-12총독 공관 안의 빌라도

(a')19:13-16a총독 공관 밖의 빌라도

이 셋째 단락의 구조는 d 단락을 중심축으로 전체 내용이 대칭구조를 이루고 있다. 대칭 구조는 먼저 a와 a' 가 대칭 구조를 이루고, b와 b' , 그리고 c와 c' 가 서로 대칭 구조를 형성한다. 각 단락의 내용은 빌라도가 예수를 심문하면서 움직이는 동선을 따라 전개되고 있다. 예수를 넘겨받은 빌라도가 예수를 공관 안에 세워두고 공관 안과 밖을 드나들며 예수를 고발한 유대인 당국자들과 군중들을 앞에 두고 심문하는 과정을 묘사한다. 이런 장면은 매우 이례적인 것으로 저자는 이런 상황이 발생한 이유를 임박한 유월절18:28 때문이라고 설명한다. 전체 일곱 장면 중에서 이 글에서 살펴볼 둘째 장면, b18:33-38a총독 공관 안의 빌

6) 필자와 이 단락의 문학구조 분석이 매우 유사하지만 미세한 차이를 제시한 주장에 대하여 C. S. Keener, *The Gospel of John*. 2 vols. (Peabody: Hendrickson, 2003), vol. 2, 1097; I. de la Potterie, *The Hour of Jesus: The Passion and the Resurrection of Jesus According to John* (New York: Alba House, 1989), 58-61을 참조하라.

라도이 포함되어 있다.

일곱 장면의 시작은 유대인들이 예수를 끌고 간 장소에서 시작되는데, 이곳은 당시 빌라도가 거주하는 로마 총독의 공관이었다. 유대인들이 대제사장 가야바에게서 새벽에 예수를 빌라도에게로 넘겨준 것이다. 18:28; 참조. 막 15:1 '새벽' πρωΐ, '프로이' 은 문자 그대로 '이른 시간' 을 의미하며, 이것은 로마인들이 밤 시간을 구분한 마지막 시간대로 새벽 3시에서 6시 사이를 뜻한다. 참조. BDAG, 892 이런 시간 설정은 안나스에 의해서 진행된 예수의 심문이 끝난 후에 곧 이어서 예수를 가야바에게 보냈고, 그를 빌라도의 공관 뜰로 다시 끌고 간 상황을 잘 설명하고 있다. 이런 경우 실제로 가야바는 예수를 심문하는 일에 관여하지 않았고, 대신 안나스가 예수를 부당하게 심문했던 것을 짐작할 수 있다. 18:12-14, 19-24

빌라도가 예수를 심문하는 것은 이른 새벽 시간이었다. 이 심문이 진행된 후 결국 예수를 재판하게 되었을 때, 빌라도는 재판석에 앉아서 예수가 십자가 형벌을 받도록 최종적으로 판결한 것이다. 19:13 빌라도가 예수를 심문하고 재판한 시간이 이른 새벽시간이 된 것은 유대인들의 요청에 의한 것으로, 그들은 곧 다가올 유월절과 겹치는 안식일 때문에 시간이 매우 급했던 것이다.[7] '저희가 더럽힘을 받지 아니하고 유월절 잔치를 먹고자하여' 18:28는 당시 유대인들이 유월절을 지키는 관습에 대하여 저자가 설명한 것으로, 구약성경에는 유대인들이 이방인의 집에 들어갔다 나오면 부정한 것이어서 유월절 잔치를 먹을 수 없었고, 하루가 지나고 옷을 빨아야 정결해지기 때문이다. 참조. 레 11:24; 14:25; 민 19:7; 신 23:11

빌라도가 예수를 직접 심문하는 일곱 장면의 내용을 요약하면 다음과 같다. 첫째 장면(a)18:28-32은 대제사장과 유대인들이 새벽에 예수를 빌라도의 공

---

7) A.N. Sherwin-White, *Roman Society and Roman Law in the New Testament* (Grand Rapids: Baker Book House, 1963), 45에서 Sherwin-White는 유대인들이 오전 6시쯤에 로마 총독을 만났다는 것을 이해하기 어려운 시간대라고 생각한다.

관으로 끌고 가서 고발하여 넘기며, 고발의 이유를 '행악자' κακὸν ποιῶν, 카콘 포이온 '라고 한다.18:30 유대인들은 이 행악자를 사형에 처하도록 고발한 것이다. 둘째 장면 (b)18:33-38a은 빌라도가 '네가 유대인의 왕이냐?' 라는 질문으로 시작한다. 이 장면에서 예수의 왕권과 그의 나라가 언급된다. 이 글에서 다루게 될 핵심 내용이다. 셋째 장면 (c)18:38b-40은 빌라도가 처음 예수의 무죄를 선언하는 장면이다. 빌라도가 예수의 무죄를 확인한 후 그를 사면하려고 시도한다. 하지만 유대인들은 예수의 석방에 극렬하게 반대한다. 넷째 장면 (d)19:1-3은 예수를 채찍질하며 고통을 주고 조롱하는 장면이다. 전체 일곱 단락에서 중심 내용을 담고 있다. 다섯째 장면 (c')19:4-8은 빌라도가 예수의 무죄를 두 번째로 선언하는 장면이다. 하지만 대제사장들과 대제사장의 사병들은 예수를 십자가에 못 박으라고 소리친다. 하지만 빌라도는 세 번째로 다시 예수의 무죄를 선언한다. 여섯째 장면 (b')19:9-12은 빌라도가 예수의 기원을 묻고 자신의 권한을 설명한다. 빌라도가 예수를 석방할 권세도 있다는 것을 말하면서 예수를 석방하려는 의도를 암시하지만, 유대인들은 빌라도를 정치적으로 협박한다. 일곱째 장면 (a')19:13-16a은 빌라도가 유대인들의 정치적 협박을 받고 자신이 세 번씩이나 죄가 없다고 무죄선언을 한 예수를 십자가에 못 박아 처형하도록 재판하고 그를 넘겨주는 장면이다.

Ⅲ. 요한복음 18:33-38a의 석의

1. "유대인의 왕"(18:33-35)

예수는 정말 스스로를 '유대인의 왕' 이라고 인식하고 주장했는가? 이 단락은 대제사장들과 유대인들이 예수를 새벽에 빌라도에 넘겨준 후 빌라도가 공관 안으로 들어가서 예수에게 '네가 유대인의 왕이냐?' 라고 질문을 시작하는 장면이다.33절 예수를 향해 '유대인의 왕' 이라고 호칭한 것은 빌라도가 처음이다. 이 질문을 통해서 저자는 독자들에게 요한복음의 예수를 왕으로 암시하며 소개하려는 의도를 보여준다. 빌라도는 유대인들이 예수를 '행악자' 라고 고발하여 넘겨줬을 때, 그들은 예수가 스스로 '유대인의 왕' 이라고 주장했던 것처럼 암시한다. 빌라도가 예수에게 '네가 유대인의 왕이냐?' 라고 질문한 것은 유대인들의 예수 고발 내용을 암시한 것으로 이해할 수 있다. 하지만 구체적인 증거를 본문에서 찾기는 어렵다. 빌라도가 예수께 '네가 유대인의 왕이냐?' 라고 질문한 것은 예수를 유대 민족의 해방자라고 인식한 것이다. 참조. 눅 23:2*8* 더욱이 빌라도의 질문은 매우 정치적인 질문이다. 빌라도는 유대 당국자들이 산헤드린공의회에서 예수를 고발한 내용을 이미 알고 있었던 것처럼 보인다.*9*

브라운R. E. Brown은 "'유대인의 왕' 은 팔레스타인에 로마가 나타나기 전 유대의 마지막 독립적인 통치자였던 하스몬 왕조에 의해 처음으로 사용된 특별한 호칭이었을 수 있다"*10*라고 설명한다. '유대인의 왕' 이란 표현은 실제로 요한복음에서 빌라도가 처음 사용한 것이다. 예수에 대한 믿음을 고백하는 나다나엘은 '이스라엘의 왕' 이란 고대의 호칭을 사용하여 예수의 정체성을 표현한다. 참조. 1:49 나다나엘의 고백이 요한복음에서 처음 예수를 왕이라고 부른 사례이다. 그 이후 요한복음에 '왕' βασιλεύς, '바실레우스' 이란 단어는 빈번하게 사용된다. 이 복음서의 전반부1-12장에서 ' 왕 '이란 단어는 요한복음 1:49; 6:15; 12:13, 15에 4회, 그리고 후반부13-21 에 모두 12회 나온다. 참조. 18:33, 37〈2회〉, 39; 19:3, 12, 14, 15〈2회〉, 19, 21〈2회〉 특히 요한복음의 예수 수난사화 속에서 예수는 왕으로 암시되고 있다.*11*

---

8) 빌라도가 예수를 향해 '네가 유대인의 왕이냐?' 라고 질문한 것은 유대 지도자들이 예수를 죽이기로 모의하고 작정한 후(참조. 요 5:16-18; 11:53) 산헤드린에서 예수를 사형에 처하도록 결정한 사실을 암시한다. 하지만 유대 권력자들은 사형을 집행할 권한을 갖고 있지 않았기에 로마 총독인 빌라도를 개입시켜야 했다. 게리 버지, 『NIV 적용주석: 요한복음』, 김병국 역 (서울: 솔로몬, 2010), 641-47을 참조하라.

9) 게리 버지, 『NIV 적용주석: 요한복음』, 642-44를 참조하라.

10) 레이몬드 E. 브라운, 『앵커바이블 요한복음 II: 영광의 책』, 최흥진 역 (서울: CLC, 2013), 1605.

11) S. Kim, *The Kingship of Jesus in the Gospel of John* (Eugene: Pickwick, 2018), 129-58을 보라.

빌라도에게 심문을 받던 예수께서 오히려 빌라도에게 '이는 네가 스스로 하는 말이냐 다른 사람들이 나에 대하여 네게 한 말이냐' 18:34라고 질문한다. 이 장면에서 심문자와 피심문자의 역할이 바뀌고 있는 것을 알 수 있다. 예수는 유대인들이 자신을 '유대인의 왕', 곧 정치적 해방자로 인식하고 있다는 것을 알 수 있다. 빌라도는 예수의 질문에 '내가 유대인이냐 네 나라 사람과 대제사장들이 너를 내게 넘겼으니 네가 무엇을 하였느냐' 18:35라고 대답한다. 빌라도의 대답에서 '내가 유대인이냐' 라는 반문과 '네 나라 사람' 이란 표현에서 당시 로마인들의 인종차별적이며 경멸적인 태도를 엿볼 수 있다. '네 나라 사람' 은 요한복음에서 산헤드린공의회 의원들 외에 유대의 모든 백성을 언급하는 유일한 경우이다. 빌라도는 예수가 대제사장과 유대인들에게 고발당하여 넘겨졌으니 무슨 악한 행위를 한 것인지 계속 심문한다. 계속되는 빌라도의 질문에 대한 예수의 대답은 36절에서 찾아 볼 수 있다.

2. **"내 나라"**(18:36)

빌라도가 예수께 '네가 무엇을 하였느냐?' 라고 심문한다. 예수는 빌라도의 질문에 직접 대답하기 보다는 '내 나라 ἡ βασιλεία ἡ ἐμὴ, 헤 바실레이아 헤 에메는 이 세상에 속한 것이 아니니라' 라고 대답하면서 '하나님 나라' 에 대한 설명을 시작한다. 예수께서 언급하신 '내 나라' 는 이 한 구절에서만 3회 사용되었는데, 이것이 요한복음에 나오는 전부이며, 모두 '하나님 나라' 를 의미한다. 요한복음에 '하나님 나라' βασιλείαν τοῦ θεοῦ, '바실레이안 투 데우' 는 3:3, 5에 두 번 나오는 것이 전부이다. ' 내 나라 '와' 하나님 나라 '를 모두 포함해서 하나님 나라는 요한복음 전체에서 5회 나오는 것이 전부이다. 공관복음서와 비교해 볼 때 이 표현의 사용빈도는 요한복음에서 상대적으로 매우 적다. 그 이유는 요한복음은 하나님 나라 대신에 하나님 나라의 본질인 영원한 생명, 즉 영생을 선호하여 '하나님 나라' 를 '영생' 으로 바꾸어서 사용하기 때문이다. 참조. 3:3, 5, 15 요한

복음에서 하나님 나라는 곧 영생이다.12

'하나님 나라' 또는 '하늘나라' 라는 표현의 사용빈도를 신약성서 전체에서 살펴볼 때 모두 113회 등장한다. 그 중에서 예수께서 직접 말씀하신 '하나님 나라' 또는 '하늘나라' 의 경우는 모두 72회로 마태복음 36회, 마가복음 13회, 누가복음 21회, 요한복음 2회 '내 나라' 3회를 포함하면 모두 5회이다. 예수 당시의 유대교 문학에서 '나라' 를 의미하는 헬라어는 '바실레이아' βασιλεία로 구약성경에 등장하는 히브리어 '말쿠트' מַלְכוּת와 함께 거의 언제나 하나님의 '통치' 또는 '왕권' 을 의미한다.13 예수께서 사용하신 '하나님 나라' 는 '하나님의 통치' 또는 '하나님의 왕권' 으로 이해되어야 한다. 그러므로 하나님 나라는 그리스도인이 죽어서 갈 미래의 어떤 장소나 제도적인 교회 조직체를 의미하는 것이 아니라, 하나님의 통치 또는 하나님의 왕권을 의미한다.

공관복음서의 저자들은 모두 예수의 사역과 가르침을 하나님 나라와 관련하여 소개하고 있다. 마가는 예수가 청중들을 향하여 공식적으로 처음 선포한 말씀이 "때가 찼고 하나님의 나라가 가까이 왔으니 회개하고 복음을 믿으라."마 1:15 14 라고 기록한다.

마태는 하나님 나라와 관련하여 먼저 "그 때에 세례 요한이 이르러 유대 광야에서 전파하여 말하되 회개하라 천국이 가까이 왔느니라' 하였다."마 3:1-2 라고 기록하면서 세례자 요한을 언급한다. 그 후에 마태는 "이 때부터 예수께서 비로소 전파하여 이르시되 회개하라 천국이 가까이 왔느니라 하시더라."마 4:17라고 기록하고 있다. 마태는 예수의 복음 선포 사역에 대하여 산상설교와 기적들마 5-9장을 소개하면서, 그 시작과 끝 부분에서 하나님 나라를 언급한다. "예수께서 온 갈릴리에 두루 다니사 그들의 회당에서 가르치시며 천국 복

---

12) 조석민, 『이해와 설교를 위한 요한복음』, 103-14를 참조하라.

13) S. Kim, *The Kingship of Jesus in the Gospel of John*, 130-34를 참조하라.

14) 이 글에서 한글성서의 인용은 특별한 언급이 없는 경우 모두 대한성서공회의 〈개역개정〉 성서를 인용한 것이다.

음을 전파하시며 백성 중의 모든 병과 모든 약한 것을 고치시니" 마 4:23 라고 기록한다. 또한 "예수께서 모든 도시와 마을에 두루 다니사 그들의 회당에서 가르치시며 천국 복음을 전파하시며 모든 병과 모든 약한 것을 고치시니라" 마 9:35 라고 기록하고 있다.

누가는 "예수께서 이르시되 내가 다른 동네들에서도 하나님의 나라 복음을 전하여야 하리니 나는 이 일을 위해 보내심을 받았노라 하시고 갈릴리 여러 회당에서 전도하시더라." 눅 4:43-44 라고 기록한다. 누가는 예수의 부활 이후에 이 땅에서 그의 마지막 사역을 기술하면서, 예수의 가르침의 주제가 하나님 나라라고 밝힌다. 누가는 "그가 고난 받으신 후에 또한 그들에게 확실한 많은 증거로 친히 살아 계심을 나타내사 사십 일 동안 그들에게 보이시며 하나님 나라의 일을 말씀하시니라" 행 1:3 라고 기록한다.

누가는 누가복음의 후편인 사도행전에서 사도들의 사역도 예수와 마찬가지로 하나님 나라와 관련되어 있음을 밝히고 있다. 누가는 유대지역을 벗어나 최초로 사마리아에서 복음을 전한 빌립의 사역에 대하여 하나님 나라를 전한 것으로 소개한다. 누가는 "빌립이 하나님 나라와 및 예수 그리스도의 이름에 관하여 전도함을 그들이 믿고 남녀가 다 세례를 받으니" 행 8:12 라고 기록한다. 이방인의 사도라고 불리는 바울 역시 그 사역의 중심이 하나님 나라라고 밝히고 있다. 바울이 에베소에서 석 달 동안 하나님 나라에 관해서 강론하였음을 누가는 "바울이 회당에 들어가 석 달 동안 담대히 하나님 나라에 관하여 강론하며 권면하되" 행 19:8 라고 기록한다.[15]

하지만 하나님 나라가 예수의 가르침에서 중요한 주제임에도 불구하고 예수는 한 번도 하나님 나라의 정의나 의미에 대해 설명하지 않았다. 이런 상황은

15) 바울은 여러 곳을 다니며 하나님 나라를 전하였다고 스스로 증언한다.(행 20:25) 심지어 바울이 자신의 삶의 마지막을 보낸 로마에서도 그는 아침부터 저녁까지 2년 동안 하나님 나라를 가르쳤다고 기록한다.(참조. 행28:16, 23, 30-31) 바울서신에서 '하나님 나라' 라는 직접적인 표현은 그렇게 자주 등장하지 않고, 오히려 '하나님 나라' 의 내용인 예수 그리스도의 죽음, 부활, 등이 많이 언급된다.

요한복음 3장에서 예수께서 니고데모에게 '하나님 나라'를 언급할 때도 전혀 예외가 아니다. 예수는 아무런 설명 없이 곧 바로 니고데모에게 하나님 나라를 언급했다. 이것은 예수와 동시대를 살고 있었던 당시 유대인 청중들 사이에 이미 하나님 나라에 대한 공감대가 어느 정도 형성되어 있었기 때문이라고 추측할 수 있다. 바울도 하나님 나라에 대한 개념을 정의하지 않고 사용하고 있다. 하지만 예수께서 선포하신 하나님 나라가 죽어서 가는 장소가 아니고, 제도적인 교회 조직체가 아니라면, 우리에게 그 의미가 생소한 것이 사실이다. 이런 점에서 예수께서 선포하신 복음의 내용인 하나님 나라의 의미가 무엇인지 확인할 필요가 있다.

이 구절에서 예수는 하나님 나라를 설명하면서 '내 나라'라고 선언하고, 가장 먼저 세상 나라와 본질적인 의미에서 구분하고 있다. 예수께서 언급하신 '내 나라'에서 헬라어 1인칭 소유대명사 '에메' ἐμὴ가 사용되었는데, 이것은 헬라어 문법상 소유 속격과 의미가 같다. 그 의미는 "소유 또는 소유물, 다른 밀접한 관계, 곧 가계, 특성, 의무, 습관을 나타낸다."[16] 하나님 나라가 예수의 나라, 예수께 속한 나라임을 분명하게 선언한 것이다, 더욱이 예수께서 '내 나라가 이 세상에 속하지 않았다'라고 선언한 것은 하나님 나라의 기원과 본질을 동시에 구별하여 설명한 것이다. 하나님 나라가 하나님께 속하고 이 세상의 정치적인 나라와 현격하게 구별된다는 사실을 언급한다.

이어지는 설명 속에서 예수는 '내 나라'가 이 세상의 정치적인 나라와 다르다는 것을 무력 사용을 기준으로 구분한다. 예수께서 "만일 내 나라가 이 세상에 속한 것이었더라면 내 종들이 싸워 나로 유대인들에게 넘겨지지 않게 하였으리라"라고 설명한다. 예수는 자신이 유대의 정치적 해방을 위해 세상에 오지 않았다는 사실을 분명히 밝히고, 그래서 자신이 정치적 해방자가 아니라는 것을 선언한 것이다. 하지만 빌라도는 예수의 말을 전혀 이해하지 못했다. 예수

16) 하성수 강지숙 편, 『그리스어 문법』(왜관: 분도출판사, 2005), 362.

가 이 땅에 오신 것은 하나님 나라를 선포하며, 그 나라와 그의 백성을 위해 일하시고 그들을 죽음에서 생명으로 건져내기 위한 목적이었다.

3. "내가 왕이다"와 "진리"(18:37-38a)

(1) "내가 왕이다"

빌라도가 예수께 심문하면서 "그러면 네가 왕이 아니냐" 18:37 라고 질문한 것은 예수의 말씀을 빌라도가 어느 정도 정치적으로 이해했다는 것을 암시한다. 빌라도의 질문 속에 사용된 헬라어 부사 '우쿤' οὐκοῦν은 질문을 시작하는 부사로 신약성서에서 여기만 나온다. 빌라도의 질문에 예수께서 "내 나라 '를 세 번씩이나 연속하여 언급하며 대답한다. 빌라도는 그 나라의 언급을 듣고 예수께 '그렇다면 네가 왕이냐?' οὐκοῦν βασιλεὺς εἶ σύ ;, ' 우쿤 바실레우스 에이 수? '라고 직접 질문한다. 하지만 빌라도의 질문에 예수는 "네 말과 같이 내가 왕이니라" σὺ λέγεις ὅτι βασιλεύς εἰμι, '수 레게이스 호티 바실레우스 에이미' 라고 단순하면서도 분명하게 대답한다. 이 헬라어 문장을 직역하면, '너는 내가 왕이라고 말한다.' 이다. 사실 이런 예수의 대답은 빌라도의 질문에 대한 긍정도 부정도 아닌 대답이다. 참조. 막 15:2 R. Bultmann 불트만은 예수께서 빌라도의 질문에 "그렇다. 네 말이 정확하다. 내가 왕이다"라고 단언한 것으로 받아들인다.[17] 하지만 엄격하게 말해서 헬라어의 문장은 예수의 설명이 자신의 왕권을 직접 주장하는 것도 아니며, 부정하는 것도 아닌 상황을 보여준다. 어쩌면 예수는 빌라도의 말을 이용하여 간접적으로 '내가 왕이다' βασιλεύς εἰμι, '바실레우스 에이미' 라고 강력하게 선언하는 형식을 취하고 있다.

더욱이 예수는 "내가 이를 위하여 태어났으며 이를 위하여 세상에 왔나니" 라고 강력하게 주장한다. 예수는 자신의 출생, 다시 말해서 요한복음의 언어

---

17) R. Bultmann, *The Gospel of John: A Commentary* (trans. G.R. Beasley-Murray; Philadelphia: Westminster Press, 1971), 654.

로 설명하면 이 세상에 성육신하신 이유를 제시한 것이다. 예수는 성육신하면서 이미 왕으로 오신 것이다. 비록 세상 사람들은 예수를 정치적 왕으로 이해하려고 했지만 예수는 세상 나라의 정치적 왕이 아니라, 하나님 나라의 왕으로 세상에 오신 것이다. 요한복음 1:49에서 나다나엘은 예수를 만난 후에 '당신은 하나님의 아들이시오 당신은 이스라엘의 임금이로소이다' 라고 예수의 왕권을 인정하고 고백한다. 이것은 요한복음에서 예수를 왕으로 인식한 첫 번째 사례이다.

요한복음 6:1-15에 기록된 오병이어의 기적 사건에서 군중들은 기적의 떡과 생선을 먹은 후에 예수의 정체성에 대하여 자신들을 로마의 식민 통치의 억압 상태로부터 해방시켜줄 정치적 왕으로 인식하고 왕 삼으려고 시도하였다. 하지만 예수는 그들의 요구에 반응하지 않았고, 유대 군중들의 정치적 왕 삼으려는 시도에는 전혀 관심이 없었다. 당시 유대의 정치적 상황은 유대인들을 로마의 압박에서 해방시켜줄 해방자를 요구하였다. 그런 상황 속에서 요한복음 12:12-19의 기록에 의하면 유월절 명절에 많은 군중들이 예수가 예루살렘에 오신다는 소식을 듣고 모여들었다. 예수께서 어린 나귀를 타고 [예루살렘으로] 들어오실 때, 군중들은 "종려나무 가지를 가지고 [예수를] 맞으러 나가 외치되 호산나 찬송하리로다 주의 이름으로 오시는 이 곧 이스라엘의 왕이시여 하더라." 12:13 라고 기록한다. 유대군중들은 예수를 자신들을 로마 식민통치의 압제에서 해방시켜줄 구원자, 해방자로 인식하고 예수를 향한 기대를 부풀렸다. 하지만 예수는 이런 군중들의 반응에는 결코 동의하지 않았고 자신의 구원사역을 계속 이어갔다. 예수는 십자가 처형 선고를 받기까지 자신이 이 땅에 왕으로 태어나셨고, 이 세상을 구원하기 위한 왕으로 오셨다는 사실을 직간접적으로 강조한다.[18]

---

18) 예수께서 왕으로 태어나셨고, 이 세상을 위한 왕으로 오셨다는 사실을 가장 잘 보여주는 복음서는 마태복음서이다. 마태는 왕의 족보를 소개하며 예수가 왕으로 태어났다는 사실을 전하는 것으로 시작해서 계속하여 왕으로 오신 예수를 묘사한다. 데이비드 터너. 『마태복음』, 배용덕 역 (ECNT, 서울:

(2) "진리"

예수께서 빌라도의 심문 과정에서 자신의 왕권과 나라를 언급했을 때 빌라도는 왕으로 오신 예수의 정체를 전혀 이해하지 못한다. 예수께서 왕권과 그의 나라와 관련하여 '진리' ἀλήθεια, '알레데이아' 를 언급하신다. 예수께서 이 세상에 왕으로 온 이유를 설명하면서 '진리에 대하여 증언하려 함' 이라고 한다. 예수께서 '진리에 대하여 증언하려 함' 이라는 의미가 무엇인가?

예수께서 진리에 대하여 증언한다는 것은 자신을 드러내어 하늘에서 이 땅에 오신 하나님이심을 증언하는 것이다. 진리이신 예수가 사람들을 향해 "너희가 내 말에 거하면 참으로 내 제자가 되고 진리를 알지니 진리가 너희를 자유롭게 하리라" 요 8:31-32라고 선언하신다. 예수의 이 말씀은 자유의 선언이다. 이 자유는 사회적인 자유가 아니라 영적 자유를 의미한다. 예수 당시 유대인들은 로마의 지배를 받고 있는 상태로 그들에게 온전한 정치적 자유가 없었다. 하지만 예수를 믿고 그 안에 머물러 있으면 영적 자유를 누릴 수 있다. '진리가 너희를 자유롭게 하리라' 는 예수의 말씀은 이 말을 들은 사람들이 현재 종의 삶을 살고 있다는 암시이다. 예수는 고별설교 속에서도 자신을 진리라고 선언하셨다. 참조. 14:6, 17 예수 자신이 진리 자체이고 그것을 증언하려고 세상에 왔다면 그 진리 내용은 예수가 왕이라는 사실이다.

예수께서 '무릇 진리에 속한 자는 내 음성을 듣느니라.' 라고 말씀하신 것은 어떤 의미인가? 진리에 속한다는 것은 진리를 분명히 인식하고 수용하며 그 속에서 자신의 삶을 살아가는 것을 의미한다. 그런 삶은 진리의 편에 속한 삶을 사는 것이다. '진리에 속한 자는 내 음성을 듣는다' 라는 예수의 말씀은 마치 양이 목자의 음성을 듣고 자기 목자를 따라가는 것과 같다는 의미이다. 참조. 10:3

예수는 고별설교 속에서 보혜사의 정체를 설명할 때 그를 진리의 영이라고

부흥과개혁사, 2014), 57-8; R. T. France, *The Gospel of Matthew* (NICNT; Grand Rapids: Eerdmans, 2007), 28-33, 61-5를 참조하라.

설명한다. 요 14:17; 15:26; 16:13 이것은 예수 자신이 보혜사의 역할도 한다는 것을 암시한다. 왜냐하면 예수는 진리이기 때문이다. 14:6 빌라도가 예수의 대답을 듣고 "진리가 무엇이냐" 18:38a라고 질문한다. 빌라도가 진리를 앞에 두고 어리석게 질문한 것이다. 이런 질문은 저자의 오해 기법misunderstanding literary technic에 해당한다. 저자의 오해 기법은 독자가 오해를 통해서 실제 의미를 파악하도록 돕는 문학기술의 방법이다. 예수는 자신의 정체성을 알리면서 고별설교에서 제자들에게 "내가 곧 길이요 진리요 생명이니 나로 말미암지 않고는 아버지께로 올 자가 없느니라." 14:6라고 선언했다. 빌라도가 예수께 '진리가 무엇이냐' 라고 질문한 것은 이 복음서를 읽는 독자가 대답해야 할 몫이기도 하다.

Ⅳ. 예수의 왕권

예수가 자신의 왕권을 주장했다면 그 의미가 무엇인가? 당시 유대의 정치적 상황을 고려하여 이 질문에 대답할 필요가 있다. 먼저 예수가 언급한 왕권을 이해하기 위해서 당시 예수의 국가관을 간략하게 살펴볼 필요가 있다. 신약성서에서 '국가' 또는 '나라' 로 번역할 수 있는 헬라어 단어는 '폴리테이아' πολιτεία 참조. 행 22:28; 엡 2:12와 '바실레이아' 참조. 막 1:15; 눅 6:20; 마 4:17; 요 3:3, 5 등이다. 여기서 '폴리테이아' 는 '폴리스' πόλις에서 유래된 단어로 '폴리스' 참조. 마 8:33; 눅 10:8, 10; 요 4:8, 28, 30는 '도시' 를 의미한다. 더욱이 '폴리스' 는 단순히 도시를 의미하는 정도가 아니라, 당시 사람들의 삶의 방식을 포함한다.[19] 요한복음 18:36에서 3회 사용된 '나라' 는 '헬라어' 바실레이아 '이다.

1. 예수 당시 유대의 정치 상황

이 주제를 논하기 전에 예수 당시 유대의 정치 상황을 간략하게 확인할 필요

---

19) Danker, *Greek-English Lexicon of the New Testament*, 844-45를 보라,

가 있다. 예수 시대를 알려주는 신약성서 구절은 "그런즉 모든 대 수가 아브라함부터 다윗까지 열네 대요 다윗부터 바벨론으로 사로잡혀 갈 때까지 열네 대요 바벨론으로 사로잡혀 간 후부터 그리스도까지 열네 대더라." 마 1:17이다. 이 구절은 바벨론 포로기 이후부터 예수 그리스도의 탄생 시기까지의 시기를 의미한다. 참조. 마 2:1 또한 이 시기에 대해서 누가는 좀 더 자세하게 당시의 정치적 상황을 "디베료 황제가 통치한 지 열다섯 해 곧 본디오 빌라도가 유대의 총독으로, 헤롯이 갈릴리의 분봉 왕으로, 그 동생 빌립이 이두래와 드라고닛 지방의 분봉 왕으로, 루사니아가 아빌레네의 분봉 왕으로, 안나스와 가야바가 대제사장으로 있을 때 …" 눅 3:1-2라고 묘사한다. 이것은 예수 당시의 시대가 주전 4년부터 시작해서 주후 66년까지라는 시기임을 암시하는 묘사이다.

이 시기에 당시 유대 백성들은 로마 제국의 식민 통치 아래 살아가고 있었다. 주전 4년 헤롯이 죽은 후 유대는 로마황제 아우구스투스 주전48-주후14년와 그 뒤를 이은 황제들의 명령에 의하여 헤롯의 아들들과 총독들에 의해 다스려졌다.[20] 마태는 예수 탄생을 묘사하면서 "헤롯 왕 때에 예수께서 유대 베들레헴에서 나시매 동방으로부터 박사들이 예루살렘에 이르러 말하되" 마 2:1라고 기술한다. 예수는 당시 자신의 조국인 유대가 로마제국에 의해서 정복당한 이후 헤롯이 그 땅을 통치하던 시기에 베들레헴에서 태어난 것이다. 하지만 그가 성장한 곳은 나사렛이며 사역은 갈릴리를 중심으로 이루어졌다. 참조. 마 2:22-23 요한복음에서도 저자는 예수 당시 로마의 식민 통치 아래 살고 있었던 것을 분명히 설명하고 있다. 요한복음 11:48, "만일 그를 그대로 두면 모든 사람이 그를 믿을 것이요 그리고 로마인들이 와서 우리 땅과 민족을 빼앗아 가리라 하니" 에서 저자는 당시 유대인들의 식민지 상태의 상황을 분명히 설명한다.

---

20) 아우구스투스 이후의 로마 제국은 티베리우스(주후 14-37년), 가이우스(칼리굴라)(주후 37-41년), 클라우디우스(주후 41-54년), 네로(주후 54-66년)로 왕위가 계승되었다. 로마황제와 관련하여 수에토니우스/로버트 그레이브스, 『열두 명의 카이사르』, 조윤정 역 (서울: 다른세상, 2009)를 참조하라.

2. 유대에 대한 예수의 사상과 태도

이런 상황에서 예수는 자신의 현실과 국가에 대하여 어떤 생각을 갖고 있었으며 어떤 태도와 행동을 취했을까? 예수는 자신을 유대인으로 요셉과 마리아의 자녀로 인식하기에 앞서 하나님의 아들로 하늘로부터 이 땅에 오신 메시아 곧 그리스도로 인식하고 있었던 것을 복음서에서 쉽게 발견할 수 있다. 특히 예수는 자신을 하나님이 보내신 마지막 선지자인 메시아로 인식하며 자신의 정체성을 드러낸 것을 사복음서에서 모두 확인할 수 있다.[21] 복음서 기자들은 예수가 선지자로서 자의식이 있었다는 것을 기록한다. "예수께서 그들에게 이르시되 선지자가 자기 고향과 자기 친척과 자기 집 외에서는 존경을 받지 못함이 없느니라 하시며" 막 6:4; 참조. 마 13:57; 눅 4:24; 요 4:44

분명히 예수는 유대인으로 자기 조국 유대가 로마제국으로부터 해방되는 것을 기대하고 노력했을 것 같지만 실제로 그런 사상과 태도를 찾아보기 어렵다. 예수의 제자들이 예수께 로마제국의 식민지로 압박당하고 있는 유대의 회복과 해방에 관한 질문을 했을 때 예수는 자기 조국의 해방보다 하나님 나라를 위한 열심과 관심이 우선이었던 것을 알 수 있다. 누가가 기록한 사도행전 1:6-8에 의하면 "그들이 모였을 때에 예수께 여쭈어 이르되 주께서 이스라엘 나라를 회복하심이 이 때니이까 하니 이르시되 때와 시기는 아버지께서 자기의 권한에 두셨으니 너희가 알 바 아니요 오직 성령이 너희에게 임하시면 너희가 권능을 받고 예루살렘과 온 유대와 사마리아와 땅 끝까지 이르러 내 증인이 되리라 하시니라."라고 기록한다.

그렇다고 예수께서 유대 백성들을 무시하거나 정치적 관심을 갖고 있지 않았던 것은 아니다. 예수는 자기 백성들의 비참한 삶을 연민의 정과 눈으로 보고 실제적으로 그들의 비참한 현실을 해결하려고 노력했던 흔적을 찾아 볼 수 있

21) Sukmin Cho, *Jesus as Prophet in the Fourth Gospel*. NTM 15. (Sheffield: Sheffield Phoenix Press, 2006), 144-53을 참조하라.

다. 예를 들면, 자기를 따르는 많은 유대 백성들이 병들고, 먹을 것이 부족하여 어려움에 처해 있을 때에 예수는 그들의 병을 고쳐주시며, 오병이어의 기적으로 그들을 먹이셨다. 참조. 요 6:1-15

하지만 그의 관심은 현실 정치와 관련하여 정치적 왕이 되어 문제를 해결하려고 하지 않았다. 기적의 떡과 생선을 먹은 사람들이 예수를 억지로 정치적 왕으로 옹립하려고 했을 때 그것을 분명히 거부했다. 이런 사실에 대하여 요한복음 저자는 "그 사람들이 예수께서 행하신 이 표적을 보고 말하되 이는 참으로 세상에 오실 그 선지자라 하더라 그러므로 예수께서 그들이 와서 자기를 억지로 붙들어 임금으로 삼으려는 줄 아시고 다시 혼자 산으로 떠나 가시니라." 요 6:14-15라고 기록한다.

뿐만 아니라 예수의 사상 속에서 자기 조국 유대와 유대민족이 하나님의 구원의 은혜에서 다른 나라와 민족보다도 우선적이라는 생각을 갖고 있었던 흔적도 찾아 볼 수 있다. 예를 들면, 요한복음 4:22에서 사마리아 여인과의 대화 속에서 예수는 "너희는 알지 못하는 것을 예배하고 우리는 아는 것을 예배하노니 이는 구원이 유대인에게서 남이라"라고 말한다. 하지만 예수는 로마제국의 압박 아래에 있는 유대를 위한 애국심과 국수주의적 태도보다는 더 넓고 큰 나라인 하나님 나라, 하나님의 통치를 선포하고 이 세상이 하나님이 다스리는 나라가 되기를 소망했다. 예수는 유대인들이 자신을 로마제국의 반역자인 정치범으로 몰아가서 십자가 처형을 선고 받게 하려고 빌라도에게 요청했을 때, 자신을 심문하는 빌라도 앞에서 자신의 생각과 태도를 분명하게 밝힌다. "예수께서 대답하시되 내 나라는 이 세상에 속한 것이 아니니라. 만일 내 나라가 이 세상에 속한 것이었더라면 내 종들이 싸워 나로 유대인들에게 넘겨지지 않게 하였으리라 이제 내 나라는 여기에 속한 것이 아니니라." 요 18:36

우리는 예수의 이 대답 속에서 그의 관심과 국가에 대한 태도를 분명히 파악할 수 있다. 예수께서 죽음을 앞에 두고 심문을 당하면서 분명히 밝힌 자신의 국가는 유대가 아니라 하나님 나라였다. 하나님의 공의와 평화가 지배하는 나라를 고대하며 예수는 그 나라를 위하여 유대인들에게 하나님 나라를 위하여 살아갈 것을 요구한 것이다. 예수는 자기를 따르는 제자들을 향하여 "그런즉 너희는 먼저 그의 나라와 그의 의를 구하라 그리하면 이 모든 것을 너희에게 더 하시리라"마 6:33라고 말씀하셨다. 로마제국의 압박 속에 살아가는 유대인들을 향하여 자기 조국의 해방을 위해 칼을 들고 혁명을 일으키거나, 나라의 해방을 위하여 희생할 것을 요구하지 않았다. 예수는 자신을 잡으려고 온 사람들을 향하여 칼로 대항하는 베드로를 향하여 "네 칼을 도로 칼집에 꽂으라 칼을 가지는 자는 다 칼로 망하느니라"마 26:52; 참조. 요 18:5-11라고 말한다.

예수는 이 땅에 오셔서 단순히 유대를 해방시키기 위한 국수주의적 행동이나 태도를 보인 것이 아니라, 그 보다 더욱 큰 가치와 목적인 하나님 나라를 위하여 복음을 선포하며 자신의 삶을 희생하였다. 예수께서 이 땅에 오셔서 대중들에게 선포한 첫 메시지는 하나님 나라였다. 복음서 기자들은 이런 사실을 한 목소리로 증언한다. "요한이 잡힌 후 예수께서 갈릴리에 오셔서 하나님의 복음을 전파하여 이르시되 때가 찼고 하나님의 나라가 가까이 왔으니 회개하고 복음을 믿으라 하시더라."막 1:14-15; 마 4:12-15; 눅 4:14-15 요한복음 저자는 예수를 소개하면서 단순히 요셉과 마리아의 아들이라고 소개하기 보다는 하늘로부터 오신 분으로 소개한다. 세례요한은 예수를 소개하면서 "위로부터 오시는 이는 만물 위에 계시고 땅에서 난 이는 땅에 속하여 땅에 속한 것을 말하느니라 하늘로부터 오시는 이는 만물 위에 계시나니 그가 친히 보고 들은 것을 증언하되 그의 증언을 받는 자가 없도다."요 3:31-32라고 증언한다.

예수는 개인적인 만남의 기회를 얻었을 때에도 단순히 개인의 필요나 요구를 들어주기 보다는 하나님 나라를 교훈하셨다. 이런 사례를 우리는 요한복음에 등장하는 니고데모와 예수의 대화를 통해서 알 수 있다. 밤에 예수께 찾아온 니고데모에게 예수는 "진실로 진실로 네게 이르노니 사람이 거듭나지 아니하면 하나님의 나라를 볼 수 없느니라." 요 3:3라고 했고, 또한 "사람이 물과 성령으로 나지 아니하면 하나님의 나라에 들어갈 수 없느니라." 요 3:5라고 교훈했다. 복음서 저자들이 예수를 소개할 때 유대를 구원하고 해방시키기 위해서 오신 분으로 소개하지만 그 내용은 유대인들의 영적 구원과 해방을 의미한 것이지, 유대의 정치적 해방을 의미하지 않았다. 예수의 관심은 자기 조국 유대의 해방이 아니라 하나님 나라의 선포인 것을 알 수 있다.

예수는 하나님 나라와 세상 나라, 다시 말해서 당시 로마제국과의 정치적 관계를 분명히 인식하고 있었다. 그래서 세금 문제와 관련하여 질문을 받았을 때도 예수는 "가이사의 것은 가이사에게, 하나님의 것은 하나님께 바치라" 막 12:17라고 대답하신다. 이것은 예수께서 정교분리의 원칙을 제시하신 것이 아니라 로마제국의 황제가 신이 아니라는 것을 드러내며, 하나님의 성전에 신성모독의 주화를 바칠 수 없다는 것을 가르치신 것으로 하나님 나라의 사고와 태도를 보여주신 사건이다.[22] 예수는 하나님의 것을 하나님께 돌리는 자유를 그리스도인에게 부여하는 것이 국가의 의무라는 것을 가르쳐 준다. 정당한 국가는 법과 정의를 세우기 위하여 봉사하지만, 인간의 구원을 목표로 삼지 않는다는 것을 가르친다. 예수의 관심은 로마제국으로부터 유대의 해방이기보다는 온 세상의 구원과 해방이다.

요약하면, 예수는 스스로 유대인의 왕이란 정치적 호칭을 사용하지 않았다. 비록 예수의 제자들이 예수를 정치적 해방자나 왕으로 인식하고 그런 행동과 태도를 보였을지라도 그런 잘못된 인식을 전혀 수용하지 않았다. 11:16; 18:10-11 하지만 예수는 유대인의 정치적인 왕이 아니라 우주의 왕으로 세상을 구원하고 해방시키러 오셨다는 사실을 분명히 인식하고 있었다.

V. 나가는 말: 실천적 적용점

22) 김근주 외 3인, 『복음과 정치』 (대전: 대장간, 2016), 49-74를 참조하라.

지금까지 요한복음 18-19장의 수난사화 기록 가운데 18:33-38a 단락을 석의하며 예수의 왕권과 그의 나라에 대하여 살펴보았다. 이 단락의 석의로부터 최소한 다음과 같은 세 가지 교훈을 얻게 된다.

첫째, 이 단락에서 예수는 '유대인의 왕' 이란 이름표 아래 십자가 위에서 처형당했지만, 명시적으로 자신을 '유대인의 왕' 이라고 선언하지 않았다. 오히려 대제사장들과 유대인들이 예수를 '유대인의 왕' , 즉 정치적 해방자로 인식하고 있었다. 그래서 유대 당국자들은 예수를 '유대인의 왕' , 곧 정치적 해방자로 당시 총독 빌라도에게 고발하였다. 결국 예수는 대제사장과 유대인들이 모의한대로 십자가에 못 박혀 처형되었고, 그 십자가패 위에는 '나사렛 예수 유대인의 왕' 이라고 기록되었던 것이다. 요 19:19-22 하지만 예수는 '유대인의 왕' 이 아니라 세상을 구원할 메시아 왕이란 자신의 왕권과 그 나라, 곧 하나님 나라를 분명히 선언했다.

둘째, 우리가 살펴본 요한복음의 단락은 국가에 대한 그리스도인의 태도가 어떠해야 할지 교훈해 준다. 예수는 유대에 대한 국가우상주의에 빠지거나 자기 나라의 해방을 위하여 살지 않았던 것이 분명하다. 오히려 예수는 하나님의 아들로 세상을 구원하기 위하여 이 땅에 임한 하나님 나라를 선포하였다. 그래서 예수는 유대만을 위하여 일하지 않았고 사마리아인들과 이방인들, 다시 말해서, 온 세상의 백성들을 위하여 하나님 나라를 선포하였다. 참조. 요 3:1-21; 4:1-42 이런 점에서 그리스도인은 어느 국가와 어느 민족에 속해 있던지 자신의 인종과 국가를 초월하여 하나님 나라의 백성으로 살아가야 할 것이다. 그리스도인이 자기 민족과 나라를 등지거나 배신할 수 없다고 생각할 수 있지만, 만일 그 개인이 속한 나라와 민족이 하나님 나라와 배치되는 사고와 가치관의 삶을 요구한다면 그리스도인들은 비록 자신의 나라와 민족일지라도 분연히 저항할 수밖에 없다.

인간의 역사를 되돌아볼 때, 어느 한 국가가 국민을 보호하고 평화로운 삶을 보장해 왔다고 말할 수 있는 사람이 얼마나 될지 매우 회의적이다. 그 이유는 국가가 본질적으로 폭력적 조직이며 그런 점에서 비폭력적인 국가는 있을 수 없기 때문이다. 그래서 국가는 언제나 시민사회의 감시 대상이며, 한 나라의 국민은 끊임없이 국가의 권력 사용을 주시하고 잘못된 길로 들어섰을 때 아낌없이 채찍을 들어야 한다. 그러기 위해서 시민사회의 자각과 적극적인 정치참여는 필수적이며, 이렇게 할 때만 국가가 괴물이 되지 않을 수 있다.[23] 하지만 국가를 감시하고 정치에 참여하는 것은 단순히 자신이 속한 나라를 번영시키고 발전시키기 위한 것이 아니라, 하나님 나라의 가치 추구와 확산 때문이라는 사실도 분명히 인식하고 있어야 한다.

셋째, 예수는 유대인으로서 자기 조국인 유대의 해방과 구원을 위하여 하나님 나라를 선포하였다. 예수는 하나님 나라의 가치를 실현하는 것이 유대의 구원과 해방을 가져온다는 확신 가운데 살아간 것이다. 비록 로마제국의 정치범으로 몰려 십자가의 죽음을 피할 수 없었지만 그 심문의 순간에도 예수는 자신의 국가가 유대가 아니라 하나님 나라인 것을 분명히 선언하였다.요 18:36 그리스도인이 이 땅에 속해 있으면서 한 국가의 시민으로 살아가지만 동시에 그 개인은 하나님 나라의 백성임을 인식하는 것이 매우 중요하다. 그래서 그리스도인은 한 국가의 통치를 받고 살아가는 평범한 시민이지만, 동시에 하나님 나라의 가치관 속에서 사고하며 행동하는 사람이다. 하나님의 통치를 받으며 하나님 나라의 가치관을 행동으로 보여주며 살아가는 그리스도인이 이 땅에서 자기 역할을 감당할 때 올바른 시민의 모습을 보여줄 수 있을 것이다.

---

23) 김용환, 『리바이어던』(파주: 살림출판사, 2005), 96-129를 참조하라.

마커스 보그의 신학적 상상력과 그 너머의 길

-자비를 통해 이루는 거룩한 삶(누가복음6:27-36)

김 성 희

기독연구원 느헤미야/신약학

I. 새로운 기독교 패러다임의 개척자 : 마커스 보그(Marcus J. Borg, 1942-2015)

1. 마커스 보그의 생애와 작품들

19-20세기, 성서학계의 주된 흐름은 역사비평방법을 기반으로 성서 저자의 원뜻을 밝혀내는 것을 목적으로 하였고, 그 결과는 성서학계의 종교개혁이라 할 수 있을 만큼 성서에 대한 새로운 이해와 놀라운 성서연구 발전을 이룬 것이다. 그러나 안타깝게도 교회는 성서학계의 침투를 의식적으로 거부하였고, 성서연구발전의 영향력은 크게 발휘되지 못하고 오히려 성서학계와 교계와의 관계를 소원하게 만드는 결과를 양산하였다. 마커스 보그는 이러한 학계와 교계, 신자와 비신자 같은 신자들 사이에서의 심각한 대립과 심원深遠의 관계에 대화의 물꼬를 트며 관계의 다리를 연결하고자 노력한 성서학자이면서 종교학자, 설교자이면서 대중연설가였다. 보그는 1942년 11월, 노스 다코타주의 한 독실한 루터교 가정에서 4남매 중 막내로 태어났다. 그의 부모님과 형제들은 신실한 루터교인으로 교회에서 열심히 봉사하고 섬겼으며, 그의 삼촌들 중 몇몇은 루터교 목사였다고 한다. 미네소타의 컨콜디아 대학에서 철학과 정치과

학 전공의 학부를, 뉴욕의 유니온 신학교에서 신약학 석사를, 영국의 옥스퍼드 대학에서 신약학 박사를 하였다. 그 후 미국으로 돌아와 중서부의 여러 학교들에서 가르치다 1979년부터 오레곤 주립대학의 종교와 문화학부에서 2007년 은퇴할 때까지 가르쳤으며, 은퇴 후에는 성공회 사제였던 부인의 영향 하에 삼위일체 성공회 성당에 소속된 신학자로 연구와 출판을 계속하다가, 2015년 1월 21일, 72세의 나이로 생을 마감하였다.[1]

보그의 주목할 만한 학문적 여정은 1980년대 중반부터이다. 오레곤에서 살고 있었던 보그는 그 당시 미서부에서 활발하게 진행되고 있었던 '예수 세미나' Jesus Seminar [2] 학회에 초청받게 되고 한 때 주된 구성원으로 활발하게 참여하여 역사적 예수 연구에 기여하였다. 예수 세미나에 참여한 학자들은 나름대로 역사적 예수에 대한 각자의 연구를 책으로 출판하였는데, 보그의 역사적 예수 연구의 결과가 잘 반영되어 있는 책은 1984년의 *Conflict, Holiness, and Politics in the Teachings of Jesus* 와 1987년의 Jesus: A New Vision 이다. 이 두 책은 보그가 성서학계에서 유명해지는 계기가 되었고, 역사적 예수 연구의 소위 '제 3의 질문' 단계의 대표주자가 되게 하였다.[3] 보그는 예수에 대한 이해를 '부활절 이전의 예수' pre-Easter Jesus와 '부활절 이후의 예수' post-Easter Jesus

---

1) Duglas E. Oakman, "In Memoriam: Marcus J. Borg," *Journal of the American Academy of Religion* vol. 83. no.2, (2015), 293-96.

2) '예수 세미나' 는 1985년, 로버트 펑크와 존 도미닉 크로산에 의해 웨스터 연구소(Wester Institute)의 지원을 받아 설립되었다. 주로 미서부의 학자들 중심으로 2년에 한번씩 모여서 예수의 말씀을 중심으로 연구하고, 두 번째 단계에서는 예수의 행적을 연구하였다. 그 이후에는 예수 세미나에서 연구한 학자들이 각각 자신들의 연구를 발전시켜 예수와 관련된 책들을 출판하였고, 마커스 보그도 이곳에 한 때 적극적으로 참여한 학자이다.

3) 일반적으로 역사적 예수 연구는 5단계로 이루어져 왔다. 1) 옛 질문의 단계(The Old Quest) – 예수의 역사성을 철저하게 객관적으로 탐구하려고 하였던 시기. 2) 질문할 수 없는 단계(No Quest) – 역사적 예수를 연구하기 위한 '역사적 자료' 가 부족함을 인정하고 역사적 예수를 알 수 없다고 공언하던 시기. 3) 새로운 질문 단계(New Quest) – 객관적 역사 자료가 부족하지만, 예수의 역사성은 부인할 수 없고, 자료들 가운데서 예수의 역사성을 알 수 있는 자료들도 존재한다는 것을 가정하여 연구하는 단계. 4) 제 3의 질문 단계(The Third Quest) – 예수의 연구에 있어서 특별히 '유대성' 을 배경으로 하여 연구하는 시기. 5) 다양한 관심의 단계(Diverse Quests) – 이것은 필자가 명명한 것으로, 역사적 예수 연구에 관심하는 학자들이 어떤 일정한 방향에 국한하지 않고, 자신의 신학적 관심사에 따라 예수 연구를 하고 있는 현재의 상황을 뜻하는 것이다.

로 나눈다. 그의 역사적 예수에 대한 연구는 주로 부활절 이전의 예수에 초점을 둔다. 보그의 신학적 출발점은 '영' Spirit 의 경험인데, 왜냐면 보그의 신학적 여정에서 가장 중요한 터닝 포인트가 되었던 것이 바로 자신이 직접 성령의 체험을 통해 하나님을 만났기 때문이다. 보그의 경험이 반영되어 보그가 그리는 예수의 이미지의 가장 중요한 점은 '영적인 예수' Spiritual Jesus 이다. 유대교의 신비적mystic 전통에 입각하여 성령을 통하여 하나님과 관계하고 깊은 상호 내주 체험이 바로 역사적 예수의 출발점이라고 인식한다. 이어 보그는 부활절 이전의 예수를 치유자healer, 지혜를 가르치는 선생wisdom teacher, 정의를 외쳤던 사회적 예언자social prophet, 하나님 나라 운동의 창시자movement founder로 묘사한다.[4] '부활절 이후의 예수' 는 초대 기독교인들이 부활하신 그리스도를 만난 이후 그들의 역사적 경험에 의해서 고백되어지는 예수로, 엄연한 의미에서 역사적 예수의 범주에는 포함시키지 않는다. 그러나 다른 역사적 예수 연구학자들과는 달리, 보그는 부활절 이후 그리스도의 역사성을 배제시키지 않는다.

1990년대에 이르러 보그는 다른 학자들과 함께 대화하거나 협업하여 예수에 대한 연구 깊이를 더해간다. 이 시대의 대표적인 출판들로는 *Jesus and Contemporary Scholarship* 1994, *Meeting Jesus again for the First Time* 1994, *The God We Never Knew: Beyond Dogmatic Relation to a More Authentic Contemporary Faith* 1997, 톰 라이트와 같은 주제로 서로 다른 의견을 병치시켜 연구하는 *The Meaning of Jesus: Two Visions* 1999가 있다. 밀레니엄 시대에 들어와서는 예수에 대한 그의 연구를 심화시키면서 신론, 바울, 성경에 대한 연구로 확장하거나 다른 종교와의 대화를 연구하는 책들을 펼쳐낸다.: *Jesus at 2000* 1996, *God at 2000* 2000, *Jesus: Uncovering the Life, Teachings and Relevance of a Religious Revolutionary* 2006, *Reading the Bible again for the First Time:*

---

4) Marcus J. Borg, *Jesus A New Vision: Spirit, Culture, and The Life of Discipleship* (San Francisco: Harper&Row, 1987), 97-171.

Taking the Bible Seriously but Not Literally 2001 , *The Heart of Christianity*: *Rediscovering a Life of Faith* 2003 , *The First Paul* 2009 , *Speaking Christian*: *Why Christian Words Have Lost Their Meaning and Power* 2011 , *Putting Away Childish Things*: *A Tale of Modern Faith* 2014 . 그의 마지막 책은 그의 인생의 신앙적 여정을 요약하고 있는 *Convictions*: *How I Learned What Matters Most* 2014이다. 그의 생애 이후, 보그의 미망인 마리안느 보그Marianne Borg가 남편을 기념하며 그의 글들을 모아서 *Days of Awe and Wonder*: *How to Be a Christian in the Twenty-First Century*2017을 출판하였는데 보그의 신앙과 신학을 잘 반영하고 정리한 책이다.

보그는 이러한 연구들을 통해 전혀 신앙이 없는 사람들에게는 그들이 알고 있는 종교의 일반적 상식을 통해 예수를 전하고자 하였고, 신앙이 있었지만 기존의 교리적 기독교 패러다임에서 복음의 빛을 찾을 수 없었던 사람들에게는 새로운 복음의 패러다임을 제공하였으며, 학자들 사이에서는 학문적인 방법론문화교차적, 간학문적 방법과 용어들로 예수에 대하여 논하였고, 신자들을 향하여서는 신앙과 경험의 언어로 기독교의 핵심을 설명하였다. 이러한 공헌을 남긴 보그에 대하여는 보수에서 진보에 이르는 다양한 시각의 평가가 있지만, 신앙적 열정과 경험에서 출발하여, 객관적이고 역사적인 학문성을 간과하지 않았던 그의 신학적, 신앙적 유산은 깊이 상고할 만한 가치가 있다고 하겠다.

2. 마커스 보그 신학의 핵심 : 영(spirit), 지혜(wisdom), 자비(compassion), 변화(transformation)

보그는 종교학 교수로 재직하면서 주로 학부생들을 대상으로 수업을 진행하였는데, 그들 가운데는 기독교인들도 있었지만 다수는 신앙을 갖지 않는 비종교인들이었다. 보그가 그들에게 하나님을 설명할 수 있는 접촉점은 '영' Spirit 개념이었다. 모든 종교에서 영성은 공통으로 추구하는 실재였기 때문이다.

보그는 범재신론적인panentheism 개념에서 하나님은 이 세상의 모든 것들 속에 내재하고 계신 동시에 초월하고 계신 분으로 설명한다. 또한 종교학에 관심 있는 학생들과 대화하기 위한 예수에 대한 이해 역시 '영적인 사람' 이었던 것이다. 영적인 인물은 모든 종교에서 공통적으로 존재하고 있었기에 비기독교인들에게 예수를 소개하기 위한 가장 일반적인 개념이었다. 보그는 예수를 유대교의 영적으로 뛰어난 신비가들mystic의 계보에서 설명하면서 예수는 하나님에 대한 영적인 경험을 자주, 생생하게 하였는데, 이것을 통해 예수는 보이는 이 세계가 전부가 아니라 이 세계를 뛰어넘는 영적인 세계가 존재함을 보여준 대표자라는 것이다.[5]

신앙인이면서도, 현대 과학의 발전과 역사 비평적 시각의 영향으로 기존의 교리적인 기독교의 틀 안에서 복음을 찾지 못하고 목말라 하는 대상을 향하여 보그는 기독교의 새로운 패러다임을 제시한다. 과거의 기독교 전통은 성서를 문자적으로 이해하기를 요구한다. 기독교인이 된다는 것은 의심을 품지 말고, 신조에서 가르치는 모든 조항들을 사실적으로 받아들이는 것이라고 가르친다. 믿기 어려운 것들, 이해하기 쉽지 않은 것들도 무조건적으로 믿고 받아들여야 함을 강조한다. 또한 과거의 패러다임은 이 세상은 악하고 심판 받아야 할 대상이며, 천국은 오직 죽음 이후의 세계에서만 가능하다는 것에 집중하고 강조한다. 그러나 보그는 이러한 과거의 패러다임에서 신앙생활을 할 때 기독교가 요구와 보상의 범주에 갇혀버리거나, 사람들을 진리에 속한 내부자와 외부자로 가르게 되고, 현실적 세계를 외면하게 되거나 오직 천국에 가야할 자신에게만 집중하게 되는 결과를 낳게 될 우려가 있다고 지적한다.[6]

보그는 이러한 과거의 기독교적 패러다임을 벗어나, 새로운 패러다임을 제

---

5) Marcus J. Borg, *Meeting Jesus Again for the First Time* (San Francisco: HarperSanFrancisco, 1994), 31-36.

6) Marcus J. Borg, "Is Christianity about Heaven?" *Word & World* vol.31, No. 1 (2011), 7-9

시한다. 기독교의 새로운 패러다임은 성서를 문자적, 사실적으로 받아들이기보다는 역사적historical, 은유적metaphorical, 성례전적sacramental으로 이해하여야 한다고 주장한다. 먼저, 성서를 역사적으로 이해한다는 것은 성서가 그냥 진공상태에서 아무 맥락 없이 하늘에서 떨어진 것이 아니라 그 시대의 역사적, 상황적 배경에서 나오게 된 이야기 말씀이라는 것이고, 은유적으로 성서를 이해한다는 것은 성서를 문자나 사실적 표현 그 이상으로 의미를 전달하는 것으로 이해해야 한다는 것이다. 성서를 성례전적으로 읽는다는 것은 성서읽기를 통해서 하나님께로 나아간다는 것이다.[7] 즉, 성서 그 자체가 힘이 있다고 보기보다는 하나님이 우리에게 말씀하시는 수단으로 이해하고 하나님과 관계를 맺기 위한 중간 매개체로 이해한다는 것이다. 새로운 기독교의 패러다임에서 중요한 것은 하나님과 살아있는 관계를 맺는 것, 하나님의 계시이며 제자도의 표본인 예수를 닮는 것, 영, 자비, 공동체, 사회적 정의에 의한 우리의 삶의 변화transformation이다. 과거의 패러다임이 대상을 믿는 것believing 그 자체로, 구원을 이 세상 이후의 삶으로 강조하는 것과 달리 새로운 패러다임은 하나님과의 관계를 통한 우리의 현재 삶의 변화, 이 세상 안에 하나님의 나라가 임하는 것에 관심을 더 갖는다는 것을 의미한다.[8]

마커스 보그의 신학 중 또 하나의 핵심은 예수의 가르침이 그 시대의 관념과 인습, 대표적 삶의 문화와 궁극적 지향성을 뒤흔들어버리는 대안적인 '지혜' wisdom와 '자비' compassion이다. 예수가 가르친 내용은 주로 삶의 지혜와 관련된 것들이었다. 특히, 그 시대의 고착화된 관습들이나 문화에 대항하여 하나님나라의 본질과 핵심을 꿰뚫어 내어 사회문화를 전복시킬 수 있을 만한 메시지들을 가르치면서 시대의 흐름을 거스르는 하나님 나라의 대안적 삶에 대하

7) Marcus J. Borg, 『기독교의 심장』, 김준우 역 (서울: 한국기독교연구소, 2009), 46-47, 69-75.

8) Borg, 『기독교의 심장』, 80-3. 보그에게 있어서 구원이란 해방, 화해, 깨우침, 용서 등으로 구체화 될 수 있는 현재에서 경험할 수 있는 실재이고, 죽음 이후의 천국은 우리에게 열려져 있는 상태로 존재한다고 본다.

여 가르친다. '관습적' conventional이라는 것은 그 시대에 일반적으로 거의 모든 사람이 동의하고 추구하는 삶의 방식이다. 즉, 어떻게 살 것인가, 무엇이 문화의 핵심적 가치인가에 대하여 많은 사람들이 추구하는 희망적 비전을 뜻한다.[9] 예를 들어, 예수 시대 유대교에서 가장 중요하게 생각했던 것은 '거룩' 이며 거룩을 바탕으로 한 성결제도가 유대인들의 삶과 문화, 법과 제도를 이루는 핵심 기제였다. 그러나 예수는 그들의 성결제도를 뛰어넘어 안식일에도 사람을 구원하고, 안식일이 사람을 위해 있다는 혁명적인 말씀을 하시거나막2:27-28, 죄인들을 용서하시고 구원하실 뿐 아니라 함께 식사하기를 즐겨하셨으며눅5:27-32, 요8:1-11, 율법의 가르침을 뛰어넘는 가르침을 전한다산상수훈 마6-8과 평지수훈 눅6:17-49. 보그의 예수가 관습적 지혜를 뛰어넘는 전복적인subverted 지혜와 자비를 가르치며 우리에게 요구하는 것은 예수를 닮아가는 우리의 삶의 변화transformation이다. 보그가 제시한 부활절 이전의 예수의 모습처럼 우리는 영의 사람으로 하나님과 관계하며, 치유자로 활동하며 사람들을 구원으로 이끌고, 인습적이고 관습적인 문화와 제도에 저항하는 지혜의 전달자로, 불의를 고발하며 하나님의 정의를 외치는 사회적 예언자로, 하나님 나라의 운동을 시작하는 개척자로 나서서 삶의 변화를 가져오도록 도전 받는다.

한편, 필자는 보그의 기독교의 새로운 패러다임을 제시하기 위한 학문적 공헌과 역사적 예수 연구에 대하여 깊이 감사하고 동의함에도 불구하고, 보그가 예수의 전복적인 지혜의 가르침을 전달하는 과정에서 '거룩' 과 '자비' 의 개념을 이분법적으로 대항하면서 거룩함의 본질을 놓친 점은 매우 아쉽다고 생각한다. 즉, 예수께서 하나님 나라와 대치되는 관습이나 제도에 대하여 철저히 비

9) 보그가 설명하는 관습적 지혜(conventional wisdom)란 동시대에 거의 모든 사람이 추구하는 부, 가족, 명예, 성결, 종교적 의로움과 같은 것이다. 보그에 따르면, 이러한 관습은 '벌과 보상' 제도를 생산하고, 계급과 사회적 경계들을 양산한다. 관습적인 문화에서 생산되는 하나님의 이미지는 심판자(judge), 법률가(lawgiver)이고, 이러한 하나님 이미지가 만드는 종교와 사회는 진정한 생명보다는 문화의 기준들에 맞추어 사느라 진정한 생명보다는 삶의 노예가 되게 된다고 설명한다. Marcus J. Borg, "New Understandings of Jesus and Motives for Contemporary Evangelism," *Sewanee Theological Review* 36:1 (1992), 143-45.

판하고 새로운 대안을 제시하셨다는 것에는 동의하지만, 자치 잘못하면 지혜가 모든 당대의 대표적 문화나 제도 등을 반대하고, 자비를 거룩의 개념과 대치되는 것으로 이해할 수 있기 때문이다. 그리하여 필자는 보그가 거룩과 자비의 개념을 대립시켰던 것을 넘어서 통합적인 이해로, 거룩과 자비가 복음의 핵심이며 서로 분리될 수 없음을 누가복음 6:27–36 연구를 통해 설명해 보고자 한다.

Ⅱ. 마커스 보그의 '거룩 VS 자비'의 이항대립을 넘어[10]

"너희는 거룩하라 이는 나 여호와 너희 하나님이 거룩함이니라." 레19:2 구약에서부터 '거룩'은 하나님의 속성이자 하나님께서 우리에게 제시하시는 모든 신앙과 윤리의 척도가 되어왔다. 하나님께서는 인간을 자신의 형상에 따라 만드셨기 때문에창1:27 우리의 본질 역시 하나님의 속성을 드러내는 것이며, 그 본질을 벗어날 때 우리는 그것을 '죄' ἁμαρτια, '과녁을 벗어나다'의 의미. 즉 본질로부터 벗어나는 현상이라고도 할 수 있다라고 일컫는다. 보그의 설명에 따르면, 예수님 당시 유대인들은 거룩함을 지키는 것을 최고의 명예와 가치로 여기고, 제사장 계급을 비롯한 사두개파, 바리새파 등 유대 지도자들은 사회 구조 및 제도, 관습의 근간을 '정결제도' purity system에 두었으며, 정결/부정을 기준으로 삼아 인종, 지역, 계급, 사회활동 및 신앙의 경계를 이루었다.[11] 그러나 정결제도를 철저히 지킴으로 거룩함을 이루고자 했던 유대인들의 신앙은 결국 본질을 떠나 형식주의에 치우치게 되었고, 예수님의 선교활동 및 메시지들은 이들의 위

---

10) 이 연구는 필자가 성서마당에 실은 논문을 바탕으로 확장되어졌음을 밝힌다. 김성희, "하나님의 자비하심같이 너희도 자비하라: 자비를 통한 거룩의 길(눅6:27–36)", 「성서마당」 vol. 108, 겨울(2013), 60–70.

11) 정결제도에서 죄는 불결해지거나 더러워지는 것과 관련되며, 이것은 남자, 부자, 건강한 자, 유대인들은 정결한 부류로, 여자, 가난한 자, 병든 자, 이방인들을 상대적으로 불결한 부류로 갈라놓는 결과를 낳았다. 예수님의 선교활동은 이러한 경계를 깨뜨리는 것이었고, 그 모든 근원은 하나님의 자비로부터 온 것이다. Borg, *Meeting Jesus Again for the first Time*, 50–58.

선적이고 형식적인 신앙의 틀을 도전하고 깨뜨리며, 하나님의 뜻의 본질을 살필 수 있도록 이끈다. 보그는 이러한 예수의 신학을 '거룩의 정치학' the politics of Holiness을 뛰어넘는 '자비의 정치학' the politics of Compassion이라고 부른다. 그 당시 종교지도자들이 모든 정치, 종교, 사회, 문화 전 분야의 기준을 '거룩' 의 잣대로 평가하고 나라를 운영하던 시기에, 예수께서는 거룩의 왜곡된 정치로 인해 하나님의 뜻이 실현되지 못함을 날카롭게 지적하시면서 그것을 극복하기 위한 대안으로 '자비' 의 정치학을 실현하고 있다는 것이다.[12] 그러나 보그의 이러한 시각은 그 당시 고착되어버린 인습, 관습, 제도들이 얼마나 사람을 억압시킬 수 있는지, 오히려 하나님의 뜻을 벗어날 수 있는지를 날카롭게 잘 파헤치는 반면, 하나님의 자비를 강조하다가 거룩의 본질과 중요성을 설명하지 못하고 있다. 이에 필자는 거룩과 자비가 서로 대치될 수 없을뿐더러 서로 연결되어 있는 동전의 양면과도 같은 신학임을 누가복음에서 연구하고자 한다.

소위 '평지수훈' 이라고 알려져 있는 누가복음 6:20-49은 마태복음의 '산상수훈' 마5-7장과 비교하면 내용도 상대적으로 짧고마태-109절/누가-30절, 유명세에 있어서도 관심을 덜 받고 있는 것이 사실이다.[13]

---

12) Borg, *Jesus: A New Vision*, 129, 140-142.

13) 마5:1은 "예수께서 무리를 보시고 산에 올라 앉으시니"로 시작하고 예수님께서 산에서 가르침을 전달하는 것으로 묘사되는 반면, 같은 내용의 본문 눅6:17에 따르면 예수께서 산에서 기도를 마치시고 열 두 제자들을 부르신 이후에 평지로 내려와서 말씀을 전하는 것으로 그려진다. 그리하여 학자들은 일반적으로 마5-7까지의 말씀을 '산상수훈' 이라하고 눅6:20-49까지의 말씀을 '평지수훈' 이라고 부른다. 산상수훈과 평지수훈을 구조적으로 비교하면 다음과 같다. L. John Topel, *Children of a Compassionate God* (Collegeville: The Liturgival Press, 2001), 57.

누가복음	마태복음	내용
6:20-23	5:3, 6, 11	축복에 관한 말씀
6:24-26		저주에 관한 말씀
6:27-28	5:43-44	원수사랑
6:29-30	5:39-40, 42	복수하지 않을 것
6:31	7:12	황금률
6:32-35	5:46-47	기독교인의 응보
6:36	5:48	하나님 닮기
6:37-38	7:1-2	비판하지 말것과 그것의 보상
6:41-42	7:3-5	티와 들보의 비유

그러나 누가복음의 평지수훈에서 사랑의 계명과 관련되어 전달하는 예수님의 설교는눅6:27-36 진정한 거룩함의 의미가 무엇인지, 어떻게 거룩의 길로 들어서는 것인지 누가의 신학과 맞물려서 강하게 전달하고 있다. 본 연구는 누가에 나타난 예수님의 '평지수훈' 중, "원수를 사랑하라"는 메시지를 통해 진정한 거룩의 길을 제시하는 누가복음 6:27-36까지의 본문을 연구하고, 하나님의 자비와 사랑을 실천하고 이웃들과 함께 서로 공감하는 삶을 살아가는 것이 진정한 거룩의 본질임을 제시하고자 한다. 이러한 결론은 보그가 예수의 사역을 우상화되고 형식화된 거룩에 입각한 성결제도를 비판하고 자비의 신학을 전개한 것을 넘어, 거룩함과 자비의 본질은 사실상 하나이며 거룩함은 자비를 통해 드러나고 자비는 거룩함을 실현하는 바탕임을 설명한다.

III. 하나님의 자비와 거룩 (눅6:27-36)

마가복음의 기본구조를 따라 예수님의 행적을 묘사하는 누가는 6:20-8:3에서 마가복음의 구조를 잠시 떠나 Q자료와 L자료를 선택하여 자신의 독특한 신학을 삽입한다. 누가의 신학이 강조되는 이 본문은 평지수훈으로 시작하며, 그 구조는 다음과 같다. 평지수훈의 구조에 관하여 학자들의 다양한 의견들이 있다. 필자는 이 본문을 3 부분으로 나누었지만, 그밖에 4부분6:20-26; 27-36; 37-42; 43-49, 5부분6:20-26; 27-36; 37-42; 43-45; 46-49, 6부분6:26-26; 27-35; 36-38; 39-42; 43-45; 46-49으로까지 나누는 의견들이 있다. 필자는 눅6:36이 6:27-35의 결론인 동시에 6:37로 넘어가는 다리의 역할을 한다고 보고 있으며, 37절부터 시작되는 비판과 정죄하지 말라는 가르침은 39절에서 시작되는 맹인의 인도 비유와 티와 들보의 비유를 설명하기 위한 서두로 본다. 그리하여

6:43-45	7:16-17	나무와 열매의 비유
6:46-49	7:21, 24-27	두 건축자의 비유

6:37-49까지를 크게 비유를 통한 가르침으로 묶어 보았다.

누가복음 6:20-26 : 4가지의 축복과 4가지의 저주(A)

6:27-36 : 제자들에 대한 사랑과 자비의 윤리적 가르침(B)

6:37-49 ; 비유의 말씀들(C)

A의 단락은 가난한 자, 주린 자, 우는 자, 인자로 말미암아 핍박받는 자들이 하늘로부터 위로와 복을 얻는다는 축복과, 부요한 자, 배부른 자, 지금 웃는 자, 사람에 의해 칭찬 받는 자들은 심판의 저주를 받는다는 가르침이다. 마태복음의 "심령이 가난한 자" 마5:3와 달리 누가는 실질적으로 "가난한 자"를 표시하고 있으며, 마태복음에는 없는 부요한 자, 힘 있는 자들에 대한 저주를 포함시킨다. 이것은 가난한 자, 소외된 자, 약한 자들에 대한 관심을 강하게 드러내고 있는 누가의 신학적 특징이 반영된 내용이라 하겠다. C단락에서는 남에 대해 함부로 하는 비판과 정죄에 대한 금지, 용서와 베풂에 대한 메시지의 시작과 함께 눅6:37-38 그와 관련된 비유들을 열거한다. 비유의 내용은 함부로 비판, 정죄하지 말라는 것과 관련된 '티와 들보의 비유' 눅6:39-42, 선한 행위와 관련된 '나무와 열매의 비유' 눅6:43-45, 평지수훈의 메시지를 실천함으로 권고하며 결론짓는 '듣고 행하는 자와 행하지 않는 자의 비유' 눅5:46-49로 구성된다.

평지수훈의 가운데 위치하여 제자도에 대한 핵심적인 가르침을 전달하고 있으며, 본 논문이 '거룩'의 본질과 의미와 관련하여 연구하고자 하는 B단락은 다음과 같은 구조로 나뉜다.

누가복음 6:27-30 : 원수 사랑과 구체적 실천(A)

6:31 : 황금률(B)

6:32-35 : 사랑의 실천과 하나님의 보상(A')

6:36 : 하나님의 자비 닮기(B')

위 구조에서 B와 B'는 각 A와 A'의 요약이자 결론으로 기능하고 있다. 또한 B'는 6:27-35까지 전체 내용의 결론일 뿐 아니라, 누가의 주제구절이라고도 할 수 있을 만큼 누가복음의 신학이 반영된 말씀으로 하나님의 속성과 진정한 거룩의 의미를 표현하고 있다. 그러면 각각의 단락들이 어떠한 말씀의 내용을 내포하는지 살펴보도록 한다.

1. 원수사랑-거룩의 구체성 (눅6:27-30)

누가복음 6:20-26까지 복과 화를 선포하신 이후 6:27은 "그러나 너희 듣는 자에게"란 말로 시작하며, "원수를 사랑"할 것을 말씀하신다. 이것은 바로 위 본문 누가복음 6:24-27에서 선포한 부요한 자, 배부른 자, 웃는 자들에 대한 저주와는 전혀 다른 말씀이어서 의아해 보이기까지 한다. 그러나 앞 본문의 화에 관한 말씀과 원수 사랑에 대한 명령의 관계는 하나님께서는 악의 세력에 대해 심판하시는 분이지만, "너희들은제자들은" 악을 악으로 갚지 말고 원수까지 사랑하라는 말씀이다. 악에 대한 심판은 하나님의 일이기 때문이다. 이것은 악을 간과하거나 그대로 무시하고 넘어가라는 또는 무조건 인내하고 견디라는 소극적인 내용보다는 악으로 선을 이기라는 더 높은 차원의 적극적인 구원의 방법을 말씀하시는 것이다. 마치 예수님께서 십자가의 길로 구원의 길을 제시한 것과 같은 맥락이라 하겠다. 평지수훈 가운데 제자도의 말씀으로 시작되는 이 본문은 원수 사랑을 시작으로 모든 율법과 계명을 뛰어넘는 최고의 사랑의 계명을 말씀하신다. 유대교의 율법에는 형제와 이웃을 사랑하라는 명령들이 있고레19:17-18; 출22:1-4, 헬레니즘 문화에서도 이웃, 친구와의 사랑의 관계를 최고의 윤리적 가치로 귀하게 여기고 있으나, 원수 사랑에 대한 명령은 예수님에게서 독특하게 볼 수 있는 가르침이다.

원수 사랑의 방법은 27, 28절에서 3가지로 구체화되어 묘사된다. 미워하는 자들에게 선한 행위를 행하고, 저주하는 자들은 축복하며, 모욕하는 자들을 위해 기도하라고 한다. 선한 행위를 하라는 헬라어 *Καλῶς ποιεῖν*는 70인역에서 거의 사용되지 않고, 신약성서에서 8번 정도가 사용되는데 모두 도덕적으로 옳은 일, 착한 일을 행하는 것과 연관되어 사용된다. 행10:33; 고전7:37, 38; 빌4:14; 약2:8, 19; 요삼6[14] 유대인들의 율법에서는 일반적으로 자신을 저주하는 사람들에 대하여 하나님께서 저주를 퍼부어 복수해 주시도록 기도하지만, 예수님께서는 자신을 저주하는 자들을 위해 오히려 복을 빌라고 말씀하시며, 모욕하는 자들을 위해서는 기도하라고 하신다. 이러한 행위들은 원수들까지도 회심하고 하나님께로 돌아오게 만드는 구원의 행위일 수 있으며 이러한 행위들은 29, 30절에서 예로 설명되어진다.

뺨을 맞는 행위는 오늘날과 마찬가지로 매우 모욕적인 행위로, 특히 명예-수치honor-shame의 이분법적 가치관이 지배적이었던 고대 지중해 문화에서는 매우 수치스러울 뿐 아니라 다른 뺨까지 내놓는 행위는 거의 불가능한 일이었다. 유대 문화에서도 "눈에는 눈," "이에는 이," "손에는 손"의 율법이 있었고출21:24; 레24:30; 신19:21, 자신이 행한 대로 보응을 받는 것은 당연한 이치로 생각하는 문화였다. 또한 겉옷은 그 당시 가난한 유대인들에게는 담요와도 같은 용도로 사용되었고, 그 사람의 가지고 있는 전부를 의미하기도 했다. 출22:25-27; 신24:12-13; 암2:8 그런데 예수님은 원수일지라도 달라는 사람에게 대가를 받지 말고 무조건 주고, 요구한 것 보다 더 주라고 말씀하셨다. 원수를 사랑하라는 말씀과 함께 지금까지 살펴본 7가지의 구체적 실천의 예는 모두 세상의 문화와 법칙을 거스르는 가히 혁명적인 말씀이었다고 할 수 있다. 이제 다음의 구절에서 예수님은 왜 이러한 행위들을 실천하는 것이 제자도의 핵심인지 그 이유를 설명하고 있다.

2. 황금률의 의미 (눅6:31)

"남에게 대접을 받고자 하는 대로 너희도 남을 대접하라." 소위 황금률로 알

---

14) Topel, *Children of a Compassionate God*, 144.

려져 있는 이 짧은 구절은 누가복음 6:27-30까지의 내용을 결론적으로 요약하며, 자기중심적인 생각과 시각을 그대로 남에게 돌려, 자기가 대접 받고 싶은 내용을 다른 사람에게 적극적으로 먼저 행하라는 말씀이다. 이와 비슷하지만 소극적이고 부정적인 형식negative form을 사용하여 표현하는 법들은 랍비들의 문서에도 헬라 문화의 지혜문서들에도 볼 수 있다. 예를 들어, 토빗서 4:15에는 "네가 싫어하는 것을 다른 사람에게 행치 말라"라는 말씀과 디다케1:2에는 "네가 네 자신에게 행하기 원치 않는 일을 다른 사람에게 행치 말라"는 구절이 있었다.[15] 그러나 긍정적이고 적극적인 표현형식의 황금률은 레19:18, "네 이웃을 네 몸처럼 사랑하라"는 말씀과 맥을 같이하지만, 이웃을 넘어 원수일지라도 적극적으로 사랑의 행위를 실천하라는 말씀이다.

3. 하나님의 자녀가 되는 길 – 대가 없는 베풂과 하나님의 보상(눅6:32-35)

누가복음 6:32-35까지는 세상의 윤리, 규칙들과는 대조적이거나, 더 뛰어넘는 제자도의 길을 제시한다. 사랑하는 사람을 사랑하는 일, 선행을 행하는 사람에게 선대하는 일, 보응을 바라며 빌려주는 일 등은 세상의 인간관계에서 일반적으로 행해지는 모습들이다. 고대 그리스-로마 문화, 특히 농업사회에서는 교환의 상호적reciprocal 관계가 사회의 기본구조를 이루고 있었다. 다른 사람에게 호의를 베풀거나 무엇을 주게 된다면, 상대방은 당연히 그 사람에게 다시금 호의를 베풀어야 하는 것이 사회의 관례였다.[16] 만일 답례를 하지 못하면,

---

15) 김득중, 『누가복음 I』(서울: 대한기독교서회, 1993), 355.

16) 이러한 상호적 관계의 구조에 대하여 학자들은 고대 근동문화에서 일반적으로 3가지 종류의 상호적 관계가 구성되어 있었다고 주장한다. (1) 일반적인 상호성(Generalized reciprocity)-가족이나 친척 간에 주로 이루어지는 관계로 별 대가를 바라지 않고, 관계의 돈독을 유지하기 위해 이타적으로 베푸는 관계이다. (2) 조화로운 상호성(Balanced reciprocity)-가장 유행했던 문화로, 한쪽에서 베풀게 되면 그 호의를 받는 쪽은 당연히 받은 호의를 다시금 갚아야 하는 것이 상례적인 것이다. (3) 부정적인 상호성(Negative reciprocity)-이것은 힘 있는 한 쪽이 상대방으로부터 착취하는 관계로, 엄밀한 의미에서는 상호성이라 할 수 없다. Marshall D. Sahlins, *Stone Age Economics* (Chicago: Aldine-Atherton, 1972), 185-276; Topel, *Children of a Compassionate God*, 161.

그 사람은 다시금 상대방으로부터 호의를 받지 못하게 되며, 그 사람의 명예는 실추되는 것이다. 세상 사람들은 사랑하는 사람을 사랑하며, 선행을 행하는 자에게 선행으로 갚고, 당연히 상대방으로부터 호의를 되받을 것을 예상하며 호의를 베풀거나 빌려준다. 반면 예수님의 요구는 세상 사람들이 따르는 가치와 윤리를 뛰어넘는 하나님의 자녀로서의 윤리를 요구한다. 즉, 자신을 사랑하지 않는 사람에게도 사랑을 베풀고, 자신에게 선행을 베풀지 않던 자들도 선대하며, 대가를 바라지 않고 주라는 것이다. 32-34절에서의 "죄인들"은 그리스-로마 문화에 살던 일반적인 보통의 사람들을 의미하며, 이 문화에서는 서로 주고-받기give and take를 인간관계에서 필수적으로 행해야 하는 당연한 가치로 삼고 있었다는 것을 배경적으로 의미하고 있는 것이다. 또한 32-34에 반복적으로 나오는 "칭찬 받을 것이 무엇이냐"에서 칭찬은 헬라어로는 *χάρις*로 은혜, 선물, 칭찬, 이득의 의미가 있으며, 세상 사람들은 서로의 인간관계로부터 이득을 채우려고 하지만, 예수님이 바라시는 우리의 *χάρις*는 인간으로부터 받을 것이 아니라 하나님께로부터 받아야 한다는 것이다.

35절에는 27절에서 언급한 원수사랑에 대한 이야기가 다시 반복적으로 등장한다. 세상 사람들은 자신의 이익을 중심으로 계산적인 인간관계를 맺고 살지만, 하나님의 자녀인 너희들은 원수까지도 사랑하고 선한 일을 행하며, 아무 대가도 바라지 말고 그냥 꾸어 주라는 것이다. 그러면, 하나님께서 우리에게 큰 상을 내리시며, 하나님의 자녀가 되는 권리를 주신다는 것이다. 하나님의 속성은 "은혜를 모르는 자와 악한 자에게도" 모두 동일하게 인자하시기 때문이다. 하나님의 자녀는 하나님의 성품을 닮아야하는 자들로, 하나님이 인자하시니 하나님의 자녀들인 우리도 은혜를 모르는 악한 자에게까지 인자해야 하는 것이다.

4. 하나님의 자비 배우기 (눅6:36)

이제 드디어 평지 수훈 전체의 핵심적 메시지이자 누가복음 6:27-35까지의 결론인 6:36은 제자들에 대한 가르침, 즉 원수사랑27-30절, 대접의 적극성31절, 대가 없는 베풂32-34절, 인자해야함35절의 원인을 다음과 같이 선포한다.: "하나님의 자비하심처럼 너희도 자비로운 자가 되라."36절

자비로움을 나타내는 헬라어 형용사 *οἰκτίρμων*는 애통함에 가까운 공감, 연민, 함께 아파하는 마음을 나타낸다. 70인역에서는 이 형용사의 어근이 약 87번 정도 사용되는데 대부분 히브리어의 어근 רחם 을 번역하며, 이것은 주로 하나님의 자비compassion를 나타낼 때 사용된다.출34:6; 시85:15; 102:8; 108:12; 110:4; 111:4 신약성서에서 *οἰκτίρμων*는 오직 누가복음 6:36과 야고보서 5:11에서만 나오는데, 이것은 누가의 신학적 특징이 내포되고 있는 용어로, 같은 본문 마태복음 5:48의 "하나님의 온전하심*τέλειοι*과 같이 너희도 온전하라*τέλειοι*"와 달리 하나님의 자비로 바꿔 사용하고 있다. *Οἰκτίρμων*의 의미는 수직적인 관계에서 약한 자에게 베푸는 것과 같은 자비mercy가 아니라 서로 수평적인 관계에서 온전한 공감에서 나오는 자비compassion의 마음이다. 이것은 지극히 높으신 하나님이 겸손한 모습으로 인간이 되시기로 하신 마음의 근원이며, 즐거워하는 자들과 함께 즐거워하고 우는 자들과 함께 울 수 있는롬12:15 공감의 마음인 것이다. 누가는 "하나님의 거룩하심처럼 너희도 거룩하라" 레19:2의 말씀 패턴을 '자비' 로 대치해서 하나님의 거룩을 닮는 길은 바로 자비를 통해 구체화되는 것임을 신학화 하고 있는 것이다. 그러므로 거룩과 자비는 모두 하나님의 대표적인 속성으로 어느 하나도 무시될 수 없으며, 사실은 분리되지 못하고 서로 연결되어 있는 하나님의 성품이고, 예수 그리스도의 사역은 이 두 가지를 모두 이행하고 계신 것으로 볼 수 있다.

IV. 결론

마커스 보그는 신약학자로서 역사적 예수 연구에 힘썼고, 현대 신학자로서

시대의 흐름에 맞는 기독교의 새로운 패러다임을 제안했으며, 종교학자로서 타종교와 대화하려 하였다. 그의 역사적 예수 연구는 부활절 이전의 예수의 삶에 집중하였고, 보그의 예수는 영의 사람, 치유자, 지혜 선생, 사회적 예언자, 하나님 나라 운동의 창시자로 묘사되었다. 보그가 신학적으로 상상한 기독교의 새로운 패러다임은 더 이상 성서를 문자 그대로 읽지 않고, 시대적 상황이 반영된 역사적 산물로, 문자를 넘어 신학적 의미를 전달하는 은유적 표현으로, 하나님과 관계하기 위한 성례전적 매개물로 이해하자고 제안하였다. 또한 신앙의 내용은 죽음 이후에 가는 저 천국에만 집중할 것이 아니라 예수께서 보여주신 구원의 사역을 모델로 삼아 우리가 살아가는 이 세상에 하나님의 나라가 임하는 것에 관심을 갖도록 하고, 가장 중요한 것은 그리스도와의 관계를 통한 우리 삶의 변화transformation에 있음을 강조하였다. 종교학자로서 보그는 영의 세계가 각 종교마다 공통적으로 관심하는 영역임을 발견하고 예수를 영의 사람으로 소개하면서 다른 종교의 전승과 대화하려는 의지를 보였고, 긍정적으로 타종교와의 대화를 모색하려고 하였다. 보그가 노력하고 공헌한 이러한 신학적 유산들에 깊이 감사하며, 우리도 하나님의 자녀로 각자의 영역에서 시대적 사명을 따라 하나님의 부르심에 적극적으로 응답해야 함을 도전받는다.

필자는 보그의 예수 연구에서 가장 핵심이라고 할 수 있는 '자비' 의 정치학이 그가 반제로 사용하였던 '거룩' 의 정치학과 다르지 않고 서로 연결되어 있음을 시사하고 자, 누가복음 6:27-36을 연구하였다. 그 결과, 하나님의 형상으로 창조된 우리 인간은 하나님의 속성을 닮는 것을 자녀의 본분으로 삼아야 하며, 그 길을 벗어날 때 우리는 '죄' 에 속하게 된다는 것을 깨닫게 되었다. 구약에서부터 하나님은 '거룩하신 분' 으로 대표되어지며, "너희는 거룩하라 이는 나 여호와 너희 하나님이 거룩함이니라." 레19:2 라는 말씀처럼 우리를 그분의 거룩함으로 초청하신다. 누가복음 6:27-36은 하나님의 거룩함을 '자비' 로 대체설명하며 거룩의 본질과 방법을 구체화시키고 있다. 하나님을 닮기 위한 우리의 거룩은 어디서부터 출발할 수 있을까? 누가가 전하는 평지수훈의 말씀에 따르면, 거룩의 본질은 은혜를 모르는 자와 악한 자에게까지도 인자하신 자비로운 하나님을 닮는 것이다. 그 하나님의 자비를 따르는 길은 바로 원수를 사랑하는데서 출발한다. 우리를 미워하고, 박해하며, 저주하는 자들일지라도 우리는 그들을 용납하고 사랑해야 한다. 이것은 조건적인 사랑으로 이루어지는 관계형성을 뛰어넘는 무조건적인 사랑이다. 이것은 또한 대가를 바라지 않는 베풂이고 계산적이지 않는 인간관계이며, 남이 내게 해주기 원하는 것을 내가 먼저 적극적으로 행하는 나눔의 실천인 것이다. 하나님 나라의 질서는 인간의 상호적 관계를 통해 이득을 얻는 것이 아닌, 무조건 베푸는 것이고 그에 대한 보상은 하나님께로부터 받는 것을 의미한다. 이것은 하나님의 자녀가 되는 특권인 동시에 하나님 나라의 비밀을 깨닫는 축복의 통로이기도 한 것이다.

오늘날 지구촌에서 발생하는 생명을 파괴하는 문제들, 예컨대 심각한 경제적 불평등, 환경오염 및 기후변화의 위기, 자원의 고갈과 대체에너지의 필요성, 만능물질주의의 팽배, 자국민 중심주의의 이기적 국가정책, 영토, 인종, 젠더 갈등으로 인한 대립과 전쟁 등 모든 문제들의 해결책은 무엇일까? 성서로 돌아가 근원적으로 예수께서 말씀하시는 해결책의 시작은 사실 상식을 뛰어넘어 무력해 보일 수도 있는 지점에서 제시된다. 그것은 적극적인 원수사랑, 대가 없는 베풂과 호의, 폭력에 대한 무폭력적 반응과 무조건적인 인자함이다. 일반적인 시각에서 볼 때는 무익해 보일 수도 있고 순진하게 손해만 볼 것 같은 일이지만, 기독교와 사회가 예수 그리스도의 십자가 사건을 묵상하며 좀 더 거룩해지기 원한다면 그 시작은 예수님의 대안, 즉 하나님의 자비를 인식하고 공유하며, 그것을 실천하고 제도화하는 것이다. 즉, 하나님의 자비를 통해 거룩을 회복하는 것이라고 누가는 전하고 있는 것이다.

바울의 복음과 구원의 확신

권 연 경
기독연구원 느헤미야/신약학

I. 들어가는 말: 신학적 문제로서의 구원의 확신

구원의 확신이라는 주제는 학문적 논의의 대상은 아닌 것처럼 보인다. 신자 개인이 "신앙적" 차원에서 해결해야 할 문제이지 주석적, 신학적 논의가 필요한 사안으로 여겨지지는 않는다. 성경은 구원의 확실성을 선포한다. 하지만 나는 이를 완벽한 내 것으로 만들지 못한다. 그렇다면 문제는 성경이 아니라 이를 수긍하지 못하는 나에게 있다. 그리고 이는 신학적 논의보다는 목회적 돌봄이 필요한 상황으로 보인다. 그러나 이런 개인이 많다면, 이야기는 달라진다. "믿음 부족"이라는 개별 진단으로는 건드릴 수 없는, 근원적 문제의 존재를 시사하기 때문이다. 질병은 개인의 약한 저항력과 관계되지만, 전염병이라면 이야기가 다르다. 개인의 저항력을 넘어 보다 근원적인 병인의 존재를 따져야 한다. 구원의 확신 역시 이런 범주에 속한다. 신앙의 연륜과 무관하게 교회 내에는 구원의 확신 문제로 고민하는 이들이 상당하다. 고민까지는 아니어도 많은 신자는 이 주제에 매우 예민하다. 그런 면에서 이는 개인에 대한 목회적 돌봄을 넘어 보다 근본적인 신학적 성찰을 요구한다. 단순히 잘 못 믿어서가 아니라, 애초에 구원의 확신을 어렵게 만드는 근원적 문제가 있을 가능성이 크기 때문이다. 이 글은 구원의 확신 문제를 바울신학의 관점에서 검토한다. 구원의 확신에 관한 논의인 만큼 먼저 구원 자체에 대한 논의로부터 시작한다. 구원 자체에 대한 이해가 어긋나면, 성경적 의미의 확신이란 애초부터 가능하지 않을 것이기 때문이다.

II. 순종의 응답을 요구하는 구원의 부르심

바울 구원론의 강조점 중 하나는 구원이 인간의 의지나 노력이 아닌 하나님의 은혜에 근거한다는 것이다. 물론 이는 구원론적 상식에 속한다. 하지만, 본회퍼의 "값싼 은총" 이야기가 역설적으로 보여주듯, 정작 이 은혜 교리의 속내는 제대로 이해되지 못하는 수가 많다. 우선 로마서를 보자. 바울의 구원 논의는 칭의 개념에서 출발한다. 하나님의 의는 "율법의 행위들"이 아니라 믿음으로 주어진다. 이는 할례와 같은 사회적 자랑거리나 수단들과 무관하게 "우리 밖으로부터"extra nos 주어지는 초월적 은혜다. 혈통에 대한 신념을 바탕으로 "우리는 다르다" 했던 유대인들의 자부심과 달리갈 2:15; 롬 2:17-29, "예수 그리스도를 믿음에서 나는 의"3:22는 모든 사람이 죄를 범하여 하나님의 영광에 미치지 못하게 되었다는 명백한 사실3:23에서 출발한다. 그래서 칭의는 모두에게 "하나님의 은혜로, 값없이" 주어지는 선물이다.3:24 여기에는 그 어떤 인간적 기여도 없다. "그리스도를 통한 속량"이 유일한 칭의의 근거다.5:2, 11 등

그렇다면 바울은 이 사실을 왜 그렇게 강조할까? 구원이 은혜와 믿음에서 온다는 진술의 한 상황적 의미는 그 구원이 "율법의 행위들"과 무관하다는 것이다. 이는 보통 도덕적 의미의 "행위"로 이해된다. 하지만 "율법의 행위들이 아니라 믿음"이라는 반제가 겨냥하는 것은 인간의 도덕적 행위가 아니다. 로마서 3장에서 보는 것처럼, "은혜로, 값없이" 주어지는 칭의의 핵심 함의는 그래

서 순종이 필요 없다는 것이 아니라cf. 8:13,[1] 더 이상 "자랑할 것이 없다"는 것이다. 칭의가 은혜임을 분명히 한 후, 바울은 묻는다. "그렇다면 자랑할 것이 어디 있습니까?"3:27 물론 결론은 분명하다. 은혜이기에, 자랑할 근거가 없다. 아브라함의 칭의 과정이 이를 잘 보여준다. 믿음으로 의롭다 하심을 얻은 아브라함은 "자랑할 것이 없다"4:1-2 그는 분명 "행위"가 아니라 "믿음"으로 의롭다 여겨졌다.4:3; 창 15:6 말하자면, 칭의에 관한 한, 아브라함에게는 아무 것도 자랑할 근거가 없다. 그가 무할례자일 때 의롭게 되었다는 사실이 이를 증명한다.4:1-12 우리를 의롭게 하는 하나님의 은혜는 인간적 노력의 결과가 아니라 신적 자비의 산물이다.9:16, 18

하지만 이는 결코 순종 무용론이 아니다. 오히려 은혜의 논리는 그 반대다. 역설적으로 은혜는 진정한 변화와 순종의 유일한 계기요 근거다. "은혜 아래" 있다는 것은 은혜라는 새로운 삶의 공간에서5:2, 은혜의 통치 아래 살아가는 것이다.5:21 6장이 상세히 밝히는 것처럼, "은혜 아래"6:14, 15 사는 삶은 죄와의 관계를 끊고 하나님과의 관계 속에서 사는 것을 의미한다. 과거 불의의 도구로 살던 삶을 버리고, 의의 도구로 거룩함의 열매를 맺으며 산다. 바로 이런 삶의 종말론적 결과가 영생이다.6:19-23

에베소서도 마찬가지다. 하나님의 부르심은 "은혜로" 주어지는 "하나님의 선물"이다.2:8 비유대인 신자들은 허물과 죄로 죽은 "진노의 자식들"이었고 2:3, "약속의 언약과 무관한 존재들"이었다.2:12 이런 그들이 "그리스도의 피"로 하나님과 화해되었고, 유대인들과 "공동상속자"가 되고 "약속을 함께 가지는 자"가 되었다.3:6 이는 순전히 하나님의 주권적 행동이었다.[2] 이방 신자들

---

1) 하나님의 부르심이 우리의 행위와 무관한 것은 당연한 사실이지만, 종말론적 구원은 분명 순종을 요구한다. 이는 신약 전체의 일관된 가르침이기도 하고, 루터나 칼빈과 같은 종교개혁자들 역시 지속적으로 강조했던 사항이기도 하다. 이를 위해서는 『기독교 강요』 3.14-18장을 참고하라. 또한 Kent L. Yinger, *Paul, Judaism, and Judgment according to Deeds* (Cambridge: CUP, 1999).

2) 이 편지는 유대인들이 아니라 우상숭배의 삶을 살다가 회심한 이방 그리스도인들에게 보내진 것이다. 여기서 "구원"이란 재림과 관련된 종말론적 진노로부터의 구원이 아니라, 과거 부정한 삶으로부터의

은 이 점을 잊지 말아야 한다.2:1, 11 우리는 "하나님의 작품"ποίημα이다. 이런 "창조적 부르심"에는 "선한 일을 하며 살아야 한다"는 분명한 목적이 있다.2:10 이것이 바로 "부르심에 합당한" 삶이다.4:1 혹은 "사랑을 받는" 자녀답게 하나님을 본받는 삶이다.5:1 허망한 삶을 살던 과거를 기억하며2:1-3, 선한 일에 힘쓰는 것이며4:17, 과거의 어둠에서 구출되었음을 생각하고 빛의 자녀답게 사는 것이다.5:6-8

이런 삶을 거부하는 것은 부르심의 목적을 거부하는 것이다. 이들은 하나님의 나라에서 상속을 얻지 못한 채 하나님의 진노에 직면할 것이다.5:5 바울은 "그렇지 않다"고 속삭이는 속임에 현혹되지 말라고 엄히 경고한다.5:6 순종으로 구원을 획득한다는 말이 아니라, 순종이 부르심의 실질적 목적이라는 뜻이다. 구원이 "거저 주어지는" 선물인 만큼, 중요한 것은 선물을 주시는 하나님의 뜻이다. 하나님은 그 선명한 부름에 합당한 응답을 기대하신다. 따라서 하나님의 은혜는 뒷짐을 지고 기다리는 수동적 무위가 아니라 우리를 부르시는 하나님의 목적에 부응하려는 적극적인 순종으로 이어진다.cf. 눅 17:7-10, 3

데살로니가전서에서도 같은 관점을 확인한다. 하나님의 부르심은 진노가 아니라 구원을 위해서다.5:9 이는 순전히 하나님의 선택에 근거한 부르심이다.1:4 여기서도 주권적 부르심 개념은 수동적 무위가 아니라 그 부르심에 합당한 적극적 응답으로 이어진다. 곧 "너희를 부르사 자기 나라와 영광에 이르게 하시는 하나님께 합당하게 행하고자" 하는 삶이며2:13, 어떤 삶으로 하나님을 기쁘게 할 것인지 생각하는 삶이다.4:1 우상숭배를 버리고 참 하나님을 섬기는 삶이다. 바울은 믿음과 소망과 사랑으로 요약되는 이런 삶에서 부르심의 증거를 보았다.1:4 이 거룩함이 바로 우리를 구원으로 불러주신 "하나님의 뜻"이요

구원이라는 의미로 사용되었다. 물론 미래적 구원에는 순종이 요구된다.(5:5)

3) 로마서에서 바울은 이를 "은혜의 다스림" 개념으로 표현한다.(5:21; 6:14, 15) 마태복음의 "용서하지 않는 종의 비유"는 이를 비유 형태로 풀어 보여준다.(마 18:21-35)

목적이다.4:3, 7 이 거룩함에의 요구를 무시하는 사람은 성령을 통한 부르심의 목적을 무시하는 것이며1:5-6, 이는 곧 우리를 불러주신 하나님 자신을 무시하는 것이다.4:8, [4]

구원이 은혜라면, 구원에 대한 확신은 구원의 주인이신 하나님에 대한 확신과 나누어질 수 없다. 구원을 하나님과 나누어 그것을 "내 것"으로 소유하려는 충동은 죄의 한 속성이다. 반면 바울은 구원이란 스스로 자랑할 수 있는 사유재산이 아니라 구원자이신 **하나님과의 관계 속에서 주어지는 약속**이라고 말한다.[5] 구원이 하나님의 권한이기에, 중요한 것은 우리를 부르시는 하나님의 뜻이다. 이것이 은혜 교리의 핵심이다. 이를 무시하고 구원을 "나의 것"으로 만들겠다는 태도를 바울은 "율법의 의" 혹은 "자기 의"라 불렀다. 구원에 관해 우리가 기억해야 할 진리의 하나가 바로 이것이다. 구원은 하나님의 주권에 속하며, 우리는 그 부르심의 자격 없는 수혜자들이다. 따라서 우리는 우리를 자기 나라와 영광으로 부르신 그분의 부르심에 주목하고, 이 부르심 속에 나타난 그의 목적에 순복하는 법을 배운다. 우리의 확신이 이런 하나님의 뜻을 도외시한 자아도취적 확신이라면 이는 바울이 우리에게 말하는 구원은 아니다.

Ⅲ. 하나님의 부르심에 합당한 믿음

이처럼 구원의 부르심에서 중요한 것은 그 속에 담긴 하나님의 목적에 순종하는 것이다. 이는 믿음을 다시 생각하게 만든다. 구원은 믿음으로 주어진다. 그러나 "믿기만 하면" 된다고 가볍게 말할 수 없다. 중요한 것은 믿는 내 행위 자체가 아니라 믿음을 요구하시는 하나님의 뜻이다. 하나님의 뜻을 반영하는

---

4) 졸저, 『행위없는 구원?』(서울: 야다북스, 2024), 127-64

5) E. Käsemann, "'The Righteousness of God' in Paul." *New Testament Questions for Today* (London: SCM, 1969), 168-82. 그는 선물(Gift)은 주신 분(Giver)와 나누어 생각할 수 없고, 따라서 선물은 능력 개념과 통한다고 지적한다.

믿음, 곧 구원에 이르게 하는 믿음도 있지만, 야고보서에서 보듯 구원하지 못하는 믿음, 곧 부르심의 목적에서 어긋난 "믿음"도 있다. 이런 자기도취적 믿음은 아무리 진지하더라도 우리를 구원하지 못한다. 중요한 것은 내 확신이 아니라 구원의 주권자이신 하나님의 뜻이다.cf. 마 7:21–27 바울은 이런 잘못된 믿음의 가능성을 거듭 경고한다.

고린도전서에서 바울은 "너희가 만일 내가 전한 그 말을 굳게 지키고 헛되이 믿지 아니하였으면 그로 말미암아 구원을 받으리라"15:2고 말한다. 믿음이 우리를 구원하지만, 조건이 걸린다. "헛되이 믿지 않았다면" 그렇다. 현 문맥에서 "헛된 믿음"이란 몸의 부활을 부인하는 것, 그리고 그런 착각 때문에 부활 소망에 근거한 선한 삶을 팽개치는 것이다. 바울은 그런 거짓말에 "속지 말라"고 경고한다. 오히려 성도는 "정신을 바짝 차리고, 죄를 짓지 말아야 한다"15:33–34[6] 부활은 있다. 따라서 주 안에서 그들의 수고는 "헛되지 않다"15:58절 부활을 부인하고 방종한 삶을 사는 이들은 구원에 이르지 못한다.

고린도후서에서도 바울은 "하나님의 은혜를 헛되이 받지 말라"고 경고한다.6:1 은혜의 목적을 망각하는 일은 언제나 가능하다. 그래서 바울은 성도들에게 "믿음 안에 있는지" 자신을 검증하라고 촉구한다.13:5 당연히 바울은 긍정적 대답을 기대하지만, 그런 답변이 자동적인 것은 아니다. 믿음의 시험을 통과하지 못한 이들은 버림받은 자들이다.13:5b 이런 엄중한 진술이 수사적 장치이기는 어렵다. 자신을 성도로 간주하는 이들 중에서도 제대로 된 믿음 속에 있지 않은 이들, 곧 버림받은 이들이 있을 수 있다.12:20–21 하나님의 은혜는 그 속에 하나님의 거룩한 뜻을 동반한다. 이를 무시하는 것은 이 은혜를 "헛되이" 받는 것이다. 이런 사람들은 하나님이 받아들이지 않으신다.마 18:21–35; 22:1–14

6) 개역은 다소 오해의 소지가 있다. 본 의미는 "정신 차리고, 맑은 정신으로 깨어 죄를 짓지 말라"는 것이다. Anthony Thiselton, *The First Epistle to the Corinthians* (Grand Rapids: Eerdmans, 2000), 1255–256.

골로새서에서도 비슷한 생각을 확인한다. 그리스도의 죽음은 화목의 사건이다. 이 죽음의 목표는 성도들이 "자기 앞에서 거룩함에 흠이 없는 자들로 세워지는" 것이다.1:22 이 목표는 저절로 성취되지 않는다. 이 목표가 성취되려면 성도들의 합당한 응답이 필요하다. 곧 그들이 "믿음에 거하고 터 위에 굳게 서서 … 복음의 소망에서 흔들리지 않으면" 그렇다.1:23 여기서 믿음은 지적 동의를 넘어 그 안에 힘써 머물러야 할 어떤 것이다. 이것은 곧 "철학과 헛된 속임수", "사람의 전통과 세상의 초보적 원리"를 피하고 "그리스도를 좇는" 삶을 말한다.2:8 "그리스도 예수를 주님으로 받은" 만큼 "그 안에서 살아야" 한다. 바울은 이를 "그리스도 안에서 뿌리를 내리고 세움을 입는 것"으로 표현한다. 구체적으로 성도들이 지금까지 "받은 교훈에 따라" 사는 것이다. 이것이 바로 "믿음에 굳게 서는" 삶이다.2:6-7 그리고 이런 삶은 그리스도 앞에서 거룩함에 흠이 없는 이들로 세워지리라는 소망, 곧 복음의 소망이 성취되는 "조건"이다. 바로 이 목표를 위해 바울은 힘을 다해 수고한다.1:23-29

결국 하나님의 주권적 부르심에서 결정적인 것은 내 믿음이 얼마나 하나님의 부르심에 합당하냐 하는 것이다. **열쇠는 내 확신의 강도가 아니라 내 믿음의 실천적 모습이다.** 이 점에서 성도들은 자주 착각한다. 이런 이유로 바울은 성도들을 향해 자주 "속지 말라", 혹은 "스스로 속이지 말라", 혹은 "하나님은 우습게 여길 수 있는 분이 아니다" 하는 경고를 반복한다.갈 6:7; 고전 6:9-10; 15:33; 엡 5:5-6 자아도취적 확신이 있든 없든, 부르심에 합당한 삶을 무시하면 약속하신 미래의 구원에 참여하지 못한다는 경고다.[7]

가장 분명한 예가 하나님 나라 상속에 대한 경고다. 고전 6:8-9에서 바울은 "불의한 자"ἄδικοι는 하나님 나라를 상속받지 못한다고 못 박는다. "불의한 자"란 원칙적으로 "하나님을 알지 못하는" 불신자들이다.6:1 그렇다고 믿는 자들은 무조건 그 나라를 상속하는 것이 아니다. 바울의 경고는 지금 형제에 대해

7) 졸저, "'헛됨'의 두려움 - 바울신학을 보는 한 관점" 『신약연구』 6/2 (2007 9월), 351-85.

"악을 행하는" ἀδικεῖσθε 신자들을 겨냥한다.6:8 곧 "우리는 괜찮다"가 아니라, "불신자처럼 불의를 행하면서 하나님 나라를 기대할 수는 없다"는 뜻이다. 그래서 바울은 성도들의 불의했던 "과거"를 상기시키며, 현재 그들의 불의한 행태가 왜 "말도 안 되는" 일인지 드러낸다. 과거 성도 중에도 그런 불의한 이들이 있었지만, 예수 그리스도의 이름과 성령으로 "씻음과 거룩함과 의롭다 함"을 얻었다. 여기서 바울은 고린도 신자들이 이미 거룩해진 존재라는 사실을 교리적으로 선포하는 것이 아니다. 여기서 세 부정과거 동사는 모두 과거의 구체적인 한 시점, 곧 성도들이 믿고, 성령을 받고, 동시에 죄사함과 의롭다 함을 얻었던 회심의 경험을 가리킨다. 불의한 삶을 버리고 그리스도께 돌아섰던cf. 살전 1:9-10 경험, 곧 이런 삶과 근본적으로 절연했던 바로 그 시점이다. 그런데 지금 고린도 신자들이 이 "돌아섬"을 망각하고, 돌아가서는 안 될 "불의한" 과거로 회귀한다. 여기서 반복되는 접속사 ἀλλά는 "실제로는 아무리 불의해도 교리적으로는 여전히 깨끗하고 거룩하며 의로운 존재들이니 안심하라" 말이 아니다. 오히려 돌아가서는 안 될 "불의한" 과거로 회귀하는 성도들을 향해 외치는 사도의 안타까운 절규다.[8] "하지만 여러분은 씻음을 받지 않았습니까? 하지만 여러분들은 거룩해지지 않았습니까? 하지만 여러분들은 의롭다 하심을 받았었지 않았습니까?" 이 외침 이면에는, "그런데 어떻게 그 옛날로 다시 돌아갈 수 있습니까?" 하는 곤혹스러움이 깔려있다.cf. 롬 6:1-4, 14-15 이런 이들을 향해 바울은 "속지 말라"는 경고와 더불어, "불의한 자가 하나님 나라를 유업으로 받지 못한다"는 진리를 재천명한다.

이 점에서 로마서 11:20-22절 또한 중요하다. 여기서 바울은 하나님의 약속을 받은 이스라엘이 복음을 거부하는 역설적 상황을 다룬다. 간단히 말해, 이스라엘은 믿지 않아 "꺾였고", 이방 신자들은 "믿음으로 섰다." 하지만 이방

8) Gordon D. Fee, Anthony C. Thiselton 및 Richard Hays를 비롯한 대부분의 주석가들은 11절의 선언적 의미에만 관심을 기울인다. 하지만 성도들이 불신자와 같은 행동을 하는 상황에서 이런 선언은 자연 역설적 질책의 의미를 지닐 수밖에 없다. 특히 8절을 생각하면 이런 질책의 의미는 더욱 분명해진다.

성도들이 우쭐할 이유는 없다. 11:18 그들은 "높은 마음을 품지 말고 도리어 두려워해야 한다" 11:20 하나님은 본래 가지이스라엘도 아끼지 않으셨다. 그렇다면 접붙임을 받은 가지이방 신자들를 아낄 이유는 더더욱 없다. 따라서 이방 성도들은 하나님의 인자와 더불어 그의 엄위 곧 심판의 엄중함도 기억해야 한다. 11:22 물론 믿음에 의지한 이방 신자들에게는 인자하심을 보이셨다. 그러나 이들은 계속 하나님의 인자하심에 머물러야 한다. 그렇지 않으면 본래 가지 중 일부가 그랬던 것처럼 이들 역시 구원의 나무에서 잘릴 것이다.[9] 사도가 하나님의 "자비"에 의지해 권면하는 바는 성도들이 자기 삶을 하나님이 기뻐하시는 거룩한 산 제사로 드리라는 것이다. 12:1, 이 세대를 본받는 과거의 삶을 버리고 마음을 새롭게 하는 변화를 통해 그들을 부르신 하나님의 "선하시고 기뻐하시고 온전하신 뜻"을 발견하여 실천하라는 것이다. 12:2 아무 자격이 없이 하나님의 은혜를 입은 자들에게 기대되는 응답은 주권자 하나님의 부르심에 주목하고, 그 목적에 자신을 맡기는 순종이다. 이스라엘을 아끼지 않았던 하나님은 구원의 나무에 접붙임을 받은 비유대인 신자 역시 아끼지 않으실 것이다. 그리스도인들이라고 이스라엘은 누리지 못한 특별한 면죄부를 누리는 것은 아니다. 오히려 원래 백성 이스라엘조차 버림을 받는 상황이라면, 후에 가입한 이방 성도들은 더 말할 것도 없다. 이 선명한 경고를 피하기는 어렵다.[10]

IV. 구원의 현재와 미래

또 한 가지 유의해야 할 점이 있다. 통상 신자들은 구원의 현재와 미래를 잘

---

9) John Murray, *The Epistle to the Romans* (Grand Rapids: Eerdmans, 1968), 87-8.

10) 믿음이 순종을 포함한다는 사실을 확인하는 최근의 연구들이 있다. Matthew W. Bates, *Salvation by Allegiance Alone* (Grand Rapids: Baker Academic, 2017).(『오직 충성으로 받는 구원』 송일 옮김, 새물결플러스, 2020); Nijay K. Gupta, *Paul and the Language of Faith* (Grand Rapids: Eerdmans, 2020).(『바울과 믿음 언어』, 송동민 옮김, 이레서원, 2021)

구분하지 않는다. 구원의 확신에 있어서는 자연 구원의 현재성에 강조가 놓인다. "내가 이미 구원 받았다"고 확신하는 것이다. 하지만 이는 바울이 구원을 말하는 방식과 다르다. 구원이라는 단어가 현재에 적용된 경우가 없는 것은 아니다. 그러나 기본적으로 구원은 하나의 종말론적 개념, 곧 하나님께서 그리스도의 재림과 마지막 심판 때에 믿는 자들에게 내려주실 선물이다.*11*

가령 데살로니가전서에서, 선택과 부르심의 최종 목표로 제시된 구원 혹은 진노는 종말론적 실재다.5:9 미래지향적 부르심 속에서 성도들은 믿음과 사랑의 호심경 및 "구원의 소망"의 투구를 갖추고 오늘을 인내한다.5:8 물론 이 소망은 그리스도의 날에 이루어진다. 따라서 성도들은 "장래의 노하심에서 우리를 건지시는 예수"를 "기다리며"ἀναμένειν 산다.1:10 이것이 "우리 주 예수 그리스도에 대한 소망의 인내"다.1:3

더욱 시사적인 것은 로마서다. 믿음에 근거하는 현재의 칭의 혹은 화목은 미래에 있을 진노로부터의 구원과 구별된다. 구원은 처음 믿을 때보다는 "가깝지만" 여전히 미래다.13:11 현재의 칭의/화목은 미래의 구원을 확실한 것으로 만든다.5:9-10 로마서에서 바울은 한 번 우리가 "구원을 얻었다"ἐσώθημεν고 과거형으로 말한다. 그러나 이는 "소망으로" 혹은 "소망을 향하여"τῇ ἐλπίδι 얻은 구원이다. 소망의 대상, 아직 보이지 않기 때문에 인내하며 기다려야 할 대상인 구원을 강조하기 위한 어법인 셈이다.8:24-25, *12*

물론 간혹 신자들이 "구원받았다" 하는 진술이 나온다. 그러나 이는 마지막 심판 때의 구원이 이미 주어졌다는 말이 아니다. 구원이라는 단어가 다양한 의미로 사용되기 때문이다. 실현된 종말론이 강하다고 알려진 에베소서를 보자.

---

11) Robert Jewett, *Romans* (Minneapolis: Fortress, 2007), 138, n. 39. 그러면서도 그는 구원의 현재적 개념이 있다는 주장을 펼친다.

12) 위 각주 8번 참고. 구원의 현재와 미래를 동시에 주장하는 것이 바울의 논증 이해에 어떤 도움이 되는지 물어보는 것이 좋을 것이다. 학자들은 선명함을 추구하려 하지만, 구원 개념에 대해서는 현재와 미래를 구분하는 대신 결합하려는 경향을 보이고, 이로 인해 바울 논증의 날카로움이 사라질 때가 적지 않다.

바울은 범죄로 죽은 우리가 은혜로 "구원을 얻었다"σεσῳσμένοι 고 말한다.2:5 이는 8절에서 다시 반복된다. "여러분은 믿음을 통하여 은혜로 구원을 얻었습니다"σεσῳσμένοι 현재 상태에 관한 묘사로서 이 구원은 "그리스도의 피로 구속, 곧 죄사함을 받았다"는 생각과 겹친다.1:7 그러니까 구체적으로 여기서 말하는 "구원"은 **과거 불순종의 삶으로부터의 구원**, 곧 회심을 가리킬 뿐, 재림 시 이루어질 "구원의 날"이 이미 왔다는 말이 아니다. 출애굽이 가나안 입성과 다르듯, 과거 죄로부터의 구원은 미래 유업의 획득과 구분된다. 곧 회심에서부터 시작되는 현재의 "구원"은 믿음의 최종 목표인 미래 유업으로서의 구원과 분명히 구별된다.*13* 당연한 말이지만, 현재적 "구원/구출"은 우리를 유업의 향유자가 아니라 상속자로 만든다 1:11: cf. 롬 1:17-18; 갈 3:29; 4:7 이방 사람들이 그리스도 예수 안에서 유대 사람들과 공동상속자가 되었고 약속을 함께 가진 자들이 되었다.3:6, *14* 상속의 언어는 미래를 위한 기다림의 관점에서 현재의 시간을 바라본다. 여기서 바울이 우리가 얻은 구원을 말하는 것은 "이미 구원을 받았다"는 안도감이나 자족감을 위해서가 아니라 오히려 이 "구원"을 통해 미래에 누리게 될 유업, 곧 "부르심의 목표인 소망"4:4을 바라보도록 하기 위해서다. 그는 성도들이 그들에게 "베푸시는 하나님의 영광스러운 상속이 얼마나 풍성한지를" 알게 되기를 원했다.1:18

골로새서에서는 "구원" 대신 속량 혹은 죄사함이 나온다. 이는 모두 현재의 은사로서, 우리가 "하나님의 아들의 나라로 옮겨왔다"1:14 말과 상응한다. 또한 에베소서와 마찬가지로, 대개 미래 소망의 언어인 부활 역시 현재 경험을 묘

---

13) P. L. Hammer, "A Comparison of Kleronomia in Paul and Ephesians," JBL 79 (1960), 267-72. 에베소서의 미래적 상속 개념을 관찰한 후 그는 이것이 바울의 실현된 상속 개념과 다르다고 주장한다. 하지만 바울에게 실현된 상속 개념이 나타난다는 주장은 바울의 논점을 오해한 결과다.(cf. 롬 8:18)

14) "구원"은 다양한 의미를 지닌 일상적 용어였다. 여기서 바울은 이 단어를 회심을 묘사하기 위한 말로 사용한다. 이런 다른 용법을 놓고서, 종말론적 "구원"과 개념적으로 연결하여 "실현된 종말론"을 논하는 것은 언어의 활용 방식을 깊이 고찰하지 못한 결과로 보인다. Cf. Lincoln, *The Theology of the Later Pauline Letters* (Cambridge: CUP, 1993), 114-19.

사하는 용어로 활용된다.2:12-13; 3:1 바울의 권면 역시 이 현재의 "부활"에 근거한다. 하지만 여기서도 이런 변화는 지금 미래의 천국을 구현하는 사건들이 아니라, 미래에 약속된 상속의 몫을 받을 자격을 부여하는 사건이다.1:12 따라서 현재의 삶은 주께 유업을 받을 자들이라는 소망의 정체성에 기초하고3:24, 믿음과 사랑으로 요약되는 현재의 삶은 하늘에 쌓아 둔 미래의 소망으로부터 의미를 얻는다.1:5 이 소망이 "진리의 말씀" 곧 "복음"의 내용이며, 따라서 이 소망은 "복음의 소망"이다.1:23 이 복음의 주인공인 그리스도는 "영광의 소망"이라 불린다.1:27

디모데후서에서도 마찬가지다. 하나님은 "우리를 구원해 주신 분τοῦ σώσανος ἡμᾶς, 거룩한 부르심으로 불러주신" 분이다.1:9 여기서 부르심과 동시적인 "구원"은 이미 일어난 사건이다. 그러나 이 구원의 부르심은 선명한 미래 전망 속에서 이해된다. 구원과 부르심은 "거룩한 삶을 향한 부르심", 곧 복음을 위해 고난당하는 삶을 위한 것이다.1:8; 2:9ff.; 3:12 이 고난은 선택된 사람들이 "구원을 영원한 영광과 함께 얻도록" 하려는 것이다.2:10,*15* 여기서 구원은 다시금 미래의 소망이다. 마찬가지로, 바울은 성경이 능히 구원에 이르게 하는 지혜를 줄 것임을 상기시킨다.3:15 자신을 두고서도 하나님이 "모든 악한 일에서 나를 건져내시고 구원하셔서 그분의 하늘나라에 들어가게 해 주실 것"이라는 소망을 피력한다.4:18 디모데전서에서도 바울은 "우리 구주이신 하나님"에 관해서 말하는데, 이는 "우리의 소망이신 그리스도"와 나란히 놓인다.1:1 또한 모든 사람, 특히 믿은 이들의 구주 되시는 하나님은 우리 소망의 대상이시다.4:10

디도서 역시 마찬가지다. 우리의 구주이신 하나님께서 사랑으로 우리를 구원하셨다.ἔσωσεν 우리의 의로운 행위 때문이 아니라 중생의 씻음과 성령의 새롭게 하심을 통해서다.3:5 하나님이 성령을 부어주셨고3:6, 우리는 그분의 은혜로 의롭게 되어 "영생의 소망을 따라 상속자가 되었다"3:7 이 구원의 은혜는

15) Gordon D. Fee, *1 and 2 Timothy, Titus* (Peabody: Hendrickson, 1988), 248.

모든 사람에게 나타났고, 이 은혜는 오늘의 삶을 의로움과 경건함으로 살도록 우리를 가르친다. 2:11-12, 16 선한 일에 열심을 내는 백성을 만들기 위해 그리스도께서 우리를 불의에서 건지셨고, 이를 위해 자기 몸을 드리셨다. 2:14 이런 선한 삶이 바로 우리가 "복된 소망", 곧 "하나님과 구주 예수의 영광이 나타나기를 기다리는" 자태다. 2:13 이 "영생의 소망"이 바로 영원 전부터 약속하신 복음의 핵심이다. 1:1-2

논의를 요약해 보자. 바울에게 있어 구원은 미래에 주어질 축복이다. "구원"이라는 단어를 회심에 적용할 때도 그의 주된 관심은 미래의 소망이다. 구원이라는 단어를 현재에 적용한 것일 뿐, 종말의 구원을 받았다는 말과는 거리가 멀다. 오히려 그의 일관된 의도는 우리가 미래의 구원을 바라보는 존재임을 분명히 하기 위해서다. 갈 3:29; 4:7; 롬 8:17 이는 구원에 이르는 거대한 드라마 속에서 현재의 중요성을 무시하자는 것이 아니라, 이 현재에 역동성을 부여하는 더 넓은 맥락을 고려하자는 것이다. 우리는 현재를 산다. 성경은 이 현재를 미래의 소망이라는 더 큰 맥락에 위치시킨다. 구원의 부르심은 우리의 시선을 과거나 현재에 고착시키는 회고적 움직임이 아니라, 눈을 들어 미래의 영광을 소망하게 한다. 이런 미래지향적 성격을 무시한 채 구원의 확신을 말하기는 어렵다.

V. 확신의 성격: 소망의 확실성

구원은 본래 종말론적 개념이다. 또한 구원은 우리 손에 달린 것이 아니라 하나님의 주권적 은혜다. 그렇다면 우리는 이 구원에 대해 어떤 확신을 가질 수 있을까? 당연한 말이지만, 구원이 미래의 소망이라면 우리의 확신 역시 미래지향적일 수밖에 없다. 내가 이미 구원을 얻었다는 확신이 아니라 약속된 구원

16) Cf. Fee, *1 and 2 Timothy*, *Titus*, 193-94.

에 분명 도달할 것이라는 확신이다. 더 정확히 말하면, 약속하신 구원의 날까지 하나님께서 나를 지키시리라는 확신이다. 이미 상속을 얻었다는 성급함이 아니라 분명 상속을 얻을 것이라는 확신이다. 물론 우리는 과거의 삶으로부터 "구원받았다." 하지만 이는 "확신"이 필요한 고백이 아니라 엄연한 "현실" 묘사다. 내가 하나님의 부르심을 받아 예수께로 회심하고 새로운 삶을 사는 것은 엄연한 현실 경험이지 "확신"해야 할 대상은 아니다. 구약의 언어로 말하자면, 광야 이스라엘은 출애굽이라는 엄연한 체험을 근거로 장래 가나안에 들어갈 것을 소망한다. 마찬가지로 바울이 구원을 "확신"의 대상으로 말하는 것은 그것이 미래 소망의 대상이기 때문이다. 구원에 관한 바울의 많은 선언은 바로 이 사실에 초점을 맞춘다.

갈라디아서를 보자. 통상적 견해와는 달리, 바울은 "의의 소망"에 관해 말한다.5:5 소망의 대상으로서의 의, 곧 종말론적 칭의다. 이 "의의 소망"은 5–6장에 나오는 "하나님 나라"나 "영생"과 사실상 겹친다.5:21; 6:8 우리는 어떻게 이 종말의 구원에 이르는가? 선동자들은 율법과 유대인이라는 정체성을 내세웠고, 바울은 그리스도를 향한 믿음과 그 믿음으로 주어지는 성령을 내세웠다.2:16; 3:2–5; 5:2–6 여기서 바울은 거듭 믿는 자들이 상속자라는 사실을 강조한다. 믿는 자들은 아브라함의 자손이고3장, 하나님의 아들이며4장, 성령으로 태어난 아들이다.4:21–31 이런 선언들은 모두 이들이 장래 유산의 상속자라는 주장으로 이어진다.3:29; 4:7, 30–31, [17]

이는 로마서에서도 마찬가지다. 우리의 관심이 이신칭의에 국한될 때가 많지만, 사실 바울의 칭의 논의는 금방 소망에 대한 논의로 옮아간다. 하나님의 의/진노에 관한 1–4장의 논의를 이어, "그러므로"로 시작되는 5–8장은 전부가 미래의 소망 혹은 이 소망의 확실성에 관한 논의다. 믿음에 의한 칭의는 하나님과의 평화가 회복되었음을 의미한다.5:1 그런데 현재 우리가 "믿음으로

17) 이 점은 졸저 *Eschatology in Galatians* (Tübingen: Mohr Siebeck, 2004)에서 상세히 개진하였다.

서 있는" 이 은혜는 미래의 소망을 가능하게 한다. 이 은혜에 서서 우리는 "하나님의 영광에 대한 소망을 자랑한다"5:2 그리고 이 자랑은 환란 중에서도 없어지지 않는다. 현재의 고난은 미래 소망을 꺾는 것이 아니라 도리어 인내와 연단된 성품을 거쳐 우리를 소망에 이르게 하기 때문이다.5:3–4 바울은 이 소망의 확실함을 강조한다. 이 확신의 토대는 십자가를 통해 드러난 하나님의 사랑이다.5:5 그는 우리가 원수일 때에도 십자가를 통해 우리를 의롭게 하고 자신과 화목하게 하셨다. 이런 사랑이라면, 이미 화목하게 된 우리가 미래 진노에서 구원받을 것이라는 사실은 더 말할 나위도 없다.5:9–10 여기서 그리스도인의 현재를 묘사하는 칭의와 화목은 장래의 구원이라는 더 큰 목적의 단계들 혹은 그 구원을 보증하는 증거들로 제시된다.[18]

이런 미래지향적 흐름은 예수와 아담을 비교하는 5:12–21에서도 이어진다. 한 사람의 불순종으로 많은 사람이 정죄에 이른 것처럼, 한 사람 예수의 순종으로 많은 이들이 "의인이 될 것이다" 미래형, δίκαιοι κατασταθήσονται 죄가 우리를 다스려 죽음에 이르게 하는 것처럼, 하나님의 은혜가 의를 통해 우리를 다스려 영생에 이르게 할 것이다.5:18, 21 6장은 칭의에서 영생에 이르는 과정을 죄의 종에서 의의 종으로의 전환 차원에서 다룬다. 죄의 종으로 살면 죽음에 이르고, 의의 종으로 살면 영생에 이른다. 한 마디로 "죄의 삯은 사망이요 하나님의 은혜는 그리스도 안에서의 영생"이다.6:19–23 7–8장에서는 같은 사건이 성령을 통해 율법의 권능에서 해방되는 사건으로 묘사된다.8:1–2 그리고 여기서 성령은 육체와 반대되는 것으로8:5–8, 우리의 "아들됨"을 확증한다.8:9, 14–15 물론 여기서도 아들됨의 의미는 궁극적 의미는, "상속자" 곧 "그리스도와 공동상속자"라는 사실이다. 우리는 그리스도의 공동상속자로서 그와 함께 영광을 누리기 위해 그와 함

18) Jewett, *Romans*, 363–364. 하지만 그는 이 미래적 전망을 상황을 고려한 수사적 전략으로 축소하려 든다.

께 현재의 고난을 감내한다.8:17, *19* 이런 소망의 기다림 속에서 이미 현재의 은사로 제시된 우리의 자녀됨조차 소망의 대상이 된다.8:23 여기서 구원의 미래적 성격, 곧 아직 보이지 않는 것, 따라서 참고 기다려야 할 대상으로서의 구원이 역설적으로 강조된다.

> 우리가 소망으로 구원을 얻었으매 보이는 소망이 소망이 아니니 보는 것을 누가 바라리요? 만일 우리가 보지 못하는 것을 바라면 참음으로 기다릴지니라8:24-25; cf. 행 14:22

앞서 살펴본 디도서 구절을 다시 상기하는 것도 유익할 것이다. 우리의 의로운 행위가 아니라 하나님의 긍휼에 근거한 중생과 성령의 새롭게 하심을 통해 우리는 구원되고 의롭다 하심을 얻게 되었다3:5-7a 이것이 전부가 아니다. 이 현재적 구원과 의로움은 분명한 목적을 가졌다. 바로 우리가 영생의 소망을 상속할 상속자가 되는 것이다.3:7b

구원의 현재와 미래에 관한 바울의 진술을 함께 아울러 보면, 우리가 가진 확신이란 "구원을 받았다"는 사실 확인이 아니라, 미래에 얻게 될 구원의 소망에 관한 것임이 분명해진다. 성경의 선언은 우리가 구원을 소유했다는 것이 아니라 구원을 얻을 자가 되었다는 것이다. 물론 우리는 이미 큰 은총을 누리고 있다. 그리고 이 현재적 은사는 미래의 유업을 사모하게 만드는 미래지향적 약속으로 다가온다. 따라서 구원에 대한 우리의 확신 속에는 이런 미래를 향한 기다림의 요소가 빠질 수 없다. 이미 구원을 얻은 자로서가 아니라, 구원 얻기로 예정된 상속자라는 확신이다.벧전 1:3-9 여기서 우리가 진지하게 생각해야 할 대목은 이런 간절한 기다림의 과정 자체가 실상 구원의 확실성을 드러내는 무

19) 개역개정과는 달리, 원문은 조건문이다. "그와 함께 고난을 받는다면 (if we suffer with him) 상속자"라는 뜻이다. "그의 고난에 동참하지 않고서 그의 영광에 동참할 수는 없다." Murray, *Romans*, 299.

대라는 사실이다.[20]

VI. 구원의 보증이신 성령

구원이 하나님의 주권의 문제요 또 아직 기다려야 할 선물이라면, 우리는 구원의 확신을 어떻게 이해해야 하는가? 우리가 미래의 구원을 확신할 수 있는 근거는 도대체 무엇인가? 이런 질문을 염두에 두고 바울서신을 읽으면, 한 가지 매우 분명한 답변을 만난다. 곧 구원의 확실성이 성령에 달려있다는 사실이다. 우리는 미래의 유업을 기다리는 상속자들인데, 이 유업의 확실성을 보장하는 이는 다름 아닌 성령이다.

> 성령이 친히 우리의 영과 더불어 우리가 하나님의 자녀인 것을 증거하시나니 자녀이면 또한 상속자 곧 하나님의 상속자요 그리스도와 함께 한 상속자니 우리가 그와 함께 영광을 받기 위하여 고난도 함께 받아야 할 것이니라롬 8:17-18

> 우리를 너희와 함께 그리스도 안에서 굳건하게 하시고 우리에게 기름을 부으신 이는 하나님이시니 그가 또한 우리에게 인치시고 보증으로 우리 마음에 성령을 주셨느니라고후 1:21-22

> 곧 이것[죽음이 생명에 삼키울 것]을 우리에게 이루게 하시고 보증으로 성령을 우리에게 주신 이는 하나님이시니라고후 5:5

> 우리가 성령으로 믿음을 좇아 의의 소망을 기다리노니갈 5:5

20) 이는 칼빈이 강조한 사실이기도 하다. 『기독교 강요』 3.6-10장.

자기 육체을 위하여 심는 자는 육체로부터 썩어짐을 거두고, 성령을 위하여 심는 자는 성령으로부터 영생을 거두리라갈6:8

하나님의 성령을 근심하게 하지 말라 그 안에서 너희가 구원의 날까지 인치심을 받았느니라 엡4:30

그 안에서 너희도 진리의 말씀 곧 구원의 복음을 듣고 그 안에서 또한 믿어 약속의 성령으로 인치심을 받았나니 이는 우리 기업의 보증이 되사 그 얻으신 것을 구속하시고 그의 영광을 찬송하게 하려 하심이라 엡1:13-14

이 선언들의 의미는 분명하다. 그렇다면 어떻게 성령이 구원의 확실성에 대한 보장이 되는가? 성령을 받은 사람에게는 구원이 전적으로 보장되었고, 미래의 소망은 그저 시간 문제에 불과한가? 앞서 이미 살핀 것처럼 우리가 약속하신 구원에 이르는 과정은 결코 자동적인 것이 아니다. 그저 시간만 보내면 되는 일이 아니다. 그렇다면 성령은 어떻게 우리의 소망을 보증하는가? 어쩌면 이 질문이 구원의 확신 문제에 있어 가장 결정적인 대목일 것이다.

먼저, 갈라디아서를 보자. 칭의는 믿음으로 주어지는 것이지 율법의 행위들에서 나는 것이 아니다. 앞에서 언급했듯이, 이 의는 "의의 소망"5:5, 곧 장차 주어질 은사다. 이것이 믿음으로 이루어진다는 주장이다. 이 "믿음-율법"의 이분법은 금방 "성령-육체"의 이분법으로 발전한다. 결국 이 성령-육체의 이분법이 전체 논증의 핵심 주제다.[21] 바울의 결론은 "의의 소망"이란 성령을 통해 기다리는 것이지 육체의 길을 통한 것이 아니라는 것이다.3:3; 5:5; 5:16-25; 6:8 율법이 아니라 믿음이어야 하는 것은 믿음을 통해서, 그리스도의 사역을 통해서 이 성령이 주어지기 때문이다.3:1-5; 3:14, 21; 4:6; 5:5 반면 율법은 우리

21) 졸저, *Eschatology*, 182; J. M. G. Barclay, *Obeying the Truth* (Minneapolis: Fortress, 1988), 83.

를 "능히 살게 하지 못한다" 3:21[22] 다시 말해, 율법은 성령을 주지 못한다.3:2, 5 갈라디아 성도들이 믿음에서 시작하여 율법으로 기우는 것은 성령으로 시작했다가 육체로 끝내겠다는 말과 같다.3:3 바로 이것이 사태의 핵심이다. 왜냐하면 "의의 소망"이란 "믿음에서 나는 성령을 통해서만" 기대할 수 있기 때문이다.5:5 이런 의미에서 성령을 받는다는 것은 약속을 갖는 것과 같다. 육체에서 난 이스마엘이 아니라 약속을 가진 이삭이 상속자가 되는 것처럼, 성령을 통해 난 자만이 약속하신 유업의 상속자가 된다.4:21-31 문제는 성령이 어떻게 미래의 유업을 얻게 하는가 하는 것이다.

바울 성령론의 한 기본 전제는 현재 우리의 삶이 영적/도덕적 투쟁의 정황에 놓여 있다는 것이다. 바울은 이것을 성령-육체의 반제로 표현한다. 우리는 육체 아니면 성령에 속하며, 육체와 성령은 서로 투쟁하는 경쟁적 원리 혹은 힘이다.5:17 육체 아래 있으면 육체의 일을 하고, 성령의 인도를 받으면 성령의 열매를 맺는다. 그리고 성령이나 육체냐 하는 현재의 선택은 필연적으로 그 나름의 종말론적 결과를 초래한다. 성령을 따라서 그 열매를 맺는 사람은 영생에 이르고, 육체를 따라 육체의 일을 하는 이들은 멸망에 이른다. 이 원칙에는 예외가 없다. 바울은 특히 이 점을 분명히 인식하라고 성도들에게 경고한다.6:7-8 그렇다면 성령의 의미는 분명하다. 성령은 성도들을 위한 삶의 능력 내지는 삶의 원리다. 이는 성령의 열매로 대표되는 삶의 방식, 혹은 "사랑으로 역사하는 믿음"으로 요약되는 삶을 가능하게 한다.5:6 이것이 영생에 이르는 길이다.6:7-9 바울이 믿음을 역설하는 이유는, 앞에서 보았듯이, 바로 이 성령이 믿음을 통해서만 주어지기 때문이다.갈 3:2, 5 우리가 이런 삶을 생산하지 못하고 육체의 일로 묘사되는 그런 삶에 머문다면 약속하신 "하나님 나라를 유업으로 받지 못할 것이다"5:21 율법에 의지하는 것이 치명적인 것은 이것이 결국 육체의 영역에 머무는 선택이기 때문이다. 그러나 우리가 성령을 따르면서, "참고

22) Bruce Longenecker, *The Triumph of Abraham' s God* (Edinburgh: T&T Clark, 1998), 119-22.

선을 행하면, 때가 이르매 곧 거두게 될 것이다"6:9 그래서 성도들은 할례와 같은 무력한 수단을 의존하지 않고 믿음에서 나는 성령에 의지하면서 의의 소망을 기다린다.5:5, *23*

로마서에서도 같은 성령론이 나타난다. 우리에게 더 이상 정죄함이 없는 것은 생명의 성령이 죄와 사망의 율법에서 우리를 건졌기 때문이다.8:2 그래서 육체의 길을 버리고 성령을 좇는 사람들의 삶에는 율법의 정당한 요구가 이루어진다.8:4, *24* 물론 여기서도 영과 육의 갈등 상황은 마찬가지다. 그리고 육을 따르는 사람은 육신의 일을 생각하며 영을 따르는 사람은 영의 일을 생각한다.8:5 육신의 생각은 하나님 곧 성령을 통해 주어지는 하나님의 뜻과 원수가 되기에 육신에 속한 자들은 하나님의 뜻을 이룰 수 없다.8:7-8 그러나 하나님의 영이 우리 안에 거하시면 우리는 육신에서 벗어나 영에 속한다.8:9 물론 여기서 성령에 속한다는 것은 전혀 수동적 개념이 아니다. 성령에 속한다는 것은 성령의 인도를 받는다는 것8:14, 곧 "영으로써 몸의 행실을 죽이는 것"8:13이다. 이 선택의 종말론적 결과 역시 마찬가지다. 육신의 생각은 사망에 이르고 영의 생각은 생명과 평화에 이른다.8:6, *25* 성도들은 종의 영이 아니라 아들의 영을 받은 자로서, 하나님을 아버지로 부르며 하나님의 자녀로 산다.8:15 이런 의미에서 성령은 우리의 자녀됨을 증언한다.8:16 우리는 자녀로서 그리스도와 더불어 하나님의 상속자가 되고, 우리는 이 상속의 "영광"을 바라보며 현재의 고난을 기꺼이 감내한다.8:17 이렇게 우리는 "처음 익은 열매"인 성령 안에서 미래의 입양, 곧 몸의 속량을 기다리며 살아간다.1:23, *26* 이 기다림의 삶에서 성령은 우리 연

---

23) 졸저, *Eschatology*, 184-212.

24) 8:1-4절은 분명 성령을 통한 언약 갱신을 약속하는 에스겔 36:26-27절을 염두에 두고 있다. 졸저, 『로마서 산책』, 209-26.

25) 여기서 생명과 평안은 2:10에서처럼 종말론적 구원의 이미지로 사용되었다.

26) 학자들은 이 "첫 열매"와 "보증" 개념으로부터 구원의 "이미"를 읽어내려 하지만, 실제 구약에서 첫 열매는 대표성의 의미가 아니라 구별의 의미로 사용되는 이미지다. 졸저, "'Αρραβών as Pledge in Second Corinthians" *New Testament Studies* 54 (2008. 10), 525-41.

약함을 도우시는 분으로 우리에게 주어진다.26절 그래서 바울은 이렇게 기도한다. "소망의 하나님이 모든 기쁨과 평강을 믿음 안에서 너희에게 충만하게 하사 **성령의 능력으로 소망이 넘치게 하시기**를 원하노라"15:13

그렇다면 성령이 미래 구원의 보증이 되는 이유는 분명하다. 성령은 육체의 행위들에서 벗어나 하나님의 뜻에 조율된 새로운 삶을 살게 하는 생명의 원천이다.8:1-4; 12;1-2 성령은 유업의 약속을 받은 자녀/상속자들이 하나님의 뜻을 실천하게 하는 능력의 원천으로, 그리고 하나님의 뜻을 밝혀주는 삶의 기준으로 작용한다. 그래서 성령은 구원의 목적지까지 도달하게 해 주는 "보증"이다. 성령 받음 자체가 구원을 보장한다는 말이 아니라, 성령께서 신자를 생명에 이르는 길로 인도하신다는 것이다. 이 성령 안에서 우리는 "하나님을 사랑하는 자 곧 그 뜻대로 부르심을 입은 자들에게 모든 것이 합력하여 선을 이룬다"는 것을 확신한다.8:29 이는 논리적 혹은 교리적 차원의 확실성을 넘어간다. 이는 우리 삶에 구체적으로 역사하는 능력에 의해 보장되는 확실성이다. 곧 "성령으로 몸의 행실을 죽이며" 살아가는 삶의 과정을 통해 작용하는 확실성이다.8:13 우리의 구원이 형식적 논리를 넘어 구체적 삶의 과정을 통해 이루어진다면, 우리가 필요로 하는 "보장" 역시 추상적 교리적 선언을 넘는 실천적 능력으로 표현되어야 한다. 바울은 믿음으로 주어지는 성령의 선물과 이 성령의 활동에서 하나님의 "보증"을 읽었다. 그래서 그는 성령에 사역의 승부를 걸었다.고전2:1-5, 27

바울이 확신했던 하나님의 신실함은 성령의 활동에 기초한 확신이었다. 이는 우리의 삶과 무관하게 무조건 구원한다는 착각과 다르다. 참된 확실성은 성령을 좇아 살아가는 이들에게만 허용되는 확실성이다. 이 약속은 "선한 일에 힘쓰는 친 백성이 되라"엡2:10; 딛2:14는 요구, 즉 구원의 부름 속에 담긴 하나님의 뜻을 무시하는 사람에게는 적용되지 않는다. 그 뜻을 이루라고 주신 성령을

27) 그래서 칼빈은 신자의 선행이 칭의의 필연적 열매라고 보았다.

저버리고 육체의 일에 머무는 이들은 그 약속 자체를 팽개친 사람이다. 부르심에 합당한 실천적 응답이 없이 일방적인 확실함을 요구하는 것은 하나님의 구원을 오해한 처사요, 은혜의 본질과 목적을 무시하는 교만이다.[28] 하나님의 신실하심은 우리를 육신의 삶에서 성령의 삶으로 돌이키는 역동적 능력으로 나타난다. 이것이 바로 율법이 주지 못하는 복음의 생명력이다. 성령이 주도하는 이 (새)창조의 행진에 발맞추기를 거부하는 것은 구원의 부름에서 벗어나는 것이다. 이런 역동적 성격을 무시하고 인간적 근거에서 의로움을 확보하고자 했던 이스라엘이나 피상적인 믿음을 근거로 구원을 요구할 수 있다고 생각했던 사람들을 향해 바울은 거듭거듭 "속지 말라"는 경고를 발한다.갈6:7, [29]

VII. 구원의 확신은 하나님의 사랑에 대한 확신

구원의 확실성과 관련하여 아직 한 가지 더 생각해야 할 부분이 남아 있다. 바로 성령의 인도 속에서 우리를 지탱하는 하나님의 사랑이다. 성령 안에서 인내하는 기다림의 삶은 힘겹지만, 그러면서도 기쁨을 잃지 않는 즐거운 기다림이다. 우리는 "하나님의 영광을 바라고 즐거워한다"5:2 이것은 환란 중에서도 그렇다.5:3 우리는 환란에서 인내를 배운다. 인내는 하나님의 "아들의 형상"을 닮도록 우리를 단련한다. 그리고 이는 우리의 소망을 더욱 견고하게 한다.5:3-4 이 소망은 우리를 부끄럽게 하는 소망, 곧 텅 빈 약속이 아니다. 우리에게 주어진 하나님의 사랑이 있기 때문이다. "소망이 부끄럽게 아니함은 우리에게 주신 성령으로 말미암아 하나님의 사랑이 우리 마음에 부은 바 됨이니…"5:5

여기서 확신의 근거는 하나님의 사랑이다. 우리는 이 사랑을 그리스도의 십

28) John Barclay, *Paul and the Gift* (Grand Rapids: Eerdmans, 2015)는 은혜가 비록 "비상응적"이지만, 여전히 그에 합당한 응답을 요구한다는 사실을 잘 보여준다.

29) 졸저, 『위선』(서울: IVP, 2018).

자가에서 배운다. 그리스도의 십자가 죽음에서 우리는 하나님의 사랑을 만나고, 이 사랑은 그가 주신 약속이 견고하다는 사실을 알게 한다. 우리가 아직 연약할 때, 곧 우리에게 아무런 경건함이 없을 때 그리스도께서 우리를 위해 죽었다. 이는 인간의 도덕적 상상력을 뛰어넘는 혁명적 사랑이었고, 우리를 향한 하나님의 사랑이 어떤 것인지 "확증하는" 사건이었다.5:8 우리는 "본질상 진노의 자녀였는데, 긍휼이 풍성하신 하나님이 그 큰 사랑을 인하여 허물로 죽은 우리를 그리스도와 함께 살리셨다."엡2:3-5 바울은 십자가에서 나타난 하나님의 사랑에서 미래의 확실성을 읽는다. 현재 우리는 그의 피로 의롭다 하심을 얻었다. 이는 우리가 미래의 진노에서 구원받으리라는 확실한 보증이다. 원수 된 자들을 위해 아들을 내어주어 화목하게 하신 사랑이라면, 이미 화목하게 된 자들에게 장차 구원을 주시리라는 사실은 더없이 분명하다.롬 5:9-10 십자가에서 나타난 하나님의 강력한 사랑은 그 어떤 장애물로도 막을 수 없다. 우리가 가진 확신은 바로 이 사랑에 토대를 둔다.

이 하나님의 사랑이 바울이 믿었던 마지막 보류였다. 십자가의 사랑을 믿고 바울은 기다림의 삶을 살았고,갈2:20; 고후5:14 이 사랑에서 소망의 확실성을 발견하였다. 우리는 앞을 내다볼 수 없고 그런 의미에서 우리 미래는 여전히 불확실하다. 이 불확실함에서 우리를 지키는 것은 하나님의 사랑이다. 우리를 고발하고 공격하는 이들이 많겠지만, 그리스도의 십자가는 하나님이 우리를 위하시고 의롭다 하는 분임을 알려 준다.8:31-34 그 어떤 것도 우리를 이 사랑에서 끊을 수 없다.8:35 많은 고난을 겪을 수 있지만, 이 모든 일에 있어 우리는 "우리를 사랑하시는 이로 말미암아 넉넉히 이긴다"8:37 이것이 우리가 가진 확신이다.

> 내가 확신하노니 사망이나 생명이나 천사들이나 권세자나 현재 일이나 장래 일이나 능력이나 깊음이나 깊음이나 다른 어떤 피조물이라도 우리를 우

리 주 그리스도 예수 안에 있는 하나님의 사랑에서 끊을 수 없으리라8:38-39

구원의 확신에 관해 이보다 더 벅찬 진술을 찾기는 어렵다. 이런 확신은 "내가 구원 받았다"는 확신, 곧 나에 관한 확신이 아니라 우리를 부르시고 자기의 영광에 이르게 하시는 하나님께 대한 확신, 곧 그분의 신실하신 사랑에 대한 확신이다. 말하자면 이미 이루어진 구원에 대한 논리적 확신이 아니라 나를 의롭다 하시고 또 앞으로 구원하실 하나님, 그렇게 **우리를 사랑하시는 하나님을 향한 인격적 신뢰**다. 이것이 우리가 기억해야 할 요점이다. 구원은 하나님의 선물이요 전적으로 하나님의 은혜에 기초한다. 따라서 구원은 그 구원의 주인인 하나님과 분리할 수 없다. 구원을 확신한다는 것은 곧 그 구원의 원천인 하나님을 신뢰한다는 것이다. 곧 그분의 약속을 신뢰하는 것이다. 그래서 바울은 구원의 확실성을 말하고 싶을 때 항상 하나님의 신실함에 호소한다.

평강의 하나님이 친히 너희를 온전히 거룩하게 하시고 또 너희의 온 영과 혼과 몸이 우리 주 예수 그리스도께서 강림하실 때에 흠 없게 보존되기를 원하노라. 너희를 부르시는 이는 미쁘시니 그가 또한 이루시리라25절

너희 안에서 착한 일을 시작하신 이가 그리스도 예수의 날까지 이루실 줄을 우리는 확신하노라빌 1:6

주께서 너희를 우리 주 예수 그리스도의 날에 책망할 것이 없는 자로 끝까지 견고하게 하시리라. 너희를 불러 그의 아들 예수 그리스도 우리 주와 더불어 교제하게 하시는 하나님은 미쁘시도다 고전 1:8-9

미쁘다 이 말이여, 우리가 주와 함께 죽었으면 또한 함께 살 것이요 참으면 또한 함께 왕노릇할 것이요 우리가 주를 부인하면 주도 우리를 부인하실 것이라. 우리는 미쁨이 없을지라도 주는 항상 미쁘시니 자기를 부인하실 수 없으리라.

마지막 인용 구절에서 보듯, 하나님의 신실하심에 대한 확언을 구원에 대한 교리적 보장으로 생각하면 곤란하다. 그러나 그런 오해는 은혜로 우리를 불러주시는 하나님의 뜻에 자신을 맡기는 믿음 속에서는 생기지 않는다. 오히려 이런 선언들은 하나님의 뜻을 따라 그의 부르심에 합당하게 살아가려는 성도들, 주의 성령의 인도함 속에서 현재의 고난을 감내하는 성도들이 발하는 외침이다. 우리의 구원은 궁극적으로 하나님의 손에 달린 것이며, 따라서 우리는 우리에게 성령을 주시는 하나님의 신실하신 사랑 속에 있다는 확신의 고백이다. 이것이 우리가 가질 수 있는 구원의 확신이다. 구원의 주님이신 하나님을 향한 인격적 확신이라는 점에서, 또한 구원을 향한 우리의 삶의 과정을 지탱하는 하나님의 사랑에 대한 신뢰라는 점에서 이는 피상적인 교리적, 논리적 "확신"과는 비교할 수 없다. 이런 살아있는 확신이 우리가 가져야 할 확신이며, 이것이 또한 성경이 우리에게 약속하는 확신이다.

2부

신학과 사회적 상상력

6. 사회적 신학의 모색–김동춘

7. 라우션부시의 사회복음 신학의 정당성과 실천 구상–남병훈

8. 칼 바르트의 신학에서 하나님 나라와 정치–박성철

9. 교회, 사회 정치적 실재로서 대안 공동체: 존 요더의 교회론을 중심으로–김기현

10. 사회적 해방을 향한 신학–박득훈

11. 급진정통주의에서 사회적 상상력–김승환

12. 공공신학의 관점에서 사회적 상상력–최경환

13. 공공신학과 교회윤리를 넘어 새로운 사회실천의 상상력–전남식

사회적 신학의 모색

김동춘
기독연구원 느헤미야/조직신학

I. 왜 사회신학인가?

근대 이후 성경과 교회가 말하는 기독교 진리, 하나님에 관한 언어, 신앙의 핵심으로서 십자가와 부활, 그리고 복음의 확실성은 사회 전체에서 설득력을 잃어버렸다. 이제 기독교의 하나님은 "모든 현실을 규정하는 힘"이 아닐 뿐 아니라, 기독교적인 것은 객관적이고 보편적인 진리로서도 힘을 잃어버렸다.[1] 기독교는 공적인 영역에서 보편 타당성을 상실하기에 이르렀다. 첫째는, 세속화로 인해 세속사회에서 기독교의 영향력은 급속도로 퇴조되어 예전에는 당연하게 믿어왔던 신앙이 근대 세계 이후 믿을만한 것이 되지 않게 되었다.[2] 둘째는, 사실-가치 이분법으로, 과학은 타당한 진리라는 확실성의 권위를 획득한 반면, 종교와 도덕은 가치에 관한 것으로 개인의 주관적 의견이나 신념에 불과한 것으로 전락하게 되었다.[3] 셋째, 이러한 결과 기독교신앙과 복음은 공적 진

1) 기독교 진리의 보편성 위기로서 하나님 신앙에 대한 문제의식에 대해, 볼프강 판넨베르크, 『판넨베르크 조직신학 제1권』, 신준호 안희완 역 (서울: 새물결플러스, 2017), 117-18.

2) Charles Taylor, *A Secular Age* (Cambridge, MA.: Belknap Press of Harvard University Press, 2007), 25.

3) 네슬리 뉴비긴, 『다원주의 사회에서의 복음』, 홍병룡 역 (서울: IVP, 2007), 25, 40-5.

리로서 타당성 문제에 위기가 봉착했다.[4]

그리하여 기독교는 현실 너머 영혼의 구원에 관한 종교적 업무를 관장하고, 국가는 인간의 지상적 삶을 관장하는 세속적 업무로의 분업화가 이루어졌다.[5] 그리하여 기독교는 공적인 삶과 사회적인 것으로부터 퇴각하여 인간의 마음과 내면의 질서에 국한된 것으로 축소되고 말았다. 후카이 토모아키는 종교의 장소, 즉 기독교의 장소의 변천을 이렇게 기술한다.

> 종교의 장소가 바뀌었다. 그리스도교는 '교회' 에서 '인간' , '인간의 마음' 이라는 곳으로 장소를 옮겨갔다. 인간의 내면, 혹은 마음은 근대 시기 가장 전형적인 '종교의 장소' 다. 그 전까지 그리스도교는 그리스도교 세계 전체, 혹은 서유럽 전체, 한 국가 등 전체 사회의 공공성과 연관되어 있었으며 사회 전체의 윤리를 다루었다. 그러나 이제 새로운 그리스도교는 '개인' 으로, '개인의 내면' 으로 그 활동 장소를 옮겼고 신학도 새로운 모습을 갖추게 되었다.… 신학이 겪은 첫 번째 변화는 그리스도교가 공적 영역보다는 인간의 사적 영역으로, 인간의 내면으로 그 장소를 옮겨간 것처럼 신학 역시 개인화, 내면화한 것이다.[6]

기독교가 인간의 마음의 좌소와 내면의 질서, 그리고 정서와 감정을 어루만지는 종교로 축소 전락한 오늘의 위기를 극복하기 위해 공적이고 사회적인 지평에서 신학적 재구성의 작업이 요청된다.

---

4) 네슬리 뉴비긴, 『복음, 공공의 진리를 말하다』, 김기현 역 (서울: SFC, 2008), 19; 『다원주의 사회에서의 복음』, 27-35, 185-96.

5) "성경은 영혼의 문제, 내적이고 영적인 삶을 다루는 책이 되어 버렸다. … 그러나 공적인 영역에서는 자기 자리를 지킬 수 없었다." 레슬리 뉴비긴, 『다원주의 사회에서의 복음』, 21.

6) 후카이 토모아키, 『신학을 다시 묻다: 사회사를 통해 본 신학의 기능과 의미』, 홍이표 역 (서울: 비아, 2018), 146-47.

Ⅱ. 사회신학이란 무엇인가?

1. 사회신학의 개념

(1) 사적 종교로서 기독교, 개인화와 내면화의 종교로서 기독교를 극복하는 신학

개인주의와 개인화의 등장으로 개별 인격은 파편화되어 원자적 인간으로 살아가는 현상이 증가하는 상황에서 '사회적인 것' 이 재발견되고 있다. 개인화된 현대사회의 특징은 '무연고적 자아' unencumbered Self, '나홀로 볼링' 로버트 퍼트넘 등으로 표현되고 있다. 그런 가운데 사회적인 것이 현대사회의 위기를 극복하는 중요한 가치와 실천방안으로 등장하고 있다. 사회적 경제를 비롯하여 사회적 기업과 사회적 협동조합 등이 현대사회의 공공영역에서 자리 잡은 지 오래되었다. 사회적인 것은 학문의 영역과 사회 전반에 걸쳐 인간의 삶의 활동과 공간에서 다양하게 적용되고 있다.

(2) 연대적, 공공적, 공동선을 추구하는 신학

그렇다면 사회적인 것은 무엇을 의미하는가? 먼저 사회적이란the social 개인적인 것, 혹은 사적인 것the private을 넘어 '연대적', '공공적', '공동선' 을 추구하는 것이라 할 수 있다. 또한 사회적이란 개인과 집단, 개별적인 차원과 보편적인 차원을 아우르는 '전체적인 것', '총체적인 것' 을 지향하는 것이라고 말할 수 있다. 더 나아가 사회적인 것이란 정치적인 것, 경제적인 것, 그리고 생태와 젠더 등 자연과 문화의 문제를 포함한다. 결국 사회적인 것이란 인간 사회의 세계 내적 현실을 총괄하는 개념이라고 할 수 있다.

(3) 사회신학은 신학의 사회적 차원, 사회적 자리, 사회적 기능을 탐색한다.

사회신학은 신학의 사회적 차원과 맥락을 탐구하는 신학이다. 그리하여 신학의 과제를 신자들의 공동체인 종교적 영토에 머무는 '교회적 기독교' 에서 '사회적 기독교' 로의 확장을 추구한다. 그런 점에서 사회신학은 신학이 서있는 사회적 자리와 사회적 책임과 역할을 고민한다.

(4) 사회신학은 실천적 신학이다.

사회신학은 사회정의와 평화, 그리고 이웃에 대한 공감과 연민, 연대성, 그리고 공동적 사랑의 실천을 지향하는 신학이다. 그러므로 사회신학은 그리스도인과 교회의 사회적 실천을 이끌어내는 신학이다.

(5) 기독교사회형성론으로서 사회신학

사회신학은 '기독교의 사회적 구현' 을 고민한다. 또한 '사회적인 것의 기독교적 실현' 을 생각한다. 사회신학은 그리스도인과 교회, 그리고 기독교의 사회적 실존을 탐구하면서, '복음의 사회적 형성' 을 생각한다. 이를 위해 사회신학은 교회의 사회전략을 생각한다. 이를 기독교사회형성론을 모색하는 신학이라고 부를 수 있다.

2. 사회신학은 무엇이 다른가?

사회신학은 기독교사회윤리와 공유점도 있지만 다른 영역이라 할 수 있다. 기독교윤리는 도덕적 행위에 관한 이론적 탐구다. 윤리는 무엇이 지고선이며, 행위의 옳고 그름을 판단하는 이론이지만, 사회신학은 윤리적 판단작업이 주된 방향이 아니다. 또한 사회신학은 공공신학과도 구분된다. 공공신학은 주로 시민사회와 정치-경제적 공적인 삶에서 기독교가 시민적 덕을 발휘하여 일반사회와 소통하며, 대화하는 신학인데 반해, 사회신학은 오히려 사회의 공적 영역에서 복음의 실재를 드러내어 기독교적인 것을 사회속에서, 그리고 사회적으로 구체화하여 사회제도와 질서, 그리고 사회구조와 사회체제 안에서 실현하려는데 목적이 있다.

또한 사회신학은 '사회의 신학' Theology of Society이 아니다. 사회신학은 사회를 신학적 탐구대상으로 삼는 신학이나 사회에 관한 신학도 아니며, 사회학적 신학은 더더욱 아니다. 또한 사회신학은 사회현상을 분석하거나 사회의 성격과 사회구성 등 사회 자체를 일차적인 탐구대상으로 삼지 않는다. 사회 자체나 사회현실, 그리고 사회현상을 분석하는 것은 사회학과 인접학문의 과제에 속할 것이다. 오히려 사회신학은 기독교신학을 '사회적으로', 그리고 사회적 차원에서 구성하는데 목적이 있다.[7]

Ⅲ. 사회신학의 신학적 모델들

1. 삼위일체적 사회신학: 사회적 삼위일체론의 사회적 상상력

"삼위일체론은 우리의 사회적 프로그램이다." 삼위일체의 신적 비전을 사회적 상상력으로 연결시킨 시도가 있다. 19세기 러시아 정교회 사회주의 개혁가인 니콜라스 페도로프Nicholas Fedorov는 이렇게 삼위일체를 국가형성과 정치-경제 체제의 개조에 적용할 수 있다고 생각했다. 이런 명제에 근거하여 삼위일체론이 민주적이고 평등한 사회의 대안이나 경제적 불평등과 억압의 현실을 극복하는 대안사회의 사회적 프로그램으로 해석되고 있다.

전통적으로 존재론적 삼위일체론이 세 위격의 단일성과 일치에 초점을 두었다면, 현대신학에서 '사회적 삼위일체론' social trinity은 세 위격의 관계성과

---

7) 필자는 단편적으로 사회적 신학에 관한 글을 발표하거나 강의안 형태로 제시하였다. 김동춘, "기독교사회 형성론을 위한 시론적 탐색," 「기독교철학연구」 1권 (2004): 127-43; "기독교사회형성론의 관점에서 본 기독교정치," 「복음과 윤리」 10권 (2013): 99-142; "사회적 칼빈주의와 한국교회의 사회적 공공성," 「기독교사회윤리」 32권 (2015): 147-85; "사회선교의 신학적 근거," 성서한국 편, 「사회선교 한걸음」 (뉴스앤조이, 2007), 59-94; "사회적 안식일 신학을 향하여," 김근주 외, 『안식일이냐 주일이냐』 (논산: 대장간, 2015), 81-110; "칭의와 정의: 사회적 차원의 칭의론," 김동춘 편, 『칭의와 정의』 (서울: 새물결플러스, 2017), 439-85; "한국장로교에서 사회복지론과 디아코니아 신학: 교회의 사회적 책임을 위한 신학과 실천의 근거로서," 「신학과 사회」 27권 (2013): 105-41; "세월호를 향한 회심의 길," 「느헤미야 뉴스레터」, 통권2호 (2015): 2-4.

공동체성, 친교됨을 주목하고 있다. 여기서 삼위일체 하나님은 '하나님의 사회' 이며 '사회의 사회' 이다. 다시 말해 삼위일체는 사회의 원형이며, 사회가 가야 할 궁극적인 지향점으로 간주된다. 이제 삼위일체론은 사회의 대안을 위한 강력한 유비가 된다. 이미 칼 바르트는 삼위일체 하나님의 관계성에 주목하면서 삼위 하나님의 내적인 사회적 관계는 인간사회의 원형이며, 인간사회는 삼위일체 하나님의 반영이라고 언급한 바 있다.

사회적 삼위일체론을 사회형성적으로 적용한 선도적인 사례는 위르겐 몰트만Jürgen Moltmann에게 발견된다. 몰트만은 삼위일체와 세계 역사를 통해 세계와 신을 만유재신론적으로 긴밀하게 결속하면서 이를 사회적 삼위일체론으로 밀고 나가 민주적이고 평등한 사회이론의 근거로 접목할 뿐 아니라, 그의 창조신학에서 생태학적 사회의 대안으로 확장시켜 나간다. 그는 서방신학의 군주적 삼위일체를 동방신학에 간직된 상호관계적인 '가족' 이미지의 삼위일체론으로 대체하여 인간의 자연 지배를 지양하고 자연과 인간의 공동체적 삶을 고양하는 생태학적 사회 프로그램을 제시하고 있다. 여기서 주목할 것은, 몰트만은 비록 로즈머리 류터에게서 발견되는 '몸과 영혼,' '남성과 여성의 지배관계' 를 인간의 자연에 대한 지배관계로 파악하여 심신상관적 '지배의 사슬구조' 를 생태학적 지배의 사슬구조로 확장시킨 사회생태론의 일종인 여성생태주의ecofeminism [8]와 구분되지만, 몰트만 역시 이러한 사회적 생태론을 신중심적 생태신학, 정확히 말해 '삼위일체론적 사회생태론' 으로 정립하였다고 평가할 수 있다.

해방신학자 레오나르도 보프Leonardo Boff는 몰트만과 함께 삼위일체론을 사회형성에 연결한 대표적인 신학자라 할 수 있다.[9] 보프는 삼위일체 하나님

---

8) Rosemary Radford Ruether, *Sexism and God-Talk: Toward a Feminist Theology*, Boston: Beacon Press, 1983, 85f.

9) 보프의 삼위일체론 저작으로는, 레오나르도 보프, 『삼위일체와 사회』, 이세형 역, (서울: 대한기독교서회, 2011); 『성삼위일체 공동체』, 김영선 김옥주 역 (서울: 크리스천헤럴드, 2011); L. Boff, "Trin-

의 세 위격의 독특성과 함께 상호간의 충만한 사랑과 사귐 가운데 존재함을 강조한다. 보프에게 삼위일체 하나님은 위격 사이의 내적 연합과 일치, 교제, 관계로 풍요한 분이다. 삼위일체 위격 간에 활동하는 영원한 연합과 무한한 평등은 "통합된 사회를 위한 모델"로 기능한다.[10] 따라서 "삼위일체 하나님은 각 사람과 모든 공동체의 모델"이며, 무엇보다 삼위일체는 "완전한 사회의 모형"이다. 보프에 따르면, "삼위일체의 신비는 사회적 삶과 본래적 모습의 근거가 된다." 삼위일체의 사회적 일치는 "사회적 해방과 온전한 해방의 기초다."[11] 그리고 삼위일체는 사회에 대한 영감과 도전이다.

삼위일체를 사회의 대안을 위한 밑그림이자 원천으로 해명하는 사회적 삼위일체론에서 중심 개념은 '페리코레시스' perichoresis 다.[12] 페리코레시스는 '상호침투' 라는 의미와 함께, 라틴어로 상호순환circuminsessio과 상호내재circumincessio를 의미한다. 페리코레시스는 삼위 위격 사이의 공재cohabitation, 공존coexistence, 상호침투interpenentration를 가리키는 용어로서 삼위일체 하나님의 삶은 상호 순환, 서로 친밀함, 상호작용과 상호의존을 보여준다.[13]

삼위일체적 사회론은 삼위일체 하나님이 보여주는 천상의 극치 – 완전한 친교, 친밀함, 관계로 풍부한 신적인 삶을 인간사회가 도달해야 할 '사회의 원형' 으로 상정하고 있다. 그에 반해 지상의 인간 사회는 온갖 불평등, 억압, 차별, 갈등이 끊임없이 상존하는 사회이다. 따라서 완전한 사회의 원형인 삼위일체 사회와 결함 투성인 인간 사회 사이에는 '무한한 질적 간극' 이 있다. 삼위일체적 사회론에서 신적 사회와 인간사회를 연결하는 신학적 접촉은 '유비의 신학' 에 의해서만 가능하다고 할 수 있다. 세계는 삼위일체의 흔적vestigium trinitatis이

---

ität," in, Ignacio Ellacuria, Jon Sobrino(Hg.), *Mysterium Liberationis: Grundbegriffe der Theologie der Befreiung, Band 1*, (Exodus, 1995), 507–23.

10) 레오나르도 보프, 『성삼위일체 공동체』, 119.

11) 레오나르도 보프, 『성삼위일체 공동체』, 164–77.

12) 레오나르도 보프, 『성삼위일체 공동체』, 134–48.

13) 레오나르도 보프, 『성삼위일체 공동체』, 93.

다. 달리 말해 세계는 삼위일체 하나님의 발자욱이고 표현이다. 그렇다면 세계와 사회는 비록 피조물적 한계와 자기모순을 내포하고 있지만, 삼위일체 하나님의 온전한 형상을 닮아감으로써 일치를 이루어야 한다. 보프는 삼위일체와 인간 사회의 유비의 관계를 이렇게 말한다.

> 인간 사회는 삼위일체의 신비로 가는 길목에 있는 이정표라면, 삼위일체의 신비는.… 사회적 삶과 그 원형archetype을 향해 가는 이정표이다. 삼위일체는 하나님의 사회divine society이기 때문에 인간 사회는 삼위일체의 흔적을 보유하고 있다.[14]

그렇다면 하나님과 세계의 유비를 좀 더 적극적으로 말해야 하지 않을까? 샐리 맥퍼그가 말한 것처럼 '세계는 하나님의 몸' 이라면,[15] 세계는 하나님으로부터 출산되고 유출된 몸이라는 생각이 가능하다. 또한 동방교회가 간직한 신화deification의 구원론처럼, 비단 창조세계만이 아니라 인간 사회 역시 하나님과 친교의 과정에서 삼위일체 하나님의 형상과 모습을 닮아갈 수 있고, 닮아가야 하는 구원의 전망이 가능하다고 볼 수 있다. 그렇게 될 때 삼위일체적 사회론은 단순히 신학적 이상에 그치지 않고 인간 사회의 완전한 변형을 상상하는 놀라운 구상이 될 수 있을 것이다.

2. 교회론적 사회신학

(1) 교회의 사회성을 통한 사회신학-본회퍼

본회퍼D. Bonhoeffer의 교회론은 공동체적 교회론, 연대성의 교회론, 세상 속

14) 레오나르도 보프, 『성삼위일체 공동체』, 119.

15) Sallie McFague, *The Body of God: An Ecological Theology* (Minneapolis: Fortress Press, 1993), 152-53.

의 교회론의 특징을 띠고 있다고 할 수 있는데, 이를 총칭하여 '사회적 교회론'이라 부를 수 있다.[16] 그런데 저항과 행동하는 신학자인 본회퍼에게 '사회적인 것'의 주제는 그의 윤리학Ethik과 저항과 복종Widerstand und Ergebung이 아니라, 교회론에서 먼저 다루어지고 있다. 본회퍼는 초기 교회론 연구서인『성도의 교제』Sanctorum Communio에서 '교회의 사회성'을 주목했다.[17] 본회퍼는 "모든 그리스도교적 기본개념은 **오직 사회성에 주목할 때만** 그 의미를 완전히 파악할 수 있다"고 말하면서, "신학에 있어서 사회학적 범주의 중요성에 대한 관점을 더 가지면 가질수록 모든 그리스도교의 기본개념들의 사회적 의도가 더 분명하게 드러난다"[18]고 본다. 그래서 본회퍼는 인격, 원상태, 죄, 계시와 같은 모든 그리스도교의 기초개념들과 본회퍼에게 매우 중요한 '대리행위,' '공동체' 개념들을 사회성의 관점에서 접근할 때 그 의미를 완전하게 파악할 수 있다고 보았다.[19]

인간의 사회성: 관계적(relational)이고 사회적(social) 인격에서 타인을 향한 책임적 인격으로

본회퍼는 인간 인격의 사회성을 살피면서 이를 근거로 교회의 공동체성과 사회성의 본질을 제시하려고 한다. 그는 교회의 본질을 관계적이고 사회적 인격으로부터, 즉 사회적 인간론의 관점에서 파악한다. 인격은 본질적으로 '나와 너의 관계' 안에서 존재한다. "개인은 타인을 통해서만 존재한다. 개인은 홀

---

16) 본회퍼는 교회투쟁의 시기에 정치적 행동과 투쟁에 깊이 관여했지만, 정치적 책임윤리로서 교회론을 제시하지 않았다는 점에서 그의 교회론은 '정치적 교회론'이라기보다 교회의 사회성을 주목하는 교회론이라고 할 수 있다.

17) 본회퍼 신학에서 사회성에 대해, Clifford J. Green, *Bonhoeffer: A Theology of Sociality* (Grand Rapids, MI.: Eerdmans, 1999); J. v. Sossten, *Sozialität der Kirche. Theologie und Theorie der Kirche in Dietrich Bonhoeffers "Sanctorum Communio"* (München: Chr. Kaiser Verlag, 1992) 본회퍼신학 전체를 사회성의 신학이라고 하는 그린의 언급. 클리포드 그린, "인간의 사회성과 기독교공동체" in 존 W. 드 그루시 외 12인,『본회퍼 신학개론』, 유석성, 김성복 역 (서울: 종문화사, 2017), 220-21.

18) D. Bonhoeffer, *Sanctorum Communio*, Nachwort, 311(강조체는 편집자, 괄호 문구는 필자의 표기)

19) D., 13.

로있는 자가 아니다. 오히려 개인이 될 수 있기 위해서는 필연적으로 타인이 존재해야 한다."[20] 여기서 타인은 '구체적인 너' ein konkretes Du다. 타인은 도움과 사랑을 필요로 하는 너이며, 그런 너와 마주서서 타인을 만날 때, 인간은 인격이 된다. 그리고 타인과의 이런 관계 속에서 존재하는 것이 그리스도교적인 인격이다.

그런데 본회퍼는 "인격 개념과 공동체 개념, 하나님개념은 서로 뗄 수 없는 본질적 연관성을 가지고 있다"고 보았다.[21] 다시 말해, 본회퍼는 나와 너의 인격주의적이고 대화주의적 신학에서 파악된 인격개념을 통해 "하나님, 교회공동체, 개인"을 서로 연관짓고 있으며[22], 더 나아가 '개별 인간나, 동료 인간이웃, 하나님' 의 관계로 발전시키고 있다.

그래서 본회퍼의 타인과의 관계적 인격개념은 인식론적 초월이 아니라 윤리적이고 사회적인 초월 개념으로 발전한다: "모든 인격적인 너는 신적인 너의 모상이다."[23] 너Du라는 타인은 신적인 모습으로 마주서 있는 인간이다. 후기 저작인 '저항과 복종' 에서 본회퍼는 인간의 형태를 입고 계신 하나님, 타인을 위한 인간으로 현재하신 그리스도는 초월의 체험을 의미한다고 말한다. 이제 초월은 인간이 도달할 수 없는 곳이 아니라 타인안에 있고 이웃 안에 있다고 할 수 있다. 초월은 이제 "가장 가까운 이웃이 바로 초월적인 것이다." 그러므로 "사회적인 삶의 구체적인 너 속에서 만나는 그것이 곧 하나님의 너이다."[24] 이러한 타자안에서 초월성은 본회퍼의 '계시의 구체성' 에 근거한다. 본회퍼는 바르트의 계시의 초월성을 비판하고 계시의 역사적 사회적 구체성을 말한다. 본회퍼에게 계시는 바르트처럼 초월적이면서 인간에게 대립적인 것이 아니

---

20) D. Bonhoeffer, *Sanctorum Communio*, 30.

21) D. Bonhoeffer, *Sanctorum Communio*, 47.

22) D. Bonhoeffer, *Sanctorum Communio*, 60(괄호 문구는 필자의 추가)

23) D. Bonhoeffer, *Sanctorum Communio*, 63.

24) 위르겐 몰트만, 『디트리히 본회퍼의 사회윤리』, 김균진, 손규태 역, (부천: 서울신학대학교출판부, 2016), 40.

라, 역사적으로 사회적 형태로 이 세계 안에 있는 실체이다. 그리스도 안에 있는 하나님의 초월은 형이상학적 초월이 아니라. 윤리적 초월이며 사회적 초월이다.

정리하면, 본회퍼에게 그리스도교적 인격은 '관계적' 이고 '사회적' 인간이다.[25] 이러한 인격 이해는 교회의 사회성과 연결되고 타자를 위한 교회로 넘어간다. 본회퍼는 하나님이 인간 안으로 들어오셨다는 사실에 근거하여 인간은 이웃에 대해 그리스도가 이웃에 대해 그리스도가 되며, 타인을 위한 윤리적 책임을 실행함으로 하나님의 형상됨과 인간의 인격성, 그리고 사회성이 완성된다. 그리스도의 공동체로서 교회는 이런 의미의 복음이 사회적으로 구체화된 형태라고 할 수 있다.

원상태와 죄의 사회성, 집단인격으로서 그리스도

교회의 사회성을 모색하는 본회퍼는 이를 죄론으로도 풀어간다. 본회퍼에 의하면, 원죄는 죄의 연대성과 집단성의 문제다. 창조시 타락 이전의 원상태 Urstand는 파괴되지 않은 공동체였다. 그런데 아담은 개별 인격이면서 집단 인격이다. 아담은 개별 인격개체 인간만이 아니라 모든 인간을 대리하여 존재하며, 전체 인류와 결속과 결합 가운데 있다는 점에서 '집단 인격' collective person 이다. 따라서 아담의 죄는 개별적이지만 전체 인간과 결속 아래 있다는 점에서 죄의 연대성과 집단성을 결과한다. 타락 상태의 인간은 결속과 결합으로 하나로 묶여 있다. 이것이 바로 흔히 말하는 '사회적 죄' 나 '구조악의 죄' 가 아닌 죄의 사회성이다. 죄는 연대적이며 집단적이므로, 아담의 원죄는 하나님과 인간, 인간과 인간 사이의 공동체성과 사회성의 분열과 파괴를 불러왔다. 그래서 아담이 집단 인격이듯, "인간은 아담 안에서 집단인격이다."[26]

---

25) Clifford J. Green, *Bonhoeffer: A Theology of Sociality*, 29.

26) D. Bonhoeffer, *Sanctorum Communio*, 111.

그러나 본회퍼는 여기서 더 나아가 그리스도가 집단 인격이라고 말한다. 본회퍼는 '아담-그리스도 도식' 에 근거하여 옛 아담의 죄가 전체 인류와의 결속 아래 있다는 원죄론에 근거한 '죄의 연대성' 의 측면에서 죄의 집단성을 말하고자 했다. 그리고 이 죄의 연대성은 그리스도의 대리 행위를 사회적 대리 개념으로 연결된다. 이렇듯 그리스도는 집단 인격이다. 이제 죄의 집단성과 연대성으로 파괴된 인간 공동체는 집단 인격인 그리스도에 의해 궁극적으로 회복된다.

> 아담 인간성의 이런 집단 인격은 오로지 공동체로 존재하는 그리스도를 통해 해체될 수 있다. 죄의 인간성이 비록 단적인 개별자들로 분리된다고 하더라도 그것은 하나이다. 그것은 집단인격이다. 하지만 그 자체로는 무한하게 종종 자기분열적이다. 각 개별자들이 자기 자신이면서 동시에 아담이듯이 죄의 인간성은 아담이다. 이런 이중성이 그것의 본질이며, 그것은 그리스도 안에서 이루어진 새로운 인간성의 통일을 통해서 비로소 극복된다.[27]

사회성의 개념으로서 대리행위(Stellvertretung)

"대리행위는 그리스도의 삶의 원칙이다." 대리 사상은 본회퍼 신학의 중심에 놓여 있는 개념이다. 또한 본회퍼에게 대리 개념은 교회 공동체의 구조를 결정하는 원칙이 된다.[28] 대리란 타인과 이웃의 짐을 떠맡는 것을 말한다. 그리스도는 누구보다 다른 사람의 짐, 즉 죄를 짊어지셨다. 그리스도가 다른 사람을 위하여 그의 죄를 대신 짊어지고 죽으신 것, 이것이 대리 사상의 핵심이다. 대

---

27) D. Bonhoeffer, *Sanctorum Communio*, 111 (약간 수정된 번역문)

28) 본회퍼의 대리개념에 대해, Karl-Heinz Menke, *Stellvertretung: Schlüsselbegriff christlichen Lebens und theologische Grundkategorie* (Freiburg: Johannes, 1991), 203-19.

리는 '위함의 존재구조'를 말하는데, 그리스도는 그의 인격과 삶, 그리고 십자가 죽음을 통해 그런 '위함의 존재구조'를 온전하게 보여주셨다. 그리스도는 모든 인간을 위한 '집단 인격,' '대리자,' '대표자'로서 예수 그리스도 안에서 아담의 인간성이 그리스도의 인간성으로 변형되셨다. 그리하여 그리스도의 삶, 죽음과 부활을 통하여 성도의 공동체가 실현되었다.

여기서 타자를 위한 '그리스도의 대리'는 '교회의 대리'로 넘어 온다. 교회는 그리스도가 현존한 곳이다. 즉 교회는 그리스도를 대리적으로 보여주는 곳이다. 그렇다면 교회는 그리스도가 보여주신 타인을 위하는 대리적 삶의 구조가 드러나야 하는 곳이다. 그래서 본회퍼의 '공동체로 존재하는 교회'는 '타자를 위한 교회'로 연결된다. 본회퍼의 초기 저작인『성도의 교제』에서 "공동체로 존재하는 그리스도"는 후기저작으로 옥중서신인『저항과 복종』에서 "교회는 타자를 위해 존재할 때만 진정한 교회다"라는 타자를 위한 교회로 결론을 맺는다.

중요한 것은 본회퍼의 책임윤리가 속죄론의 핵심개념인 대리개념에서 찾는다는 것이다. 본회퍼의 대리개념은 우리를 위해 자신의 목숨을 바침으로써 우리를 구원하는 '구속의 대리' 개념으로부터 타자를 위한 '책임윤리적 대리' 개념으로 연결된다. 본회퍼의 대리개념은 배타적인 구원론적 대리개념으로 멈추지 않고, 윤리적 대리, 즉 타자를 위한 책임적 삶의 방식으로 진전되어 가면서 이웃을 향한 실천적 개념으로 귀결되고 있다.

세상에서 그리스도를 보여주는 교회

마지막으로 본회퍼는 그리스도를 교회와 연결하고 이를 사회적으로 해석했다. "그리스도가 하나님의 현존이듯 교회는 그리스도의 현존이다". 그렇다면 "어떻게 그리스도가 오늘 그리고 여기서 우리 가운데서 모습을 취하시는가"[29]

29) 디트리히 본회퍼, 『윤리학』, 손규태 이신건 오성현 역 (서울: 대한기독교서회, 2010), 106.

라고 질문한다. 이 때 본회퍼는 '교회는 그리스도의 몸' 인 까닭에 그리스도의 모습이 보여져야 한다고 말한다. 그래서 "교회의 관심은 '종교적인 것' [30]에 있지 않고, 사람들 가운데 그리스도의 모습을 가시적으로 보여주는데 있다" 고 역설한다.[31] 따라서 "교회는 예수 그리스도의 모습이 형성되는 것을 선포하는 장소이며, 또한 그것이 일어나는 장소다."[32] 다시 말해, "교회는 예수가 자신의 모습을 세상 한가운데서 실현하는 장소다."[33] 그러므로 교회는 예수의 모습이 보여지도록 드러내 주는 장소가 되어야 한다. 그야말로 교회는 그리스도가 현존하는 장소이며,[34] 그리스도가 대리적으로 실존하는 곳이다. 그래서 예수 그리스도의 몸은 오직 '보이는 몸' 일 뿐이므로, 만약 교회가 그리스도의 모습을 보여주지 못한다면, 그것은 그리스도의 몸이 아니며 궁극적으로 그것은 교회가 아니다.[35]

이제 "그리스도의 몸은 -교회의 형태로- 세상 한가운데로 밀고 들어왔다." [36]그리스도가 성육신하심으로 세상 현실 속으로 들어오셨기 때문에, 세속적인 삶 전체가 그리스도의 현실안으로 용납되었으므로 세속적인 일도 그리스도의 몸으로부터, 그리고 세속적인 일이 교회로부터 분리되어 있지 않다. 그러므로 그리스도의 몸은 세상 속에서 교회의 행위를 통해 보여주게 된다. 본회퍼에 따르면, "그리스도의 몸이 있는 곳에 언제나 교회가 있다" 면, 이제 그리스도의 몸

30) 본회퍼가 말하는 '종교적인 것' 이란 기독교를 종교적으로 덧입혀주는 외적인 종교 형식과 종교 제도, 종교화된 예배의식이나 종교적 관행과 관습 등을 말한다.

31) "교회는 그리스도를 숭배하는 자들의 종교단체가 아니라, 인간들 가운데서 형상을 취하신 그리스도다." 디트리히 본회퍼, 『윤리학』, 102.

32) 재번역. 디트리히 본회퍼, 『윤리학』, 109. 본회퍼가 말하는 "형성이란 일차적으로 예수 그리스도가 그 분의 교회 안에서 모습을 취하시는 것"을 뜻한다. 디트리히 본회퍼, 『윤리학』, 101.

33) 디트리히 본회퍼, 『윤리학』, 151.

34) 교회는 그리스도가 세상속에 계시된 현실이요, 그리스도가 지상에 육화된 현실이다. 성육신 사건은 그리스도가 이 지상에서 공간을 차지하고 있음을 말한다.

35) 디트리히 본회퍼, 『나를 따르라』, 손규태 이신건 역 (서울: 대한기독교서회, 2010), 284. "교회는 예수 그리스도의 모습이 실현되는 곳이다. 만약 그렇지 않다면, 그리스도의 교회이기를 중단하는 것이다." 디트리히 본회퍼. 『윤리학』, 158.

36) 디트리히 본회퍼, 『나를 따르라』, 재번역, 299

은 세상 속에서 형태를 취하였으므로 교회는 세상에서 정의와 사랑을 실천함으로 그리스도를 보여주어야 한다.

교회는 '공동체로 존재하시는 그리스도이다' Christ existing as community 본회퍼 교회론에서 매우 중요한 이 문장은 교회의 사회성을 압축적으로 보여주는 명제이다. 교회는 그리스도라는 집단인격으로 존재하는 사회적 공동체이다.[37] 또한 이 개념은 교회가 그리스도의 육화된 현재이고 그리스도의 가시적 형태라는 것이며, 그리스도가 집단인격으로 현실화된 공동체라는 의미를 담고 있다.

또한 본회퍼의 계시의 구체성 개념은 교회 안의 계시에서 세상 속의 사회적 계시로 전개된다. 그의 초기 사고인 '성도의 교제' 에서 그리스도는 '교회로서 존재하는 그리스도' 이다. 즉 그리스도는 교회 공동체로서 현재하신다면 후기 사고인 옥중서간에서 그리스도는 '타자를 위해 존재하는 그리스도' 가 된다. 그리스도는 타자를 위해 존재하고 현존하신다. 그렇다면 그리스도의 자리는 어디에 계신가? 타자를 위해 인간이 되신 거기에 그리스도가 계신다. 그리스도의 영역은 세속 한가운데, 즉 세상이다. 하나님 계시가 현존하는 자리는 그리스도에서 교회로, 종국에는 세상 한복판이다. 이렇게 본회퍼의 계시의 사회성이 드러난다. 본회퍼에게 그리스도의 계시는 곧바로 교회라는 사회적 현실로 연결된다는 점이 매우 중요하다. 따라서 "교회는 예수 그리스도가 지상에 역사적으로 현재하여 실존하고 있는 형태다."[38] 다시 말해 **'교회는 그리스도가 지상에, 역사적으로 현실화된 사회적 형태다'** 라고 말한 칼 바르트의 교회론의 개념이 본회퍼의 교회론에서 매우 두드러지게 발견된다는 것을 주목할 필요가 있다. 결론적으로 본회퍼의 교회론적 사회신학은 '교회의 사회적 본질,' 즉 '교

37) 고재길, "신학의 공공성과 교회의 사회성에 대한 연구: 본회퍼 신학을 중심으로"(미출간논문)

38) Hans-Peter Großhans, "Kirche", in, Michael Beintker(ed.), Barth Handbuch (Tübingen: Mohr Siebeck, 2016), 372-73. 원문은 "교회는 예수 그리스도의 지상적, 역사적 실존형태다"로 번역된다.

회의 사회성' 을 탐구하였으며, 이를 토대로 세상속의 존재하는 사회적 교회론을 구상할 수 있었다.

(2) 교회대안적 사회신학: 교회가 사회다 – 로핑크, 요더, 하우어워스

교회는 사회다: 사회적 실재로서 교회

교회가 사회의 대안이라는 사회적 교회론이 있다. 그들은 교회를 사회적 실재로 본다. 그렇다고 하여 이 모델은 사회 속에 크리스턴덤을 구축하거나 교회국가를 건립하겠다는 의도는 아니다. 이 교회론에 의하면, 교회는 그 자체가 하나의 사회이다. 교회는 종교활동에 종사하는 개인들이 모인 종교적 구성집단만이 아니고, 그렇다고 세속국가와 유사한 권력집단도 아니다. 오히려 교회는 예수의 산상수훈적 가르침과 삶을 본받아 십자가 윤리를 몸으로 구현하는 새로운 사회이고, 하나님의 통치를 예수적 윤리로 보여주면서 교회의 교회됨을 자신들의 존재방식으로 가시화하려는 하나님의 사회를 지향하고 있다. 교회는 신자들의 독특한 가치와 규범에 따라 새로운 대안적 질서를 창출해야 하는 '목적있는 사회적 집단' 이다.[39]

게르트 로핑크와 요더는 교회를 영적인 영역에서 구원활동에 국한하는 '종교기관' 이나 세속적인 '국가질서' 로 보지 않고, 하나의 '사회' 로 바라본다. 따라서 교회는 영혼구원, 내면의 자아의 위로와 안녕에 힘쓰는 종교적 제도나 기관도 아니며, 콘스탄틴주의적 크리스턴덤의 유산에 따라 국가후원과 권력사용에 길들여져서도 안된다. 사회속에서 교회의 공적인 역할보다 교회의 교회됨을 강조하는 교회윤리ecclecial ethics는 교회가 세상과 전적으로 구별된 존재로 살아가도록 수립된, 가시적이면서 독특한 사회임을 강조한다.

교회는 대안사회다.

---

39) 스티븐 모트, 『복음과 새로운 사회』, 이문장 역 (대전: 대장간, 1992), 181.

요더John. H. Yoder에 의하면 교회는 세상이라는 옛 질서로부터 구별된 새로운 하나님의 사회이다. 따라서 교회는 현존하는 사회적, 경제적, 문화적 가치에 의거하여 사는 것을 거부하고 저항하며 살아야 한다. 교회는 예수의 삶과 죽음에서 보여준 행위 방식을 순종하는 철저 제자도의 원리에 따라 이 세상에 가시적 형체를 보여주는 것이 최상의 대안이다. 다시 말해 교회가 이 세계의 질적 가치와 방향과 차별화된 구조를 획득하는 것, 그것이야 말로 가장 우선적인 사회구조이다.[40]

그러므로 요더는 예수가 세우려고 의도했던 것은 새로운 사회적 질서였다는 것이다. 요더에 의하면, 예수가 수립하려는 교회는 독특한 사회적 성격을 갖고 있다.[41] 교회는 그리스도의 구속으로 인해 전적으로 새로운 사회적 질서이다. 교회는 예수의 십자가를 통해 비폭력과 혁명적 복종 같은 질적으로 새로운 윤리를 보여주며, 근본부터 철저히 다른 새로운 질서를 지닌 새 공동체를 창조함으로써 기존사회와 권력에 위협이 되고, 이것이 새로운 사회적 대안이 된다.[42] 이처럼 예수를 근원적으로 따르는 제자도 공동체는 사회 속에 새로운 대안사회로 존재한다.

구약학자 노베르트 로핑크Norbert Lohfink는 대안사회를 형성하는 것은 하나님의 기획이라고 말한다. 그에 따르면, 하나님은 그의 택한 백성 이스라엘을 통해 세상가운데 대안사회를 건설하신다. 이스라엘은 **하나님의 대안사회** God's alternative society이면서, **"하나님의 세계형성을 위한 기획"**[43]이다. 이것이 바로 하나님의 세계형성을 위한 전략이다. 노베르트 로핑크에 의하면, 이스라엘을 향한 거룩함의 요구란 도덕적 고양이 아니라 "세계의 다른 사회와 맞서서

40) 존 하워드 요더, 『예수의 정치학』, 신원하, 권연경 역 (서울: IVP, 2007), 153.

41) 존 하워드 요더, 『예수의 정치학』, 80.

42) 존 하워드 요더, 『예수의 정치학』, 81, 101-02.

43) Norbert Lohfink, *Das Jüdische am Christentum: Die verlorene Dimension* (Freiburg im Breisgau: Herder, 1989), 114.

gegenüber 사회적 대안의 특징"44을 의미한다. 특히 하나님의 선민으로서 이스라엘은 독특한 경제구조를 형성할 것을 요구받는데, 그것이 희년법이며, 이는 구속받은 이스라엘 공동체안에서 먼저 실현될 사회, 경제질서였다고 말한다. 그는 게르트 로핑크가 산상수훈에 기초한 도덕적 성품의 대조사회를 '사회-경제적 대조사회' 로 적극적으로 해석하면서 하나님은 하나님의 백성안에서 대안적인 경제적 대조사회를 세움으로써 세계의 모든 사회를 변화하려고 했다고 말한다.45 그리하여 구속받은 하나님의 백성이 바로 하나님의 대안사회이다. 따라서 하나님나라와 그의 통치를 개인적 차원에서 실현된다고 믿거나, 반대로 세계 전체에서 하나님의 통치의 보편적 실현을 믿는 것은 모두 잘못된 사고이다. 하나님나라와 그의 다스림은 하나님의 백성과 신자들의 공동체안에서 가장 명시적으로 실현될 수 있다.46

교회의 사회전략으로서 대항문화(Counterculture)47

요더리안의 사회전략은 교회가 세상 구조와 문화에 길들여지거나 순응적인 삶의 방식을 거절하면서 불순응주의자로 살아간다는 대항문화 공동체를 강조한다. 대항문화는 지배문화에 저항하고 비판하는 하부문화sub-culture를 말한다. 그러나 '대항문화로서 교회' 란 세상으로부터 퇴각하여 도피적인 태도를 말하는 것이 아니라 지배문화에 대한 거절, 저항, 그리고 비판의식을 내포하고 있다.

교회가 대항문화가 될 때, 교회는 일종의 사회-정치적인 실재임을 드러내

44) N. Lohfink, *Das Jüdische am Christentum*, 114.

45) N. Lohfink, *Das Jüdische am Christentum*, 110-116.

46) 이 관점은 스캇 맥나이트에게서도 발견된다. 스캇 맥나이트, 『하나님나라의 비밀』, 김광남 역 (서울: 새물결플러스, 2016), 153-225.

47) 하워드 A 스나이더, 『참으로 해방된 교회』, 권영석 역 (서울: IVP, 2005), 169ff. 대항문화로서 교회를 종종 '반문화' (anti-culture) 공동체로서 교회로 표기하기도 하는데, 대항문화는 반문화처럼 단순히 문화에 대한 반감이나 문화로부터 물러남이 아니므로 대항문화(counter culture)와 반문화(anti culture)는 구별하여 사용하는 것이 바람직하다.

게 된다. 교회가 기존의 지배적인 삶의 방식을 거절하면서 독특한 대항문화를 표현할 때예를 들어 전쟁거부, 병역거부, 자본주의 경제질서에 대한 비판의식, 불가피하게 국가체제와 충돌하게 된다. 교회가 성서적 현실주의에 따라 근원적인 삶의 양식을 취할 때, 그리고 굳건한 기존질서를 상대화하게 될 때, 그것이 정치적 존재로 보여지고 뚜렷한 이질성을 보여줌으로써 정치적이 된다.

결론적으로, 교회대안적 사회신학은 아나뱁티즘의 전통을 따르는 존 하워드 요더와 로핑크 형제, 그리고 교회의 교회됨을 강조하는 스탠리 하우어워스에게 발견된다.[48] 이 모델은 교회가 대안사회church as alternative society이자 대조사회church as contrast society로서 세상질서와 세상적 삶의 방식과 대조와 대비를 보여주는 구별됨을 강조한다. 여기서 복음의 선교는 복음의 내용을 구두로 선포하거나 행동주의에 있지 않고 교회의 교회됨, 교회의 본래성, 교회의 자기정체성을 재현하는데 있다. 교회의 사회전략은 **말과 선포**saying witness나 **행동적 참여**doing witness가 아닌, **존재방식**being witness으로 보여주는 것에 있다. 그러므로 교회의 실존이야 말로 복음증거의 강력한 수단이 된다. 교회는 사회적 불의에 직접적으로 대응하기보다는 복음의 내용을 공동체를 통해 강력하게 드러냄으로써, 즉 독특한 교회의 실존을 보여줌으로써 사회정치적 실제로 기능한다. 이것이 바로 "새로 구속된 예수의 제자공동체는 구원의 실재를 보여주는 복음의 일부이다"[49]란 의미다.

---

48) 교회를 통한 공동체적 대안을 추구하는 인물로 이들 외에도 짐 왈리스, 로널드 사이더, 스캇 맥나이트에게서 발견된다.

49) 존 하워드 요더, 『예수의 정치학』, 37.

3. 복음의 사회화로서 사회신학

(1) 사회적 기독교로서 종교사회주의－레온하르트 라가츠

예수의 복음은 혁명적이며 사회적이다. 그리스도는 온 세상의 통치자로 오셨으며, 하나님나라는 악마화된 자본주의에 대한 비판이다. 이것이 종교사회주의가 제기한 사회적 기독교로서 사회신학적 요약이다.[50] 스위스 종교사회주의자 라가츠Leonhard Ragaz에 의하면 복음은 개인적이고 사적인 경건이나 교회 안의 종교가 아니라, 사회적이며 세상 속에서 드러나는 현실이다. 그에게 예수의 복음이란 '사회적 복음' 이며, 그러므로 복음의 사회적 구현을 '사회적 기독교' 로 사고하고자 한다.

예수운동의 핵심은 하나님나라이며, 그 나라는 저 피안에서 실현된 것이 아니라 하나님의 통치가 사회적으로 현실화된 것을 의미한다. 그 나라는 자본주의 안에서 폭력적으로 드러나는 죄의 구조악인 맘몬주의가 철폐되고 하나님의 아버지됨, 인간의 형제됨과 하나님의 자녀됨이 구현되는 의미에서 그런 점에서 '종교적' 사회주의가 실현되는 것이다.[51]

종교사회주의는 사회주의 안에 깃든 세속적인 물질주의도 비판하지만, 종교 안에 깃든 관념적인 영성주의도 비판한다. 사회주의는 하나님 없는 하나님나라에 대한 신앙이며, 기독교는 하나님나라 없는 하나님에 대한 신앙이라 비판된다. 그리하여 하나님을 믿는 신앙과 하나님나라를 희망하는 신앙을 통합하려 한다. 그러므로 이 운동은 사회주의와 기독교를 개혁하는 운동이기도 하다. 또한 종교사회주의는 "예수 그리스도를 통하여 이 세상에 들어오신 살아계신 하나님에 대한 절대적 신앙과 그것에 근거한 인간의 거룩성과 존엄성에 대

---

50) 종교사회주의에 관한 참고서로는, 임희국, 『블룸하르트가 증언한 나라님나라』, (서울: 대한기독교서회, 2020); 에드워드 부에스, 마르쿠스 마트뮐러, 『예언자적 사회주의: 블룸하르트, 라가츠, 바르트』, 손규태 역 (서울: 한국신학연구소, 1987); 크리스토프 블룸하르트, 『행동하며 기다리는 하나님나라』, 전나무 역 (논산: 대장간, 2018)

51) 라가츠의 종교사회주의에 대해, 레온하르트 라가츠, 『예수의 비유』, 류장현 역 (서울: 다산글방, 2001)

한 신앙에 근거한 윤리적 세계관을 전제하며 하나님의 가족공동체의 형성을 목표로 한다."[52]

그것은 돈을 지향하는 것이 아니라 인간을 지향하는 사회 즉 인간의 복리, 인간의 육체적이며 정신적인 필요, 인간의 존엄, 인간의 거룩한 권리를 지향하는 사회를 의미한다. 그것은 또 기계가 아니라 정신이 지배하는 사회, 즉 노동이 하나님께 드리는 예배와 인간에 대한 봉사가 되는 사회, 개인에게 가능하고 필요한 안정을 보장하는 사회 곧 노동의 안정, 권리의 안정, 질병과 노후 대책의 안정이 보장되는 사회를 말한다."[53]

라가츠의 종교사회주의의 신학적 방법론은 다음과 같이 요약할 수 있다.

(a) 예수의 복음과 하나님나라 운동의 성경해석: 성경적 가르침에 기반하여 산상수훈, 예수의 비유, 종교비판과 사회비판으로 끌어내고 있으며, 그 본문은 주로 신약의 복음서에 집중하고 있다. 여기서 예수의 복음과 하나님나라의 예언자적이고 사회혁명적 성격을 명료하게 드러내고 있다. 성경 본문이 단순한 경건적 자료만이 아니라 사회비판적, 사회혁명적 에토스로 결합되고 있다.

(b) 그리스도의 세계통치: 온 세계 위에 통치하시는 그리스도의 주권을 강조함으로 그리스도가 개인경건이나 교회만의 주님을 넘어 종교와 사회, 교회와 세상 구조까지 현실의 모든 영역을 그리스도의 주재권 아래 있음을 천명하는 관점으로, 이는 개혁파 전통의 '그리스도 왕적 통치론'의 맥락을 지니고 있다.[54]

52) 류장현, "레온하르트 라가츠," in 대한기독교서회 편, 『현대신학이 이해하기 위해 꼭 알아야 할 신학자28인』(서울: 대한기독교서회, 2001), 37.

53) 류장현, "레온하르트 라가츠," 38.

54) 그 근거로 크리스토프 블룸하르트, 레온하르트 라가츠는 독일과 스위스 개혁교회를 배경으로 하고

(c) 사회변혁신학의 유산: 사회복음의 신학은 '사회적 복음' 이라든가 '구조악으로서 죄,' 하나님나라의 강조점을 두었다는 점에서 공통적인 측면이 있다. 또한 종교사회주의는 해방신학과도 긴밀한 연관성이 있다. 종교사회주의는 유럽의 기독교국가들, 특히 독일에서 개인성과 차등성보다 사회적 연대, 개인의 이익보다 사회적 공공성, 사회복지, 사회적 시장경제를 추구하는 사회국가Sozialstaat를 구현하는데 영향을 끼쳤다.

정리한다면, 종교사회주의는 예수의 하나님나라 복음을 사회적으로 구현하고자 한다. 여기서 종교로서 '기독교' 와 사회적 이념으로서 '사회주의' 가 통합되고 있다. 이것은 '사회적 기독교' 의 한 면모로 보여진다. 그러므로 종교사회주의는 '하나님나라의 사회화' 와 '사회의 하나님나라화' 를 추구했다고 할 수 있다.

(2) 그리스도 왕적 지배의 국가신학으로서 사회신학-올리버 오도노반

영국 기독교 윤리학자 오도노반Oliver O' Donovan은 기독교는 본질적으로 정치적이라는 전제에서 출발한다. 그에 따르면, 성경의 모든 서사가 정치적 상상력을 불러일으키고 있다.[55] 먼저 성경의 역사 안에서 보여진 하나님의 행동은 그 자체가 정치적 행동이다. 그리고 세상 속에 주의 나라가 임하기를 소망하는 기도는 궁극적으로 '하나님의 통치' 를 열망하는 것으로, 그것은 분명 정치적 열망이라는 것이다.

있으며, 그들의 사상에 바르트가 직접 영향을 입었다는 점과 하나님의 통치를 현실의 사회 속에 실제적인 도래를 확신하면서도 동시에 하나님나라가 위로부터 임하기를 기다리는 것이어야 한다는 점이다. 이형기, 『개신교 구원관: 제한속죄인가, 민유구원인가』(서울: 한들출판사, 2019), 435-45.

55) 제임스 스미스는 오도노반의 정치신학을 카이퍼리안적 공공신학 관점에서 상당히 긍정적으로 수용하면서 오도노반의 '열방의 욕망' 의 해설에 많은 분량을 할애한다. 제임스K. A. 스미스, 『왕을 기다리며: 하나님 나라 공공신학의 재형성』, 박세혁 역 (서울: IVP, 2019), 120-228. 126.

오도노반의 정치신학[56]에서 결정적인 지점은 하나님의 구원행동과 인간의 정치적 노력은 서로 중첩되고 결합되어 있다는 점이다. 예컨대 성경에서 사용되는 왕국, 해방, 백성, 해방 같은 언어들은 정치적 용어로서 성경의 정치와 세속 정치 사이에 '유비'가 존재한다는 것이다. 따라서 정치적으로 실행되는 하나님의 구원 행동과 인간의 정치적 행동은 완전히 일치하지 않지만, 서로 중첩하고 반향을 일으킨다는 점에서 둘 사이에 유비가 존재한다. 그리고 무엇보다 하나님의 구원의 목적과 인류의 사회적 책임이 이루어지는 극장은 하나의 공적 역사 안에서 일어난다.[57] 다시 말해 인간이 활동하는 사회정치적인 공적인 역사도 하나님이 일하시는 장場이다. 인간의 정치적 활동 공간은 하나님의 활동공간이며, 하나님의 구속사와 인간의 세속사는 동일한 것은 아니지만, 이 둘은 서로 관여되어 있다고 본다. 그래서 오도노반은 "정치를 자연화"하는 것을 반대하고, "정치의 신학화"와 "신학의 정치화"를 겨냥하는 정치신학적 기획을 제시한다. 오도노반은 구원이 노예상태로부터 해방이라면, 죄와 구원같은 개념은 모두 정치적인 성격을 띨 수밖에 없으며, 그렇다면 예수 그리스도의 십자가, 부활, 승천은 모두 정치적인 하나님의 행동으로 해석해야 한다. 무엇보다 오도노반의 정치신학은 그리스도의 부활을 중심에 둔다. 그리고 부활은 하나님의 통치 실현을 의미한다. 그래서 오도노반은 하나님의 통치는 창조에서 시작되어 이스라엘과의 언약으로 이어지고, 급기야 그리스도의 부활에서 신적 지배의 절정으로 나타났다고 말한다.[58] 하나님의 통치의 완성으로서 부활은 모든 창조에 대한 그리스도 통치의 회복이 최종적으로 실현되었음을 말한다.[59]

---

56) 오도노반의 정치신학은 주로 *The Desire of the Nations*에 나타나 있으며, 부활에 근거한 그의 정치신학의 방향은 기독교윤리학의 개론서인 Resurrection and Moral Order에서 제시한 것을 근거로 하고 있다. Oliver O' Donovan, The Desire of the Nations: Rediscovering the roots of political theology (Cambridge: Cambridge University Press, 1996); Resurrection and Moral Order: An Outline for Evangelical Ethics (Grand Rapids: Eerdmans, 1986)

57) O. O' Donovan, *The Desire of the Nations*, 2.

58) O. O' Donovan, *The Desire of the Nations*, 20.

59) O. O' Donovan, *The Desire of the Nations*, 27.

그런데 창조와 구원, 그리고 부활에서 실현된 그리스도의 통치라는 인류 역사의 전 과정에는 정치를 포함한 '만물의 모든 것' 까지 포함한다.[60] 인간의 정치는 자연법이나 자연계시가 아니라, 특별계시이고 구속의 영역에 속한다. 그래서 오도노반은 그리스도론적 관점에서 '사회의 구속' 을 말한다.

이런 관점에 근거하여 오도노반은 **서양 민주주의의 역사는 복음의 분화구**라고 이해한다. 서구 자유민주주의가 가져온 세속적 자유는 피조물을 회복하는 그리스도의 구속의 결과이다.[61] 따라서 세속적 자유와 복음적 자유는 모순하거나 대립하지 않고 연속성을 갖는다. 오도노반에 따르면, 서양의 자유주의적 이상들은 예수 그리스도의 십자가의 구속과 부활의 열매이다. 서양의 개인주의조차도 복음의 표지이며, 복음이 미친 결과물들 중 하나이다. 그것들은 악마화할 것이 아니라 기독교적 유산으로 인정되어야 한다.

오도노반의 정치신학에는 그리스도의 왕적 통치가 부활이라는 그리스도 사건에 근거하고 있다. 그는 인류 역사의 전 과정, 특히 서양의 정치적 자유주의를 그리스도의 부활이 가져온 복음의 실현이며 완성으로 간주하고 있다. 이것은 오도노반의 권위authority 이해와 연관이 있는데, 그는 그리스도의 영적 권위가 세속 권위보다 우선하며 우월하다고 본다. 그리하여 하나님의 통치는 구약의 이스라엘이나 교회에 국한되지 않고, 모든 열방들을 향한 왕권을 의미한다.[62]

오도노반에게는 복음과 사회, 그리스도와 국가가 신학적으로 매우 긴밀하게 밀착되어 있을 뿐 아니라, 사회 위에 복음이, 국가 위에 그리스도가 지배하는 서구 유럽의 크리스텐덤적 정치신학의 도식이 깔려 있다. 그러나 이것은 몰트만이 지적하듯, 그리스도 왕적 통치론은 교회의 왕적 지배의 위험이 있으므

60) O. O' Donovan, *The Desire of the Nations*, 3.

61) O. O' Donovan, *The Desire of the Nations*, 252-55.

62) 참고, *The Ways of Judgment* (Grand Rapids. MI.: William B. Eerdmans, 2005);. 김동환, "올리버 오도노반의 정치신학," 「기독교사회윤리」 제32집 (2015): 200-03.

로 왕적 통치론의 정치신학은 십자가신학적 정치신학으로 방향전환이 요청된다.

이런 측면에서 볼 때, 오도노반의 정치신학은 세련된 신정정치신학이거나 일종의 국가신학이 아닌가? 오도노반의 정치신학은 제임스 스미스의 시도처럼 카이퍼적 공공신학과 밀착되어 있는 반면, 요더와 하우어워스의 대항문화 모델을 반대하면서, 리차드 니버의 '그리스도와 문화' 에서 변혁주의 모델에 서 있다. 그는 어거스틴의 기독교 현실주의 입장을 이어받아 정당 전쟁을 지지한다. 그런 점에서 오도노반의 정치신학은 기독교와 국가가 긴밀하게 동맹을 맺고 밀착된 국가신학적 정치신학으로 규정될 수 있고, 보수 복음주의 우파의 정치신학으로 활용될 혐의를 내포하고 있다.

오도노반이 말하는 사회의 구속redemption of society[63]은 십자가와 부활을 통한 그리스도의 복음적 승리가 너무 강렬하여 자칫 승리주의 기독교에 빠지고 있지 않는지 의문시된다. 그래서 창조와 구속, 구속사와 세속사, 자연과 은총, 교회와 국가가 아무 구분 없이 동일시되는 것은 아닌지 주의깊은 관찰이 요청된다. 그런 점에서 오도노반에게 '계시와 역사' 의 구분이 필요하다. 또한 국가는 신적 창조질서로서 일반은총의 선물이기도 하지만, 또한 폭력과 권력의 집합체로서 악의 화신으로 둔갑할 가능성도 있다는 이중성을 내포하고 있다.[64] 그리스도의 세속질서와 국가 지배를 부활에서 연유된 복음적 지배로 간주하고 세속 권위에 대한 영적 권위의 우월성은 자칫 나치 국가사회주의 시대에 히틀러를 독일을 위한 '그리스도의 계시' 라고 해석한 신학적 망령이 부활할 위험은 없는가? 이것은 바르트가 그토록 비판했던 자연신학적 위험에 빠지지 않을까? 성경의 전 역사를 인간 역사와 결합하려는 오도노반의 시도는 마치 민중신학이 출애굽의 해방 역사와 동학혁명의 해방 역사를 같은 역사로 보는 관점과 너

63) "The Redemption of Society," in, O' Donovan, *The Desire of the Nations*, 243-84.
64) 홍일립, 『국가의 딜레마: 국가는 정당한가』 (서울: 사무사책방, 2021)

무 흡사한 점이 있다. 구속사와 세속사는 상호연관성이 있지만, 구분이 필요하다. 또한 오도노반에게 그리스도의 부활을 정점으로 한 승리의 나팔이 하나님나라의 최종적 도래가 현실화될 마지막 종말이 아닌 지금 이미 성취된 것으로 해석되어 '선취'와 '유보'의 구분이 사라져 있다. 부활의 그리스도 통치가 지상에서 실현되었다는 오도노반의 해석은 근본주의 기독교가 세속 국가에 대한 영적-종교적 통치를 정당화해 주는 신학적 빌미로 작용될 가능성이 농후하다.

(3) 기독교국가를 열망하는 사회신학-근본주의 기독교

최근 한국기독교에 등장한 새로운 정치세력으로서 보수 우파 근본주의 기독교를 주목해야 한다.[65] 사회변화를 위한 보수 우파 기독교의 적극적이고 맹렬한 사회행동과 사회참여 움직임은 이제 한국개신교에서 엄연한 현실이 되었다. 그들은 '국가와 사회의 기독교화'의 열망에서 시작하여, 이를 기반으로 기독교의 사회 정치적 세력화를 목표로 한다. 이 근본주의 기독교의 사회적 복음운동은 사실상 복음과 십자가의 이름으로 내건 교회권력이요 폭력에 가까운 복음이다. 그들은 세속국가 안에서 권력화된 교회왕국을 열망한다. 그들의 복음은 세속 국가를 복음의 이름으로 지배하고 다스리려는 지극히 세속화된 욕망으로 충만한 복음이다. 무엇보다 그들은 세속권세에 대해 영적 권세의 우위를 강조한다. 근본주의 기독교는 세속화 사회와 다원주의 사회 상황을 전혀 고려하지 않고, 국가 안에 하나님의 거룩한 영적 지배를 곧장 현실화할 신정정치를 희구한다. 이 점은 앞서 살펴본 오도노반의 정치신학과 일면 일치하는 지점이다.

근본주의 기독교가 열망하는 기독교 사회는 먼저 '사회의 복음화'와 교회왕국의 건설, 그리고 이를 통한 '사회질서의 기독교화' christianizing of social order에 있다. 이들도 보수 반공주의라는 정치 이데올로기와 반동성애라는 젠더 이데

---

65) 강인철, 『경합하는 시민종교들』(서울: 성균관대학교출판부, 2019); 강인철, 『한국의 개신교와 반공주의』(서울: 중심, 2007); 제임스 데이비슨 헌터, 『기독교는 어떻게 세상을 변화시키는가: 포스트모더니즘 시대 정치신학의 한계와 가능성』, 배덕만 역 (서울: 새물결플러스, 2014)

올로기를 매개로 기독교의 사회적, 도덕적 책임을 치열하게 고민한다고 할 수 있다. 근본주의 기독교 역시 복음이 개인적, 사적 차원에 머물지 않고 국가, 정치, 문화, 제도, 도덕질서에까지 확장, 적용되어야 한다고 믿는다. 다만, 극우 이데올로기의 관점에서 그렇게 되어야 한다고 생각한다. 따라서 복음의 능력은 개인의 회심뿐 아니라 사회, 정치, 문화, 국가의 영역에까지 변화를 가져와야 한다고 확신한다.

근본주의자들도 사회-정치적 참여를 위해 일종의 사회신학적 전거들을 확보하고 있다. 지난날 로잔언약은 진보적 복음주의, 혹은 개혁적 복음주의의 전유물처럼 사용되었지만, 최근 보수 우파 기독교는 사회개혁적 복음주의가 근거로 삼았던 정치신학적 전거들을 우파 보수주의 관점에서 차용하고 있다.[66] 그들은 멀리는 칼빈과 카이퍼의 그리스도 왕적 통치론에 근거하여 온 세상과 삶의 전영역을 그리스도의 주권 아래 두어 그리스도의 통치가 현실사회에서 구현되기를 열망한다. 성시화 운동이 추구하는 모토는 주로 칼빈의 제네바에서의 활동과 아브라함 카이퍼의 신칼빈주의운동에 근거를 두고 있다. 이런 세계형성적 기독교 사상이 뉴라이트와 결합한 근본주의 기독교의 사회신학적 강령으로 활용되고 있다. 그들은 또한 팀 켈러의 도시신학의 교과서를 "변혁적 문화관"의 중요한 전범으로 삼고 있다.[67] 팀 켈러의 거의 모든 도서가 이 진영의 출판사에서 출간되어 소비되는 것은 그것을 반영한다.

여기서 주목할 것은 보수 우파 기독교의 정치참여의 사회윤리적 이론 배경에는 리차드 니버의 '그리스도와 문화'에서 "문화를 변혁하는 그리스도"로 요약되는 변혁유형을 붙들고 있다는 점이다. 이들은 "시장을 변혁하라," "학교

---

66) 근본주의자들도 "만일 어느 미친 운전사가 베를린의 번화한 거리에서 인도로 차를 몰고 다닌다면, 나는 목사로서 죽은 자를 장사하고 가족을 위로하는 것으로 만족할 수 없다. 내가 만일 그 장소에 있다면 나는 뛰어들어 그 미친 운전사를 끌어 내리겠다"와 같은 본회퍼의 정치적 행동주의 문구를 종종 원용하고 있다는 점이다.

67) 팀 켈러, 『센터처치』, 오종향 역 (서울: 두란노, 2016)

를 변혁하라," "국가를 변혁하라"는 청교도 사회운동을 자신들의 전범으로 사용하고 있다. 청교도 이념과 함께 카이퍼의 기독교세계관도 북미 복음주의에서 우파적 정치이념으로 전용되고 있는 것처럼, 지금 한국개신교에서도 매우 노골적인 우파 정치의 진원지로 작동하고 있다. 보수 우파 기독교는 대형교회의 인적 물적 파워로 규모의 경제를 가지고 기독교 정치 영역만 아니라, 반동성애와 차별금지법 반대 운동을 위한 문화전쟁culture war을 전개하고 있다.

그러나 그들의 사회비판은 자본주의 경제질서나 사회-경제적 차별와 양극화에 대한 사회적 모순을 비판하거나 성찰하지 않는다. 그들은 우리 사회의 기득권 질서와 부요한 계층의 이익을 충실히 옹호하면서, 정치적으로는 보수 우파 정권을 지지하고 상대적으로 진보적인 정권 및 정치세력과 대결하면서, 문화적으로 동성애, 차별금지법, 사학법 폐지, 역사바로세우기 등에서 현저하게 우파적 관점을 지원하고 있다.

주목할 것은 근본주의 우파 기독교에 의해 확산되어 있는 성시화운동, 기독교입국론, 거룩한 나라 운동 등은 일종의 '기독교 사회'를 욕망하고 있다는 것이다. 이제는 뉴라이트 성향의 보수 우파 근본주의 교회와 목회자들도 지난날 개혁적 복음주의 그룹에서 표방한 그리스도인의 사회적 책임이란 슬로건을 가지고 세상 속에서 그리스도인의 사회적 책임을 표방하고 있다. 이것은 사실상 '교회적 기독교'를 기반으로 정확하게 말해 교회왕국적 기독교를 발판삼아 '사회적 기독교'를 열망하는 개신교 진영의 새로운 기독교 사회운동이다. 따라서 사회신학적 함의를 갖는 모든 신학이 죄다 공공성과 공동선, 연대성을 증진하는 방향으로 기능하는 것은 아니라는 것을 주의해야 한다.

나가며

복음을 세상속에서 사회적 실재로 구현하는 것은 어떻게 가능한가? 세속화와 다원주의 사회에서 복음의 사회적 실재를 구현한다는 것은 매우 지난한 작업이 아닐 수 없다. 사회적 삼위일체론을 근거로 현존하는 인간 사회에 적용.실현하려는 삼위일체론적 사회신학, 교회의 사회성을 주목하여 세상 속의 교회, 타자를 위한 교회를 지향하는 본회퍼의 교회론적 사회신학, 교회가 대안사회이며, 교회의 독특한 존재방식을 통해 접근하는 교회대안적 사회신학, 그리고 기독교적 사회주의 형성을 추구했던 종교사회주의, 서양의 정치적 진보를 복음의 결과로 해석하는 오도노반의 정치신학, 마지막으로 근본주의 기독교의 국가신학적 모델들은 앞으로 더 정밀한 논의를 통해 사회신학을 재구성하는 초석이 되기를 희망한다.

라우션부시의 사회복음 신학의 정당성과 실천 구상

남 병 훈

I. 들어가며

더 나은 미래를 꿈꾸는 것은 모든 사람의 자연스러운 열망이다. 대부분의 종교나 사상 들이 이상세계를 제시한다. 기독교도 예외가 아니다. 예수는 '하나님 나라'의 비전을 제시했다. 그 당시 수많은 제자들과 군중이 하나님 나라의 도래를 환호했다. 그들은 당장 메시아 왕국이 임할 것을 기대했다. 그런데 십자가 처형을 통한 예수의 죽음 이후에 그 꿈은 먼 미래로 이전되었다. 사도 바울은 장차 예수님의 재림이 먼저 있을 것이고 하나님이 다스리는 나라는 그 후에야 맛보게 될 것이므로 믿음으로 인내하라고 거듭 권고했다. 현세의 꿈은 내세로 미뤄졌다. 그 이후로 교회사는 제도화된 교회의 성례와 내세의 구원에 주로 초점이 맞춰졌다. 아우구스티누스의 신국론이나 루터의 두 왕국설도 교회와 세상의 분리를 강조했다. 칼뱅은 불신자의 멸망과 성도의 구원으로 구분되는 최후의 심판을 예고했다. 이렇게 세속 사회는 점차 교회와 구별되었고 신자들은 현세의 개혁을 포기하고 악의 심판을 하나님의 섭리에 수동적으로 맡겨버렸다.

한국 교회도 어떤 면에서 이런 교회의 역사를 답습한다. 개화기에 교회는 현세의 변화를 가져다주는 희망의 전초기지로서 애국 지도자들의 활동 무대가 되었으나 일제의 억압으로 인해 점차 내세 지향적인 영성화의 길을 걸어갔다.[1] 해방 후 경제개발 시기에 양적 성장을 거듭했지만 질적 성장이 따르지 못한 결과로 오늘날 목회자의 비리 문제, 개인적 이기심에 따른 각종 이단 행태, 사기 행각과 성적 비리 등의 오점을 끝없이 양산하고 있다. 결국 여러 가지 원인으로 인해 현재 교인 수가 급격히 줄고 있는 것을 보게 된다.[2]

사람들은 더 이상 교회에서 세상을 변화시키는 꿈을 꾸지 못하고, 한창 이상주의에 사로잡혀 있을 청년들은 사회개혁의 희망을 얻지 못한다. 1세기에 예수가 그랬듯이, 21세기에도 기독교의 본질을 회복하여 사람들이 인간답게 살고 자유와 정의와 평화의 세상을 꿈꿀 수 있도록 교회가 희망을 주어야 한다. 그래서 지금 한국 교회는 새로운 대안을 필요로 한다.

II. 사회복음과의 만남

교회 안에서 평안을 구하고 내세의 구원만을 염원하면서 사회로부터 점차 소외되어 가는 한국의 기독교가 영적인 활력을 회복하고 신앙의 본질과 정체성을 깨달아 새로운 동력으로 이 사회의 '빛과 소금' 마 5:13-16으로서 역할을 다하기 위해서는 새로운 자각이 필요하다. 본고에서는 그동안 한국 교회가 철저히 무시해왔던 '사회복음' 을 살펴봄으로써 반성과 변화의 계기를 마련해보고

---

1) 민경배, 『한국 기독교회사』 (서울: 연세대학교 출판부, 2007); 이만열, 『한말 기독교와 민족운동』 (서울: 평민서당, 1986) 특히 후자의 책 132-34쪽 참조.

2) 한국 교회는 침체기를 맞이하고 있다. 6개 주요 교단이 10년 연속(2012-2021)으로 교세가 감소했으며 202만 명 정도 줄었다.(〈뉴스앤조이〉의 2021년 연말 통계 참조: 6개 주요 교단, 10년 연속 교세 감소… 정점 대비 202만 명 줄어 〈교계 〈기사본문 - 뉴스앤조이 (newsnjoy.or.kr)) 목회데이터 연구소에 따르면 한국이 가파른 속도로 탈종교화 하고 있다고 한다.(기독교 통계(224호)- 2023 한국인의 종교 현황 (mhdata.or.kr)) 한국 갤럽 조사 연구소에 따르면 전체 종교인 수가 줄고 있는 가운데 특히 20, 30대의 탈종교 현상이 가속되고 있다.(2021년 4월 17일에 조사한 '한국인의 종교 1984-2021' 통계 참조(한국갤럽조사연구소 (gallup.co.kr))) 이러한 교세의 약화 현상에는 여러 가지 이유가 있을 것이다. 세속 집단과 크게 다르지 않은 교회의 현실에 실망한 사람들이 많다. 이기적인 리더십, 돈에 대한 탐욕, 성장 위주의 교회 운영 등 상업화, 기업화 되어 가는 교회 현상이 퇴락의 원인일 수 있다.

자 한다.

'사회복음'은 19세기에 미국에 등장했다. 먼저 사회복음 운동이 있었고 월터 라우션부시[3]가 그 사상을 신학적으로 자리매김했다. 산업혁명의 영향이 한창 최고조에 이를 무렵 미국 교회가 내세의 구원에 안주하고 현실의 사회 문제에 대해 눈을 가리고 있을 때 교회의 자각 운동이 일어났다. 경제적 불평등, 가난, 범죄, 전쟁, 아동 노동착취child labor 등의 사회정의 문제에 기독교 윤리를 적용하려는 사회복음 운동은 리처드 일라이Richard T. Ely, 조시아 스트롱Josiah Strong, 워싱턴 글래든Washington Gladden, 월터 라우션부시Walter Rauschenbusch 등이 주도해서 이끌어갔다.[4] 라우션부시는 사회복음의 신학적 토대를 마련하기 위해서 말년에 『사회복음을 위한 신학』[5]을 저술하기도 했다.

그동안 한국 교회는 이러한 사회복음을 외면해왔다. 다양한 분야에서 사회참여 운동은 있었으나 신학적으로 사회복음을 받아들이려는 진지한 노력은 없었다. 일부 보수 신학에서는 이것을 자유신학의 아류로 치부하여 이단시했다.[6] 그 결과 사회에서 야기되는 여러 가지 문제들은 교회와는 상관없는 일이 되어버렸다. 교인들은 교회라는 방주 안에 안주할 수 있으면 충분하다고 생각했다. 하지만 현재 교회는 위기에 직면해 있다. 사회로부터 질책을 듣거나 외면당하고 있다. 특히 젊은이들이 고개를 돌리고 있다. 존경은커녕 경멸에 가까운 시선이 교회를 향할 때가 종종 있다.

교회는 이제 더 이상 사회로부터 초연한 자세를 유지할 수 없다. 사회에 위

---

3) 그동안 저자는 Walter Rauschenbusch(1861-1918)가 독일인이기 때문에 그의 이름을 '월터 라우센부시'로 번역해왔으나 이후로는 '월터 라우션부시'로 바꾸기로 한다. 그 이유는 그가 미국으로 이민 온 독일인의 후손으로서 계속 미국에 거주하면서 미국인으로 살아왔기 때문에 그곳에서 통용되는 발음으로 적는 것이 합당할 것이기 때문이다.

4) Walter Rauschenbusch, *Christianizing the Social Order* (The Macmillan Company, 1912), p. 9: 이하 CSO로 표기함.

5) 월터 라우션부시, 『사회복음을 위한 신학』, 남병훈 역 (서울: 명동출판사, 2012) 이하 TSG로 표기함.

6) 일찍이 박형룡은 사회복음을 '신신학'으로 규정하고 "나는 그리스도교의 사회화뿐만 아니라 소위 조선화, 민족화를 반대한다."고 천명했다: 박형룡, "朝鮮教界思想의 趨勢," 『宗教時報』, 제3권 제4호 (1934. 4), 9-11 참조.

기가 닥치면 교회도 위기의식을 느껴야 한다.[7] 현세의 위로와 내세의 평안에 몰두해온 교회는 현세의 위기와 내세의 불안에도 민감해질 필요가 있다. 그래서 비록 늦기는 했지만 지금이라도 사회복음을 한국 교회에 접목해서 사회의 문제에 대응하고 책임을 지는 교회로서 위상을 높이고 예수의 가르침과 하나님 나라의 이상에 접근해야 한다. 이러한 가능성을 타진해보는 것이 본고의 목적이다. 그러기 위해서 먼저 사회복음의 신학적 정당성을 확인할 필요가 있으며, 대화와 토론의 장을 마련하여 그 이해의 폭을 넓힌 후에 구체적인 실천 계획을 수립하는 단계를 상정해볼 수 있다.

Ⅲ. 사회복음의 신학적 정당성

사회복음이 낯설게 보인다면 그것은 아마도 그동안 기독교 신앙의 교리적 경직화와 '교회화' churchliness CSC: 223, 253 때문일 것이다. 기독교는 역사적으로 교회 안으로 협소화 되었고, 현실 개혁의 역동적 신앙이 내세 지향적인 정적인 믿음으로 변모해왔다. 그동안 여러 차례의 세계교회협의회 모임 등을 통해서 교회의 외연을 넓히고 사회적 책임을 표명했음에도 불구하고 특히 한국의 교회는 내세지향적인 보수성에서 크게 벗어나지 못하고 있다. 하지만 원래 복음은 사회 변혁의 원동력을 갖고 출발했다.

"사회복음은 …… '사도와 선지자들의 터 위에 세워진' 엡 2:20 것이다. 그것의 본질은 예수 자신이 가졌던 유대인의 신앙이다. 예언자들이 '구속의 계획'을 말했을 때는 언제나 그 민족의 사회적 구속을 의미했다. 세례 요한과 예수가 복음을 선포할 때에는 늘 하나님 나라가 중심 개념이었고, …… 이 두 사람의 윤리적 가르침은 새로운 윤리기준들이 실천되는 수준 높은 사회체제를 지향하는 것이었다." TSG: 43-44 "예언자들은 사회적 행동을 촉구하는 종교적 개혁자

7) 월터 라우션부시, 『기독교와 사회위기』, 남병훈 역 (서울: 바른북스, 2023) 참조. 이하 CSC로 표기함.

들이었다."CSO: 51 그리고 이들로부터 전승된 하나님이 통치하시는 나라에 대한 기대는 예수에 의해 현대화되고 정화되었고 하나님 나라가 그의 삶의 최종 목표가 되었다.CSO: 56-57

서구의 신학은 일찍부터 사회복음에 관련된 관심을 표명했다. 라우션부시는 슐라이어마허가 기독교의 사회연대주의적solidaristic 개념을 산출했다고 보고TSG: 120-122, 리하르트 로테, 알브레히트 리츨, 헤르만, 트뢸치 등의 독일 신학자들과 스위스의 '종교사회학파', 프랑스의 사회적 문학가들, 영국의 기독교 사회주의자들의 선례를 폭넓게 거론한다.TSG: 47-48 예수를 따르는 신앙이 '사회적 기독교' social ChristianityTSG: 34라는 특징을 지니고 있었기 때문이다.

원시 기독교의 미래적 전망은 "다가오는 하나님의 구원에 대한 기대와 신뢰이다."TSG: 130 그리고 이에 대한 믿음은 "의지의 활동적인 행위로서 하나님과 인간의 교제를 확언하고, 하나님 나라와의 사회연대성을 선포하며, 이기적인 분리를 거부하는 것이다."TSG: 131 현대 신학에서도 이에 대한 강조를 찾을 수 있다. 예를 들어서, 한스 마르틴 바르트는 "오직 사회적 연대성을 추구하고 사회적 적합성을 유지할 때에만 학문은 존재한다."라고 말하고, 마르크바르트는 '사회주의적 관심'이 신학의 본질적 요소라고 주장한다.[8]

이렇듯 예수가 본래 전한 복음이 '사회복음' social gospel이라면 사회적 참여가 결여된 기존의 복음을 '개인복음' individual gospel 혹은 비판적 의미에서 '개인주의적 복음' individualistic gospel [9]이라고 말할 수 있을 것이다. 이런 의미에서

---

8) H. M. Barth, *Theorie des Redens von Gott* (1972), 155; F. W. Marquardt, Theologie und Gesellschaft, *Evangelische Theologie*, 32. (1971), 180; H. G. 푈만, 『교의학』, 이신건 역(서울: 신앙과지성사, 2012), 152쪽에서 재인용.

9) "개인주의적 복음은 모든 인간의 마음속에 있는 죄악을 볼 수 있도록 가르치고, 하나님께 나아오는 모든 영혼들을 구원하시는 하나님의 의지와 능력을 믿도록 우리를 부추긴다. 하지만 그것은 사회체제의 죄악 그리고 그 사회체제 안에 사는 모든 개인의 죄와 그것이 어떤 관련이 있는지에 대해서는 적절한 이해를 제공하지 못한다."(TSG: 23)

사회복음 신학은 기존의 신학을 대치하거나 무엇을 빼려는 것이 아니라 오히려 그동안 미진했던 것을 보충하고 더하려는 의도를 갖는다.

'개인구원' personal salvation TSG: 124 도 '사회구원' social salvation TSG: 25 으로 보충될 필요가 있다. 현대 은총론의 잠정적인 결론 가운데 하나인 "구원은 오직 은총만으로 얻지만 인간 없이 일어나지 않는다." Sola gratia non sine homine.는 역설이 정당하다면[10] 개인구원도 사회구원 없이는 완성되지 않는다고 말할 수 있을 것이다. 개인은 어찌 되었든지 사회 속에 특정한 공동체 안에서 타인과 연관을 맺고 있는 존재로서 홀로 살아가는 것이 아니기 때문이다. 루터에 따르면 인간은 오직 단독자로서 하나님께만 죄를 짓고, 회개를 통해 하나님으로부터만 구원을 얻는다고 한다. "인간은 고독한 개인으로서 자신에게 용서를 선포하는 복음의 부름을 듣는다. 아무도 인간에게 이러한 고독한 결단을 면제해주지 못한다. 종교개혁자들이 종교적인 자율적이지 않은 주체를 이렇게 강조한 것은 어떤 점에서 정당하다. 하지만 이로 말미암아 교회의 공동체성이 뒷전으로 밀려났고, 세상의 구원이 소홀히 여겨졌으며, 그래서 구원의 개인주의화가 촉진되었을 것이다."[11] 이런 구원관은 이제 관점의 전환을 필요로 한다. 라우션부시는 사회복음을 통해서 기존의 구원론에 새로운 시각을 부여한다. 그래서 '죄', '구원', '회심', '중생', '믿음', '성화' 등에 사회적 의미를 더하여 다음과 같이 설명한다. TSG: 125-132

먼저, '죄'란 무엇인가? 성서에 따르면 죄는 본질적으로 불순종 창 3장; 롬 5:19; 14:23 이다. 아우구스티누스에 의하면 죄는 '선의 결핍', '교만', '자기 사랑', '탐욕' 성적 욕망이고, 루터는 '불신앙'이라고 했다.[12] 그런데 라우션부시는 죄를 '이기심'으로 정의할 때 인간의 사회연대적 집단 안에 거주하시는 하

---

10) H. G. 푈만, 『교의학』, 398 참조.

11) H. G. 푈만, 『교의학』, 390-91.

12) H. G. 푈만, 『교의학』, 274-76.

나님의 모습이 가장 현실적으로 드러난다고 한다. 죄는 이기심이며 하나님에 대한 반항이고, '구원'은 자기 자신으로부터 하나님과 인류에게로 마음을 돌리게 하는 변화를 말한다. 인간의 죄성은 자신이 세상의 중심이고 하나님과 모든 이웃은 자신의 즐거움을 위해 봉사하는 이기주의의 수단에 불과한 것이 되고, 완전한 구원은 하나님의 영의 이끌림에 순종하여 자발적으로 자신의 삶을 이웃의 삶과 조화시켜 서로 봉사하는 신적 유기체에 참여하는 사랑의 태도로 나타날 수 있다.TSG: 125-126

'회심'은 개인의 죄스러운 과거와의 단절뿐만이 아니라 사회단체의 죄스러운 과거와의 단절을 의미한다. 원시 기독교에서 구원자의 세례 역시 이교도의 사회와의 단절을 의미했다. 자신의 오랜 습관이나 단체들과의 능동적인 단절과 새로운 삶으로의 전환의 순간을 회심이라고 부를 수 있다. 이렇게 하나님이 우리 안에서 새로운 삶을 만들어내는 사역과 그러한 변화가 '중생'이다. 중생에 관한 전형적인 본문요 3장은 그것을 하나님 나라와 연관시킨다. 내적인 신생은 우리에게 "하나님 나라를 보는 것"과 "하나님 나라에 들어가는 것"을 가능하게 해줄 것이다.TSG: 127-129 이렇게 볼 때 우리의 회심이나 중생은 단순히 천국에 들어가는 것만이 아니라 인류와의 연계 속에서 하나님 나라를 끊임없이 추구하는 것을 포함한다. 내세의 삶에서 완결되는 구원은 현세의 삶에서도 맛볼 수 있어야 한다.

'믿음'은 교리나 신학의 확정적 진술에 복종하거나 교회의 가르침에 복종하는 것이라기보다는 다가오는 하나님의 구원에 대한 기대와 신뢰이다. 예언자들의 기대와 같이 정의롭고 우애로 결속된 사회체제의 가능성을 주장하는 것이 믿음이다. 예를 들어서, "전쟁이 한 국가를 붉게 물들일 때 평화의 작전이 실행 가능한 국제 정책이라고 생각하는 것이 믿음이다."TSG: 131 "믿음은 의지의 활동적인 행위로서 하나님과 인간의 교제를 확언하고, 하나님 나라와의 사회연대성을 선포하며, 이기적인 분리를 거부하는 것이다."TSG: 131

'성화' 는 하나님과 인간의 교제가 증가됨으로써 일어난다. 그러나 교제는 봉사의 상호교환이 없이는 불가능하다. '더 숭고한 삶', '완전한 성화', '신비적 합일' 등을 최고의 성취로 보기도 하지만 "우리의 이웃을 허상으로 만들고, 우리의 수고를 귀하지 않게 보는 모든 신비적 체험은 위험한 종교다."TSG: 134 바울이 은사들과 방언을 설명할 때 말했던 것처럼 교제와 봉사를 통한 사랑이야말로 더 본질적으로 기독교적이다. 고전 12-14장 개인의 성화는 하나님 나라를 위해 봉사해야 한다. "미래의 성도들은 하나님을 깨닫게 하는 신중심적 신비주의뿐만 아니라 하나님 안에 있는 이웃을 깨닫게 하는 인간중심적 신비주의도 필요하게 될 것이다."TSG: 138 이러한 사회연대의식이야말로 예수의 참 제자의 징표 가운데 하나다.

그동안 전통 교회가 개인의 죄와 개인구원만 강조하고 사회구원의 측면을 간과한 이유는 아마도 '초인격적인 악의 세력'[13], '집단적인 죄' collective sin TSG: 23, 혹은 '조직적인 악' TSG: 76을 소홀히 다루었기 때문이다. 하나님 나라만 있는 것이 아니라 '악의 왕국' Kingdom of Evil 도 존재한다.[14] 한 집권자가 악하면 그 사회의 모든 시민들이 고통을 받는다. 거대 기업의 자본가가 이익을 독차지하면 근로자들은 노동 노예로 전락해버린다. 이 밖에도 악의 세력은 현실적으로 무수히 존재한다. "사회복음은 현대인의 마음속에 악의 왕국이라는 개념을 되찾게 할 수 있는 유일한 영향력이다. 왜냐하면 그것만이 사회연대성에 관한 적절한 감각과 죄의 역사적이며 사회적인 현실에 대한 충분한 이해를 갖고 있기 때문이다."TSG: 115

이 악의 현실과 싸우기 위해서 우리는 복음의 중심으로 돌아가야 한다. 기독교의 본질이 무엇인가? 이 문제는 상당히 복잡하고 풀기 어려운 과제다. 하

---

13) TSG: '8장: 인격적 악의 세력들' 과 '9장: 악의 왕국' 참조.

14) "우리는 조직적인 의(organized righteousness)의 지배에 대항하는 조직적인 악(organized wrong)의 존재를 끊임없이 깨닫지 않는 한 현재 세력을 펼치고 있는 그 악의 지배를 제대로 느끼거나 알 수 없다."(TSG: 75-76)

지만 이것은 결코 포기해서는 안 되는 문제이기도 하다. 하르나크의 『기독교의 본질』15, 포이어바흐의 『기독교의 본질』16, 슈바이처의 『예수의 생애 연구사』17 등이 그런 관심을 깊이 파고들면서 탐구해나갔다. 이들 가운데서 하르나크가 역사적 관점에서 예수의 말씀과 복음의 본질을 하나님 나라와, 인간의 무한한 가치와, 의와 사랑의 계명으로 본 반면에 라우션부시는 예언자의 정신을 따르는 예수의 하나님 나라를 강조한다. 라우션부시는 로체스터 침례교 신학교의 교수로서 철저한 개신교 전통 신학의 토대 위에서 자신의 신학을 구성해 나갔는데 그가 하르나크를 따라서18 교회의 사회운동을 강조하는 이유는 사변적 교리에 앞서 예수의 가르침과 복음의 본질을 탐구하려는 노력 때문이다. 이를 '자유주의 신학' 원래는 '신개신교주의 신학' 으로 매도하여 비판하는 것은 내용적으로 정당하지 못하다. 예수의 모든 가르침과 사상이 하나님 나라에 대한 희망을 중심으로 전개되며, 예수의 윤리의 근본적 가치가 사랑이라고 주장하는 것이 가능하기 때문이다. CSC: 91-92 "하나님은 아버지이시다. 사람은 이웃이나 형제들이다. 그들이 그에 어울리도록 행동하게 하라. 그들이 사랑하게 하라. 그러면 삶이 진정으로 좋아질 것이다. 그들이 하나님 나라를 추구하도록 하라. 그러면 이 모든 것이 더해질 것이다." CSC: 95 예수의 이러한 사회적 하나님 나라의 비전과 사랑의 실천은 성서 본문의 여러 곳에 나타난다. 예를 들어서, 삶의 소중한 가치와 사랑- 막 10:13-16; 마 5:21-22; 눅 15:1-10; 눅 19:10; 마 20:1-16; 요 8:2-11/ 하나님 나라의 비전- 마 13:44-46; 마 4:17; 막 1:2-8; 마 6:25-34; 막 2:18-22; 마 25:1-13 등 19 예수는 사랑과 정의와 평등에 기초를 두는 사회를 설립하기를 원했으며 스스로 그런 삶을 살았고 대화나 설교 중에도 이것을 가르쳤다.

---

15) Adolf von Harnack, *Das Wesen des Christentums* (1900)

16) Ludwig Feuerbach, *Das Wesen des Christentums* (1841)

17) A. Schweitzer, *Von Reimarus zu Wrede: eine Geschichte der Leben-Jesu-Forschung* (1906)

18) Adolf Harnack, Wilhelm Herrmann, trans. by G. M. Craik, *Essays on The Social Gospel*. (G. P. Putnam's Sons: 1907) 참조

19) Walter Rauschenbusch, *The Social Principles of Jesus* (1916) 참조.

사회복음은 이러한 예수의 꿈을 공유하며 그 가르침을 실천하려는 동기에서 비롯된 것이며 하나님 나라를 지향하면서 사회의 악에 저항하고 사회를 변혁하려고 한다. 그런데 그 힘은 인간의 노력으로만 되는 것이 아니다. 다시 말해서, 사회복음을 비판하는 사람들이 흔히 주장하듯이 낙관적인 인본주의에서 비롯된 것이 아니다. 라인홀드 니버는 기독교적 현실주의에 근거해서 사회복음을 자유주의 신학의 영향을 받은 순진한 역사적 낙관주의라고 비판했지만 인간의 뿌리 깊은 죄와, 악의 세력의 심각성을 잘 알고 있는 라우션부시는 인간의 가능성에만 의존하지 않는다.[20] "하나님 나라는 단지 개념이나 이상이 아니라 역사적 힘이다. 그것은 현재 인간 속에서 활동하는 생동적이고 조직화하는 에너지이다." TSC: 200 그리스도인은 하나님 나라에 참여하는 자이지 그 나라의 완성자가 아니다.

사회복음은 예수의 정신으로 교회의 정체성을 거듭해서 비판적으로 되돌아보면서 사회를 개혁해나가려고 한다. 그것은 새로운 사회 질서를 꿈꾸는 일이다. 구체적으로, 그리스도에게서 배운 윤리적 신념을 사회 질서와 조화시키려고 노력하는 것이며, 최상의 의미에서 인간다운 삶을 영위하려는 것이다. CSO: 125 예수의 선포의 중심 개념은 하나님 나라이다. "하나님 나라는 최우선적이고 가장 본질적인 기독교 신앙의 교리다. 또한 이것은 기독교계가 그동안 상실해왔던 사회적 이상이기도 하다. 하나님 나라를 삶의 주도적인 목표로 삼지 않는 한 아무도 진정한 제자의 의미에서 기독교인이라고 말할 수 없으며, 하나님 나라의 의미를 이해하지 않는 한 아무도 예수 그리스도를 지성적으로 이해할 준비가 되었다고 말할 수 없다." CSO: 49

라우션부시의 신학의 출발은 예언자들의 사회적 구속 신앙과 예수의 하나님 나라의 이상이고 그 종점은 하나님 나라의 완성이다. 그는 사변적인 교리에

---

20) James Bernard Ball, *Theologies of Social Transformation: A Study of Walter Rauschenbusch and Gustavo Gutiérrez* (Doctoral Dissertation, 2003) 특히 4장 1-2절 참조.

몰두하지 않는다.21 그래서 『사회복음을 위한 신학』에서 신론, 성령론, 종말론 등은 '하나님 나라' 주제의 맥락에서 후반부에 간략히 서술하고 앞부분에서 구원론을 주로 다루면서 하나님 나라에서 살아갈 그리스도인들의 변화와 책임을 논한다. 그의 기독론도 양성론이 아니라 '하나님 나라의 창시자'로서의 예수에 초점을 맞춘다. 그는 기존 신학에 대한 심각한 교리적 수정보다는 사회성의 첨가와 보완을 시도한 것으로 보인다. 그리스도 신앙에 머물기보다는 역사적 예수를 따르는 실천을 모색하며, 세상과의 분리 속에서 거룩한 영성을 추구하기보다는 예수처럼 이웃과 자유롭게 접촉하면서 사회의 악을 고발하고 그것에 저항하며 하나님 나라를 기대하고 준비하는 일에 몰두한다. 아마도 이런 관심들이 그동안 정통 교리와 예배에만 매달린 한국 교회의 사회성의 부족함을 메꿀 수 있는 대안이 되지 않을까 생각한다.

Ⅳ. 사회복음의 지평 확대

신학적 정당성은 몇 차례의 주장만으로 공인될 수 없다. 비판적인 토론과 격렬한 논쟁 후에 비로소 가다듬은 이론들이 견고히 자리 잡게 된다. 사회복음의 교회 접목은 다수의 교회로부터 공인을 받을 필요가 있다. 그동안 한국 신학계에서 사회복음 이론이 주장을 펴기도 전에 외면당해왔기 때문에 지금부터라도 공론의 장을 마련할 필요가 있다. 그렇게 해서 보수적 구원론으로 지나치게 기울어진 한국 교단의 사고에 균형감각을 제공할 수 있다.

"오늘날에도 많은 목회자들은 한쪽 끝에는 사회복음을, 다른 쪽 끝에는 개인구원을 두어서 이 양자 사이의 연관성을 약화시키고 있기 때문에 양쪽으로

21) "비교적 사변적인 일부 교리들에 관해서는 사회복음이 기여할 것이 없다. 사회복음의 관심은 현재 우리가 처한 삶의 사회적 연관성에 관련된 실질적인 것이다. 그것은 죄의 근절과 구속적 사명의 성취와 관계가 있다. 그러므로 사회복음을 효과적으로 표명해야 하는 신학 주제들은 죄와 구속의 교리이다."(TSG: 51)

기울어진 일종의 아령과도 같은 사고를 갖고 있다. 우리 믿음의 강점은 연합에 있다. 종교는 총체적인 삶을 요구한다. 우리의 모든 영적 관심들을 담기에 넉넉할 만큼 세련된 교리 체계가 우리에게 필요하다."TSG: 26-27 이러한 라우션부시의 주장은 사실 한국 교회에는 잘 들어맞지 않는다. 우리는 아령이 아니라 오히려 한쪽으로 심하게 기운 저울추 모양을 하고 있기 때문이다. 연합 이전에 우선 균형을 맞추기 위해서라도 사회복음의 논의가 적극적으로 이루어질 필요가 있다. 그래서 공감의 폭을 넓히고 교회 활동의 지평을 확대하려면 적어도 다음과 같은 과정이 필요할 것이다.

첫째로, 사회복음에 관한 다양한 자료가 구비되어야 한다. 사회복음 신학이 시작된 미국에서는 사회복음 운동가들의 저서가 여러 권 나와 있고 사회복음이라는 주제로 많은 논의가 있어 왔다.22 이런 자료들을 번역하고 소개해서 토론을 위한 소재를 마련해야 한다. 그 가운데 신학적으로 잘 정리된 것으로서 라우션부시의 저서가 독보적이다. 그의 책을 포함해서 대표적인 사회복음 신학자들의 주장을 소개하여 논의의 주제로 삼을 필요가 있다.

한국학술정보서비스RISS로 'Walter Rauschenbusch'를 검색하면 10여 편의 국내 석박사 학위논문과 10여 편의 국내 학술논문, 그리고 50여 편의 해외 학술논문 등이 존재하는데 이것이 신학 토론의 단초가 될 수 있다. 그리고 'Social Gospel'을 주제로 해서 현재 수천 편의 논문과 수백 권의 서적이 존재하므로 오랫동안 누적되고 다져진 해외 논문이나 서적들이 번역되거나 인용될 수 있다면 그 실효성은 아마도 배가될 것이다.23

둘째로, 사회복음을 주제로 한 진지한 신학토론 모임을 갖는다. 아직까지도

---

22) Christopher H. Evans, ed., *The Social Gospel Today* (Westminster John Knox Press, 2001): 이 책 말미의 간추린 도서 목록(Selected Bibliography) 참조.

23) 2024년 5월 1일 현재 RISS로 'Walter Rauschenbusch'를 검색한 결과 총 80건의 논문과 57건의 단행본이 검색되었고, 'Social Gospel'을 검색한 결과 대략 3천 건의 논문과 3백여 권의 서적이 검색되었다.

일부 교단에서는 진보적 신학자들에 대해서 사상을 검증하고 교회재판을 하는 등 부당한 대우가 이루어지고 있다. 신학적 검증은 전문 신학자들에게 맡겨야 한다.

그동안 한국 신학은 1900년대의 태동기와 발아기를 거쳐서 1930년대의 정초기 때 근본주의박형룡, 진보주의김재준, 자유주의정경옥 신학 등이 나타났고, 신학 개화기 때 보수김의환, 한철하, 진보서남동, 자유주의유동식, 윤성범 등의 세 조류가 병립하다가 1970년 이후에 민중신학, 종교신학, 성령신학 등이 대두하여 현재에 이르고 있다.[24] 이처럼 한국의 신학이 보수와 진보 등 고르게 균형을 이루는 듯이 보이지만 교회의 현실은 이와는 상관없이 근본주의적 성서관, 내세관, 구원론 등이 대세인 것으로 보인다. 그것은 아마도 70, 80년대의 교회부흥운동의 여파로 교세확장에 몰두해온 한국 교회의 현실 때문인 것 같다. 교세의 감소와 비판적 여론 등 교회의 위기에 직면한 지금은 전문 신학자들이나 신학적 소양을 갖춘 목회자들이 그동안 소홀히 해왔던 사회복음을 주제로 활발한 논쟁을 벌이면서 그 타당성과 적용 가능성을 논하여 신학적 비판력을 쌓고 더 나은 삶을 위한 교회의 역할을 새롭게 모색할 필요가 있다.

셋째로, 사회복음에 관한 합의된 전망을 공유한다. 사회복음의 긍정적인 수용 요인들을 추려낸 후에 그것을 현실에 적용할 방안을 모색하기에 앞서 사회복음 신학자와 목회자들이 공통된 지향점을 마련할 필요가 있다. 라우션부시의 구상대로 "이 사회체제를 기독교화"하려고 한다면 그 일을 구체적으로 어떻게 하는 것이 바람직한가에 대한 합의점 마련이 시급하다. 그는 "사회체제를 기독교화 한다는 것은 우리가 그리스도에게서 발견하는 윤리적 신념과 조화롭게 공존할 수 있는 사회체제를 지향한다는 것이다."CSO: 125라고 말한다. 그것이 어느 정도까지 예수의 윤리를 따르게 하는 것인지, 혹은 예수의 핵심적인 윤리가 구체적으로 무엇인지를 알아야 하고, 단지 하나님 앞에서 평등하고 자유

24) 유동식, 『한국신학의 광맥 - 한국신학사상사 서설』 (서울: 전망사: 1982) 참조.

로운 인간상을 지향하는 것으로 만족해야 하는지, 법률을 어떻게 개정해야 하나님 나라 시민으로서 살아가기에 적합한지 등에 관한 부단한 논의와 합의가 필요하다.

V. 사회복음의 실천 구상

사회복음은 예전과 교리보다는 삶의 실천을 강조한다. 예배와 교리가 필요없다는 말이 아니라 일상적인 삶 속에서 예수를 따르는 행동이 없이는 이 모든 것이 무의미할 수도 있다는 것이다. 그 실천방안은 "예수라면 어떻게 하셨을까?"를 늘 고민하는 가운데서 찾아볼 수 있을 것이다. 찰스 셸던의 『그분의 발자취를 따라서』*In His Steps* 25에 등장하는 맥스웰 목사처럼 주님의 인도하심으로 어떻게 그분의 발자취를 따라갈 것인가를 숙고해볼 필요가 있다. 그것은 멋진 예배와 재미난 설교와 화려한 찬송보다는 어려운 자들을 돕고 사회에서 악을 몰아내고 인간다운 삶을 살 수 있는 사회를 만드는 데에 적극적으로 뛰어드는 일이다. 소설 속의 맥스웰 목사는 슬럼가 렉탱글로 들어가서 사역을 했던 반면에 라우션부시는 1886년에 실제로 가난한 노동자들이 사는 뉴욕 시의 우범지구Hell' s Kitchen에서 목회를 시작했고 1892년에는 '하나님 나라 협회' Brotherhood of the Kingdom를 조직하여 교회 지도자들과 함께 사회복음 활동을 전개해나갔다. 라우션부시는 "기독교의 근본 목적이 모든 인간관계를 거듭나게 하고 하나님의 뜻과 일치되도록 재구성함으로써 인간 사회를 하나님 나라로 변형시켜야 한다는 것이다." CSC: 6라고 말했다.

사회복음 실천의 구체적인 방안을 그가 제시한 내용을 토대로 『기독교와 사회위기』 CSC의 7장과 『사회체제의 기독교화』 CSO의 5-6장을 참고해서 아래

---

25) Charles M. Sheldon, *In His Steps: What Would Jesus Do?* (1896) 김창대 역, 『예수님이라면 어떻게 하실까』 (서울: 브니엘: 2006)

와 같이 몇 가지로 정리해본다. 이 목록은 완전한 것이 아니므로 앞으로 수정되고 보완되어야 할 것이다.

첫째로, 하나님 나라의 비전을 제시한다. "하나님 나라 교리는 그 자체가 사회복음이다"TSG: 162 그러므로 하나님 나라의 특성과 전망을 우선 제시하는 것이 중요하다.TSG: 170-178 참조 (1) 하나님 나라는 그 기원과 발전과 완성에 있어서 신성하다. 그것은 예수 그리스도에 의해 창시되었으며, 그 속에는 예언자적인 정신이 그 정점에 도달해 있다. 그것은 성령에 의해 지속되며, 하나님의 때에 그의 능력으로 성취될 것이다. (2) 하나님 나라는 기독교 종교의 목적론teleology을 담고 있다. 그것은 정적인 교리가 아니라 역동적으로 하나님 나라의 최종적 성취를 위해 악과 투쟁한다. (3) 하나님 나라는 항상 현재이면서 미래이다. 그것은 인간의 삶 속에서 스스로 구현하는 하나님의 에너지다. (4) 하나님 나라 개념은 그리스도로부터 독특한 해석을 얻었다. 하나님 나라는 세계적으로 확장되었고 그의 삶과 인격을 통해 사랑의 사회연대주의적 비전이 드러났다. (5) 하나님 나라는 하나님의 뜻에 따라 조직된 인류 공동체를 말한다. 하나님 나라는 인간의 모든 발달단계에서 모든 사람에게 가장 자유롭고 높은 수준의 발달을 최대한 보장하는 사회체제를 지향한다. (6) 하나님 나라는 교회가 존재하는 목적이다. 교회의 기관, 활동, 예배, 신학은 장기적인 안목에서 하나님 나라를 이루어가는 그 효과의 면에서 검증되어야 한다. (7) 하나님 나라가 지상과제이므로 개인구원의 모든 문제는 그 나라의 관점에서 재고되어야 한다.TSG: 10장 참조 (8) 하나님 나라는 교회의 한계와 그 활동에 한정되지 않고 인간의 삶 전체를 포용한다. 그것은 사회체제의 기독교적 변용이다.

둘째로, 우리 사회에 대한 진단이 필요하다. 이 사회가 인류의 행복을 위해 기본적으로 필요한 자유와 평등과 정의 등의 요소들이 제대로 갖추어져 있는지 살펴본다. 하나님 나라의 이상이 그 잣대의 기준이 될 것이다.

지금이 아무리 민주주의 시대라고 할지라도 지구상 곳곳에는 아직도 악마

같은 권력자들이 존재한다. 에라스무스는 이런 교훈을 남겼다. "훌륭한 제왕만큼 귀한 것이 없으며, 좋은 것이 없으며, 하느님께 가까운 것이 없다. 반대로 어리석은 군주만큼 혐오스러운 것이 없으며, 악한 것이 없으며, 악마와 닮은 존재가 없다. 사람을 살리는 제왕은 가히 신적인 존재며, 독재자는 어떤 야수보다 지독히 해로운 존재다. 그림이나 조각상이 그를 어떤 이름으로 부르든지 간에 자신을 위해 권력을 행사하는 자는 독재자다."26 이처럼 자신을 위해 권력을 행사하는 독재자들은 아직도 많이 있다. 한 개인이 아니라 한 정부가 이런 권력을 행사하면 그런 국민이 겪는 고난은 이루 셀 수 없을 정도다. 라우션부시는 당시의 미국 사회를 보면서 비인간적인 근로 환경의 개선, 재산분배의 정의, 경제적 민주주의 등의 방향을 제시했다.CSO: 5장 참조

셋째로, 사회적인 회개와 복음화를 기획한다. "현 체제의 바로 그 구조 안에 있는 뿌리 깊은 죄와 악을 깨닫지 못하는 한 그 사람은 여전히 죄에 대한 확신이 없이 도덕적 맹인의 상태에 있는 것이다."CSC: 422 악의 활동으로 인해 불가피하게 학대당하고 억울하게 짓눌려 사는 이웃을 돌보지 못하고, 구조적 악을 방치하는 것에 대한 각성과 회개가 필요하다. 그 후에 우리는 "사회적인 복음 전도"CSC: 427를 기획할 수 있을 것이다. "자신의 생각과 삶 속에 새로운 사회적 기독교를 구현한 사람들은 새로운 형태의 그리스도인이 된다."CSC: 426 하나님 나라라는 위대한 목표를 품은 사람들이 이웃을 이 사회적 연대성 안으로 들어오도록 이끌어줄 수 있다.

넷째로, 기독교 정신에 따라 생명과 재산에 관한 개념을 새롭게 한다. 모든 사회 제도는 인간의 생명을 귀중히 여기고 재산재화와 자산의 정의롭고 공정한 분배가 이루어져야 한다.

자본주의 체제는 생산과 이익의 극대화만을 목표로 삼아서는 안 되며 생명

26) Desiderius Erasmus Roterodamus, *Adagia* (1500), Ⅰ, iii, 1. 김남우 역, 『격언집』 (서울: 부북스, 2014), 61쪽.

을 존중하는 법을 배워야 한다. "생명의 보존은 사회체제의 모든 기독교적인 요소 가운데 첫 번째 의무조항이다." CSO: 412 교회는 자본가들의 횡포에 힘없이 부림당하는 취약한 근로자들의 피난처가 되어야 한다. 어려운 자들을 돌보기 위해서 우리는 재정이 필요하다. 그런 돈이 어디서 나오는가? 라우션부시는 "재산의 사회화" CSO: 419를 거론한다. 예를 들어서, 우리 주변에 조성된 공원들은 누구나 들어가서 이용할 수 있는 휴식 공간으로서 재산을 사회화 하는 것이다. 이와 반면에, 악덕 자본가가 넓은 땅을 차지하면서 불가피하게 통행할 수밖에 없는 주민들에게 세금을 요구하는 것은 "재산의 비사회화"이다. 재산의 사회화는 공공의 이익을 위해 제공되는 것으로서 공공복지를 위해 사용을 허용하거나 수익을 창출하여 공유재산으로 활용하는 것이다. CSO: 420 라우션부시는 이익의 공유를 위해 '협동조합' cooperative associations or cooperative societies 운영을 제시하기도 했다. "협동조합은 자본주의의 지배적인 원리보다는 분명히 더 높은 윤리적 수준의 경제생활 원리를 제시한다." CSO: 387 최근의 사례로서 사회의 정의와 인간존엄의 정신을 바탕으로 몬드라곤에 협동조합을 설립한 호세 마리아José María Arizmendiarrieta 신부의 활동과 그 성취를 참조할 수도 있을 것이다.

아마도 재산 공유의 가장 이상적인 모델은 사도행전 2장 44-47절에 등장하는 원시적 공산주의의 삶일 것이다. 라우션부시는 가정과 학교와 교회가 이와 유사한 사회 제도라고 한다. CSC: 467 국가가 시민을 위해 공공사업을 벌여서 혜택을 베풀 때에도 이런 모델을 따른다고 볼 수 있다. CSC: 469-471 원시 기독교의 공산주의 모델을 마르크스적 공산주의와 혼동할 필요는 없다. 사랑의 원리에 근거한 공동 소유와 활용 방안은 여러 가지가 있을 것이므로 이에 관한 끝없는 연구가 이루어져야 할 것이다. 에라스무스는 이렇게 말했다. "예수가 가르치신 단 하나의 가르침 그것은 사랑이며, 이 단 하나의 가르침에 모든 세상의 규칙과 법률이 매달려 있는 것이다. 이러한 사랑이 우리에게 가르치고 있는바,

그것은 다름 아니라 모든 것을 모든 사람이 공유한다는 원칙이지 않은가?"27

다섯째로, 하나님 나라에 합당한 관습과 제도를 창안한다. 여기에서 교회의 기능과 역할이 중요시된다. "교회는 구원의 사회적 요소이다. 교회는 악을 제압하기 위하여 사회적 세력들을 결집한다."TSG: 149-150 예를 들어서, 교회는 국가의 법률 제정에 관심을 기울일 필요가 있다. 종교가 일요일에 쉬는 관습을 만들었고 법률이 그것을 지켰듯이 이 사회에 필요한 제도를 마련하고 인도적인 humane 관습에 힘을 실어주어야 한다. "국가는 도덕법칙의 바깥뜰이고 그 내부에는 성령이 거하시는 성소가 있다. 종교는 도덕을 만들어내고 도덕은 성문법 안에 있는 내용의 작은 부분을 차지한다."CSC: 450 "교회는 법을 만들 수는 없지만 관습은 만들 수 있다."CSC: 451 좋은 관습을 지켜내고 악한 관습을 몰아내기 위해서 교회는 선한 영향력을 행사할 수 있다.

예를 들어서, 근로 조건의 개선과 근로자들의 건강하고 행복한 삶에 적합한 환경을 조성하려는 노력이 필요하다. 라우션부시는 노동자 계급의 확대와 그들의 착취 상황을 목도하면서 이를 개선하려는 노력을 기울였다. 그 당시에 노동자 계급은 상승 운동 중에 삶의 더 나은 조건과 확실한 지위와 정당한 소유권을 보장받기 위해 투쟁하고 있었다.CSC: 492-493 모든 근로자들의 생존권을 위해 협력하는 것은 억울하고 눌린 자들과 연대한 예수의 교훈을 따르는 것이다.

마지막으로, 사랑의 사회연대성으로 우애적인 사회체제를 형성한다. 이 사회를 변혁시키려는 최고의 목표는 전 국민을 기독교인으로 만들겠다는 것이 아니다. 만약 그렇다면 불교와 이슬람교를 비롯해서 타종교인들이 모두 분기해서 일어날 것이다. 우리는 모든 사람의 생명을 존중하고 그들이 자유롭고 평화롭게 살기를 바란다. 그리고 이 사회 속에는 언제 어디서나 익명적 그리스도인이 존재한다는 것을 인정해야 한다. 라우션부시는 이러한 문명사회를 '반-기독교적' semi-christian이라고 부른다.CSO: 123 예를 들어서, 한국에도 반-유교

27) Erasmus, 『격언집』, 255쪽 (격언집 서문 중에서)

적이면서 반-기독교적인 사람들이 존재한다. 우리는 현실적으로 이들에게 오직 하나의 종교만을 강요할 수는 없다. 하나의 종교를 바라는 것이 아니라 하나님 나라에서 하나님의 통치를 따르게 하려는 목표를 가져야 한다. 하나님은 "만유의 주로서 만유 안에" 고전 15:28 계시기 때문이다. 하나님이 다스리시는 사회 체제는 사랑과 우애로 다져진 공동체다. "네 이웃을 네 자신과 같이 사랑하라." 막 12:31 는 말씀대로 사랑의 사회연대성으로 '나와 너' 마르틴 부버의 관계를 형성해나가야 한다.

사회복음의 실천은 하나님 나라의 건설이 이 땅에서부터 시작되는 것을 기대하지만 그 완성을 바라지는 않는다. "지상에서의 모든 진정한 기쁨은 하나님 나라의 부분적 성취로 인한 것이며, 우리를 기다리고 있는 기쁨이 하나님 나라의 완전한 성취 안에서 살아가는 가운데 나타날 것이다. 여기에서 하나님 나라를 위한 우리의 수고가 내세에 참여하기 위한 준비가 될 것이다." TSG: 282

Ⅵ. 결론과 전망

인간은 누구에게나 꿈이 있다. 날 때부터 죽을 때까지 내일이 더 나아지기를 소망하는 것은 자연스러운 충동이요 열망이다. 그동안 수많은 사람들이 이것을 '유토피아'로 그려냈고, 에른스트 블로흐는 이런 생각들을 종합해서 그의 책 『희망의 원리』[28]에 담아냈다. 그리고 신학자 몰트만은 그것을 기독교에 적용하여 『희망의 신학』[29]으로 풀어냈다. 그래서 기독교의 종말론은 예수에 의해 약속된 열린 미래로 이해되었다.[30] 그런데 사람들은 이 미래가 현 세상에 혁

28) Ernst Bloch, *Das Prinzip Hoffnung* (3 vols.: 1938-1947)

29) Jürgen Moltmann, *Theologie der Hoffnung* (1964)

30) 위르겐 몰트만 저, 이신건 역, 『희망의 신학』 (서울: 대한기독교서회, 2017) "에른스트 블로흐가 '올바른 역사적 개념의 핵심은 언제나 새로움(Novum)이다.' 라고 강조한 것은 옳다." (342-343) "부활한 그리스도의 오고 있는 통치는 단지 희망과 기대의 대상만은 아니다. 이 희망의 기대는 사회의 역사 가운데서 생활과 행동, 고난의 흔적을 새긴다. 그러므로 선교란 단지 신앙과 희망을 확장하는 것만이

명적인 행동을 가져온다는 사실을 여전히 깨닫지 못하고 있다. 라우션부시에 따르면 '하나님 나라' 의 꿈을 가진 기독교인들은 그 신앙으로 세상을 변혁시켜 나갈 수 있다. 우리의 사회 체제를 기독교화 할 수 있다는 것이다. 그는 한 세기 전의 사람이었지만 그 당시에 그의 방향 제시는 폭넓은 반향을 일으켰다. 우리는 현 시대에 복음의 이러한 사회적 원리를 우리의 삶에 적용하려는 노력을 기울일 필요가 있다.

하나님 나라의 꿈을 이루기 위해서 우리 신앙은 개인복음과 사회복음이 건전한 균형을 갖추어야 한다. 더 나아가 개인구원이 사회구원으로 수렴되고, 개인복음이 사회복음으로 수렴되어 일원화 된다면 아마도 더 바람직할 것이다. 사회복음은 개인복음을 전제로 하고, 사회구원은 개인구원과 동시에 이루어지기 때문이다. 이렇게 볼 때 사회복음의 한국 교회 접목은 거의 필연적이라고 볼 수 있다. 다만 그 구체적인 신학적 논의와 실천적 제안 들이 현실화되는 과제가 남아 있을 뿐이다.

아니라 생활을 역사적으로 변혁하는 것이기도 하다."(425-426) " '현재적 종말론' 이란 바로 '창조적 기대' 와 조금도 다른 것이 아니다. 그것은 현재를 비판하고 변혁하는 희망이다. 왜냐하면 그것은 하나님 나라의 보편적인 미래를 향해 자신을 열어 놓기 때문이다."(432-433)

칼 바르트의 신학에서 하나님 나라와 정치

박 성 철
경희대학교/조직신학

I. 들어가는 말

정치는 다양한 방식으로 정의된다. 20세기의 경험을 통해 우리는 정치가 한편으로 사회적 현실을 바꾸는 인간의 행위이지만,[1] 다른 한편으로 언제든지 이데올로기의 문제로 전락할 수 있음을 배웠다. 그 어느 나라보다 극심한 이데올로기의 대립을 경험하였던 한국 사회에서 정치는 언제나 후자의 문제였다. 냉전 시대의 종말과 함께 전자에 관한 관심이 높아지고 있지만, 2008년 신자유주의의 몰락과 함께 시작된 신新냉전 시대의 부정적인 영향력은 오늘날 세계 정세를 다시금 파국의 시대로 몰아넣고 있다.[2]

하지만 현실이 어두울수록 기독교 정치신학과 정치윤리는 미래에 대한 종말론적 희망으로 현실을 변화시키기 위해 노력해야 한다. 정치신학을 정치학

---

1) Hannah Arendt, *The Human Condition* (Chicago & London: The University of Chicago Press, 2018), 176-77.

2) "파국의 시대"(The Age of Catastrophe)는 영국의 역사학자인 에릭 홉스봄(Eric Hobsbawm, 1917~2012년)이 "극단의 시대"(Age of Extremes)와 함께 이데올로기의 심각한 대립이 발생했던 20세기를 규정하는 또 다른 용어다. 특히 이 용어는 두 번의 세계대전(1914~1945년)을 중심으로 20세기를 평가할 때 사용하였다. Erich Hobsbawm, *The Age of Extremes. The Short Twentieth Century, 1914-1991* (London: Abacus, 1996), 6-8.

과 구분하는 명확한 차이는 바로 현실을 변화시키려는 내적 동력이 기독교의 종말론적인 희망이라는 점이다.[3] 그 희망은 정치를 이데올로기에 묶어두려는 현실 너머를 바라볼 수 있게 하며, 그 위에서 사회적 현실을 변화시키는 인간의 행위에 집중하게 한다. 우리는 이러한 신학적 이해의 실마리를 칼 바르트Karl Barth, 1886~1968년에서 찾을 수 있다.

바르트 신학은 "언제나 강한 정치적 요소"를 포함하고 있었다.[4] 물론 그 요소는 시대적 변화에 따라 변화하였지만, 그의 신학에서 하나님 나라와 정치 사이의 상관관계는 계속해서 중요한 역할을 감당했다. 하지만 냉전 시대의 한계로 인해 그의 정치사상에 관한 연구의 상당수는 주로 자유주의와 사회주의처럼 대립적 이데올로기를 중심으로 진행되었다. 물론 바르트는 이데올로기의 문제를 무시하지 않았고 오히려 치열하게 고민하였다. 그의 신학을 이해하려는 이들이 사회주의 개념을 무시할 수 없는 이유가 바로 여기에 있다.[5] 물론 바르트의 하나님 나라 이해는 사회주의로만 담아낼 수 없는 다양한 정치적 요소를 포함하고 있다.

하지만 과거 연구들에서 그 정치적 다양성은 제대로 주목받지 못했다. 물론 과거 연구들은 당시의 현실을 신학적으로 분석하고 이해하는 데 도움이 된다. 하지만 오늘날 필요한 그리스도인의 정치참여를 위한 담론에 영향을 미치기에는 분명 한계가 있다. 오늘날 그의 신학에서 하나님 나라와 정치 사이의 상관관계에 관한 새로운 연구가 필요한 이유가 바로 여기에 있다.

---

3) Jürgen Moltmann, *Politische Theologie–Politische Ethik*(München; Chr. Kaiser Verlag, 1984), 9.

4) Karl Barth, " Musik für einen Gast (Eine Radiosendung)," in *Letzte Zeugnisse* (Zürich: TVZ, 1969), 21.

5) Hans Urs von Balthasar, *Karl Barth: Darstellung und Deutung seiner Theologie* (Köln: Verlag Jakob Hegner, 1951), 258.

Ⅱ. 자펜빌 시기 신학: 사회주의 운동과 F-W. 마르크바르트의 연구

바르트의 초기 신학이 형성된 자펜빌 시기1911~1921년에 하나님 나라와 정치 사이의 상관관계에 관한 생각은 사회주의 운동의 영향 아래에 있었다. 1911년 25살의 젊은 목회자였던 바르트는 스위스 아르가우Aargau 주 초핑엔Zofingen 지역에 있는 탄광 마을이었던 자펜빌Safenwil에 부임했다. 당시 자펜빌은 주로 농부와 노동자특히 광산 노동자로 구성되어 있었는데, 산업화의 가속화로 인해 농업 인구가 점점 줄어들면서 경제적 상황이 매우 어려워졌고 탄광 노동자들도 열악한 환경 속에서 착취당하고 있었다. 그 가운데 목회하던 바르트는 자본주의 체제의 문제점을 인식하면서 하나님 나라와 사회주의 운동 사이의 내적 연관성에 관심을 가지게 되었다.[6] 당시 바르트는 사회주의를 현실 자본주의를 극복할 수 있는 대안 체제이자 더 나은 사회로 향해 나아가는 사회 운동이라고 생각했다. 왜냐하면, 하나님의 나라는 가난한 자들에게 임한다고 생각했기 때문이었다.[7]

하지만 제1차 세계대전은 바르트 신학에 있어 하나의 결정적인 "전환점"이 되었다.[8] 이후에 발생하는 바르트 연구자들 사이의 논쟁은 이 전환점에 대한 서로 다른 이해에서 기인한다. 1970년대 이전까지 바르트 신학에 관한 연구는 주로 제1차 세계대전이 가져온 자유주의 신학과의 결별에 집중되어 있었다. 또한 이 결별은 종교 사회주의자에서 변증법적 신학자로의 전환을 의미하는 것이었기에 사회주의 이념과 결별도 당연하다고 생각했다. 하지만 이러한 생각은

---

6) Eberhard Busch, *Karl Barths Lebenslauf: nach seinen Breifen und autobiographischen Texten, 3. Auflage* (München; Kaiser, 1978), 72, 81.

7) Karl Barth, "Jesus Christus und die soziale Bewegung(1911)," in *Vorträge und kleinere Arbeiten 1909-1914*, hrsg. v. Hans Anton Drews & Hinrich Stoevesandt (Zürich: TVZ, 1993), 386-387, 392-93.

8) Karl Barth, "Autobiographische Skizzen Karl Barths aus dem Fakultätsalbum der Ev.-Theol. Fakultät in Münster (1927) u. der Ev.-Theol. Fakultät in Bonn (1935 und 1946)," in *Karl Barth□ Rudolf Bultmann Briefwechsel 1911-1966*, hrsg. v. Bernd Jaspert (Zürich: TVZ, 1994), 296.

1970년대 들어 점화된 바르트의 신학과 사회주의 사이의 상관관계에 관한 신학 논쟁을 거치면서 새로운 국면을 맞이하였다.

새로운 신학 논쟁이 시작된 첫 번째 이유는 1968년 바르트의 사후 그의 집 지하실에서 발견된 다양한 문서들에 대한 출판 작업이 진행되었기 때문이다. 그중에는 바르트가 직접 '사회주의 연설들' Die sozialistischen Reden이라는 제목을 붙여 분류하였던 1914년부터 1919년 사이에 작성된 43개의 원고가 포함되어 있었는데, 프리드리히-빌헬름 마르크바르트Friedrich-Wilhelm Marquardt, 1928~2002년가 출판 작업에 참여하면서 주목을 받기 시작하였다. 두 번째 이유는 1972년 마르크바르트의《신학과 사회주의: 칼 바르트의 예》가 출판되었기 때문이다. 이 책에서 마르크바르트는 "바르트 신학에는 사회주의와 마르크스주의를 긍정적으로 해명하기 위한 그의 노력을 보여주는 증거들과 사회주의적이고 마르크스주의적인 증명 방식을 사용한 증거들이 이 둘 사이의 상관관계를 본격적으로 연구해야 할 만큼 수없이 많다"고 주장했다.[9] 마르크바르트의 주장은 바르트의 초기 사상에 관심을 가졌던 이들의 큰 지지를 받았고, 이후 바르트의 지인들과 제자들 사이의 분열과 함께 바르트 연구에 있어 서로 다른 두 개의 신학적 흐름바르트 좌파 연구와 바르트 우파 연구을 형성하는 직접적인 요인이 되었다.[10]

하지만 당시 바르트와 사회주의 사이의 상관관계에 관한 신학 논쟁은 냉전

---

9) Friedrich-Wilhelm Marquardt, *Theologie und Sozialismus*: *Das Beispiel Karl Barths*, *3*. *Auflage* (München:: Chr. Kaiser, 1985), 15. 마르크바르트는 W. I. 레닌(Vladimir Ilyich Lenin, 1870~1924년)의 1917년《국가와 혁명》(*L'État et la Révolution*)의 독일어 번역본이 바르트의 로마서 주석 제1판의 로마서 13장 주석에 직접적인 영향을 미쳤다고 주장하기도 하였다. Marquardt, *Theologie und Sozialismus*, 126-27.

10) Friedrich-Wilhelm Marquardt, "Theologische und politische Motivationen Karl Barths im Kirchenkampf," *Junge Kirche 34* (*1973*), 284. 신학 용어로서 "바르트 좌파"와 "바르트 우파"는 1973년 막스 가이어(Max Geiger)의 글 〈로이엔베르그의 칼 바르트 학회〉(Karl Barth-Tagungen auf dem Leuenberg)에서 처음 등장한다. Max Geiger, "Karl Barth-Tagungen auf dem Leuenberg," in Eduard Thurneysen, Karl Barth. *〈Theologie und Sozialismus〉 in den Briefen seiner Frühzeit* (Zürich: TVZ, 1973), 45-6.

시대의 한계로 인해 중요한 해석학적인 문제를 제대로 짚고 넘어가지 못하였다. 그것은 바로 바르트 연구자들 사이의 갈등이 그들의 사회주의에 관한 이해의 차이에서 발생했다는 것이다.[11] 즉 과거의 지평에 관한 이해가 문제가 아니라 현재의 지평이 가진 이데올로기적 문제를 제대로 돌아볼 수 없었던 시대적 한계의 문제이다.[12] 바르트 연구자들 사이의 갈등은 결국 '현실 사회주의 체제와 대안 체제에 관한 이론으로서 사회주의 중 어디에 방점을 둘 것인가?' 라는 문제에서 발생한다. 냉전 시기에 바르트 우파는 현실 사회주의 체제의 모순에 집중하여 그 모순에 대한 바르트의 비판을 강조하는 반면, 바르트 좌파는 대안 체제에 관한 이론으로서 사회주의에 집중하여 자본주의 체제에 대한 바르트의 사회주의적 비판과 이념적 지향성을 강조했다.

사실 현실 사회주의 체제라는 측면에서 에버하르트 융엘Eberhard J ngel, 1934~2021년이나 클라우스 숄더Klaus Scholder, 1930~1985년의 주장은 나름 합리적이다. 융엘은 바르트의 신학적 전환점을 헤르만 쿠터Hermann Kutter, 1863~1931년에서 물려받은 하나님 나라와 사회주의 운동을 동일시하는 사고로부터의 단절이라고 주장하였다.[13] 또한《로마서》1판 이후 바르트의 신학에서 정치적 이념들은 신학적 내용들보다 상위에 놓인 적이 없으며, 변증법적 신학 시기 이후에 사회주의적 요소들은 큰 의미를 가지지 않는다고 강조하였다.[14] 숄더는 전환점 이후 좁은 의미의 정치 세계, 정치적 이념과 결단의 세계가 더 이상 바르트의 신학적 사고에서 본질적 요소를 형성하지 않는다고 주장했다.[15]

---

11) Sungchole Park, *Politische Theologie bei Karl Barth, Helmut Gollwitzer und Jürgen Moltmann. Eine politisch-hermeneutische Untersuchung zum Zusammenhang vom Linksbarthianismus und der "neuen" politischen Theologie* (Wiesbaden: Springer, 2018), 7.

12) Jürgen Habermas, "Zu Gadamers Wahrheit und Methode," in *Hermeneutik und Ideologiekritik*, hrsg. v. Jürgen Habermas (Frankfurt a. M.: Suhrkamp, 1971), 45-6.

13) Eberhard Jüngel, "Einführung in Leben und Werk Karl Barths," in *Barth-Studien* (Zürich- Köln/Gütersloh: Bezinger Verlag/Gütersloher Verlagshaus Gerd Mohn, 1982), 25.

14) Jüngel, *Barth-Studien*, 126.

15) Klaus Scholder, *Die Kirchen und das Dritte Reich, Bd. 1, Vorgeschichte und Zeit der Illusionen 1918-1934* (Frankfurt a. M., 1977), 56.

하지만 마르크바르트는 바르트의 사회주의를 오히려 "행동의 지향"Handlungsorientierung으로 이해해야 한다고 강조했다.[16] 헬무트 골비처Helmut Gollwitzer, 1908~1993년도 "진정한 사회주의"는 "생각과 행동, 결국에는 도달해야 할 상태"라고 규정하였다.[17] 또한 위르겐 몰트만Jürgen Moltmann, 1926~2024년은 1980년대 상황에서 "그리스도의 통치와 하나님 나라에 임시적이면서도 오늘날 상대적으로 가장 적합한 상응"으로서 사민주의 운동의 특성을 인정하기도 했다.[18]

그러므로 오늘날 바르트의 사회주의를 하나의 단일개념으로 파악하려는 시도는 피해야 한다. 자펜빌 시기 바르트는 크리스토퍼 블룸하르트Christoph Friedrich Blumhardt, 1842~1919년의 영향을 받았으며, 이론적 측면에서 로자 룩셈부르크Rosa Luxemburg, 1871~1919년와 많은 공통점이 있다. 하지만 각각의 신학 시기에 바르트는 사회주의를 포괄적 개념으로 사용하였으며, 그의 신학에는 현실 사회주의 체제에 대한 비판과 대안 체제에 관한 이론으로서 사회주의에 대한 지향성이 함께 나타난다. 그러므로 오늘날 사회주의에 관한 논의는 바르트가 현실 사회주의 체제의 어떤 측면을 비판하였고 대안 체제에 관한 이론으로서 사회주의의 어떤 측면을 긍정적으로 수용했는지를 세밀하게 분석해야 한다. 이러한 관점에서 자펜빌 시기에 바르트의 하나님 나라 이해는 다음의 두 가지 특징을 보인다.

첫째, 하나님 나라는 현실의 사회적 모순들과 대립적 관계에 있기에 왜곡된 사회 제도와 정치체제를 비판하며 정당화하지 않는다.[19] 바르트는 자본주의에 대한 사회주의적 비판을 무시하지 않았지만, 사회주의가 독재나 전체주의

---

16) Marquardt, *Theologie und Sozialismus*, 36.

17) Helmut Gollwitzer, *Reich Gottes und Sozialismus bei Karl Barth* (München: Chr. Kaiser Verlag, 1972) 9.

18) Moltmann, *Politische Theologie Politische Ethik*, 148.

19) Friedrich-Wilhelm Marquardt, "Erster Bericht über Karl Barths 'Sozialistische Reden'," in *Verwegenheiten: Theologische Stücke aus Berlin* (München: Chr. Kaiser Verlag, 1981), 480.

와 같은 모순된 정치체제를 구축하는 방향으로 나갈 때 신랄하게 비판하였다. 게다가 바르트의 이데올로기 비판은 구체적이었다. 최근의 연구에 따르면, 바르트의 사회주의 비판은 두 단계에 거쳐 진행된다.[20] 첫 번째, 제1차 세계대전의 발발과 함께 세계대전을 막지 못한 사회주의자의 책임을 비판하는 단계이며[21], 두 번째, 러시아 내전1917~1922년을 통해 표출된 현실 사회주의 체제의 폭력성과 스탈린 독재를 비판하는 단계이다.[22]

둘째, 하나님 나라는 왜곡된 현실을 직시하며, 이를 극복하기 위한 대안 체제를 지향하는 사회 운동이다. 당시 서구 사회를 지배하던 정치질서는 주로 민족주의, 군국주의, 자본주의, 전체주의가 복합적으로 결합한 상태였다. 그러므로 바르트는 현실을 극복하여 새로운 체제로 나아가는 사회 운동을 자본주의의 대안 이론으로 여겨졌던 사회주의에서 찾으려고 하였다. 이후 현실 사회주의에 대한 비판에도 불구하고 제1차 세계대전 이후 반복해서 등장하는 "급진적 사회주의"radikaler Sozialismus와 "급진적 기독교"radikales Christentum는 자본주의적 군국주의에 굴복한 사회주의 운동과 기존의 모순된 체제 안에 머물려는 기독교에 대한 비판일 뿐 아니라 이를 극복하려는 대안적 사회 운동의 특성을 나타낸다.[23]

III. 변증법적 신학 시기: 탐바흐 강연(Der Tambacher Vortrag)—현실 정치의 모순을 뛰어넘는 하나님의 운동이자 생명의 운동으로서 하나님의 나라

---

20) Park, *Politische Theologie bei Karl Barth, Helmut Gollwitzer und Jürgen Moltmann*, 31-6.

21) Karl Barth, "Unsre Stellung als Schweizer zum Weltkrieg (1914)," in *Vorträge und kleinere Arbeiten 1914-1921*, hrsg. v. Hans-Anton Drewes (Zürich: TVZ, 2012), 85.

22) Karl Barth, "Demokratie oder Diktatur(1919)," in *Vorträge und kleinere Arbeiten 1914-1921*, 501-02.

23) Karl Barth, "Krieg, Sozialismus und Christentum I (1914)," in *Vorträge und kleinere Arbeiten 1914-1921*, 91-2.

1918년 11월 11일 제1차 세계대전의 종전 이후 1919년 《로마서》 초판 출간과 함께 본격적으로 시작된 변증법적 신학 시기1919~1932년에 바르트의 하나님 나라와 정치의 상관관계에 관한 이해는 이전과는 분명 차이가 있다. 물론 자펜빌 시기의 하나님 나라 이해가 완전히 사라진 것은 아니다. 《로마서》 초판에서도 하나님 나라는 여전히 가난한 자로 대표되는 사회적 약자와 정치적으로 억압받는 이들을 '위한' 그리고 '의한' "아래로부터의 운동"Bewegung von unten her이며 이 운동은 제국주의를 지향하는 폭력 국가와 자본의 이익에 집착하는 자본주의사회와 저항하지 않는 교회의 현실을 비판하고 넘어서려는 특성이 있다.[24] 하지만 변증법적 신학 시기는 자펜빌 시기보다 하나님 나라에 대한 깊이 있는 이해가 나타난다. 특히 일반 사회 운동과 구별되는 하나님 나라의 독특한 특성이 체계적으로 강조되는데, 다음 두 가지 특성은 그 대표적인 예이다.

첫째, 하나님이 기원이자 본질적인 주체가 되는 운동으로서 하나님 나라이다. 변증법적 신학 시기에 하나님의 나라는 "하나님으로부터의 절대적인 혁명"die absolute Revolution von Gott aus으로서 성격이 좀 더 강조된다.[25] 이러한 하나님 나라의 독특성은 1919년 스위스 튀링겐 주의 탐바흐Tambach에서 〈사회 안에서의 그리스도인〉이라는 제목의 강연에서 좀 더 구체적으로 표현된다. 바르트에 따르면, 그리스도인에게 사회, 혹은 사회적 삶은 피하거나 외면할 수 있는 선택의 문제가 아니며, 사회적 삶은 모든 영역에서 그리스도인을 둘러싼 채 영향을 미친다. 게다가 그리스도는 현재 교회 밖에 서 있는 자들을 위해서도 죽었기에 사회 안에서 그리스도의 공동체는 모든 방향을 향해 열려 있어야 한다.[26] 그러므로 하나님 나라는 사회 안에서 하나의 운동으로 나타난다.

---

24) Karl Barth, *Der Römerbrief(Erste Fassung) 1919*. hrsg. v. Hermann Schmidt (Zürich: TVZ, 1985), 352–353, 490, 499–502; Karl Barth, "Christliches Leben (1919)," in *Vorträge und kleinere Arbeiten 1914–1921*, 504.

25) Barth, *Der Römerbrief 1*, 490, 506.

26) Karl Barth, "Der Christ in der Gesellschaft (1919)," in Vorträge und kleinere Arbeiten 1914 1921, 556–57.

하지만 사회적 운동으로서 하나님 나라는 종교와 정치의 무분별한 혼합이 아니다. 바르트는 사회주의 이념을 위해 하나님을 도구화하는 기존의 종교 사회주의의 무분별한 연결이 "위험한 합선들"gefährlich Kurzschlüsse이 아닌지 의문을 제기하며, 하나님의 완전한 다름, 즉 절대적 타자성을 부각함으로써 이를 막으려 하였다. 현실 사회 속에서 하나님 나라는 아직 실현되지 않은 "하나의 큰 약속"이자 희망이기에 형이상학적 개념"하나의 악한 추상화"으로 전락하는 위기에 처할 수도 있다. 희망과 위기 사이에서 그리스도인은 특정한 "위치"Standort를 선점하기 위해서가 아니라 하나님 나라의 가치를 실천하기 위한 "운동"Bewegung을 지향해야 하는데, 사회적 운동으로서 하나님 나라는 "위로부터 수직으로 내려오는 운동"이다.27 아래로부터의 운동이 운동의 대상과 외적 주체를 중심으로 하나님 나라를 표현한 것이라면, 위로부터 수직으로 내려오는 운동은 기원과 본질적 주체를 중심으로 하나님 나라를 표현한 것이다.

둘째, 생명의 운동으로서 하나님 나라이다. "예수 안에서 드러나는 생명의 운동"은 예수를 통해 "신적인 것이 인간적인 것으로 뚫고 들어옴"을 의미하기에 영적인 차원의 문제일 뿐 아니라 사회적이고 정치적인 차원의 문제에도 적용이 된다. 이러한 생명의 운동은 거룩함과 세속성또는 영적인 것과 육체적인 것을 분리치 않는다. 인간의 영혼은 자신의 기원이 하나님 안에 있음을 기억함으로써 사회의 기원을 하나님 안에 두며, 그 깨달음을 통해 그 영혼은 자신의 전체 영역 속에서 삶의 의미를 발견하게 된다. 바르트는 이념적 체계들과 종교적 사상들이 결국 생명과 죽음의 문제와 연결되어 있다고 생각하고 있었다. 그러므로 제1차 세계대전을 치렀던 유럽 사회는 인간의 죽음을 기반으로 존재하는 사회이며, 생명의 혁명이야말로 기존의 사회에 대한 가장 급진적인 부정이다.28

하지만 이 땅에서 생명의 운동으로서 하나님의 나라는 완성되지 않았다. 바

27) Barth, "Der Christ in der Gesellschaft," 559-60, 563-64.

28) Barth, "Der Christ in der Gesellschaft," 566, 568-70, 574.

로 여기에 그리스도인이 정치적 영역에 참여해야 하는 이유가 있다. 그리스도인은 정의롭지 못한 사회 안에서 나쁜 현실에 대항하여 싸워야 하며 그 투쟁을 통해 하나님 나라는 실현되어 간다. 사회 안에서 하나님 나라는 "자연의 왕국" regnum naturea, "은혜의 왕국" regnum gratiae "영광의 왕국" regnum gloriae 이라는 변증법적 단계를 거쳐 완성되는 데, 하나님 나라 운동의 발전은 "하나님 안에서 그리고 하나님을 통한 세상의 창조, 구원, 완성"을 의미한다.[29]

첫째, 자연의 왕국은 하나님에 의해 창조된 사회를 의미하며, 이것은 두 가지 성격을 지니고 있다. 한편으로 하나님의 창조물로서 자연의 왕국은 긍정의 대상이다. 그러므로 그리스도인의 사회 도피는 정당하지 않다. 하지만 다른 한편으로 타락 이후 자연의 왕국은 하나님 나라의 가치를 따르지 않기에 대립의 관계에 있다. 그러므로 하나님 나라 운동은 자연의 왕국을 부정하며 혁명의 대상으로 바라본다. 하나님을 주인으로 인정하는 그리스도인은 주인을 잃은 자연의 왕국을 변혁하기 위해 노력해야 한다.[30]

둘째, 은혜의 왕국은 하나님 나라 운동이 진행되고 있는 사회, 즉 자연의 왕국을 변혁하기 위해 그리스도인이 노력하는 사회를 의미한다. 은혜의 왕국은 자연의 왕국을 부정하며 영광의 왕국이라는 궁극적인 목적을 향해 나아가고 있기에 자연의 왕국보다 더 나은 공간이며 하나님의 뜻이 실현되는 곳이다. 하지만 그 현실은 좀 나은 체제의 실현일 뿐 하나님 나라의 완성이 아니다. 바르트에 따르면, 종교 사회주의자들은 그들이 참여하고 있는 현실 사회가 영광의 왕국이 아니라 은혜의 왕국이라는 점에 주의를 기울이지 않았다. 그러므로 그리스도인은 이들이 그 문제를 인식하고 영속적인 혁명을 향해 나아가도록 도와야 한다.[31]

셋째, 영광의 왕국은 하나님 나라 운동의 목적으로서 사회를 의미한다. 영

29) Barth, "Der Christ in der Gesellschaft," 575–76.
30) Barth, "Der Christ in der Gesellschaft," 577, 584.
31) Barth, "Der Christ in der Gesellschaft," 592.

광의 나라는 "약간 다를 뿐 아니라 완전히 다른 나라이다." 하지만 영광의 나라는 형이상학적이거나 영적인 공간이 아니라 오히려 실현할 수 있는 현실이자 정치적인 공간이다. 단지 그 실현은 "전적 타자" totaliter aliter로서 하나님의 성육신이 가진 부활의 힘으로 가능하다.[32] 현실의 사회 정치적 모순을 비판하며 대안 체제라는 목표를 향해 계속해서 나아가는 사회 운동으로서 하나님 나라 개념은《로마서》주석 2판에서도 발견된다.[33]

IV. 고백교회 운동: 그리스도의 왕권통치론(Königsherrschaft-Christi-Lehre)

1. 바르멘 신학 선언서(1934년)

1933년 독일에서 나치가 권력을 잡은 이후 바르트는 세상으로부터의 도피와 이념에로의 종속이라는 양극단을 피하면서도 교회의 정치적 책임을 강조하기 위한 신학적 길을 찾고자 노력했다. 바르멘 신학 선언Die Barmer Theologische Erklärung, 1934년 5월 31일과 함께 시작된 고백교회Die Bekennende Kirche, BK 운동은 그 출발점이라 평가할 수 있다. 바르멘 신학 선언은 이후 바르트의 정치사상에서 중요한 역할을 하는 그리스도의 왕권통치론에 기초하였다. 고백교회 운동 기간에 하나님 나라와 정치 사이의 상관관계는 그리스도의 왕권통치론을 통해 나타나는 데 주로 전체주의국가에 대한 그리스도인의 적극적인 저항을 강조하기 위해 사용되었다. 나치 독일의 독재 체제를 지지했던 '독일 그리스도인' Die Deutschen Christen, DC 운동은 교회와 국가를 분리하여 국가를 교회의 상위에 둠으로써 전체주의국가의 권위를 절대화하려 하였다. 하지만 바르트는 이러한

32) Barth, "Der Christ in der Gesellschaft," 593-595; Friedrich-Wilhelm Marquardt, *Der Christ in der Gesellschaft: 1919-1979. Geschichte, Analysen und aktuelle Bedeutung von Karl Barths Tambacher Vortrag* (München: Chr. Kaiser Verlag, 1980), 74.

33) Karl Barth, *Der Römerbrief (Zweite Fassung) 1922* [= *Römerbrief 2*], eds. Cornelis van der Kooi & Katja Tolstaja, Karl Barth-Gesamtausgabe, Abt. II. Akademische Werke 1922 (Zürich: TVZ, 2010), 644.

정책이 하나님의 뜻에 반한다고 생각했다.[34]

그러므로 그리스도의 왕권통치론은 다음의 두 가지 전제에 기초해 있다. 첫째, 그리스도의 왕권통치 아래 교회와 국가는 연관성을 가진다. 왜냐하면, 교회와 국가는 존재 방식의 차이는 있을 수 있지만, 그리스도의 왕권통치라는 하나의 절대적 권위 아래에 있기 때문이다. 둘째, 그리스도의 왕권통치 아래서 국가의 권위는 상대적이다. 그러므로 전체주의국가가 하나님의 자리에 앉으려 할 때 교회는 그리스도의 왕권통치에 기초해 저항해야 한다. 이러한 생각은 바르멘 신학 선언에서 분명하게 나타난다.[35]

바르멘 신학 선언의 첫 번째 테제는 "복음주의 교회의 자연신학 문제에 관한 신앙고백에 따른 논쟁"을 다루며, 전체 테제가 계시신학 위에 기초해 있음을 강조한다.[36] 여기서 자연신학이란 자연적 근원에 기초해서 인간의 이성과 관찰을 통해 하나님에 대한 지식을 획득하려는 신학적 시도를 지칭한다.[37] 당시 DC는 자연신학의 논리를 사용하여 국가가 하나님의 창조 질서이기에 그리스도인도 모든 국가의 법에 무조건 순종해야 한다고 주장하였다.

바르멘 신학 선언의 두 번째 테제는 "그리스도의 포용성과 충만성 안에 있는 그리스도의 사역"을 다루며, 그리스도의 통치가 삶의 모든 영역에 간섭하고 있음을 강조한다. 이는 "마치 우리의 삶 가운데 우리가 예수 그리스도께 속한 것이 아니라 다른 주인에게 속한 영역"이 존재하는 것처럼 가르치는 DC의 주장을 비판하기 위한 것이다. 당시 DC는 내적인 것과 외적인 것, 세속적인 것과 영적인

34) Karl Barth, "Kurze Erläuterung der Barmer Theologischen Erklärung (Vortrag vor der Evangelischen Be-kenntnisgemeinschaft Bonn am 9. Juni 1934)," in *Texte zur Barmer Theologischen Erklärung mit einer Einleitung von Eberhard Jüngel und einem Editionsbericht hrsg. v. Martin Rohkrämer*, ed. Martin Rohkrämer (Zürich: TVZ, 1984), 12,

35) Barth, "Kurze Erläuterung der Barmer Theologischen Erklärung," 22.

36) Karl Barth, "Kurze Kommentierung des ersten Satzes der Theologischen Erklärung der Barmer Synode vom 31. Mai 1934 (Vortrag im Wintersemester 1937/38)," in *Texte zur Barmer Theologischen Erklärung*, 67.

37) Karl Barth, Karl Barth, *Nein! Antwort an Emil Brunner*, ThExh 14 (München: Chr. Kaiser, 1934), 55.

것을 분리한 채 '마음을 위해서는 죄 사함을, 삶을 위해서는 법을' 외치며, 서로 다른 두 질서를 강조했다. 이 경우, 종교적 의무들은 전적으로 사적인 영역으로 제한되고 공적인 영역에서 그리스도인의 삶은 신앙고백과 분리된다.[38]

바르트는 세 번째 테제를 통해 교회가 "혈연적인 형제는 아니지만 이제 서로 형제가 되게 하신 예수 그리스도" 안에서 "하나의 형제 공동체"임을 강조하였다. 나치 정권 아래서 DC는 교회가 세속적 질서의 영향을 받는다는 점만을 강조하며, 정치적 신념들에 따라 교회를 재구성해야 한다고 주장했다. 바르트에 따르면, 교회는 언제나 세속적 세계관들의 영향을 받지만, 세속적 신념들은 하나님의 계시가 될 수 없다.[39]

바르트는 네 번째 테제를 통해 모든 교회 내 직분들은 봉사라는 차원에서 이해되어야 한다고 강조하며 "교회 내 각각의 지배 양식"을 비판하였다.[40] 이는 교회의 직분을 이용하여 전체주의 정치체제에 적합한 지배구조를 교회에 정착시키려는 DC의 이데올로기에 대한 저항이다. 교회는 봉사를 넘어 지배 권한이 주어진 지도자들에게 무조건 복종해서는 안 되며 교회 내부에서든 외부에서든 어떤 경우에도 타인을 지배하기 위한 목적으로 교회의 사명을 이용해서는 안 된다. 그러므로 DC의 소위 히틀러의 '총통 전권 주의' Hitlers Führerprinzip는 교회 내에 적용할 수 없다.

바르멘 신학 선언의 다섯 번째 테제는 국가의 권력이 정의와 평화를 위한 것이며, 국가가 자신의 존재 이유를 충실히 수행할 때 교회가 자신의 사명을 제대로 감당할 수 있음을 강조한다. 교회는 국가가 정의와 평화를 위해 권력을 사용하고 있는지를 감시해야 하며, 그 역할을 잘 감당할 때만 권력의 정당성을 인정한다. 바르트는 다섯 번째 테제가 나치 시대 "당시 공식적으로 여겨지던 전체

---

38) Ernst Wolf, *Barmen: Kirche zwischen Versuchung und Gnade* (München: Chr. Kaiser, 1957), 37, 113-14.

39) Barth, "Kurze Erl uterung der Barmer Theologischen Erkl rung," 20.

40) Barth, "Kurze Erl uterung der Barmer Theologischen Erkl rung," 21; *Wolf*, *Barmen*, 132.

주의국가에 대한 가르침"을 거부하고 "적극적으로 '하나님의 나라, 하나님의 명령과 공의, 통치자와 피통치자의 책임'"을 일깨운다고 평가했다.[41] 여섯 번째 테제에서도 잘 나타나는 것처럼 교회는 국가와는 구별되는 분명한 사명을 가지며 자유롭게 하는 하나님 은혜의 전파와 "모든 민족에 대한 봉사"라는 사명은 국가를 위해서 남용될 수 없다.[42]

2. 정치적 예배와 《칭의와 법》

전체주의국가에 대한 저항은 '정치적 예배' Politischer Gottesdienst에서 더욱 강력한 방식으로 나타난다. 바르트는 1937년부터 1938년 사이에 영국 에버딘 Aberdeen 대학에서 1560년의 스코틀랜드 신앙고백서에 관해 다룬 20개의 〈기포드 강연〉Gifford-Lectures을 진행했다. 여기서 그는 세 가지 예배 양식 – 기독교적인 삶의 예배, 좁은 의미의 교회에서의 예배, 정치적 예배 을 제시한다. 기독교적인 삶의 예배는 일상에서 하나님의 말씀에 적합하게 살아가는 그리스도인의 삶에 예배의 의미를 부여하는 것이며, 교회의 예배는 교회 내에서 예전에 따라 드리는 예배를 뜻한다. 예배의 세 번째 양식으로서 정치적 예배는 "정치적 영역에서 외적인 법치, 외적인 평화 그리고 외적인 자유를 만들고 유지하는 일과 관계된 정치 세계에서의 예배"를 의미한다.[43]

정치적 예배는 두 가지 특징이 있다. 첫째, 그리스도의 왕권통치를 강조한다. 왜냐하면, 정치가 예배로서의 의미를 가지기 위해서는 그리스도가 교회의 주인일 뿐 아니라 교회와는 다른 방식으로 국가의 주인이어야 하며, 그리스도의 왕권통치 안에서 하나여야 하기 때문이다. 둘째, 국가 권위를 상대화한다.

41) Karl Barth, *Politische Entscheidung in der Einheit des Glaubens* (München: Chr. Kaiser, 1952), 3.

42) Barth, "Kurze Erläuterung der Barmer Theologischen Erklärung," 23.

43) Karl Barth, *Gotteserkenntnis und Gottesdienst nach reformatorischer Lehre: 20 Vorlesungen (Gifford-Lectures) über das Schottische Bekenntnis von 1560 gehalten an der Universität Aberdeen* (Zollikon: Verlag der Evangelischen Buchhandlung, 1938), 207.

왜냐하면, 정치적 예배는 국가와 권력자들이 법치, 평화 그리고 자유를 보호해야 할 의무가 있음을 강조하기에, 국가와 권력자들이 자신의 의무를 다하지 않을 때 이들의 "정당한 권위는 사라지게" 되기 때문이다.[44]

바르트는 스코틀랜드 신앙고백서 14조를 해석하면서 특별한 경우에 하나님으로부터 요구되는 정치권력에 대한 저항을 강조했는데, 이러한 저항은 "하나의 적극적 저항, 즉 상황들에 따라 폭력을 폭력으로 제압하는 것"을 포함한다. 물론 바르트는 하나님의 이름으로 자신과 반대되는 정치권력을 죄악시하거나 악마적인 것으로 여기는 교권주의적 욕망이 하나님의 뜻과 아무런 관련이 없음을 분명히 한다. 적극적 저항은 정치적 영역에서 억압받는 이들을 지키기 위해 독재정치의 비인간적인 폭력에 대한 반작용으로서의 폭력을 의미한다. 그럼에도 이러한 폭력은 "최후의 수단"ultima ratio이어야지 최초의 수단prima ratio일 수는 없다.[45]

정치적 예배의 개념은 1938년《칭의와 법》Rechtfertigung und Recht이라는 강의에서도 발견된다. 여기서 바르트는 신적인 칭의의 선포가 가지는 정치적 의미를 고찰하는데, 그는 정치적 예배를 "신적인 칭의로 인해 인간의 법을 인정하고 후원하고 지키고 확대하는 것이 핵심인 예배"의 양식으로 규정하고 있다. 그러므로 정치적 예배는 "교회와 법치국가 사이의 긍정적인 상관관계"를, "교회와 전체주의국가 사이의 대립 관계"를 강조하는데, 이것은 결국 국가에 대한 교회의 책임, 즉 "교회의 예언자적 파수꾼 직무"를 강조하기 위한 것이다.[46]

파수꾼의 직무는 국가 권위를 상대화한다. 바르트에 따르면, 교회는 요한계시록 21장 2절의 새 예루살렘의 실제성을 기반으로 모든 세상의 국가들을 상대화해야 하며 국가 권력의 남용을 막기 위해 국가 권력을 감시하는 비판적인 반

---

44) Barth, *Gotteserkenntnis und Gottesdienst nach reformatorischer Lehre*, , 205–09,

45) Barth, *Gotteserkenntnis und Gottesdienst nach reformatorischer Lehre*, 213–15.

46) Karl Barth, *Rechtfertigung und Recht/Christengemeinde und Bürgergemeinde* (Zürich: EVZ, 1970), 5, 10.

대자의 역할을 해야 한다. 착한 이들에게 보상을, 악한 자들에게 심판을 내리는 국가에 대해 교회는 복종해야 할 의무가 있지만, 악한 자들에게 보상을, 착한 이들을 심판을 내리는 국가에 대해 교회는 저항해야 할 의무가 있다. 이러한 교회와 국가의 상관관계는 다음의 명제로 정리된다: "신적인 칭의가 법적인 연속체인 것처럼 교회 또한 이와 같이 정치적 연속체이다."[47]

V. 민주주의 체제와 《그리스도인 공동체와 시민공동체》

바르트는 제2차 세계대전이 끝난 직후부터 기독론 중심의 민주주의 국가이론에 집중하였는데, 1946년 논문 《그리스도인 공동체와 시민공동체》Christengemeinde und Bürgergemeinde는 그 대표적인 예라 할 수 있다. 여기서 그리스도인 공동체는 교회를, 시민공동체는 국가를 의미하는데, 바르트는 양자 사이의 밀접한 상관관계를 드러내기 "공동체"Gemeinde라는 용어를 의도적으로 사용했다. 교회는 민주주의 체제와 "긍정적인 관계"를 가진다. 왜냐하면, 모든 인간은 어떤 형태로든 "보다 상위의 권위와 폭력에 의해 보호받는 외적이고 상대적이며 일시적인 법질서 아래에 있는 공권력"이 필요하기 때문이다.[48]

법치국가로서 시민공동체는 인간의 법을 바르게 세우고 자유와 평화, 인권을 보호함으로써 하나님의 섭리와 구원의 계획에 참여한다. 이는 시민공동체가 "교회 외부에 존재할지언정 예수 그리스도의 통치 영역 내부에서 그의 통치를 대표하는 하나의 존재"이기 때문이다.[49] '교회 밖에 있지만, 그리스도의 왕권통치 안에 있는 국가' 라는 도식은 그리스도인 공동체가 복음을 전하고 하나님의 나라를 선포하는 일차적 임무뿐 아니라 시민공동체가 자신의 임무를 완성

47) Barth, *Rechtfertigung und Recht/Christengemeinde und Bürgergemeinde*, 26-7, 38-9, 41.

48) Barth, *Rechtfertigung und Recht/Christengemeinde und Bürgergemeinde*, 52-3.

49) Barth, *Rechtfertigung und Recht/Christengemeinde und Bürgergemeinde*, 55.

하도록 참여해야 하는 임무를 가지고 있음을 상기시킨다. 단지 그리스도인은 하나의 정치적 이념을 가질 수 있지만, 그 이념을 맹신하거나 무조건 추종해서는 안 된다.50

물론 이것은 정치적 회의주의를 주장하는 것이 아니다. 바르트에 따르면, "정치적 영역에서 실현되어야 하는 기독교의 결정과 관련하여 어떠한 사상도, 체계도, 프로그램도 존재하지 않지만, 모든 상황 속에서 인식하고 고수해야 하는 방향과 노선Richtung und Linie"은 존재한다. 이것은 자유주의적 국가이론과 교권주의적 종교이론, 무정부주의와 분명하게 구별되며 사회적 약자와 정치적으로 억압받는 자들을 지향하고 자본주의사회의 구조적 모순을 극복하기 위해 나아간다.51

당시 바르트는 독일 기민연CDU 창설 움직임에 비판적인 입장을 표하며, 정치영역에서 그리스도인의 익명성을 강조했다. "정치적 영역에서 그리스도인들은 오직 익명anonym으로만 기독교적일 수 있다." 이 익명성Anonymität은 교회가 이해관계에 집착해서 정치적 영역에서 전투를 수행할 때 깨어지며, 그것은 그리스도인에게 부끄러운 일이다. 익명성에 대한 강조는 정치영역에서 '그리스도인임을 밝혔느냐?' 혹은 '기독교 정당임을 내세웠느냐?' 의해 기독교적 가치가 실현되는 것이 아니라는 의미이다. 기독교적 가치는 그리스도인이 자신이 속한 정치 집단과 영역에서 그 가치에 따른 실천을 통해 실현되는 것이다. 그러므로 교회는 그리스도인 공동체 내에서 정치에 관해 설교하거나 시민공동체 내의 문제점을 지적함으로써 왜곡된 구조가 정착되지 못하도록 긴장을 유발하기 위해 노력해야 할 뿐 아니라 시민공동체에 그 가치를 실천하는 "정치적 인간"politische Menschen을 제공하기 위해 노력해야 한다.52

---

50) Barth, *Rechtfertigung und Recht/Christengemeinde und Bürgergemeinde*, 57-60.
51) *Barth*, *Rechtfertigung und Recht/Christengemeinde und Bürgergemeinde*, 62.
52) Barth, *Rechtfertigung und Recht/Christengemeinde und Bürgergemeinde*, 78-81.

물론 교회와 민주주의 사이의 밀접한 연관성에도 불구하고 이 시기에 바르트가 꿈꾸었던 민주주의에 관한 구체적인 그림은 부족한 자료로 인해 충분히 파악하기 어렵다. 하지만 여전히 그는 민주주의 체제에 부정적인 영향을 미치는 후기 자본주의의 모순을 비판하였고 교회가 이러한 모순의 "대적자" Widersacher로서 왜곡된 자본의 가치에 물들어서는 안 된다고 강조하였다.[53]

VI. 나가는 말

바르트의 정치신학은 격동의 시대에서 발생하는 현실의 문제를 해결하기 위한 정치적 행위를 신학적 관점에서 바라보면서 형성되었다. 바르트가 강조했던 하나님 나라는 현실을 외면하는 형이상학적 관념의 체계도 굳이 실현되지 않아도 아무런 문제가 없는 미래의 이야기도 아니다. 바르트의 사상에서 하나님 나라는 희망의 종말론에 기초해 현실을 변혁해 나가는 사회적 운동이다. 그 운동은 현실 사회의 모순과 대립하기에 이를 비판하며 대안 체제를 지향한다.

물론 바르트의 하나님 나라 운동에 대한 이해는 시대적 변화와 함께 계속해서 변화하였다. 자펜빌 시기의 사회적 모순들은 자본주의 체제와 연관되어 있었기에 당시 바르트는 자본주의와 대립적 관계에 있다고 여겼던 사회주의 운동에 집중하였다. 하나님 나라와 사회주의의 밀접한 연관성에 대한 강조는 자본주의의 대안 체제로서 사회주의 이론에 대한 긍정적인 평가가 전제되어 있다. 하지만 바르트는 사회주의 이념에 경도되지 않았다. 그는 사회주의가 그 노선과 방향을 상실하지 않았을 때 하나님 나라 운동으로서 인정하였지만, 현실 사회 체제로서 모순을 드러냈을 때 신랄하게 비판하였다.

변증법적 신학 시기에 바르트는 일반 사회 운동과 구별되는 하나님 나라의

---

53) Karl Barth, *Das christliche Leben. Die Kirchliche Dogmatik IV/4, Fragmente aus dem Nachla Vorlesungen 1959 1961*, Karl Barth-Gesamtausgabe, Abt. II. Akademische Werke 1959 1961, ed. Hans-Anton Drewes&Eberhard Jüngel (Z rich: TVZ, 1976), 363, 374-76.

독특한 성격을 강조했는데, 하나님의 운동으로서 하나님 나라와 생명의 운동으로서 하나님 나라가 중요한 특징이었다. 물론 이 시기에도 하나님 나라는 여전히 가난한 자들로 대표되는 사회적 약자들과 정치적으로 억압받는 이들을 '위한' 그리고 '의한' 운동이며, 현실의 사회 정치적 모순을 비판하며 대안 체제를 향해 나아가는 사회 운동으로서 성격을 가지고 있었다. 하지만 바르트는 하나님 나라 운동의 기원과 본질적 주체라는 측면에서 차이점에 더 집중하였다.

고백교회 운동 시기에 하나님의 나라는 그리스도의 왕권통치론으로 나타난다. 그리스도의 왕권통치 아래서 교회와 국가는 밀접한 연관성을 가지며, 그 왕권통치의 절대적 권위 앞에서 국가의 권위는 상대적이다. 그리스도의 왕권통치론은 이후 교회와 민주주의 체제 사이의 긍정적 관계, 교회와 전체주의국가 사이의 부정적인 관계를 통해 좀 더 구체적으로 나타난다. 제2차 세계대전 이후 바르트는 전자를 중심으로 민주주의 체제 안에서 교회의 정치적 책임을 강조하였다. 하지만 그의 신학에서는 여전히 후기 자본주의사회의 모순에 관한 비판적 견해를 발견할 수 있다.

오늘날 그리스도인은 바르트 신학 속 하나님 나라와 정치 사이 상관관계를 통해 정치적 현실을 인정하며 그 현실의 문제를 해결하기 위해 대안적 미래를 지향해야 함을 깨달을 수 있다. 이러한 인식의 전환은 교회가 사회적 현실을 변화시키는 인간의 행위로서 정치를 회복하는데 나서도록 이끈다. 현실의 사회적 모순과 부조리를 외면하면서 그 속에서 이익이나 이해관계에 집착하는 행태는 하나님 나라와는 아무런 관계가 없다.

교회, 사회 정치적 실재로서 대안 공동체

존 요더의 교회론을 중심으로

김 기 현

침례신학대학교/종교철학 및 윤리

I. 여는 말 : 교회가 문제이다

"교회는 세상이 아니다." 반기초주의 신학자, 제임스 맥클랜던James Wm. McClendon, Jr.은 이 테제가 오늘날 교회가 수행해야 할 신학적 전투의 슬로건이라고 말한다.[1] 교회는 교회이고, 세상이 아님에도 불구하고 교회 안에 세상이 자리를 차지한 지 오래다. 아니 교회가 세상이 되었다. 이 마당에 교회가 세상 변혁 운운하는 것조차 우습다. 나는 맥클랜던의 이 테제는 존 요더의 탈콘스탄틴적 신학의 영향력 아래에서 나온 말이라고 본다. 그리스도의 전일적 통치가 아니라 그리스도와 콘스탄틴이 혼합된 교회를 향한 한 신학자의 가슴 아픈 일갈인 것이다.

우리는 더는 콘스탄틴적 세계에 살고 있지 않다.[2] 기독교가 세상을 지배하고 움직였던 것은 돌이킬 수도, 돌아갈 수도 없는 옛일이 되었다. 다리는 끊어

1) James Wm. McClendon, Jr., *Ethics: Systematic Theology I* (Nashville, TN.: Abingdon Press, 1986), 17.

2) John H. Yoder, *The Royal Priesthood*. ed. by Michael G. Cartwright (Scottdale, PA.: Herald Press, 1998), 55.

진 지 오래다. 이를 기정사실로 받아들이는 데서 신학은 출발해야 한다는 것이 맥클랜던의 주장이고, 이것을 자신의 신학, 뼈마디에 깊이 아로새긴 이가 존 요더이다. 이는 또한 우리 한국 교회의 개혁과 갱신의 슬로건이라 하겠다.

그리하여 종말론이 콘스탄틴주의 비판에 치중했다면 교회론은 더욱 긍정적인 메시지를 전달한다. 하나님의 주되심을 회복해야 할 일차적인 자리locus와 사명은 교회에 있다. 그리스도의 온전한 통치에 대한 응답은 교회의 몫이다. 그 통치에 합당한 방식으로 반응해야 한다. 종말론이 교회가 무엇이 아니다, 라는 것이 초점이었다면, 교회론은 교회가 이것이다, 는 것에 방점이 있다.

요더의 신학에서 기독론의 비중은 강력하다. 많은 학자가 기독론을 신학의 핵심으로 삼고 있다. 요더 또한 이 점에서 다르지 않다. 그의 탁월성은 기독론을 철저히 교회론에 적용한 것이라 하겠다. 그의 주저, 『예수의 정치학』 1장에서 지난 2천 년 동안의 신학의 역사에서 신학자들이 기독론을 그리스도인의 실천은 약화되고, 그 빈 자리를 자연 신학을 대체하였음을 탁월하게 폭로하였던 것을 감안하면, 그는 여전히 기독론적인 윤리학자임이 틀림없다.

그런데도 우리는 요더의 신학적 틀에서 교회론은 핵심적 위치를 차지한다고 말해야 한다. 즉, 그에게 "교회론은 많은 교리 중 하나일 뿐만 아니라 기독교 공동체의 윤리적 지향과 과제를 직접적으로 관련된 중추적인 가르침이다."[3] 그의 신학과 윤리에서 가장 도드라지는 점은 그리스도 중심주의 보다는 교회 중심주의이다. 이를 좀 더 정확하게 말하면, 그는 그리스도의 주되심을 교회론에도 철저하다 못해 급진적으로 관철한다.

Ⅱ. 교회, 국가 교회에 대항하는 자유 교회

3) Won Ha Shin, "Two Models of Social Transformation : A Comparative Analysis of Political Ethics of John H. Yoder and Richard J. Mouw," (Unpublished Ph. D. diss. Boston University, 1998), 54.

요더의 교회론을 파악하기 전에 '자유교회' Free Church 혹은 '신자의 교회' Believers' Church에 대한 이해가 선행되어야 한다. 요더는 메노나이트인 자신의 정체성을 교회론에도 반영한다. 모든 교회가 예수의 주되심에 신실해야 한다는 고백은 비단 메노나이트 공동체의 유산만은 아니며 교파를 초월한 모든 교회의 모습이다. 그럼에도 그의 교회론은 신자의 교회 전통을 충실히 따르고 있다.

그리고 논의를 더 전개하기 전에, 사용되는 용어를 정리할 필요가 있다. 자유교회는 신자의 교회로도 불린다. 통상적으로 두 개념은 상호교환이 가능하다. 자유교회가 곧 신자의 교회이다. 도날드 던바우Donald Durnbaugh는 자유 교회보다는 신자의 교회라는 용어를 선호한다.[4] 영국에서 자유교회는 모든 비국교도를 아우르고 있어서 장로교 등도 포함되기 때문이다. 반면 신자의 교회는 신자의 자발성, 국가로부터 제도적 지원을 받지 않는다는 점에서 더 적절하다고 본다.

나는 두 가지 이유에서 자유 교회라는 용어를 사용할까 한다. 하나는 자유교회가 요더의 탈/반 콘스탄틴적 신학을 잘 반영하고, 다른 하나는 내적으로는 신자의 자유, 외적으로는 국가로부터의 자유라는 신자의 교회 이념을 무난하게 담아내기 때문이다.[5] 그리고 반 콘스탄틴적 요소를 부각하는 요더의 의도와도 부합한다. 그는 신자의 자발성 강조나 국가로부터의 도움을 거절하는 것, 회중의 교제와 위계질서의 거부, 자유의 극대화는 반anti 콘스탄틴적이라고 말한다.[6] 다음 문장은 결정적이다. "참된 교회는 자유 교회이다."[7]

자유 교회는 이중적 의미를 지닌다. 하나는 국가 교회State Church가 아니라는

4) Donald F. Durnbaugh, *The Believers' Church: The History and Character of Radical Protestantism* (London: The Macmillan Company, 1968), 3-33.

5) 요더 자신은 두 용어를 모두 사용하고 있으며, 개인적으로 "형제"(brethren)가 가장 적절한 단어라고 말한다. John H. Yoder, The Royal Priesthood, 279.

6) John H. Yoder, *The Royal Priesthood*, 247-48.

7) John H. Yoder, *The Royal Priesthood*, 64.

것이고, 다른 하나는 교회는 자유롭고, 자유로워야 한다는 뜻이다. 전자가 제도와 형식적 측면이라면, 후자는 정신과 내용적 측면을 강조한다. 자유 교회는 국가나 지방 정부로부터 제도적, 물질적 후원을 받지 않으며 교회가 국가의 정치적 활동을 종교의 이름으로 정당화하지 않는다.

요더는 자유교회가 완성된 교회라고 주장하지 않는다. 반종교개혁인 가톨릭이나 관료적 종교개혁에 대한 제3의 대안임이 틀림없지만, 자유교회는 여전히 불완전하다. 가톨릭 보다 교회 공동체에 권위를 부여할 수 있고, 오순절보다 더 성령을 신뢰할 수 있고, 인본주의보다 개인을 더 존중할 수 있고, 청교도보다 더 도덕적 기준에 얽매일 수 있다.[8]

여기서 우리는 두 가지를 확인할 수 있다. 요더가 속한 메노나이트나 아미시, 후터라이트 등의 교회라고 문제가 없지 않다. 요더는 교회 공동체가 내부의 잘못을 저지른 이를 용서하는 과정을 다룬 마태복음의 가르침을 다루면서 이 발언을 했다. 그러니까 교회는 교회 내부와 신자 개인의 죄뿐 아니라 교회 자신의 죄에 대해서도 엄격함과 사랑을 가지고 대처하라고 주문한다.

다른 하나는 자유 교회를 미완의 교회로 파악하는 것은 "교회는 항상 개혁되어야 한다" ecclesia semper reformanda는 개혁파의 교회 인식과 맥을 같이한다는 점이다. 요더는 칼 바르트가 자신에게 미친 영향력을 회고하면서 다음과 같이 말한다. "자유 교회의 입장은 본질적으로 미완이다."[9] 칼 바르트의 신학과 그의 「교회 교의학」이 미완성 작품으로 남아 있다는 데서 얻은 영감이다. 교회의 자유는 모든 교회의 것이기에 자유 교회의 소유권을 주장할 수 없을뿐더러, 언제까지나 추구하지 않으면 안 된다.

위의 것이 교회와 국가 간의 제도적이고 형식적인 차원에서의 자유를 말하

---

8) John H. Yoder, *The Royal Priesthood*, 325.

9) John H. Yoder and Mark T. Nation, *Karl Barth and the Problem of War and Other Essays on Barth* (Eugene, OR.: Cascade Books, 2003), 174.

는 듯이 보인다. 실제로는 실천과 내용 면에서의 독자적인 자유를 강조한다. 특히 우리나라에서 교회와 국가의 관계는 법적으로, 제도적으로는 상호 독립적이고 상당히 확립되어 있다고 봐야 한다. 문제는 이념의 차원이다.

요더는 콘스탄틴주의가 역사와 시대에 따라 변주되었다는 점을 지적한 바 있다. 예컨대, 기독교 신앙과 미국을 기독교적 국가임을 당연시하는 것은 네오-네오-콘스탄틴주의neo-neo-Constantinianism이라면, 동유럽에서 사회주의 이념과 기독교를 동일시하는 것은 네오-네오-네오-콘스탄틴주의neo-neo-neo-Constantinianism이다.[10] 우리는 요더가 'neo'를 몇 번이나 붙였는가가 아니라 그것이 외적으로는 어떻게 드러나든지 상관 없이 결국은 콘스탄틴주의라는 점을 주목해야 한다.

한국에서는 마치 기독교적 입장이거나 성경적 관점인 것처럼 맹목적으로 정당이나 진영을 지지하는 것이 한국형 콘스탄틴주의일 것이다. 이는 특정 이슈나 상황에 기반한 특정 정당, 지도자 또는 이념을 지지하는 것을 완전히 거부해야 한다는 의미는 아니다.

둘 사이의 관계를 체계적으로 설명할 수 있든 없든, 개인의 정치적 신념과 기독교 신앙 사이에는 어느 정도 연속성이 있다. 그러나 특정 정당이나 이념을 기독교적 정치적 이해와 실천으로 축소하는 것은 자유교회의 정신에 어긋난다. 교회는 어느 특정 국가나 정당의 포로가 되어서는 안 되며, 시대정신이나 이념에 포획되어서도 안 된다. 이 진실을 기억나게 하는 공동체가 교회이며, 특별히 국가교회와 구별되는 자유교회의 사명일 것이다.

---

10) John H. Yoder, *The Priestly Kingdom: Social Ethics as Gospel* (Notre Dame, IN.: University of Notre Dame Press, 1985), 141-43.

III. 교회, 주변부이자 마이너리티

요더의 자유 교회의 성경적 근거이자 기원은 디아스포라 유대교이다.[11] 요더의 교회론을 파악하기 위해서는 한편으로 그가 속한 아나뱁티스트의 교회론을 파악해야 함은 물론, 다른 한편으로 구약, 특히 바벨론 포로기와 디아스포라 유대교의 전통을 이해해야 한다. 구약 백성들의 유배지 경험이 시사하는 바를 통해 요더는 잊힌 기억을 복원하고, 새로운 신학적 상상력을 발휘해서 기존의 콘스탄틴적 교회를 비판하는 지렛대를 확보하고 대안을 제시한다.

디아스포라는 흩어지다는 뜻으로 이산離散을 말한다. 이스라엘은 남유다 왕국의 멸망으로 바벨론 등지로 포로로 끌려갔다. 그들은 자신들이 살던 땅에서 타의에 의해서 강제로 축출되어 유배지 생활을 하게 되었다. 이것은 한편으로 하나님의 징벌이다. 당신의 백성으로 부르신 하나님의 뜻을 어긴 이스라엘을 하나님이 징계한 결과이다. 그랬기에 그들은 바벨론 땅, 낯선 땅에서 시온의 노래 부르기를 거절하였다.

그러나 유배는 하나님의 뜻이자 축복이기도 하다. 새로운 하나님, 새로운 사명을 발견하는 기회가 되었기 때문이다. "예레미야가 그의 시대에 전한 메시지에 따르면, 차라리 이산은 유대인 신앙 공동체의 소명일 것이다."[12] 하나님이 친히 내린 징벌이라면, 그리고 하나님이 선한 분이라는 것을 믿는다면, 그 징벌 또한 선한 하나님의 선한 계획 속에서 이루어진 일이라는 것을 수용하게 된 것이다.

---

11) John H. Yoder, *The Jewish-Christian Schism* Revisited. eds. by Michael G. Carttwright & Peter Ochs (Grand Rapids, MI.: Eerdmans, 2003); Duane K. Friesen, "Yoder and the Jews: Cosmopolitan Homelessness as Ecclesial Model," ed. by Ben C. Ollenburger & Gayle Koontz in *A Mind Patient and Untamed* (Telford, PA.: Cascadia Publishing House, 2004), 145. 유배지에서의 교회론과 관련해서는 다음을 보라. 마이클 프로스트, 『위험한 교회』, 이대헌 옮김 (서울: SFC, 2009)과 마이클 프로스트 앨런 허쉬, 『새로운 교회가 온다』, 지성근 옮김 (서울: IVP, 2009)

12) John H. Yoder, *For the Nations* (Eugene, OR.: Wipf and Stock Publishers, 1997), 52.

물론 유배는 고통스러운 경험이었다. 자신들을 버린 하나님을 어찌 노래할 수 있을까. 한 사회에서 지배자요 안정된 삶을 누리던 그들이 이질적인 환경에 내동댕이쳐졌다. 그러나 거짓 환상도 동시에 내던졌다. 솔로몬 성전만이 하나님의 집이라는, 그리고 그곳으로 속히 귀환할 것이라는 믿음은 헛된 것으로 드러났다.[13] 저주스러운 유배지도 기실 하나님이 창조하신 곳이고, 그분이 역사하는 곳이자 친히 주인이신 땅이다.

또한 유배는 자신들의 정체성을 재확인해 준다는 점에서 새롭고 낯선 기회요 축복이다. 그들은 그 사회에서 이방인일 수밖에 없으며, 마이너리티의 지위를 감수해야 했다. 이를 좀 더 확장하면 디아스포라들은 한 사회를 지배할 수 없다는 데 이른다. 이런 점에 착안하여 요더는 자유 교회의 성경적, 역사적 기원을 디아스포라에서 찾았다.

듀안 프리센Duane Friesen은 교회와 디아스포라, 양자의 공통점을 다섯 가지로 정리하였다.[14] 사회를 지배하지 않는다는 역사에 대한 시선, 주류집단과의 평화를 추구하는 평화적 내러티브, 탈콘스탄틴적인 윤리적 사유 방식, 일반 사회에 대한 선교의 논리, 마지막으로 성경을 중심으로 모인 공동체의 탈중심적 권위이다. 프리센은 이들이 지닌 과제를 둘로 압축한다. 주류와 다수 집단 속에서 소수 혹은 유배자로서의 독특한 정체성을 유지하는 것, 그러면서도 그 사회로부터 물러나지 않고 더 크고 넓은 사회에서 하나님의 보편성을 재확인하는 것이다.[15]

이는 비단 구약의 일부, 곧 포로기 문헌에만 한정되지 않는다. 요더는 창세기의 족장들, 아브라함, 이삭, 야곱, 요셉은 그들이 살던 곳에서 소수였으며, 지배와 정복이 아닌 구별된 삶을 살았던 점을 환기한다. 그리고 신약의 교회 또

---

13) John H. Yoder, *For the Nations*, 65.
14) Duane K. Friesen, "Yoder and the Jews," 146-51.
15) Duane K. Friesen, "Yoder and the Jews," 145-46.

한 마이너리티였다. 톰 라이트는 줄기차게 예수님 당시의 1세기의 유대인들은 자신들이 아직도 유배지에서 살고 있다는 인식을 공유하고 있었기에 메시아를 대망했다고 주장한다.16 예수 자신뿐만 아니라 초대교회도 자신을 나그네요 순례자로 인식하고 있었던 점을 비추어 보면, 요더의 주장은 신약 위에 굳건하게 서 있다. 콘스탄틴의 전환이 있기 전까지 교회는 일관되게 소수자였다.

> 이전에, 그리스도인은 마이너리티이었고일부 학자들은 제국의 인구 중 10%도 채 되지 못한다고 평가한다 간헐적인 박해는 그들의 충성을 값싼 것으로 만들지 못하도록 작용하였다. 적어도 일종의 확신이 그들에게는 있었던 것이다. 콘스탄틴 이후에 교회는 모든 사람이 되었다. "그리스도인"으로 불린다는 것은 지배자를 의미한다. 예외가 아니었다.17

그러므로 그리스인이 된다는 것은 소수가 되는 길이고, 그 운명을 스스로 걸머지기를 결단하는 선택이다. 콘스탄틴주의를 수용하면서 교회는 다수가 되었고, 다수에 걸맞은 책임을 요구받게 되었다. 그 결과, 예언자적 비판의 목소리는 사라지고, 평화주의를 버리고 전쟁을 옹호하고, 교회의 교회다움을 상실하고 말았다.

그렇다면 소수로서의 교회의 사명은 무엇인가? 프리센은 두 가지 차원이 있다고 말한다.18 하나는 주류 내에서 그들과 구별되는 독특한 정체성을 지닌 소수로 살아남는 것과 코스모폴리탄적 비전과 미션의 발견과 수행이다. 주류를 닮으면 주류를 변화시킬 수 없다. 세상의 본질과 삶의 양식과는 뚜렷이 구별되는 대안적 삶의 공동체를 창조해야 한다.

---

16) 톰 라이트, 『예수와 하나님의 승리』, 박문재 옮김 (파주: 크리스챤다이제스트, 2004) 그리고 제임스 D. G. 던의 책을 보라. 『예수님에 관한 새 관점』, 신현우 옮김 (서울: CLC, 2010), 69-93.

17) John H. Yoder, *The Priestly Kingdom*, 135-36.

18) Duane K. Friesen, "Yoder and the Jews," 145.

다른 하나는 범세계적 비전의 발견이다. 하나님의 주되심은 협소한 신자 개인의 내면이나 교회 공동체 내부에 결코 갇히지도 않으며 가둘 수도 없다. 하나님의 전쟁을 민족과 국가적 이익을 보호하는 저급한 이데올로기로 전락시키는 교회의 민족주의, 국가주의, 인종주의는 하나님의 하나님다우심을 제대로 선포할 수 없다. 하나님과 교회는 특정 민족이나 국가에 제한받지 않는 보편성공교회성, catholicity이 있어야 한다.[19]

교회가 자신의 정체성을 세상에서의 소수로 인식하는 것은 창조성의 원동력이다.[20] 틀에 박힌 일상과 정상의 삶을 사는 이들은 어찌하든지 그 체제와 질서를 고수하려고 애를 쓴다. 반면 소수자는 기존의 질서를 정상적인 것으로 수용하지 않을뿐더러 더 나아가 그것과 다른 방식의 길을 살아내거나 때로는 전복하고 뒤집고자 노력한다. 신영복의 말마따나, 중심부는 자기중심적 논리로 다른 모든 것을 포섭한다. 그러기에 변화의 키워드는 변방성邊方性이라고 단언한다. 그는 "변방과 마이너리티가 변화의 공간이라는 사실"을 우리에게 주지시킨다.[21]

허나, 교회론을 유배지의 유대인, 넓은 사회 속의 소수자 전통에 위치시키는 것은 위험이 없지 않다. 아니나 다를까 제임스 라이머James Reimer는 요더의 유배지 교회론이 보편성과 통일성을 상실할 수 있다고 비판한다.[22] 즉, 유배의 문화와 삶이 일상이 되고 정상이 된다면, 교회 공동체가 필시 소수가 되어야 한다면, 외부의 공동체에 하나님이 어떻게 활동하는지, 하나님이 역사하는지조차도 불명확해진다는 것이다. 그리하여 "만약 유배와 디아스포라가 규범이라

---

19) John H. Yoder, "Exodus and Exile: The Two Faces of Liberation," *CROSS CURRENTS* (Fall, 1973): 306

20) 존 하워드 요더, 『근원적 혁명』, 김기현 전남식 옮김 (대전: 대장간, 2011), 171-74.

21) 신영복, 「여럿이 함께 숲으로 가는 길」 (서울: 서울대학교출판문화원, 2010), 59-64.

22) James Reimer, "Theological Orthodoxy and Jewish Christianity: A Personal Tribute to John Howard Yoder," *The Wisdom of Cross* (Grand Rapids, MI.: Eerdmans, 1999), 447.

면, 통일된 비전은 어떻게 가능한가?" 라고 묻는다.[23]

그러나 라이머의 비판은 요더의 논점을 빗나갔고 논의를 오해했다. 바로 위에서 유배의 경험은 재앙이지만 축복이라고 말한 바 있다. 그들은 자신들이 겪은 재앙을 전 세계를 향하신 하나님의 뜻과 자신들의 사명을 재발견하는 기회로 삼았다. 요더는 두 가지 근거를 제시한다. 사도행전에 나타난 바울의 선교와 바벨탑의 언어 혼잡이다.[24] 사도행전에는 그리스도인을 흩어버리는데 그것은 이방인 선교로 나타난다. 또한 언어의 혼잡은 제국주의적 언어 일치 정책여기서 우리는 일본제국주의의 한글 말살 정책을 떠올릴 수 있겠다에 대항하는 하나님의 의도가 숨어 있다. 교회는 소수인 자신을 위한 교회가 아니라 다수를 위한 소수의 공동체이다.

위에서 보았듯이, 요더는 세상에서의 교회와 신자의 현존을 마이너리티로 규정한다. 이는 교회가 사회의 주류 혹은 다수majority로의 인식과 책임지는 행위를 하지 말라는 뜻이다. 국가의 이익과 교회의 이해 관계가 일치하게 되면, 교회는 자연스레 예언자적 입장을 포기하고, 잘못된 지배 체제를 수호하는 이데올로기로 변질하고 만다. 그 대표적인 것이 전쟁이다.[25] 2천년 교회사에서 정당하지 않은 전쟁이 없었고, 모든 전쟁이 정당한 전쟁으로 합리화되었던 것이 좋은 예라 하겠다. 오히려 교회는 국가에 대해서 비판적 거리를 확보하고, 약자와 빈자의 목소리를 대변하는 공동체가 되어야 할 것이다.

Ⅳ. 교회, 종말을 미리 맛보는 공동체

---

23) 바벨론 포로 생활이 초래한 위기 속에서 이스라엘이 중심의 해체와 통일에 대한 비전을 가지게 되었는지를 세계관과 내러티브적 관점으로 접근한 역작을 소개한다. 브라이언 왈쉬 리차드 미들톤, 『포스트모던 시대의 기독교 세계관』, 김기현 신광은 옮김 (서울: 살림, 2007)

24) John H. Yoder, "Meaning After Babble," *Journal of Religious Ethics* 24:1 (1996): 127

25) 이에 관해서는 다음을 보라. 김기현, "폭력과 전쟁을 넘어 평화주의로 : 존 요더의 평화주의." 「신학과 사회」 34:3 (2020): 95-127.

예수의 주되심에 입각한 요더의 교회론에는 세 가지 측면이 있다. 교회는 정치적이고, 종말론적이며, 대안 공동체이다.[26] 이 세 가지는 유기적으로 연결되어 있지만 종말론을 중심으로 이어져 있다. 종말론적이기에 현실에 대한 급진적인 비판을 함축하고, 그렇기 때문에 종말론은 정치적 성격을 띠고, 다른 한편으로 현실에 대한 철저한 비판으로서의 종말론은 세상에 대한 대안 공동체를 구현한다. 예수가 홀로 주님이라면, 그것은 정치적 영역도 예외일 수 없고, 그분을 주인으로 모시는 공동체는 그렇지 않은 이들과의 삶의 양식이 같을 리 없다.

교회의 정치성과 대안 공동체됨은 종말론에 근거한다. 현시대는 옛 시대와 새 시대의 긴장과 충돌로 정의할 수 있다. 도래하는 하나님 나라의 새 질서와 끝내 물러가기를 거부하고 반역하는 옛 질서 사이에 우리는 살고 있다.[27] 교회는 이미 세상 한복판에 임재해 있는 하나님 나라를 경험하는 곳인 동시에 그들이 모인 공동체이다. 그런 점에서 교회는 하나님 나라를 미리 맛보는 시식 코너이다. 이 땅에서 볼 수 있는 하나님 나라의 모델 하우스이다.

기독론과 관련해서 종말론이 '누가 하나님 나라의 통치를 이 땅에 실현하는가?' 라는 물음에 대한 대답으로서 그리스도 대vs. 콘스탄틴의 구도로 전개된다면, 요더는 교회론에서 종말론은 하나님 나라의 가시적 실체에 집중한다. 교회는 궁극적으로 완성될 하나님 나라를 가시화한 공동체, 즉 시식 코너요 모델하우스이다. 그러므로 예수를 통하지 않고서는 하나님을 볼 수 없고, 성경을 통하지 않고서는 그분의 아들 예수를 알 수 없고, 교회를 통하지 않고서는 하나님 나라를 맛볼 수 없다.

가시적인 하나님 나라의 실재이자 공동체가 되라는 부르심은 종말론에 기

---

26) Won Ha Shin, "Two Models of Social Transformation: A Comparative Analysis of Political Ethics of John H. Yoder and Richard J. Mouw," 55.

27) 존 하워드 요더, 『국가에 대한 기독교의 증언』, 김기현 옮김 (대전: 대장간, 2012), 26.

초한다.[28] 예수가 광야에서 겪었던 세 가지 유혹도 기실 하나님 나라 도래의 가시적 표지가 무엇인가를 두고 벌인 사탄과의 한판 싸움이었다. 권력과 폭력과 무력을 동원해서 세상을 구원할 것인지 아니면 십자가의 약함과 자기 부인의 방식으로 세상을 사랑할 것인지를 두고 예수는 고뇌했다. 산상수훈과 희년은 그 하나님 나라가 가시적으로 실현되었을 때, 다시 말해 종말에 성취될 그 나라의 선취이다.

영지주의적 예수 이해를 신랄하게 비판한 것이 연상된다. 요더는 「예수의 정치학」에서 예수의 주되심을 정치적 영역에서 그대로 적용하지 않고 제한하거나 축소하려는 일련의 시도와 역사적 노력을 한 마디로 가현설이거나 에비온주의의 전철을 되풀이하는 것이라고 날카롭게 지적했다.[29] 예수의 육체를 부인하는 것이야말로 그리스도를 한낱 인간으로 비하하거나 그저 신으로 숭배하는 것과 다를 바 없듯이, 예수의 몸인 가시적 교회가 존재하지 않는다면, 하나님 나라를 지금 여기서 맛보는 곳이 아니라면, 교회는 그저 인간들의 친목회에 불과하다.

교회를 하나님 나라의 가시적 실체로 파악하는 것은 중세와 근대의 교회 이해라는 역사적 맥락 속에서 파악해야 한다.[30] 고대 세계가 해체되면서 시민들의 안녕과 복지, 질서를 수호할 시스템이 붕괴하였고, 그것을 대체한 것이 바로 교회였다. 성 아우구스티누스가 교회를 하나님 나라와 동일시한 것은 아니지만, 그는 교회가 하나님 나라를 대신한다는 점을 강조하는 것 또한 잊지 않았다. 이는 시대적 필요이며 하나님 나라의 '이미' already의 측면이다. 그러나 교회의 타락을 하나님 나라의 이름으로 합리화하고 개혁을 불가능하게 만드는 병폐를 낳기도 하였다.

---

28) Mark Gingerich, "The Church as Kingdom: The Kingdom of God in the Writings of Stanley Hauerwas and John Howard Yoder," Didaskalia (Winter, 2008): 129, 132.

29) 존 하워드 요더, 『예수의 정치학』, 신원하 권연경 옮김 (서울: IVP, 2007), 35.

30) John H. Yoder, *The Royal Priesthood*, 53-64.

이에 대한 반동으로 종교개혁자들은 하나님 나라와 교회의 동일시를 극도로 경계하였다. 교회는 '아직' not yet 하나님 나라가 아니다. 하나님 나라가 되어 가는 중이다. 끊임없는 개혁이 가능하기 위해서는 하나님 나라의 미래성을 강조할 수밖에 없었다. 그러나 교회가 하나님 나라가 아니라고 방어막을 치면, 교회의 타락 또한 합리화된다. 그리고 교회가 아니라면 세상 어디에서 하나님 나라를 사는 곳이 있단 말인가? 최근의 가정교회, 셀 교회, 소그룹 운동 등은 교회 안에서 하나님 나라의 현재를 살아내고자 하는 일련의 운동으로 읽힌다.

이런 역사적 맥락 속에서 요더는 다시 하나님 나라의 현재성을 앞세우고 있다. 희년 실천과 산상수훈 공동체로 거듭나기는 성경의 절대적 요구인 동시에 우리 시대의 절박한 요청이다. 교회 안에 드러날 하나님 나라의 구체적인 모습은 교회의 정치적 성격과 다음에 토론하게 될 세상과 대조되는 교회의 대안성에서 설명하고자 한다.

다만, 하나님 나라의 가시성 강조는 하나님의 통치를 내면화, 종말의 개인화를 이끌었던 지난 시대의 신학 역사에 대한 통절한 반성이자 통렬한 비판이다. 콘스탄틴 이전에 신자들은 하나님이 이 세상을 다스린다는 사실을 교회 안에서 경험하였다. 반면에 콘스탄틴 이후에는 그분의 다스림을 확신하면서도 그분을 믿는 공동체를 통해 역사한다는 사실을 거부하였다. "따라서 구속의 질서는 보존의 질서에 종속되었고, 기독교 희망은 전복되고 말았다."[31] 교회가 가시적 하나님 나라, 하나님 나라의 예표가 될 때 희망은 되살아날 것이다. 교회가 문제이다. 그러하기에 하나님 나라 닮은 교회가 희망이다.

오늘날 교회에 대한 짙은 회의와 강한 반발에는 교회가 세상과 하등 다르지 않기 때문이다. 하나님 나라를 이 땅에서 미리 맛볼 수 있는 곳이 아니라, 타락한 세상이 보기에도 가고 싶지 않고 맛보고 싶지 않은 곳으로 전락했다. 게다

31) John H. Yoder, *The Royal Priesthood*, 57. 게르하르트 로핑크는 하나님 나라의 공동체성을 개인화하고, 공적인 측면을 내면화한 주범으로 성 아우구스티누스를 꼽는다. 「예수는 어떤 공동체를 원했나?」, 정한교 옮김 (왜관: 분도출판사, 1985), 299-305.

가 충실하고 신실한 그리스도인들도 가나안 신자나 비신자를 자신이 출석하는 교회로 인도하길 꺼린다. 더욱 비극적인 것은 언제라도 교회를 떠날 마음의 채비를 한, 교회 내 가나안 신자가 갈수록 증가한다. 그렇기에 이전과 다른 특별한 프로그램으로 이 문제는 해결 난망이다. 교회가 먼저 하나님 나라의 거주지 colony가 되고, 하나님 나라를 시식하는 공동체로의 회복이 교회의 일차적 과제이다.[32]

V. 교회는 대항이자 대안적 정치 공동체

교회는 종말에 완성될 하나님 나라를 지금 여기 이 땅에서 미리 맛볼 수 있는 것이라고 하였다. 그 교회는 세상과의 관계는 어떨까? 한편으로 세상에 대립 또는 대항하며, 다른 한편으로 세상의 대안이 된다. 그러한 교회 공동체는 필연적으로 정치적 일 수밖에 없다. 우선 요더의 말을 들어 보자. "중요한 가치에 헌신하여 한데 뭉치는 다른 공동체와 같이 기독교 공동체는 하나의 정치적 실재이다."[33]

이 말은 기독론의 자명한 귀결이다. 예수 그리스도를 주님으로 고백하고 섬기고 뒤따르는 성도들에게 예수는 정치적이라는 사실을 피할 수 없다. 이것은 하나의 스캔들이다. 인간이 되신 그리스도, 십자가의 그리스도가 헬라인과 유대인에게 거리끼고 미련한 것이었듯이, 육화된 예수의 정치성은 어리석고 위험하다.

우리는 교회를 정치적 공동체로 규정하는 근거로 에클레시아, 주님, 제자라는 단어를 예로 들 수 있겠다.[34] 모임을 뜻하는 다른 단어들이 있음에도 불구하

32) 이에 대해서는 다음을 보라. 김기현, "교회가 복음이다." 「성경과 신학」, 37권(2005): 325-49.

33) John H. Yoder, *Body Politics*, viii.

34) Won Ha Shin, "Two Models of Social Transformation: A Comparative Analysis of Political Ethics of John H. Yoder and Richard J. Mouw," 55-7.

고, 지역 사회가 모여 공동체 내부의 문제를 처리하는 용어인 헬라어 에클레시아가 교회를 가리키는 언어가 되었다는 것은 교회의 정치적 성격을 명시적으로 드러낸다. 또한 주님과 제자도 마찬가지다. 로마 황제에게만 유일하게 사용되는 칭호인 '주'를 예수에게 사용한 것은 정치적 성격을 피할 수 없다. 따라서 교회는 신앙 공동체이면서 그 신앙을 실천하는 정치적 공동체이다.

혹자는 요더가 교회의 정치성을 뒷받침하기 위해 사용된 근거를 일일이 반박한다. 특별히 에클레시아에 집중한다.[35] 게르하르트 로핑크Gerard Lohfink에 의지하여 에클레시아는 교회의 정치성보다는 종말론적 측면이 강하다고 요더를 비판한다. 그리하여 요더가 교회를 정치적으로 이해한 것은 언어학적으로나 성경 해석학적으로 뒷받침할 만한 근거가 되지 못한다는 결론을 내린다.

이런 비판과 오해는 정치적이라는 단어의 오해에서 비롯된 것이다. 요더가 사용하는 정치politics는 통상적 의미의 정치와 다른 의미를 지닌다. 우리는 정치라고 하면, 언뜻 대통령이나 국회의원을 생각하고, 청와대 혹은 용산이나 국회 의사당을 연상한다. 그리고 그와 관련해서 선거 또는 투표 행위를 정치로 규정하곤 한다. 그것들은 정치의 일부이기는 하지만, 요더가 말한 정치 이해와는 확연히 다르다.

앞서 인용한 구절에서 교회는 정치적이라고 선언한 요더는 곧이어 그 정치가 무엇을 의미하는지를 밝힌다.

> 교회는 폴리스polis라는 성격이 있다. 이 단어는 헬라어에서 온 것으로 여기서 정치적political이라는 형용사가 유래한다. 다시 말해 사회적으로 구조화된 몸이다. 그것은 의사를 결정하고, 회원의 자격을 규정하고, 공통의 과제를 수행하는 방식을 가지고 있다. 이것이 기독교 공동체를 정치적 실체로 만든

35) Won Ha Shin, "Two Models of Social Transformation: A Comparative Analysis of Political Ethics of John H. Yoder and Richard J. Mouw," 149-52.

다는 것의 가장 단순한 의미이다"36

예수가 정치적이라고 했을 때, 또는 교회가 정치적이라고 했을 때, 정치는 교회를 하나님 나라의 공동체로 형성하고 육성하는 것을 의미한다. 예수가 이 땅에 와서 이루신 혁신적 사역은 제의의 갱신이나 하나님에 관한 새로운 이론의 설파에 그치지 않는다. 보다 근원적으로는 새로운 공동체 창조이다.37

그러므로 요더가 말한 정치란 교회를 세우고, 교회를 교회답게 하는 일련의 행동을 지칭한다. 그러므로 교회가 정치적이냐, 비정치적이냐를 토론하는 것은 무익하다. 교회 자체가 정치 공동체이기 때문이다. 문제는 어떤 정치를 하느냐의 문제이다.38

그렇다면 교회를 세우는 정치란 무엇인가? 또는 하나님 나라의 가시적 모습은 무엇인가? 세상과 대립하고 대항하는 공동체를 넘어서 교회가 세상의 대안 공동체가 된다는 것을 무슨 뜻일까? 우리는 요더의 「그 몸의 정치학」를 주목한다. 그곳에서 그는 교회가 하나님 나라의 정치를 실천하는 구체적 행위 다섯 가지를 열거한다. 그것은 다음과 같다. 묶고 풀기Binding and Loosing, 만찬을 나누는 것, 침례, 그리스도의 충만함, 그리고 바울의 규칙이다. 여기서 그리스도의 충만함은 신자의 다양한 은사를 말하고, 바울의 규칙은 공동체가 성령의 인도하심 가운데서 하나님의 뜻을 분별하는 것이다.

만찬을 예를 들어 보자.39 요더는 만찬을 상징이자 사실로 파악한다. 예수께서 떼신 떡과 주신 잔은 당신의 십자가 사건과 구원을 기억하는 상징인 동시에 실제 발생한 사실이자 사건이다. 그 떡과 잔은 우리의 일용할 양식이 되었다.

---

36) John H. Yoder, *Body Politics*, viii & For the Nations, 223.

37) 존 하워드 요더, 『근원적 혁명』, 31.

38) John H. Yoder, *Body Politics*: Five Practices of the Christian Community Before the Watching World (Scottdale, PA.: Herald Press, 2001), ix.

39) John H. Yoder, *Body Politics*, 14-27.

일상에서 먹고 마시는 모든 음식과 식사가 만찬이다. 주님이 친히 만찬의 음식이 되어 주었듯이 그 만찬을 나누는 우리 또한 만찬의 음식이 되어 이웃의 밥과 국이 되어야 한다.[40]

요더는 여기서 한 발짝 더 나아간다. 만찬을 윤리학적으로 해석한다. 만찬은 경제적 나눔과 재물의 공유 행위이다. 예수님이 자기 살과 피를 우리 위해 나누어 주셨듯이 우리는 우리의 살과 피처럼 생각하는 재물을 예수님처럼 교회와 이웃 위해 아낌없이 나누어야 한다. 그러므로 "간단히 말해 만찬은 하나의 경제적 활동이다. 함께 떡을 떼는 실천을 옳게 시행하는 것은 경제 윤리의 문제이다."[41] 그리스도의 몸된 교회의 정치는 권력 게임이 아니라 자신의 것을 서로 나누어주는 만찬의 정치를 실천하는 것이다.

요더는 교회가 눈으로 보고 손으로 만질 수 있는 하나님 나라가 되기 위한 다섯 가지 실천의 의의를 한꺼번에 잘 정리해서 펼쳐 보인다.

> 우리가 살펴보았던 다섯 가지 실천은 사회적 용어로 말할 수 있다. 이것을 비종교적 용어로 번역한다면, 은사의 다양성은 사회적 변천에서 위계질서의 종언이며 겸손에 능력을 부여하는 모델이다. 성령 아래서의 대화는 민주주의의 개념의 지층이다. 범법 행위를 묶고 푸는 것은 갈등 해소와 자기 발견의 토대이다. 침례는 다인종을 사회적으로 수용하는 것을 실연한다. 떡을 떼는 것은 경제적 연대를 축하하는 것이다.[42]

요더는 그간 종교적이고 제의적으로만 해석되고 축소되었던 성경과 초대교회의 다섯 가지 실천을 사회적이고 윤리적인 차원으로 복원하고 승화시킨다.

---

40) 졸저, 『만찬, 나를 먹으라』 (서울: 죠이선교회, 2010)는 요더의 윤리학을 상당히 수용해서 만찬을 재해석하였다.

41) John H. Yoder, *Body Politics*, 21.

42) John H. Yoder, *Body Politics*, 71-2.

성찬과 애찬이 하나이었고, 동시에 시행되었던 초대교회와 달리 현대는 종교적 형식으로만 남아 있다. 일상과 구분된 거룩이라는 이름으로 불리는 성찬은 삶과 괴리되어 있고, 교회를 교회답게 세우는 것과는 한참 동떨어진 실정이다. 이런 점에서 다섯 가지 실천은 내적으로는 교회를 하나님 나라의 가시적 공동체가 되게 하고, 외적으로는 세상과 구별된 대안적 공동체로 산 위의 동네가 되게 한다. 이것이 요더가 말한 정치이다. 바로 교회의 정치학 말이다.

Ⅵ. 닫는 말 : 교회가 대답이다.

지금까지 요더의 교회론의 두 가지 배경과 두 가지 특징을 살펴보았다. 그의 교회론은 자유 교회 혹은 신자의 교회 전통이라는 역사적 배경과 바벨론 포로기와 디아스포라 유대교라는 구약적 배경을 지니고 있다. 그리고 교회는 종말을 가시적으로 구현하는 하나님 나라 공동체이며, 정치적인 특징이 있다. 그는 이미 도래하고 완성을 향해 힘차게 진군하는 하나님 나라의 목격자요 대리자인 교회가 다름 아닌 하나님 나라의 가시적 실체가 되어야 한다는 점에 관심을 쏟는다. 교회는 하나님 나라의 가시성, 곧 '이미' 의 측면을 강조해야 한다.

이러한 교회가 현존하는 세상 질서와 뚜렷하게 대조되면서 새로운 대안적 삶의 양식을 창조한다. 그도 그럴 것이 다른 이야기를 하기 때문이다. 예수의 이야기, 십자가의 이야기, 부활의 이야기를 교회는 매 주일 아침 모여서 함께 나누고, 밥을 같이 먹는다. 그리고 세상과는 다른 공동체를 갖고 있다. 예수의 이야기를 살아내는 하나님 백성들의 모임이 교회라고 할 때, 신자는 교회 안에서 그 이야기를 살아가는 이유와 근거, 실제적인 방법을 배우고 훈련한다.

그렇게 함으로써 교회는 세상과 구별된, 세상 안에 있으나 세상에 속하지 않는 가시적 하나님 나라가 되어 간다. 요더는 그 대조성을 비폭력에서 찾는다. 어쩌면 어색한 조합인 듯 보이는 교회와 비폭력은 신약 성경의 알맹이다. "새로운 공동체의 창조 및 모든 종류의 폭력에 대한 거부를 특징으로 하는 사회적 태도는 신약적 선포의 처음과 끝을 가로지르는 일관된 주제다."[43] 그러므로 교회가 문젯거리가 된 시대를 사는 우리에게 그럼에도 교회가 대안이라고, 그리고 해결책이라고 웅변하는 요더는 신학과 윤리의 대답이다.

그러나 이것들은 요더의 교회론 일부에 불과하다. 교회 내적인 측면만 보았을 뿐이다. 교회는 교회를 둘러싼 외적인 환경과의 관련 속에서 보아야 한다. 그것은 세 가지 관계이다. 첫째는 교회와 세상, 다음은 교회와 교회, 마지막은 교회와 타 종교와의 관계이다. 첫째 것은 국가가 핵심 논제라면, 두 번째는 에큐메니칼이고, 마지막은 선교의 문제이다. 이 각각이 우리가 앞으로 토론하게 될 주제들이면서, 이는 한편으로 요더의 교회론을 확장하는 동시에 심화하는 일이기도 하다. 그 논의의 모든 출발은 교회가 부분적으로나마 실현된 가시적 하나님 나라의 공동체라는 사실을 확인하는 것이며, 그런 교회가 되어 간다는 사실이다.

43) 존 하워드 요더, 「예수의 정치학」, 416.

사회적 해방을 향한 신학
: 해방신학[1]의 사회적 상상력에 대한 우호적 비판

박 득 훈
기독연구원 느헤미야/기독교윤리

I. 시작하는 말

> "자본주의의 종말을 상상하는 것보다 세계의 종말을 상상하는 것이 더 쉽다."[2]

슬라보예 지젝을 통해 널리 알려진 말이다. 이런 절박한 상황에서 우선적으로 필요한 것은 상상력의 회복이다. 물론 마르크스의 포이에르바흐에 관한 11번째 테제는 여전히 중요한 경고음이다. "철학자들은 세계를 단지 여러 가지로 '해석' 해왔을 뿐이지만, 중요한 것은 그것을 '변혁' 시키는 일이다."[3]

하지만 주체성을 잃어버리지 않은 인간인 한, 현실 세계를 해석하고 새로운 세상을 상상하지 않으면서 세계를 변혁하는 실천에 과감히 뛰어들 수는 없는

1) 본 글에서 다루는 해방신학은 라틴아메리카 해방신학에 국한되며 영문 인용의 경우 필자 번역임을 밝혀둔다.

2) 이 표현을 최초로 사용한 이는 미국의 마르크스주의 정치이론가 프레드릭 제임슨이다. Fredric Jameson, "Future City," New Left Review (21 May/June 2003) https://newleftreview.org/issues/ii21/articles/fredric-jameson-future-city

3) https://www.marxists.org/korean/marx/theses-feuerbach/index.htm

법이다. 이를 마르크스와 엥겔스 자신들도 젊은 시절에 작성한 『공산당 선언』에서 아주 밝히 보여주고 있다. “계급과 계급 적대로 얼룩진 낡은 부르주아 사회 대신에, 우리는 각인이 자유로운 발전이 만인의 자유로운 발전의 조건이 되는 연합체를 가지게 될 것이다.”[4] 이 짧은 문장에 현실에 대한 냉철한 분석과 새로운 세상에 대한 멋진 상상이 담겨 있지 않은가! 다만 “만인의 자유로운 발전” 뒤에 “생태계 보존”이라는 표현을 살짝 덧붙이고 싶은 충동이 든다.

이런 맥락에 비추어 볼 때, 새로운 세상에 대한 상상력을 회복하는 데 일조하는 것은 신학자의 중요한 사명 중 하나라고 생각한다. 해방신학에 담긴 사회적 상상력을 우호적으로 비판하는 이 글이 한국 그리스도인의 사회적 상상력 회복에 작은 보탬이 되었으면 한다.

II. 해방신학이 여전히 유효한 이유

나는 조그 리거와 프리실라 실바가 해방신학을 염두에 두고 한 말에 전적으로 동의한다. “기독교 역사에서 20세기는 ‘제3세계’ 의 가톨릭과 개신교의 신학적 상상력이 태동한 시기로 특징지어졌다.”[5] 해방신학의 새로운 신학적 상상력에서 사회적 상상력이 비롯되었다는 점을 감안할 때, 이 시점에서 해방신학을 다시 찬찬히 들여다보는 건 매우 의미 있는 일이라고 생각한다.

물론 해방신학은 이제 한 물 간 것 아닌가, 생각하는 이들도 있을 테다. 그런 평가에 공감되는 바가 아주 없는 것은 아니다. 어느 덧 반세기를 넘긴 해방신학은 그 신학적 성찰 자체로서는 꾸준히 전 세계로 확산되고 심화 발전되어 왔다. 반면 실천운동의 한 축으로서의 해방신학이 1989년 즈음부터 시작해 그 역

4) 카를 마르크스 프리드리히 엥겔스, 『공산당 선언』, 권화현 옮김 (서울: 펭귄 클래식 코리아, 2010), 255.

5) Joerg Rieger and Priscila Silva, “Liberation Theologies and Their Future: Rethinking Categories and Popular Participation in Liberation,” *Religions* (18 July 2023) https://doi.org/10.3390/rel14070925

동성을 잃으며 서서히 내리막길을 걸어온 건 부인할 수 없는 현실이다.[6] 그러나 사실 이는 해방신학만이 겪어 온 독특한 현상이 아니다. 자본주의를 대체할 수 있는 새로운 세상을 꿈꿔왔던 급진적 진보운동 모두가 유사한 경로를 밟아왔다. 한국의 민중신학운동과 급진적인 민중운동도 예외가 아니다. 1989년 베를린 장벽 붕괴와 1991년 구소련의 해체 이후 자본주의는 몇 번의 위기를 거치긴 했지만 그 위상은 여전히 견고하다. 자본주의 체제는 이제 단순히 하나의 정치경제체제가 아니다. 인간의 삶과 정신세계 그리고 사회의 본질과 방향을 완전히 장악해 버린 세계관으로서 유일무이한 초월적인 존재가 되었다. 소위 사회적 상상계social imaginaries를 완전히 장악했다.[7] 자본주의 외에 다른 사회적 실재는 존재하지 않을 뿐 아니라 존재할 수도 없다. 이를 마크 피셔는 '자본주의 리얼리즘' 이라 명명했다.[8] 해방의 여지가 전혀 보이지 않기에, 오늘 급진적 해방실천에 몸을 담고 있는 이들은 극소수에 지나지 않는다.

해방신학 태동기와 전혀 다른 상황이다. 그렇다면 해방신학은 그 토대를 잃었기에 함께 사라져야하는 것일까? 나는 정반대로 생각한다. 자본주의가 천하를 지배해 온 지난 30여 년 동안 해방을 필요로 하는 이들이 전 지구적으로 오히려 더욱 많아졌고, 다만 그들이 무력화되었을 뿐이기 때문이다. 과거엔 해방신학이 해방운동을 따라 가면서 성장했다면, 지금은 해방운동의 물꼬를 다시 터가는 데 일조해야 할 힘겨운 과제를 떠앉게 된 것이다. 이 지점에서 비판 이론의 대표적인 인물 중 하나인 테오도르 아도르노의 명언은 곱씹어 볼만하다.

> 철학이 단지 세계를 해석했을 뿐이라는 약식판결은 … 세계를 변혁시키려

6) Javier reico Huetos, "'Bleeding Catholicism': Liberation Theology's Demise and the Emergence of Pentecostalism in Latin America," *Religions* (25 October 2023) https://doi.org/10.3390/rel14111354.

7) 상게논문, 2-12. https://doi.org/10.3390/rel14111354.

8) 마크 피셔, 『자본주의 리얼리즘: 대안은 없는가』 2판, 박진철 옮김 (서울: 리시올, 2024)

는 시도가 실패한 후 이성의 패배로 전락하게 된다. … 이론은 자신의 비판이 유효했던 시기를 연장시킬 수 없다. 무기한 지연된 실천은 더 이상 자기 만족적 사변을 성토하는 장이 되지 못한다. … 철학은 가차 없이 스스로를 비판할 의무가 있다.[9]

말이 난해하긴 한데 그 요지는 분명하다. 철학이 세계를 변혁하는 데 실패했을 때, 스스로를 포기하고 패배주의에 빠질게 아니라, 더 냉철하게 스스로를 비판해 발전시켜 나가야 할 의무가 있다는 것이다. 이를 해방신학에도 적용해 볼 수 있다. 해방신학은 해방실천에서 시작해 해방실천으로 마무리하는 데 목표를 둔 신학이기에 해방운동의 쇠퇴는 치명적 실패다. 하지만 포기하지 않고 스스로를 비판하는 치열한 과정을 통해 더 나은 해방신학을 제시해야 할 의무가 있다고 말할 수 있다.

이제 나는 해방신학의 방법론에 초점을 맞추려고 한다. 그 방법론이야말로 해방신학의 신학적 상상력의 핵심이고 거기서 새로운 사회적 상상력이 비롯되었기 때문이다. 이는 구띠에레즈 자신이 인정한 바이기도 하다. "해방신학이 제공하는 바는 성찰을 위한 새로운 주제라기보다는 신학을 하는 새로운 방법이다."[10] 또한 유사한 맥락에서 세군도는 이렇게 말한다. "달리 말해 해방은 내용을 다루기보다는, 실제 삶의 현실을 마주하며 신학을 하는 데 사용되는 방법을 다룬다."[11]

해방신학은 억압적 현실을 간파하고 해방실천이 가능하도록 과거와는 다른

---

9) Theodor W. Adorno, Trans. by Ernst Basch Ashton, *Negative Dialectics* (London and New York City: Continuum, 2007), 3. Javier Reico Huetos, "Liberation Theology Today: Tasks of Criticism in Interpellation to the Present World," *Religions* (21 April 2023), 11에서 재인용함. https://doi.org/10.3390/rel14040557

10) Gustavo Gutierrez, *A Theology of Liberation* (Maryknoll: Orbis, 1974), 12.

11) Juan Luis Segundo, S.J., trans, by John Drury, *The Liberation of Theology* (Maryknoll: Orbis, 1976/1988), 9.

신학의 방법을 사용한다는 뜻이다. 이에 나는 형제인 레오나르도 보프와 클로도비스 보프가 해방신학 입문서에서 제시한 해방신학의 방법론의 네 단계에 초점을 맞추려고 한다; 첫째, 해방실천에 대한 살아있는 헌신. 둘째, 사회 분석적 매개. 셋째, 해석학적 매개. 넷째, 실천적 매개.[12] 이제 각 매개의 내용을 정리하면서 각각에 대해 우호적인 비판을 시도하고자 한다.

III. 해방 실천에 대한 살아 있는 헌신

보프 형제 뿐 아니라 해방신학자들은 본격적인 신학적 성찰의 예비단계로 가난한 자들을 해방시키는 실천에 일단 몸과 마음으로 헌신해야 한다고 말한다. 여기엔 라틴 아메리카의 독특한 상황이 반영되어 있다. 해방신학이 시작되기 전인 1950년대와 1960년대부터 가난한 가톨릭 교인들의 바닥공동체가 활발하게 형성되었고 이 공동체는 초기부터 해방운동에 적극 참여하고 있었다. 해방신학자들은 이 운동을 가톨릭교회의 가르침을 따라 '시대의 징표'로[13] 보았고, 그 징표를 신학적으로 보다 심도 있게 분별하고 평가하기 위해선 일단 그들의 해방실천에 몸과 마음으로 헌신해야 한다고 믿었던 것이다.

1. 해방신학의 당파성

여기에 해방신학의 확고한 당파성이 있다. 그 당파성은 "가난한 사람들을 위한 우선적 선택"으로 표현되었다. 하나님은 모든 사람을 사랑하시지만 가장 우선적으로 가난한 사람과 함께 하신다는 믿음을 담아내는 표현이다. 이는 가난한 사람들이 그 외의 사람들보다 도덕적으로나 신앙적으로 더 훌륭해서가 아

12) Leonardo Boff & Clodovis Boff, *Introducing Liberation Theology* (Maryknoll: Orbis, 1987), 22-42.

13) "시대의 징표"는 특별히 제2회 바디칸 공의회가 강조한 신학적 개념으로서 더 깊은 영적 실재 혹은 역사 속에 펼쳐지는 하나님의 행동을 반영하는 어떤 사회 정치 문화적 현상을 뜻한다.

니라 사회적으로 억압을 받아 고통을 겪고 있기 때문이다. 바로 이점에서 해방신학은 모든 교회와 신학에 새로운 각성을 불러 일으켰다.

클로도비스 보프는 그의 역작『신학과 실천』에서 실천이 어떤 방식으로 신학적 성찰에 지대한 영향을 미치는 가를 예리하게 잘 밝혀주었다.[14] 첫째, 실천은 의식적으로 혹은 무의식적으로 신학자의 특정한 사회적 자리를 결정함으로써 신학적 성찰의 내용이 달라지게 한다. 둘째, 실천은 신학자로 하여금 무엇이 가장 시의적절한 신학적 주제인가를 선택하는 데 영향을 미침으로 신학적 성찰의 내용이 달라지게 만든다. 셋째, 실천은 누구를 위해 혹은 무엇을 위해 신학을 할 것인지를 선택하게 함으로써 신학적 성찰의 내용에 지대한 영향을 미친다. 보프는 이런 현상은 예외 없이 누구에게나 일어나는 것임을 정직하게 인지하고 신학적 성찰을 시작해야 한다는 점을 강조한다. 그래야만 객관성·중립성·합리성을 표방하지만 사실은 숨겨진 고정관념이나 특정 이념을 신학적으로 정당화하는 자기기만에서 벗어날 수 있기 때문이다.

해방신학은 처음부터 이렇게 당파성을 명확히 하였다. 해방신학에 대한 레오나르도 보프의 간결한 정의에서 이를 확인할 수 있다. "해방신학은 하나님나라 안에서의 완성된 해방을 기대하며 매개하는 사회적 해방의 요구에서부터 출발해서 기독교의 모든 내용을 상술하고자 한다."[15]

2. 한국 상황에의 적용과 우호적 비판: 실천과 이론의 상호관계론

우리나라의 경우 해방신학이 태동 당시 처했던 상황과는 다르다. 1970년 대초 민중신학이 태동할 때조차, 라틴아메리카의 바닥공동체에 해당하는 건 없었다. 다만 그리스도인이었던 전태일 열사의 분신으로 촉발된 민중운동과 민

14) Clodovis Boff, *Theology and Praxis*; *Epistemological Foundations* (Maryknoll: Orbis Books, 1987), 159-94

15) Leonardo Boff, *Teologia desde el cautiverio* [Theology from Captivity] (1976) J Andrew Kirk, *Theology encounters revolution* (Downers Grove, Ill.: IVP, 1980), 114에서 재인용.

주화운동만 있었을 뿐이다. 그걸 배경으로 민중교회가 탄생했는데 지금은 실질적으로 사라진 상황이라고 볼 수 있다. 하지만 그렇다고 해방신학이 제시한 신학적 성찰의 예비적 단계로서의 실천과 당파성이 그 유효성을 잃는 것은 아니다. 그건 오늘의 해방신학도 마찬가지다. 다만 해방실천현장이 거의 사라졌기에 무척 외로운 실천일 수밖에 없다는 걸 각오해야 할 것이다. 그러나 그 외로움은 가난한 사람들의 무력함과 순응, 해방운동의 쇠퇴 그리고 해방운동의 새로운 길을 열어가기 위한 조건 등에 대한 치열하고 심오한 성찰의 기회가 될 수 있을 것이다.

여기서 초기 클로도비스 보프의 『신학과 실천』에 담긴 하나의 난점에 초점을 맞춰보려고 한다. 그 난점이 오늘 해방신학이 스스로를 비판하는 과정에서 꼭 살펴보아야할 지점이라고 보기 때문이다. 그는 실천과 이론의 변증법적 상호작용을 잘 설명해 주면서도 결국엔 둘의 관계를 분석하는 차원에서 실천의 우위성을 주장한다. 즉 이론이 실천을 낳는 게 아니라, 실천이 이론적 성찰을 촉발시킨다는 것이다.

클로도비스 보프는 바로 그런 관점 때문에 자신도 모르는 모순과 오류에 빠진다. 모든 실천은 해석학적 매개와 사회분석적 매개를[16] 종합하는 신학적 성찰의 평가 대상이 되어야 한다고 주장하지만, 그것이 분석적 차원의 실천 우위론에 의해 무력화된다는 것을 인지하지 못하기 때문이다. 두 가지 예를 찾아볼 수 있다. 첫째, 아리스토텔레스의 철학에 따라 구원과 실천을 실재의 영역에, 믿음과 신학 그리고 이성과 계시까지 구원과 실천에 대한 지식의 영역에 각각 배치한다.[17] 그 구분으로 구원과 실천을 제대로 알아가기 위해 기존의 믿음과 신학체계를 재구성할 필요가 생긴다는 가능성을 열어 놓는다. 둘째, 실제로 그는 명시적 신앙표현과 무관한 해방실천 그리고 그 실천에 따라 변혁된 사회현

---

16) 해석학적 매개와 사회분석적 매개에 대해선 아래에서 좀 더 구체적으로 다루게 될 것이다.
17) Clodovis Boff, *Theology and Praxis*, 92–94.

실에 "구원"이라는 신학적 의미를 부여하기 위해 중요한 신학적 주제들 즉 구원, 계시, 은혜, 아가페, 믿음, 종교, 신학 등이 담고 있는 내용을 전면적으로 재구성한다.[18] 결론만 이야기하면, 명시적 신앙 표현이 동반되지 않더라도 가난한 사람을 해방하기 위한 집단적 실천은 '정치적 아가페' 이며, 그 실천에 따라 변화된 사회적 상황은 "사회적 은혜"의 상태이기 때문에 서로 연결되어 있는 이 두 가지에 "구원"이라는 신학적 의미를 부여할 수 있다는 것이다. "사회적 은혜의 상태"란 하나님의 통치라는 형상을 구현하는 객관적 조건들을 모두 합한 복합체를 뜻한다.[19]

위 둘은 각각의 문제를 안고 있다. 첫째, 존 밀뱅크가 잘 밝힌 것처럼 문화의 영역처럼 신앙과 신학의 영역에선 실제구원와 지식믿음과 신학이 그렇게 명확하게 구분될 수 없다는 사실이다. 둘은 항상 융합되어 있다.[20] 하지만 해방실천에 "구원"이란 신학적 의미를 부여하고 싶은 실천적 열망 때문에 오류를 범한다. 둘째, 명시적 신앙 고백과 무관한 해방실천과 그 실천에 따라 변화된 사회적 상황에 '일반은총' 의 차원에서 신학적 의미를 부여하면 신학적 재구성을 할 필요가 없거니와, 그것이 해방운동을 결코 약화시키지도 않는다.

더 심각한 문제는 보프의 실천 우위론은 오늘 해방운동이 거의 사라진 상황에서 매우 무력할 수밖에 없다는 데 있다. 지금이야말로 이론에서 실천으로 나아가야 할 때이기 때문이다. 해방을 열망하는 모든 신학은 영국의 대표적인 기독교사회윤리학자였던 로널드 프레스톤이 잘 말한 것처럼 이론적인 성찰과 실천적인 노력은 끊임없이 서로에게 영향을 끼치며 하나로 융합되어간다는 것을 잠시도 잊지 않아야 한다.[21] 나는 이를 실천과 이론의 상호관계론이라고 부른

18) Clodovis Boff, *Theology and Praxis*, 91. 같은 책 276n.12에서 자신의 신학적 재구성은 자연과 은혜, 익명의 그리스도에 관한 칼 라너의 신학사상을 정치 현장에 적용한 것임을 밝힌다.

19) Clodovis Boff, *Theology and Praxis*, 94-103.

20) John Milbank, *Theology and Social Theory: Beyond Secular Reason* (Oxford: Blackwell, 1990), 250-51.

21) Ronald H. Preston, *The Future of Christian Ethics* (London: SCM, 1987), 192-94.

다. 이 관점에서 신학적 성찰을 할 때 신학자는 항상 깨어 있게 된다. 지금까지 자신이 깨달아 온 것에 대한 강한 신념을 유지하고 헌신하면서도 동시에 자신과 다른 신학적 입장에 대해 항상 열려 있게 된다. 해방신학은 지금 분석적 실천 우위론을 반성하고 치열한 이론적 작업에 새롭게 착수해야 할 때다.

Ⅳ. 사회 분석적 매개

사회 분석적 매개는 본격적인 신학적 성찰의 첫째 단계이다. 이는 보다 대중적으로 표현된 방법론, 즉 "보기 → 판단하기 → 행동하기" 중 '보기' 에 해당한다. 현장에서 벌어지고 있는 해방실천을 신학적으로 평가하려면, 우선 거기서 무슨 일이 일어나고 있는 것인지를 정확하게 파악해야 한다. 즉 정치경제 현장에서 실제로 행사되고 있는 억압의 실체와 그 요인들을 이해할 수 있어야 한다. 보프 형제는 이에 대한 근거로 "세상을 잘못 이해하면 하나님에 대해서도 잘못 이해하게 된다," 는 토마스 아퀴나스의 신학적 통찰을 든다.[22] 세상을 올바르게 이해하는 수단이 바로 사회 분석적 매개다. 경험과 신학만으론 사회적 실상을 이해하는 데 부족하다는 걸 인정했기 때문이다.

1. 1989년 이전: 종속이론과 마르크스주의 분석 차용

하여 해방신학은 처음부터 사회과학을 기꺼이 활용했다. 클로도비스 보프는 『신학과 실천』에서 그리스도인은 가난을 억압의 결과로 이해하는 변증법적 혹은 갈등론적 사회과학 이론을 선택해야 한다고 주장한다. 그 이론이 윤리적으로 억압당하는 사람들 편에 서 있으며 역사적 정황이 그리스도인에게 긴급한 선택을 요청하고 있기 때문이다.

실제로 해방신학 초창기엔 당시 해방운동에서 가장 유용하게 사용되고 있

22) L. Boff & C. Boff, *Introducing Liberation Theology*, 25

던 종속이론을 선택했다. 하지만 종속이론의 이론적 정합성과 설득력이 쇠퇴해 가면서 자본주의에 대한 마르크스의 비판적 분석에 더 집중하게 된다. 그 대표적인 인물로 독일계 코스타리카의 신학자이자 경제학자인 프란츠 J. 힌켈라메르트를 들 수 있다. 그는 『물신: 죽음의 이데올로기적 무기』에서 마르크스의 상품물신, 화폐물신, 자본물신 개념을 적극 활용한 신학적 성찰을 통해 자본주의는 가난한 사람들의 죽음을 정당화하는 이데올로기적 무기로 무장된 물신 체제라고 강력하게 비판한다.[23] 하지만 모든 해방신학자들은 정도의 차이가 있지만 마르크스주의와 일정한 거리두기를 한다. 보프 형제는 경제요인들의 중요성, 계급투쟁, 종교적 이데올로기를 포함한 모든 이데올로기의 속이는 힘을 보다 명확하게 파악하기 위한 사회과학적 도구로 사용할 뿐, 마르크스주의에 내재된 있는 유물론 혹은 무신론에는 일말의 유혹도 받지 않음을 밝힌다.[24] 구띠에레즈는 오해를 없애기 위해 『해방신학』의 개정판에서 '기독인의 교제와 계급투쟁' 이란 소제목을 '믿음과 사회적 갈등' 으로 바꾸기 까지 한다. 계급투쟁 자체를 부정하기 위해서가 아니라 마르크스의 계급투쟁론을 그대로 수용하는 것은 아니란 뜻에서다.

2. 1989년 이후: 진보적 자유주의와 급진주의 모색

앞서 언급한 것처럼 모든 급진적 진보운동 혹은 해방운동에서처럼 해방신학에도 1989년은 결정적 전환의 해가 되었다. 구띠에레즈가 잘 밝혔듯이 신자유주의 지구화와 포스트모더니즘의 거센 물결 속에서 많은 고민과 성찰 가운데 마르크스주의에서 점점 멀어질 수밖에 없었고, 현실에 더 적실성 있는 사회과학 이론을 탐구하게 되었다.[25] 구띠에레즈는 인간적 발전human development을 옹

23) 프란츠 힌켈라메르트, 『물신: 죽음의 이데올로기적 무기』, 김항섭 역 (서울: 다산글방, 1999)
24) L. Boff & C. Boff, *Introducing Liberation Theology*, 27-8.
25) Gustavo Gutierrez and Cardinal Gerhard Ludwig Müller, *On the Side of the Poor: the Theology of Liberation* (Maryknoll: Orbis, 2015), 95-113.

호하면서, 후생경제학자 아마르티아 센을 지지한다. 구띠에레즈가 중요시 여기는 기준은 개인의 자유와 주도권 존중, 일정한 한계 내에서의 시장의 긍정적 역할, 경제적 자유의 거짓된 우상화 거부, 사회적 약자에게 유리한 경제정의론 롤스의 정의론 두 번째 원칙을 언급 등으로 요약할 수 있다. 이를 진보적 자유주의라 명명해도 큰 무리가 없어 보인다.

힌켈라메르트도 헨리 모라 지메네즈와 함께 전체적으로 구띠에레즈와 유사한 노선을 택하지만, 그 보다는 다소 급진주의적인 입장을 취한다.[26] 그는 시장을 존속시키되 경제계획이라는 수단을 포기해선 안 된다고 주장한다. 즉 시장의 합리적 효율성을 포기하지 않되 그것이 인간 생명의 재생산 그리고 인간과 자연의 지속가능한 순환을 위협하지 못하게 통제해야 한다는 것이다. 즉 시장이나 계획 모두 단독적인 유토피아가 되선 안 된다는 것이다. 이를 가능케 하는 것은 국가까지도 제어할 수 있는 강력한 시민사회의 수많은 활동들이다. 이처럼 그는 시장 없는 세상을 지향한 마르크스와 확실한 거리를 둔다. "오늘날 이 탈출구는[시장 없는 세상] 모든 인간의 실행 가능성을 넘어선, 인간 조건 자체를 초월한 유토피아라는 것이 명백해졌다."[27]

3. 한국사회의 적용과 우호적 비판: 윤리적 성찰과 자크 비데의 메타구조론

1989년 이후 한국 역시 신자유주의 지구화, 그리고 거대담론을 포기한 포스트모더니즘의 거대한 물결에 휩쓸려가고 있다는 점에서 라틴아메리카와 유사한 상황에 처해있다. 아니 한국경제는 신자유주의 지구화 체제에 성공적으로 편입해 선진국으로 도약했다는 점에서 해방신학의 흐름을 발전시켜 가기엔 훨씬 더 어려운 처지에 있는 것이 분명하다. 구띠에레즈가 말한 것처럼, 대중들

26) Franz J. Hinkelammert & Henry Mora Jiménez. "For an Economy Oriented toward the Reproduction of Life," *Economia & Sociedad*, Vol. 25. No. 57 (Jan-June, 2020), 1-12.

27) 상게논문, 6.

은 대체로 사회의 가장 취약한 계층이 처해있는 운명에 무관심하다. 기존 자본주의 체제에 대해 전투적인 자세를 갖고 새로운 세상을 만들어가는 데 헌신하는 사람들은 아주 희귀하다.[28] 그러나 예수 그리스도의 부활에 근거해 하나님나라의 궁극적 실현을 굳게 믿으며 하나님나라와 그 의를 추구하는 이들에겐, 하워드 진이 말한 것처럼 '절망할 권리가 없다. 희망을 고집해야' 할 당연한 의무가 있다. 한국에서 해방신학은 구띠에레즈가 말한 '희망의 해석학' 의 바탕위에서 새롭게 세워져 나가야 한다.[29]

그런 희망에 근거해 우리는 현재의 해방신학이 수행하고 있는 것보다 더 깊고 치열한 윤리적 성찰이란 매개와 사회과학적 매개에 힘써야 한다. 클로도비스 보프나[30] 구띠에레즈 모두 윤리적 성찰의 필요성을 인정하면서도 깊이 다루지 않는 것은 매우 아쉬운 대목이다. 자본주의 체제는 자신의 정치경제체제를 정당화하는 이데올로기를 끊임없이 강화한다. 그람시가 말한 헤게모니를 놓치지 않기 위해서다. 이에 맞서 새로운 세상을 추구하는 이들은 당연히 그 이데올로기를 전복시켜야 하는데 거기에 필요한 무기가 바로 깊은 윤리적 성찰이다. 지면상 여기서 깊이 다룰 순 없지만, 존 롤즈가 말한 소위 '공적 이성' 의 범주 하에서 지배적 이데올로기의 기만성을 폭로하고 대체할 수 있는 정의론을 구축해 나가야 한다. 이는 현실에 압도당해 두려움과 무력함에 갇혀 있는 대중들을 다시 한 번 일어서게 하는 데 꼭 필요하다.

또한 한 걸음 더 나아가 마르크스의 자본 비판과 미셀 푸코의 권력 비판을 새로운 차원에서 종합한 자크 비데의 메타구조론을 깊이 참조할 필요가 있다.[31] 그 이론의 핵심은 자본주의 사회를 지탱하는 맨 밑바닥에는 시장과 조직국가이

28) Gutierrez and Müller, *On the Side*, 113.

29) 상게서, 113.

30) L. Boff & C. Boff, Introducing Liberation Theology, 203.

31) 자크 비데, 『마르크스와 함께 푸코를: 메타구조론이란 무엇인가』, 배세진 옮김 (서울: 생각의 힘, 2021)

라는 구조가 놓여 있다는 것이다. 그 둘은 상호적이면서도 서로 다른 논리를 갖고 있는 데, 시장은 자본 논리에 지배당하고 조직국가은 권력 논리에 지배당한다. 푸코는 오늘의 지배 권력이 활용하는 분산된 다양한 권력 장치는 과거의 국가 권력처럼 억압적이지 않고 교묘하게 인간의 내면을 파고들어 통제한다는 것을 예리하게 분석해 준다. 그는 계급 문제로 환원하기 쉽지 않은 인종과 성의 문제까지 깊이 다룬다. 자본만 무너뜨린다고 새로운 세상을 실현할 수 없는 것은 자본과는 일정한 독립성을 갖고 권력 논리에 따라 움직이는 국가가 버티고 있기 때문이다. 이를 잘 보여준 것이 바로 구 현실사회주의 국가들이다.

자크 비데의 분석을 잘 참조하면 오늘의 해방신학의 경우보다 더 탁월하고 유효한 사회 분석적 매개를 수행할 수 있을 것이다. 자본의 억압과 착취에 시달리는 전통적인 노동자 계급과 권력의 다양한 '피해자' 들이[32] 연대할 수 있는 길을 열어갈 수 있기 때문이다. 하여 해방신학이 현재 선호하는 진보적 자유주의와 급진주의 보다 한 걸음 더 나아갈 수도 있을 테다.

V. 해석학적 매개

해석학적 매개는 '판단' 에 해당하는 신학적 성찰의 두 번째 단계다. 이는 클로도비스 보프가 잘 말한 대로 해방신학으로 하여금 신학이 될 수 있게 만들어 주는 매개다. 이 매개에 대한 해방신학자들의 설명은 해석학적 방법론과 해석된 내용들인데 전자에만 주목하려고 한다. 해방신학의 가장 중요한 기여는 해석된 내용보다는 해석하는 방법에 있기 때문이다.

1. 해석학적 방법론

---

32) Rieger and Silva, "Liberation Theologies," 5-8. 이들은 해방신학이 가난한 사람들까지 포함하는 더 넓은 개념으로 '피해자들' 를 사용할 것을 제안한다.

(1) 클로도비스 보프의 해석학적 순환

클로도비스 보프는『신학과 실천』에서 해석학적 순환이란 관점에서 해방신학의 해석학적 방법론을 조리 있게 제시한 바 있다.[33] 그 출발점은 "믿음의 규범은 교회 안에서 읽혀진 성경이다"는 명제다. "교회 안에서 읽혀진"이란 표현에 주목해야 한다. 이는 성경이 '규정하는 규범' 인 동시에 '규정된 규범' 이란 뜻이다. 해석학적 기술이란 이런 순환적 과정에서 생성되는 의미의 다양성이 넘어갈 수 없는 일정한 한계를 고정시키는 능력이다.

보프는 그 한계를 설정할 수 있는 것으로 두 가지를 제시한다. 첫째, 계시가 성경을 통해 정경화된 것은 하나의 '규범적 의미' 를 확립하기 위해서가 아니라 단순히 '모범적 해석' 을 보여주기 위함이다. 성경본문 자체에 시공을 초월하는 어떤 '정수' 精髓; essence가 있는 것이 아니다. '아침 공기를 들이마시며 그 신선함을 맛보듯 처음으로 돌아가 성경본문의 원래 뜻을 회복한다는 건 신화' 일 뿐이다.'[34] 하지만 사도 그룹은 예수 그리스도의 사건 즉 그의 말씀과 행동에 비추어 구약의 말씀을 새롭게 해석해 신약을 탄생시킴으로 '모범적 해석' 을 남겼다. 이 '모범적 해석' 을 받아들이면 후대의 해석에 일정한 한계가 지어질 수 있다.

둘째, '모범적 해석' 을 따르려면 해석자는 '창조적 충실' 이란 태도를 갖춰야 한다. 그건 초대교회가 영광의 그리스도와 역사적 예수가 동일한 분이라는 점에 기초해, 예수님의 말씀과 사역이 나중에 겪게 된 발전들까지도 예수님께 돌리는 태도다. 이를 오늘에 적용하면 성령께서 믿음의 공동체를 통해 말씀하시는 것을 귀담아 들은 바를 다양한 해석적 노력을 통해 성경에 담긴 새로운 뜻으로 확인하는 것이다. 이 또한 성경 해석에 일정한 한계를 지울 수 있다.

---

33) L. Boff & C. Boff, *Introducing Liberation Theology*, 132-53.

34) 상게서, 141.

(2)클로보디스 보프와 레오나르도 보프의 논쟁

2007년과 2008년에 해방신학입문서의 공동저자였던 보프 형제가 신학 방법의 제1원칙을 놓고 치열한 공방전을 벌였다.[35] 신학 방법은 사실상 해석학 방법이기 때문에 여기서 잠시 다뤄보고자 한다. 클로도비스에 의하면 실제로 통용되는 해방신학 방법의 제1원칙이 하나님혹은 그리스도, 믿음과 가난한 사람들 사이에 모호하게 오가다 실제에 있어서는 가난한 사람으로 기울어져 결국 믿음을 수단화하여 정치라는 내재적 수준으로 부식하게 만들었다. 믿음은 가난한 사람들을 물신화하는 이데올로기로 전락했다. 그 탓에 '해방교회'는 오히려 존재가치와 매력을 상실했다. 정치적 실천을 원하는 사람들은 더 쉽게 접근할 수 있는 시민단체로 떠났고, 종교적 경험을 원하는 이들 역시 다른 곳으로 떠났다.

이에 대해 레오나르도는 가난한 사람으로 세상에 오셔서 가난한 사람들을 자신과 일치시키신 그리스도가 해방신학의 제1원칙이어야 한다는 점을 다시 역설한다. 가난한 사람과 그에 대한 관심은 하나의 주제가 아니라 복음 그리고 예수님의 가르침과 유산의 본질에 속한다. 누구든지 가난한 사람을 만난 사람은 의식하든 못하든 예수님을 만난 것이다.마 25:31-46 이 진리가 하나님/그리스도를 가난한 사람으로 대체한 것이 아니다. 그런 점에서 그리스도-원칙은 항상 가난한 사람들을 포함하지만, 가난한 사람들-원칙은 그리스도를 필연적으로 포함하는 건 아니다, 는 클로도비스의 주장은 최후심판자가 하신 말씀에 배치된다.

클로도비스는 다시 반론을 제기한다. 그는 레오나르도가 그리스도와 가난한 사람의 관계에 대한 신학적 이해의 차원과 신학의 방법론적 차원을 혼동하

---

35) Clodovis Boff, "Liberation Theology and back to the Foundation," *Revista Eclesi stica Brasileira*, N. 268, Vol. 67 (October 2007): 1001-22. Leonardo Boff, "For the Poor, against the Narrowness of the Method" (May 22, 2008) https://chiesa.espresso.repubblica.it/articolo/205711.html. Clodovis Boff, "Return to Basic: Reply," *Revista Eclesi stica Brasileira*, vol. 68, no. 272 (Apr. 2008): 892-927.

고 있다고 말한다. 게다가 그리스도는 먼저 인간이 되었고 다음에 가난한 사람이 되었다고까지 주장한다. 그는 해방신학 초기에 "그리스도와 가난한 사람 함께"를 제1원칙으로 삼았던 것은 이해될만 하지만, 더 이상 그런 기초적이고 지나치게 단순한 논리에 머물면 안 된다. 해방 운동가들이 그런 함정에 빠지는 것은 괜찮지만 믿음에 대해 비판적으로 분석적으로 성찰해야 하는 과제를 지닌 지식인들에겐 옳지 않다.

2, 우호적 비판: 더 좁혀진 해석의 자유와 레오나르도의 제1원칙

(1)더 좁혀진 해석의 자유

제3세계 복음주의자의 입장에서 해방신학의 해석학을 우호적이면서도 예리하게 분석해낸 앤드류 커크에게서 배울 점이 많다. 그는 정경을 단순히 '모범적 해석' 으로 볼 수 없는 이유를 명료하게 밝혀준다.[36] 신학자는 신약을 오늘의 사건에 비추어서 재해석할 때, 클로도비스가 말한 정도의 자유를 누릴 수 없다. 커크는 이와 관련해 매우 설득력 있는 결론을 내린다.

> [사도들이 받은] 계시는 최종적인 것이다. 이 계시는 사도들이 하나님께 의뢰받은 것으로서 마지막 혹은 종말의 사건을 명확히 했다는 의미에서 그렇다. 물론 새롭게 일어나는 그리스도인 세대들은 새로운 신학적·정치적 틀 안에서 '시대의 표징' 을 읽어내면서 상당한 유익을 얻을 수 있다. 당연히 이들을 통해 이 계시는 새롭게 펼쳐져야 한다. 그러나 만일 그 과정에서 이 계시가 시대에 뒤떨어진 것으로 간주되거나 변경된다면 이는 새 시대가 열

36) J. Andrew Kirk, *Liberation Theology: An Evangelical view from the Third World* (Basingstoke: Marshall Morgan & Scott, 1979), 196-98. 정경과 정경 저자들의 유일한 지위에 대한 강력한 논증을 위해서는 Brevard S. Childs, *Biblical Theology of the Old and New Testament* (London: SCM, 1992), 56-73, 668-72를 참조하라.

린 사건의 결정적 성격을 거부하는 것이나 마찬가지다.37

그런 한계 내에서 누리는 해석의 자유를, 보캄은 성경을 그 '문화적 특수성과 유일성 속에 잘 음미' 한 후 우리 시대를 위한 일종의 '전형' 크리스토퍼 라이트가 제시하는 데로 혹은 '유비' 앙드레 듀마가 제시하는 데로로 보는 것이라고 말한다.38

이렇게 좀 더 좁혀진 해석의 자유가 오늘의 해방실천을 약화시키는 것이 아니라 오히려 강화시킬 수 있다. '구원' 의 의미를 부여하고 싶은 해방운동이 거의 사라진 현실에 낙망하지 않고 다시 성경으로 돌아가 이런 현실에 던지는 성경 고유의 메시지를 다시 탐구할 수 있게 될 것이기 때문이다. 그 과정을 통해 오늘의 가난한 사람들을 위로하고 격려하고 도전해 해방실천에 다시 참여할 수 있도록 이끌어 주시는 하나님의 말씀을 찾을 수 있을 것이다.

(2)레오나르도의 제1원칙 고수: 그리스도-가난한 사람

해방신학의 경우 자신의 정체성을 유지하려면 레오나르도가 일관성 있게 주장해온 제1원칙 즉 그리스도-가난한 사람의 원칙을 고수해야 한다고 생각한다. 클로도비스는 반론에서 원래 자신은 처음부터 믿음/그리스도가 신학의 제1원칙임을 분명히 했음을 강조한다. 하지만 논박하는 글을 쓰는 와중에 상황의 압박 그리고 진리보다 더 사랑한 친구의 압박에 못 이겨 흔들렸다고 반성한다.39 그러나 사실은 그의 박사논문인 『신학과 실천』이나 레오나르도와 공저한 해방신학 입문서에 이미 자신도 모르는 사이에 둘 사이를 오가고 있음을 확인

---

37) Kirk, Liberation, 197. 같은 논지를 보기 위해서는 Grant R. Osborne, *The Hermeneutic Spiral: A Comprehensive Introduction to Biblical Interpretation* (Downers Grove, Ill.: IVP, 2006), 410을 참조하라. Richard Bauckham, *The Bible in Politics: How to Read the Bible Politically* (London: SPCK, 1989), 17: '성경의 한 본문이 나중에 얻게 되는 의미의 새로운 차원들은 그 본문이 정경화 되기 전 상황에서 독자들이 이해했던 의미와 연속선상에 있다는 것이 이해될 수 있어야 한다.'

38) Bauckham, *The Bible in Politics*, 12. 크리스토퍼 라이트가 제시한 '전형' 을 위해선 크리스토퍼 라이트 지음, 『현대를 위한 구약윤리』, 김재영 옮김 (서울: IVP, 2006), 83-101을 참조하라.

39) C. Boff, "Return to Basic," 893.

할 수 있다.[40]

그런데 클로도비스가 2007년, 2008년에 와서 굳이 믿음/그리스도를 신학의 제1원칙으로 삼아야 한다고 한 쪽으로 강하게 주장하는 데는 두 가지 이유가 있어 보인다. 첫째, 실제로 해방신학의 이름으로 믿음이 수단화되고 가난한 사람을 물신화하는 현상을 보았다고 생각했기 때문이다. 나는 그 현장을 직접 보지 못한데다 적어도 레오나르도가 그 점을 부인하고 있으니 클로도비스의 관찰에 유보적일 수밖에 없다. 둘째, 이제는 가톨릭의 사회적 가르침, 즉 그 믿음의 내용 안에 해방신학의 가난한 자들에 대한 신학적 관심이 충분히 반영되었다고 믿기 때문이다. 그러나 나는 레오나르도의 우려에 공감한다. 가톨릭의 사회적 가르침 안엔 가난한 사람들에 대한 신학적 관심이 추상적이고 수사적인 언어로 표현되어 있을 뿐, 구체적이고 역사적인 내용이 전혀 담겨 있지 않기 때문이다. 교회 기득권세력이 해방신학을 내부로 흡수해서 그 급진성과 저항적 동력을 둔화 내지 무력화시킬 가능성은 매우 높다고 본다.[41]

신자유주의 지구화와 탈근대주의 사상이 급진적 저항운동을 거의 제거해 버린 오늘의 역사적 상황에서 해방신학이 해방신학으로 남아 하나님나라의 역사에 기여하려면, 가난한 사람-그리스도를 제1원칙으로 끝까지 붙들고 있어야 한다. 다만 클로도비스가 우려한 바가 뜻하지 않게 현장에서 발생하지 않도록 노력해야 하고, 만일 발생했다면 치열하게 수정해나가야 할 것이다. 그 과제를 꼭 해방신학에게 넘길 필요는 없다고 생각한다. 그건 신학적 분업 차원에서 보편적인 신학이 감당하면 될 일이다. 두 신학 사이에 건강한 긴장관계가 유지된다면 그것이 가장 바람직할 것이다.

---

40) C. Boff, *Theology and Praxis*, 73, 74. L. Boff & C. Boff, *Introducing Liberation Theology*, 33, 35.

41) Alfredo Fierro, *The Militant Gospel: An Analysis of Contemporary Political Theology* (London: SCM, 1977), 198-99: 레오나르도의 우려를 일찍이 경고하고 있다.

VI. 실천적 매개

실천적 매개는 '행동'에 해당하는 세 번째 단계에 속한다. 해방신학은 이렇게 예비 단계의 불분명한 실천으로 시작해서 신학적 성찰로 평가되고 조정된 실천으로 마무리된다. 그 순환은 한 번으로 끝나는 게 아니다. 경험이 축적되고 상황이 변화되면 그 순환은 다시 시작되어야 한다. 쉽지 않지만 보람 있고 역동적인 배움의 과정이다. 여기선 유토피아와 실천에 대한 힌켈라메르트의 관점을 간략하게 다루고자 한다. 지금 절실하게 요청되는 것은 무력하고 관행적인 실천의 반복보다는 오히려 이론적 반성과 성찰이 더 시급한 상황이라고 보기 때문이다.

1. 유토피아를 향한 현실적 실천

힌켈라메르트는 반유토피아 사상을 강력하게 비판하며 유토피아를 지지한다.[42] 반유토피아론자는 유토피아가 하늘을 땅에 임하게 하려다, 지옥으로 이끈다고 공격한다. 하지만 힌켈라메르트는 막상 지옥으로 이끄는 건 오히려 반유토피아라고 반박한다. 유토피아가 회복 불능의 지옥을 만들 수 없는 건 현실의 벽에 부딪히면 현실로 돌아갈 수밖에 없기 때문이다. 물론 유토피아를 추구하다 잘못을 저지르는 세력이 있을 수 있다. 그러나 그 마저도 결국 한계에 부딪히고 만다. 그러나 반유토피아, 즉 기존체제 유지에는 그런 한계가 없다. 기존체제가 어떤 문제에 부딪히든 반드시 그 체제 내에서 해답을 찾기 때문이다. 그 끝은 완전한 파멸이다. 반유토피아의 무차별한 공세에 맞서, 유토피아를 강력하게 지지해 줄 수 있는 사람들이 바로 그리스도인들이다. 그리스도인들은 하나님나라의 완성을 향한 믿음과 희망을 바탕으로 유토피아의 정당성을 옹호

42) Franz J. Hinkelammert, *The Ideological Weapons of Death: A Theological Critique of Capitalism* (Maryknoll: Orbis, 1986), 219-25, 229-30.

해 줄 수 있기 때문이다.

2. 우호적 비판: 유토피아를 품은 진지전

이 지점에서 앞서 언급한 힌켈라메르트의 미래세계에 대한 구상에 대해 아쉬움을 표현하고자 한다. 그는 시장 없는 세상은 인간의 실현 범위를 넘어선 게 분명해졌다고 단언했다. 유토피아가 벽에 부딪혀 현실로 돌아온 것은 맞다. 하지만 그것이 인간 세상에선 영원히 불가능한 것이라고 예단할 수 있는 근거는 무엇일까? 내 짐작에 현실사회주의 국가들의 실험 과정에서 너무나 큰 폐해가 있었다는 판단 때문일 것이다.

그러나 우리가 조심해야 할 것은 그런 판단엔 냉전시대의 과장이 많이 담겨 있을 수 있다는 점이다.[43] 진실은 미화와 악마화의 중간 지점 어딘가에 있을 것이다. 또한 가난한 사람들과 다양한 피해자들의 입장에서 자본주의 사회의 병폐를 냉정하게 확인해 볼 필요가 있다. 해방신학자들이 잘 인지하고 있듯이 자본주의는 일종의 종교로 둔갑해 사회적 약자들의 끊임없는 희생을 정정당당하게 요구하는 체제다.[44] 그런 체제를 민주적 통제로 제어하는 데는 치명적인 한계가 있음을 한시도 잊어선 안 된다. 원래 정통마르크스주의자였던 레셰크 코와코프스키는 전향 후 서구복지국가의 발전요인에 대해 이렇게 평했다.

> 사회주의자의의 언어로 계속 생각하는 게 바보짓인가? 난 그렇게 생각지 않는다. 서구 유럽이 가난한 사람들과 무력한 사람들을 위해 더 많은 정의

---

43) 마리오 소사, 『진실이 밝혀지다: 쏘련 역사에 대한 거짓말』, 채만수 옮김 (서울: 노사과연, 2010/2013) 바만 아자드, 채만수 옮김, 『영웅적 투쟁 쓰라린 패배: 사회주의국가 쏘련을 해체시킨 요인들』(서울: 노사과연 2005/2013)

44) Jung Mo Sung, Desire, *Market and Religion*: *Reclaiming Liberation Theology* (London: SCM, 2007) 17–19; "Latin American Liberation Theology," *St Andrews Encyclopaedia of Theology*. Edited by Brendan N. Wolfe et al. (2024), 17–28. https://www.saet.ac.uk/Christianity/LatinAmericanLiberationTheology

와 … 더 많은 복지를 제공하고 더 많은 국가의 책임을 지기 위해 실행한 모든 것들은, 사회주의 국가들의 이념들과 사회주의 운동들에서 오는 압박이 없었으면 절대 성취될 수 없었을 것이다. 후자의 순진성과 환상들에도 불구하고 말이다.[45]

그런데 지금 그 압박이 일거에 사라졌다. 신자유주의 지구화 이후 많은 진보적인 시민운동과 정당의 선전善戰에도 불구하고 서구복지국가들의 복지정책들이 위축되거나 겨우 명맥을 유지하고 있는 것도 바로 그래서다. 그런데 어디서 더 힘을 얻어 계획경제를 통해 현존 시장을 강력하게 압박하고 조율할 수 있을 것인가? 나는 그것이야 말로 관념에서 비롯된 공상은 아닌지 매우 우려스럽다. 시장에 대한 민주적 통제만으로는 오늘의 자본주의가 파국과 야만으로 치닫는 것을 막을 수 없다는 게 갈수록 분명해 보인다. 그 결정적 증거가 노동의 피폐화, 다양한 피해자들의 급증 그리고 기후위기다.[46] 공산당 선언의 한 대목은 여전히 유효하다.

이 싸움은 매번 사회 전반의 혁명적 개조로 끝이 나거나 투쟁 계급의 공멸로 끝났다.

공멸을 막으려면 일단 자본 권력과 시장 그리고 지식권력이 사라진 세상을 상상해야 한다. 그 세상을 여기서 자세히 말할 순 없지만 윤곽만 말하자면, 주

---

45) Leszek Kolakowski, *Main Currents of Marxism: Its Origin, Growth, and Dissolution. III: The Breakdwon* (Oxford: Oxford University Press, 1978), 523. Charles Davis, *Religion and the Making of Society* (Cambridge: Cambridge University Press, 1994), 175에서 재인용함.

46) 사이토 고헤이, 『지속 불가능 자본주의』, 김영현 옮김 (서울: 다다서재, 2020): 기후위기는 자본주의 해체와 탈성장 코뮤니즘 실현 아니고는 해결할 수 없다는 사실을 설득력 있게 논증한다. 알렉스 캘리니코스, 『재난의 시대 21 세기』, 이수현 옮김 (서울: 책갈피, 2024): 재난의 시대 21세기 극복은 자본주의 해체와 민주적 사회주의 실현 없이는 불가능하다는 것을 잘 논증한다.

요 생산수단을 사회화하고 민주적 계획경제가 실현되는 세상이다.[47] 혁명 없이는 절대 실현될 수 없는 세상이다. 유토피아다. 그 유토피아를 정당화해 주는 것은 예수 그리스도의 부활과 하나님나라의 완성이다. 그렇다면 이를 믿는 그리스도인은 유토피아를 가슴에 안고 전력을 다해야 한다. 현재 가장 효율적인 실천은 안토니오 그람시가 제안한 소위 '진지전' 이다. 시민사회 여기저기에 견고한 진지를 파고 동료들과 굳게 연대하여 자신들을 지키고 새로운 동지를 얻어 한 걸음씩 전진해야 한다. 그래야 자본주의의 결정적 위기가 닥쳤을 때 체제전환의 길을 열어갈 기회를 포착할 수 있을 것이다.

Ⅶ. 맺음말

그럼 과연 누가 장기적인 진지전을 펼쳐가며 두려움, 무관심, 냉소, 절망 그리고 자기중심적 욕망과 헛된 '강자 동일시' 에[48] 사로 잡혀 자본주의 체제에 자연스럽게 순응하고 있는 이들을 흔들어 깨울 수 있을까? 누가 그들에게 완전히 사라져 버린 사회적 상상력을 다시 불어넣어줄 수 있을까? 예수님의 십자가와 부활의 도를 자기 몸에 익힌 사람들이다. 자발적으로 '뒷것' 이[49] 되어 '배경이 되는 기쁨' 을[50] 누릴 줄 아는 이들이다.[51] 이 세상에서 아무 것도 얻지 못한다 할지라도 아니 '만물의 찌꺼기' 로고전 4:13 취급을 받는다 할지라도 하나님과

---

47) Peter Hudis, *Marx's Concept of the Alternative to Capitalism* (Chicago: Haymarket Books, 2012). 김성구, "사회화와 이행," 김수행 신정완 편, 『자본주의 이후의 새로운 사회』 (서울: 서울대학교 출판부, 2007/2008), 257-91. 정성진, "참여계획경제," 김수행 신정완 편, 『자본주의 이후의 새로운 사회』, 319-53.

48) 강수돌, 『강자 동일시』 (서울: 사무사책방, 2021) 이 책은 자신도 기득권 강자처럼 되고 싶은 욕망에 강자와 자신을 동일시하고 그들의 시각으로 세상을 바라보고 그들의 관점에 따라 살아가는 사회적 약자들의 모습을 잘 보여주고 있다.

49) 김민기가 좋아했던 표현이다.

50) 안도현의 시 제목이다.

51) 김상봉, 『영성 없는 진보: 한국 민주주의의 위기를 생각함』 (서울: 온뜰, 2024) 전체와 자기를 하나로 여겨 새로운 세상을 위해 자기를 온전히 던질 줄 아는 믿음이 있는 사람을 기다리며 쓴 책이다. 나는 기다리지만 말고 내가 되고자 노력하고 그런 사람을 주변에서 찾아 연대해야 한다고 생각한다.

이웃을 너무나 사랑하기에 새로운 세상 건설을 위해 자기 몸을 기꺼이 던질 수 있는 사람이다. 그런 사람들이 엘리아 시대에 그랬듯 우리 시대에도 의외로 많을 수 있다. 왕상 19:18 거기서부터 연대를 시작하면 된다. 치열하게 살되 조급할 필요는 없다. 시간은 어차피 그들의 편이기 때문이다. 계 21:1-8 그들을 통해 언젠가 잠들어 있던 대중들이 분연히 일어나 역사를 바꾸고 자본주의를 해체하고 새로운 세상을 만들어가는 주체로 우뚝 서게 될 날이 올 것이다.

급진 정통주의에서 신학적 상상력
: 예전적 인간과 성만찬 정치체 개념을 중심으로[1]

김 승 환
장신회신학대학교/기독교와 문화

Ⅰ. 들어가는 말

1990년대 후반부터 등장한 '급진 정통주의' Radical Orthodoxy 신학은 세속화된 근대 정치와 파편화된 인간 존재론을 비판하고 기독교 전통에서 흘러온 성육신의 인간 이해와 성만찬 공동체를 통해 그 대안을 제시하려 한다. 세속사회의 전 영역에서 잃어버린 초월적이고 심미적인 영역과 공동체적이고 관계적인 정치성을 복원하고자 기독교의 오랜 전통에서 그 흔적들을 발굴하고 재해석한다. 급진 정통주의는 세속화 이전의 신학 전통으로 회귀하여 초대 교부까지 거슬러 올라가 교회 공동체의 근원적 사상과 비전을 추구한다. 그렇다고 급진 정통주의가 단순히 과거를 그리워하면서 돌아가려고 하는 것은 아니다. 세속화로 잃어버린 기독교의 전통을 신학적 성찰의 조건으로 다시 성찰하면서 대안을 제시하려는 것이다.[2]

1) 이 글은 "급진 정통주의의 인간 이해와 성만찬 정치체에 관한 연구," 「신학과 실천」 78 (2022): 7~32를 수정 보완한 것이다.

2) Graham Ward, "In the Economy of the Divine: A Response to James K. A. Smith," *Journal of the Society for Pentecostal Studies* 25 (2003), 117.

이 흐름을 주도하고 있는 그래함 워드Graham Ward, 존 밀뱅크John Milbank, 캐서린 픽스톡Catherine Pickstock은 모두 급진 정통주의를 하나의 학파 또는 운동으로 말하기를 경계하며, 어떠한 방향성과 프로그램을 지지하지 않는다고 말한다. 대신 급진 정통주의는 하나의 해석적 성향이나 형이상학적 비전으로 이해했다.[3] 급진 정통주의는 세속화된 이데올로기의 전제를 다시 성찰하면서 신학과 사회의 모든 영역을 재정립하는 최신의 신학이다. 어거스틴과 아퀴나스, 종교개혁과 가톨릭의 신신학new theology으로 이어지는 하나님의 신성성과 피조세계의 초월성을 회복하면서 근대적 이원론에 사로잡힌 세속주의가 잃어버린 거룩한 전통을 복구하려 한다.

II. 급진 정통주의의 세속성 비판

근현대 세속성의 핵심은 계몽주의와 합리적 이성에 있다. 신학이 지적하는 죄인으로서 인간, 신의 형상을 닮은 인간 이해가 아닌 신으로부터 도피한 자율적 이성으로 사유하는 인간을 제안한다. 종교의 지배에서 탈출한 세속 사회는 스스로 선함의 가능성과 미래적 비전을 지니며 바로 인간 이성의 토대 위에서 그것을 구축하려 한다. 근대는 이성을 도구적, 기능적으로 제안하면서 유물론적 유토피아를 꿈꾸지만, 결국 인간의 쾌락적 삶과 욕망을 부추기는 결과를 초래했다. 합리적 이성으로 무장한 자율적인 인간을 통해 새로운 정치체계를 구축하려는 시도 역시, 종교의 권위와 지배 질서를 답습하는 패러디에 불과하다.

1. 근대의 합리적 인간 이해 비판

제임스 스미스는 근대성이 신적인 것과 초월적인 것을 제외하는 세속의 이원론적 구조를 취한다고 비판한다. 근대성은 그 뿌리에서부터 잘못되고 파괴

3) 제임스K. A. 스미스, 『급진 정통주의 신학』, 한상화 역 (서울: CLC, 2011), 90.

적인 기획이었다. 오늘날 그 기획은 철저히 무너지고 있으며, 보편적 이성에 근거한 단일한 진리 체계는 종말을 고하고 있다.[4] 칸트는 이성을 신의 자리와 대치시키면서 영원히 필연적이고 무조건적이며 이성이 세워놓은 원리들과 규범에 하나님을 끼워 맞추려 했다. 세속 안에서 종교는 이성의 한계 안에 머물러 있으며, 윤리적으로 환원된 신은 계몽주의의 자연적이고 도덕적인 질서와 직관적으로 연결되어있는 분으로 제한되었다.[5] 근대의 인간은 이성 안에서 자신의 삶을 살아가는 최종적이고 합리적인 존재로서 우리가 알 수 있는 것, 우리가 마땅히 행하는 것, 그리고 우리가 판단하고 평가할 수 있는 영역 모두 이성 안에 놓아두었다.

그렇다면 인간 이성이 극대화된 사회는 어떤 모습일까? 이성과 합리성의 강조는 계몽주의의 기획에서 가장 잘 드러난다. 나치의 이교주의와 스탈린의 학문적 사회주의는 모두 가치와 진리를 세상의 이성적 힘의 논리에 맡긴 전형적인 예이다. 그 결과, 인간의 존엄성과 생명을 무시하고 합리적 효율성을 강조하는 자본주의의 논리에 빠지게 되었다. 밀뱅크는 칸트식의 자유적 인간주의 논리와 나치의 논리 사이에 유사성이 있다고 지적하면서 나치주의는 하나님 자리에 인간을 올려놓은 시도라 평가했다. 그것은 인간의 자유의 힘을 완전하게 실현하려고 했던 기획이며 홀로코스트가 바로 세속성의 완성이라 할 수 있다.[6]

세속은 종교를 떠난 것이 아니라 종교를 모방한 것이다. 세속은 과학적 중립성을 새로운 신념 체계와 강력한 사상으로 설정하고 그 기치 아래 기독교적 주제들을 혼합시켜 신-이방주의로 발전했다. 종교를 몰아내고 신앙의 자리에 합리적 이성이 대체하면서 인간 중심적인 사회를 구축했다. 신학은 근대성에 대한 단순한 거절과 반대를 넘을 필요가 있다. 개신교의 반근대주의는 근대성에

4) 제임스K. A. 스미스, 『급진 정통주의 신학』, 95-6.

5) 존D. 카푸토, 『포스트모던 시대의 철학과 신학』, 김완종, 박규철 역 (서울: 기독교문서선교회, 2016), 76-7.

6) John Milbank, *Being Reconciled: Ontology and Pardon* (London: Routledge, 2003), 179-80.

대한 단순한 부정이며, 그것 역시 근대주의의 틀 안에 갇혀 있는 것이기에 새로운 패러다임이 필요하다.[7] 급진 정통주의가 근대성의 비판 위에 근거하지만 그렇다고 반근대적인 것은 아니다. 오히려 그것은 근대의 성취를 진지하게 숙고하고 그것들을 비판적으로 정밀하게 검토한다. 이러한 입장이 세속주의 혹은 근대성에 대한 철저한 정죄로만 이해되어서는 안 된다. 왜냐하면 여전히 어떤 국가들은 국가적으로 승인된 종교적 폭력과 착취를 깨뜨리기 위해 상당한 부분에서 성과 속을 구분하는 세속주의가 필요하기 때문이다.

신성과 초월성을 상실한 세속사회는 이성적인 인간을 신의 자리에 위치시켰다. 하지만 인간의 이성을 강조하고 자율성을 보장하면서 결국 그 무엇도 지향하지 않는 허무주의로 이어지고 말았다. 피조물 그 자체가 하나님과의 의존성을 단절한 채 자율적 존재가 되면서 자기 자신은 아무것도 아닌 것이 되었다. 피조세계에 의미를 부여하는 초월자와의 분리는 허무주의의 논리로 이어져서 포스트모더니즘의 해체주의로 나아간다.

급진 정통주의는 이러한 허무주의로 귀결되는 세속적 근대성에 질문을 던지면서 존재는 하나님과의 관계 안에서 파악될 때, 다시 말해 하나님의 본질로부터 이해될 때 상실한 토대적 불안으로부터 해방될 수 있다고 주장한다.[8] 급진 정통주의는 계속해서 근대의 이원론에 대한 의문을 제기함으로써 세속 이성 개념 자체를 해체하고 성과 속의 구분을 제거하려 한다. 신앙과 이성 사이를 대립시키는 것에 문제를 제기하면서 순수한 이성을 추구하는 것과 순수한 신앙을 추구하는 것은 양쪽의 극단적인 모습이 모두 근대의 한계 안에 있음을 고발한다.[9] 자율적 이성은 단독적으로 형성되고 활동하는 것이 아니라 궁극적인 하나

7) 제임스 스미스, 『급진 정통주의 신학』, 97.

8) Laurence Paul Hemming, "Nihilism: Heidegger and the grounds of redemption," *Radical Orthodoxy* (London: Routledge, 2002), 93-4.

9) Elaine Graham, *Apologetics without Apology: Speaking of God in a World Troubled by Religion* (Eugene: Wipf and Stock Publishers, 2017), 117.

님 안에서 활동한다. 급진 정통주의가 인간의 이성 자체를 거부하는 것이 아니다. 오히려 신성과 초월성을 상실한 이성의 한계를 지적하면서 그들을 신성의 영역으로 포괄시키려 하는 것이다. 자아 중심적이고 욕망 지향적인 세속 이성의 온전함은 신적 이성을 통과할 때 가능하며, 자율적 인간 존재를 가능하게 하는 근대적 인간 이해가 아닌 영원한 초월적 존재에 의존하는 참여적 존재의 토대를 마련하고자 한 것이다.

2. 세속 영역의 초월성 복구

세속성은 존재의 일의성univocity을 택함으로써 영적이고 정신적인 것에서 분리된 존재의 허무주의를 낳았다. 근대의 이원론에 입각해 정신적인 것에서 육체적인 것으로, 종교적인 것에서 인간적인 것으로 방향을 돌려놓았다. 결국 인간 존재를 비롯한 피조세계를 단순하게 물질로 환원시켰다. 근대의 존재론은 존재의 유비를 부정하는 일의성에 근거하면서 신에 접촉하지 않은 새로운 존재의 공간을 창조하여 종교 밖의 자율적인 실재를 추구하였다. 이러한 세속의 출현은 중립적이며, 객관적이라고 상정되는 자율적인 사회를 만들어낸다.[10] 근대성이 내세운 일의적 인간론은 하나님과의 계약적 관계를 인간들의 사회계약적 관계들로 도용한 것이다. 신과 분리된 개인의 의지, 능력, 자기 충동적 욕망, 사회계약을 통한 합의와 질서유지 등이 새로운 자원으로 등장한 것처럼 보이지만, 실제는 신학적인 특성을 그대로 담고 있다. 급진 정통주의는 존재론의 대안을 제시하기 위해 존재의 의존성을 인정하는 형이상학에 관심을 둔다. 존재는 스스로 자립하는 것이 아니라 본질적인 무엇, 궁극적인 것에 의

10) 제임스K. A. 스미스, 『급진 정통주의 신학』, 121. 존재의 일의성을 서술하는 존재론이 무엇이 잘못되었을까? 이것은 존재의 유비를 인정하는 아퀴나스의 참여적 형이상학과 대조하여 이해해야 한다. 아퀴나스는 하나님께서 존재하신다고 말하는 것은 하나의 피조물이 존재하는 것과 유비적인 의미에서만 이해될 수 있다고 보았다. 즉 창조자의 존재 양식은 중요한 의미에서 피조자의 존재양식과 다르지만 피조자는 창조자의 존재에 참여하는 정도에 있어서 존재한다는 입장과 대비된다. 그리하여 '오직 신학만이 형이상학을 넘어선다' 라고 밀뱅크는 주장하면서 아퀴나스의 신학적 형이상학을 스코투스의 자율적 형이상학과 대조시킨다.

존함으로써 자신의 존재 의미를 획득할 수 있고, 다른 존재들과의 관계 안에서 자신의 존재를 설정한다.

근대 이전의 사회에서는 세속이란 개념 자체가 존재하지 않았다. 모든 것은 종교적 언어로 서술되었고, 인간 존재는 신에게 참여할 때 그 의미와 목적을 발견하게 되었다. 피조계의 어떤 영역이나 피조물의 어떠한 창작 행위도 종교적이거나 신학적인 영역밖에 존재하지 않았으며, 현실은 신적인 섭리와 보호 아래 진행되었다. 초월자와의 관계로부터 동떨어진 피조계의 어떠한 예외적인 영역도 존재할 수 없었다. 하지만 근대성의 발현 이후 등장한 세속은 종교적 변용으로서 신을 패러디한 신과 같은 인간을 그 중심에 올려놓았다. 세속의 영역은 그 힘과 권위에 있어서 종교에서 독립하여 점점 초월적인 신성함과 영적인 것에서 멀어진 것처럼 보이지만 철저히 종교적 권위와 지배 질서를 답습하고 있다. 하지만 급진 정통주의의 주장이 마치 근대를 뒤엎고 과거의 종교 세계로 돌아가자는 취지로 들일 수 있다. 기독교 왕국Christendom처럼 모든 세계를 지배하는 중세의 종교 시대를 그리워하는 듯한 인상을 준다. 그러나 급진 정통주의는 단순히 과거를 그리워하는 것이 아니라, 세속화의 숨겨진 허구적 진실을 폭로하고 또 다른 종교로 자리 잡은 세속이란 우상체제를 비판하는 것이다.

급진 정통주의 입장에서 볼 때 세속 국가는 교회의 패러디에 불과하다. 세속화 이전 사회에서 성만찬 성례가 하나님의 물질적 임재의 초점이었다면, 세속화 이후 새로운 국가 질서에서 군왕이 하나님의 성례전의 임재를 상징하는 새로운 중심점이 되었다. 군왕이 미사를 대신하였고, 그리스도의 몸은 왕의 몸으로 대치되었으며, 그러한 변화 속에 공화국이 탄생하면서 세속적 제도를 신성화하기 시작했다.[11] 근대 국가가 그 자체로 거대한 교회가 되어 구원론적인 제도를 구축하여 정의와 평화를 구현할 수 있다는 착각을 심어주고 있다.

급진 정통주의는 세속성이나 혹은 신앙적 시각에 의해 오염되지 않은 인간

11) 제임스K. A. 스미스, 『급진 정통주의 신학』, 175-78.

삶에 대한 객관적인 설명이라고 가정된 신념에 도전한다. 초월성의 회복은 근대 국가의 허구성을 폭로하는 동시에 종교를 대체하려 한 세속의 모든 시도를 신학적으로 재해석하는 작업이다. 거짓된 권위와 초월적 평화를 제안하는 세속의 허구성을 폭로한다. 종교적 권위와 교리체계의 한계를 극복하기 위한 근대의 등장으로 완성된 패러다임처럼 보이지만, 그것 역시 시대적 한계에 봉착하고 있다. 종교를 신봉하는 대신, 근대 국가와 이성을 신봉하게 하면서, 믿음의 대상과 형식을 변형한 것에 불과하다.

세속 국가가 제공하는 구원론은 정치적 평화를 지향하는 허구적 평화이다. 이 땅의 번영과 안녕을 향한 정치적 의도를 신의 섭리와 통치의 것으로 환원하여 스스로의 왕국을 구축한 것이다. 사회계약론에 근거한 근대 정치는 인격적 신뢰와 연대를 바탕으로 하는 것이 아니며, 각자의 이익을 중심으로 한 임시적 동의에 불과하다. 민족과 국가처럼 장소, 혈연, 인종, 문화, 언어를 중심으로 하는 연대는 배타적이고 차별적인 정치로 발전할 가능성이 농후하며, 이는 또 다른 갈등과 분열을 초래하는 근거가 될 수 밖에 없다.

제임스 스미스는 현대 이원론과 세속적인 신화를 거부하면서 주류 학계에서 신학을 거침없이 고백한다. 세속화로 종교가 사사화되어 뒤로 물러나 있는 것이 아니라 공공 영역에서 제반 분과에 걸친 기독교적인 연구를 사회 전반에 걸쳐 시도하려 한다.[12] 이처럼 세속 사회가 잃어버린 초월성과 신성적인 것의 복구로 합리적 이성의 한계를 극복하고, 참된 정치체로서의 가능성을 구현하면서 공공의 영역의 재신성화를 추구한다. 이를 통해 세속의 한계와 왜곡을 폭로하는 동시에 그 대안으로 신학적 사고와 성찰을 통해 세속을 구원할 필요가 있다.

3. 이원론적 존재론 거부

급진 정통주의는 허무주의와 물질적인 것은 초월적이고 비물질적인 것에

12) 제임스K. A. 스미스, 『급진 정통주의 신학』, 100.

의존한다는, 신성에 참여하는 존재론을 제안한다. 참여는 급진 정통주의 신학의 핵심 중 하나이다. 세상은 오직 하나님의 존재 안에 참여할 때 존재할 수 있다. 스티븐 세익스피어Steven Shakespeare는 참여에 있어서 주의해야 할 것을 두 가지로 설명한다. 첫째, 참여는 정체성에 관한 것이 아니다. 세상의 존재는 하나님의 존재와 동일할 수 없다. 이것은 세상의 우상화를 방지할 뿐 아니라 그들을 예배의 대상으로 보지 않게 하기 위함이다. 둘째, 참여는 본질적으로 관계에 관한 것이다. 우리는 세상을 오직 하나님과의 관계성 안에서만 파악할 수 있다. 하나님의 창조적 행위가 세상에 대한 존재론적 의미를 부여하고 우리를 하나님과 같은 존재가 가능하도록 인도한다. 이러한 참여를 통해 무한이 유한 안에 계시되며 물질세계와 시간의 영역 안에서 현존하게 된다.[13]

하이데거는 존재를 형이상학의 영역 안에서 파악하려 하였다. '존재로서 하나님' 은 '전체로서의 존재' 그리고 '최고의 존재로서 존재를 주는 존재' 이다. 하지만 그의 하나님은 신앙의 하나님이 아닌 형이상학적인 차원에서 고려되는 하나님이다. 장 뤽 마리옹Jean-Luc Marion은 하이데거의 하나님은 우상이라고 비난하면서 그가 하나님을 세속화된 신의 개념으로 이해했다고 평가했다. 추상적인 사고는 하나님의 존재에서 멀어지게 하지만 신앙은 존재의 차원으로 계시된 하나님을 향하도록 우리를 안내하며, 하나님의 계시를 경험하게 한다.[14] 근대가 존재의 일의성을 서술하는 존재론을 채택하여 존재의 무, 즉 허무주의를 낳았다면 급진 정통주의는 그것의 대안으로 피조된 존재의 '의존성' 을 고백한다. 이것은 초월성으로 재무장된 내재성을 가진 존재, 다시 말해 '신성에 참여하는 존재론' 으로 발전한다.

참여적 존재론의 신학적 근거는 어디에서 찾아볼 수 있을까? 근대의 이원론과 파편화된 개인들의 사회적 삶, 그리고 세상에 존재하는 피조물은 창조주의

---

13) Steven Shakespeare, *Radical Orthodoxy* (London: Great Britain, 2007), 22-3.

14) Laurence Paul Hemming, "Nihilism: Heidegger and the grounds of redemption," 96-7.

역사 안에 참여할 때 그 의미의 존재성이 회복될 수 있다는 주장들은 무엇을 토대로 할까? 여기에는 삼위일체 하나님의 존재론과 성육신의 교리가 깊이 작동한다. 현대인의 삶은 사회로부터의 이탈되고 타자를 대상화하는 삶이다. 모더니즘의 영향으로 세상을 통제하는 지적인 능력의 획득은 인간 중심적, 이성 중심적 세계를 제공했고 욕망과 성공을 향한 목적의 정당화로 자신 뿐 아니라 모든 타자를 대상화하였다. 더 나아가 이상과 현실 사이의 단절, 몸과 정신 사이의 단절은 탈육신적 삶을 부추긴다. 성육신적 모델은 존재에 대한 이해를 새롭게 할 것을 촉구하는데, 영적인 몸이 영혼을 의미하는 것이 아니라 구원받은 이들의 통전적 몸으로서 그리스도의 삶을 따르는 거룩한 제자도의 삶을 제안한다.*15* 이러한 모델을 예수 그리스도를 통해서 발견할 수 있다. 즉, 로고스λoγoσ의 아르케αρχη의 우시아ουσια, 즉 말씀의 본질의 실체화이다. 인간의 몸을 입고 오신 하나님으로 성육신적 모델을 생각할 수 있다. 우시아는 두 가지 의미를 가지는데 현존이 되어감과 존재의 현존이다. 로고스는 창조의 본질로부터 창조된 모든 존재의 원인이다.*16* 이러한 존재의 로고스화는 개인적이고 내면적인 초월의 신앙이 아닌 존재로서 보편적인 세계의 근원과 연결되는 차원으로 확장되며, 다른 모든 존재들과 존재의 근원에서 만나는 공동체적이고 신앙적인 연합과 일치를 가능케 한다.

성육신의 신학적 시각은 물질주의와 정신주의의 거짓됨을 고발하고, 초월적 시각으로 시간과 육체성을 회복한다. 이것은 기독교가 성육신적 존재론이라고 기술하는 것과 맥을 같이하며 물체성과 육체성을 재평가하고 더 넓은 목표를 제시한다.*17* 성육신적 참여의 존재론은 곧바로 구속과 연결된다. 모든 피조물은 본래의 창조적 선함과 목적의 회복과 완성을 위해 그리스도를 통해 삼위일체와

---

15) 마이클 프로스트, 『성육신적 교회』, 최형근 역 (서울: 새물결플러스, 2016), 16.

16) Laurence Paul Hemming, "Nihilism: Heidegger and the grounds of redemption," 101.

17) 제임스K. A. 스미스, 『급진 정통주의 신학』, 102-03.

연결되며 세속적 존재들의 죽음과 갈등을 넘어선 신성에 참여하는 존재적 우선성을 확보한다. 이러한 참여적인 존재론은 철저히 신학적이며 비환원적이고 성육신적이다. 그것은 피조된 물질 그 자체를 능가하고 오직 초월적 창조자에 참여하거나 의존하면서 물질주의를 넘어선다. 이러한 참여의 방식은 창조의 선함에 근거를 두고 있으며, 물질과 몸은 초월과 정신에 관계되지 않을 때는 의미를 지니지 못한다. 그래함 워드는 "자연은 모든 면에서 영적인 정보 없이는 자연적일 수 없다"고 하면서 초월과 관념에 물질을 의존시키는 것만이 물질을 무로부터 보호할 수 있는 허무로 대체되는 것을 막을 수 있다고 주장한다.[18]

피조계의 모든 영역은 창조자의 원초적인 선물에 참여한다. 창조 세계가 창조자와 피조계 모두와 교제하기 위해 창조된 것이라는 신념으로부터 시작한 참여적 세계관은 존재의 차이들을 대립적이 아닌 조화롭게 바라보는 평화의 존재론을 생성한다.[19] 물론 레비나스와 데리다, 들뢰즈와 푸코에 이르기까지 포스트모던 사고가 표방하고 있는 차이에 대한 긍정이 대립적인 관계에서 서로를 이해하게 하는 존재론적 관점의 전환을 가져오지만 이 역시 이원론적 근대의 패러다임에서 자양분을 공급받기에 서로 경쟁하는 폭력적 대립의 방식을 취한다. 이러한 차이의 존재론은 또 하나의 신화일 뿐이며, 그것에 대항하기 위해서는 하나의 대안적 신화, 즉 동일하게 증명될 수는 없으나 그럼에도 불구하고 평화의 존재론을 구현하는 신화가 필요하다. 차이를 품고 차이를 긍정하는 행위는 유비적 관계에서의 일치성을 가능하게 하고 이는 삼위일체의 관계적 교리와 통일성을 만들어내는 인간론까지 이어진다고 볼 수 있다. 즉, 세속적 근대성 또는 허무주의에서는 가능하지 않은 차이에 대한 단일한 설명은 삼위일체를 통해서 가능하다. 차이의 존재에서 하나의 본질을 공유하며 공동체적으로 활동하시는 하나님의 관계적 존재론의 모델은 허무적 인간론을 극복하며 새로운

---

18) Graham Ward, *Cities of God* (London: Routledge, 2002), 88.
19) John Milbank, *Theology and Social Theology* (Oxford: Blackwell Publishing, 2006), 279.

정치체를 제안하는 모델이 될 것이다.

Ⅲ. 급진 정통주의의 인간 이해와 대안적 정치체

급진 정통주의의 인간론은 철저히 창조주에 의존된 존재론이다. 어거스틴의 사랑 이해를 토대로 인간은 무엇인가를 끊임없이 갈망하는 존재이며, 그 갈망은 예전의 행위를 통해 확인된다. 제임스 스미스는 인간을 예배하는 동물 즉, '예전적 동물' liturgical animal로 설명한다. 세속은 잘못된 인간의 욕망에 따라 자신과 세상을 사랑하며 예배하지만, 기독교의 예전은 올바른 사랑의 방향인 하나님을 향하게 한다. 특히, 성만찬은 초월적 신성이 물질세계 안에 현현하는 동시에 인간이 신성에 참여할 수 있는 공동체적 예배와 연합이다. 급진 정통주의자들은 성만찬을 대안적 존재론과 정치체로 제시하면서 존재적 이원론을 극복하는 토대를 삼는 동시에 새로운 사회의 가능성을 제시한다.

1. 욕망하며 예배하는 인간

근대적 세속사회는 인간을 합리적으로 규정하며 스스로를 자율적 존재로 두려 했지만, 인간은 근본적으로 욕망하고 욕망하는 것을 추구하는 존재이다. 근대의 인간 이해는 정신과 물질로 인간을 분리한 데카르트 패러다임으로 기계론적 자연관의 기초를 따른다. 근대의 정신 중심의 인간론은 인간의 포괄적인 이해를 저해하고 육체를 무시하는 태도를 낳기도 했다.[20] 세속성은 인간을 사고하는 존재, 이성적 존재로 환원시키면서 이성으로 설명할 수 없는 더 근본적인 차원들을 간과했다. 하지만 인간은 합리적인 생각보다 '습관' habit에 의해서 살아가며 그러한 습관은 궁극적인 목적을 향한 인간의 갈망으로부터 시작하기에 깊은 마음kardia에 관심을 두어야 한다.

---

20) 김은혜, "포스트 바디시대에 대한 신학적 응답," 「신학과 실천」 68 (2020), 765.

인간은 본질적으로 무엇을 향한 갈망과 욕구를 가지며, 그것은 인간의 삶의 방향과 습관을 형성한다. 무엇인가를 욕망하는 인간은 그것을 사랑하고 예배한다. 종교의 유무를 떠나서 인간은 무엇인가를 예배하는 존재이다. 예전은 마음과 지성의 전략으로 우리의 마음을 사로잡고 우리의 사랑이 하나님 나라를 향하게 하는 반복적인 실천에 참여함으로 제자로 훈련시키는 교육방식이다.[21] 인간의 무게 중심을 지성적인 것에서 비지성적인 것으로, 머리에서 가슴으로, 인지의 영역에서 몸과 연결된 정서의 영역으로 옮겨올 필요가 있다. 인간은 궁극적으로 욕망하는 존재, 무엇인가를 끊임없이 지향하며 사랑하는 존재이다. 욕망과 지향은 인간의 성향을 결정하는 요소이며 반복적이고 지속적인 행위를 통해 습관habit과 덕virtue으로 이어진다.

인간의 욕망은 감각과 생각에서 분리되지 않으며, 욕망은 그 둘을 실체화 한다. 욕망은 인간의 생각과 행동의 근거로서 영혼의 사랑의 방향성을 결정하며 존재를 변혁적으로 안내한다. 몸이 없이 욕망을 구체화할 수 없고, 영혼 없이 욕망을 지속할 수 없다. 욕망은 에로틱한 만족을 향하며 몸의 지식과 행위를 통하여 하나의 정치적인 영향력을 갖기도 한다.[22] 어거스틴은 인간의 욕망이 복잡하고 다측면적인 운동의 관계망 안에서 형성되기에 개개인의 단일한 자아 안에서 파악하는 것이 불가능하며 인간을 둘러싼 다양한 환경을 고려해야 한다. 어거스틴은 "나의 갈망은 당신을 향합니다"라는 고백처럼 진정한 욕망과 방향은 자아가 아닌 하나님을 향하는 것임을 언급했다.[23] 어거스틴적 인간관은 인간 정체성의 핵심을 머리와 관련된 지성의 영역에서 우리 몸의 중심부, 특히 카르디아kardia로 이동시킴으로써 세속적 합리주의에 저항한다. 어거스틴의 욕망을 단순히 예전의 방향과 행위로 그치지 않으며 사회적 생산을 가능케 하는

---

21) 제임스K. A. 스미스, 『하나님 나라를 욕망하라』, 박세혁 역 (서울: IVP, 2016), 47.

22) Graham Ward, *Christ and Culture* (Oxford: Blackwell Publishing, 2005), 96-9.

23) William T. Cavanaugh, *Being Consumed* (Grand Rapids: Wm. B. Eerdmans, 2008), 10.

원동력으로 파악할 수 있다. 인간의 욕망들이 모여서 형성된 사회문화는 특히 쾌락과 육체적 욕망에 의해 왜곡될 가능성이 다분하다. 세속화된 문화 안에서는 신을 거부하며 인간의 자율성과 선택을 우선시하기에 욕망은 자신을 향한 예배의 동력이 된다. 따라서 급진 정통주의는 인간의 욕망을 하나님을 향한 진정한 욕망으로 바꾸려 하며, 하나님을 향하는 선한 욕망의 존재로서 인간은 그 욕망의 목적과 그것을 이루는 과정을 분리하지 않은 채 선하신 하나님 안에 있음을 인정하게 된다.[24]

결국 인간이 된다는 것은 무엇을 사랑하는 존재가 된다는 것이다. 목적을 향한 인간의 궁극적 사랑은 내적인 성향을 따라 하나의 덕목virtue을 만들어낸다. 인간은 사랑하는 대상을 본받고 따름을 통해 훈련하면서 그러한 덕목들을 훈련한다. 그중에 가장 좋은 훈련이 바로 예전liturgy이다.[25] 예전은 양면성을 지니는데 인간은 예전을 통하여 하나님을 향한 사랑의 방향성을 표현이지만 동시에 인간은 예전을 통하여 새로운 존재로 변화하게 된다. 잘못된 세속적 욕망은 예전을 통하여 거룩한 욕망, 성화된 욕망으로 바뀌게 된다.

성만찬과 같은 예전은 인간에게 정체성을 형성시키고 좋은 삶에 대한 신학의 특정한 전망을 열어주며, 어떤 면에서는 다른 의례적인 형성들보다 우선하는 의례가 된다. 인간의 욕망을 새롭게 빚어 감으로써 인간의 정체성을 형성하는 것을 목표로 삼는 특정한 의례적 실천이라는 점에서 예전은 중요한 기능을 감당한다.[26] 세속주의로 인해 초월성과 관계성을 상실한 자율적 이성으로 왜곡된 인간의 욕망과 정체성의 회복을 위해서 예전은 가장 필수적인 요소이며 올바른 것을 사랑하고 닮아가도록 안내한다. 지적이고 인지적인 인간관이 아닌 궁극적인 것을 사랑하고 예배하는 존재로서 성향과 습관, 덕목 등을 재형성

24) William T. Cavanaugh, *Being Consumed*, 14.
25) James K. A. Smith, *You are What you love* (Grand Rapids : Brazos Press, 2016), 24-5.
26) 제임스 K. A. 스미스, 『하나님 나라를 욕망하라』, 127.

하는 차원에서 예전은 중요한 역할을 감당한다.

성만찬 속에서 우리는 그리스도를 통하여 다시 육체가 살아나는 영광스러운 부활의 몸을 소망한다.[27] 예전적 인간은 성만찬과 같은 몸의 메타포로 새로운 존재적 경험을 시도하고 새로운 나라를 구체화한다. 예전적 동물로서 인간은 거룩한 것을 상상하는 동물이며 그러한 상상은 이야기, 그림, 이미지 등을 구체화된 존재의 상징으로 받아들인다.[28] 스미스는 형성적formative 기독교 예배가 인간의 상상 안에서 그리스도의 미를 위한 그림을 그려낸다고 말한다. 우리가 원하는 것을 위하여 행동하고 우리의 상상한 그것을 붙잡기 원한다면 우리의 상상력은 우리를 이끌고 갈 뿐 아니라 재형성적 예배 안에서 구체적으로 그려내게 된다. 이런 의미에서 기독교 예배는 미적인 형식으로 우리와 만나게 되고 우리의 상상력은 미적인 내장organ이 된다.[29] 예전은 가시적인 광경을 연출하면서 듣고, 냄새 맡고, 만지고 심지어는 맛보는 감각들로 경험된다. 그것은 전적으로 가능한 성스러움의 미학을 성취하고 아마도 오페라보다 더 완전한 광경을 나타낸다. 예전 앞에서의 인간의 응시는 비가시적인 것에 의해 교차되는 가시적인 것 앞에서의 거룩함을 향한 태도를 형성한다.[30] 이처럼 참된 것을 예배하는 예전적 인간은 세속의 허무주의에서 벗어날 뿐 아니라 새로운 사회를 향한 욕망의 이끌림으로 신성한 것에 참예하게 된다. 특히 스미스는 세속화된 욕망을 극복할 수 있는 장으로 성만찬을 내세운다. 성만찬은 세속의 욕망이 정화되는 가장 구체적인 장소이자 세속국가의 허구적 구원성을 폭로하고 진정한 공동체의 정치체를 구현하는 자리이다. 예전적 존재로서 거룩함에 참여하는 인간은 세속을 극복할 뿐 아니라 대안적 사회를 향한 삶으로 연대하게 된다.

---

27) 고형상, "포스트휴먼 시대에 몸의 의미와 신학적 전유," 「대학과 선교」 49 (2021), 83.

28) James K. A. Smith, *Imagining the Kingdom* (Grand Rapids: Baker Publishing Group, 2013), 124-26.

29) James K. A. Smith, *You are What you love*, 91.

30) Jean-Luc Marion, *The Crossing of the Visible*, trans. James K. A. Smith (Stanford University Press, 2004), 64-5. 제임스K. A. 스미스, 『급진 정통주의 신학』, 106에서 재인용.

2. 성만찬적 정치체

기독교 전통에서 성만찬에 참여하는 것은 믿음 안에서 그리스도인들이 예수의 몸으로 완전히 일치를 이루는 것을 뜻한다. 그리스도의 몸은 우주적 차원의 몸이며, 모든 분열을 넘어 하나로 이끄시는 근원이 된다.[31] 하지만 초대교회에서는 그리스도와의 연합을 넘어선 대항 정치체로서 성만찬의 중요성이 부각되었다. 원시기독교는 종말론적인 성례전 공동체를 지향하면서 모든 경계선을 무너뜨리고 여자와 남자, 종과 자유인, 이방인과 유대인의 차별 없이 환대와 화해의 혁명적인 공동체를 이루었다.[32]

급진 정통주의 관점에서도 성만찬은 하나의 대안적 정치체로 해석될 수 있다. 근대적 세속화로 인해 사회적 원자론과 개인주의에 빠진 근대성에 대항하고자 성만찬을 급진적으로 해석한다. 인간의 사회성을 회복하기 위해 공동체적 존재인 교회를 제안하면서 그 중심에 그리스도의 몸, 즉 성만찬을 놓는다. 교회는 성만찬을 통하여 회복된 창조적 공동체이며 그리스도의 이야기로 형성된 대안적 정치체이다.[33] 근대 국가가 종교로부터 분리하여 독립적인 영역으로 스스로를 위치시키는 듯해도, 그 이면에는 신학적 원리가 감추어져 있다. 국가의 통치는 기괴한 종류의 사회체로서 보편적 이성에 근거한 인류의 하나됨을 추구한다. 그들이 제시하는 자유와 평등은 인류의 공통성에 기반한 것이 아니라, 각각의 권리와 이익을 보장하는 이익의 계약차원에서 이루어진다. 이러한 계약의 메커니즘은 기독교가 말하는 공동체로서의 몸, 새로운 피조물로서의 인격적 공동체가 아니다. 윌리엄 캐버너William T. Cavanaugh도 기독교의 성만찬에서 나타난 화해와 일치, 희생과 나눔으로서의 정치체political body를 제안하면서 이익 중심의 계약 공동체는 진정한 정치적 공동체가 될 수 없음을 비판

31) 조기연, "성찬의 역사와 의미에 대한 예배학적 고찰," 「신학과 실천」 76 (2021), 28.

32) 안덕원, "탈 기독교 시대(Post-Christian Era)를 위한 기독교 사역의 한 사례," 「신학과 실천」 72 (2020), 100.

33) 제임스K. A. 스미스, 『급진 정통주의 신학』, 317.

한다.[34]

근대 국가는 철저히 신학적 인간론에 뿌리를 두고 있다. 종교가 지니고 있던 권위와 신성함을 국가가 대체하면서 또 다른 종교가 되었고, 신과 인간 사이의 언약적 관계는 시민들의 사회계약으로 전환되었다. 근대 국가는 종교가 제공하던 구원을 사회의 평화와 개개인의 행복으로 대체하면서 거짓된 구원을 선전하며 신을 향한 절대적 충성과 헌신이 국가를 향할 수 있도록 강제한다. 국가가 유지하는 평화는 진정한 것이 아니며 폭력을 수반하는 임시적, 한계적인 평화이다. 19세기와 20세기의 수많은 전쟁들은 폭력을 전제하는 평화의 몰락을 잘 보여줄 뿐 아니라 자국의 이익을 위한 투쟁에 있어서 국가가 얼마나 반관계적이며, 반이성적인지를 보여준다. 오히려 전쟁을 통해 국가의 구성원들이 일치하는 역설적인 상황을 볼 때, 결국 계약에 의한 법의 운영도 자본과 힘의 논리임을 알 수 있다.[35] 근대 국가에서 종교적 예전은 국가 의례로 옮겨갔다. 국가의 권위는 신성한 것으로 대체되었고 종교에 헌신하듯 애국주의와 국가주의에 봉사하는 것을 하나의 신앙으로 받아들인다. 이것은 나치주의나 소비에트 공산주의에만 해당되는 말이 아니다. 민주주의 사회에서도 마찬가지이다. 신을 위해 전쟁을 참여했던 것처럼 세속사회에서는 국가를 위해 전쟁에 참여하고 적국을 죽이는 것을 영광스럽게 생각한다. 그들의 전쟁은 신의 축복처럼 다수의 국민들의 축복과 기도 속에 진행된다.

성만찬적 공동체는 하나의 '대항 정치' 와 '대안 사회' 이다. 다니엘 벨이 주장하는 것처럼 교회는 국가와 같이 참된 정치를 구현하는 곳이다.[36] 모든 인간이 신 앞에서, 신을 통하여, 신과 함께 연합 할 수 있는 새로운 가능성을 제안하

---

34) William T. Cavanaugh, *Theopolitical Imagination* (London: Bloomsbury T & T Clark, 2002), 48-9.

35) William T. Cavanaugh, *Migrations of The Holy* (Grand Rapids: Wm. B. Eerdmans Publishing, 2011), 194.

36) Hans Boersma, "On the Rejection of Boundaries," *PRO ECCLESIA*, VOL. XV, No. 4 (2006), 429.

는 동시에 그러한 사회로 나아갈 수 있도록 성찰적 삶과 연대적 삶을 가능하게 한다. 성만찬에 참여하는 모든 이들은 그리스도의 몸이란 단일성을 형성하는데 그것은 다수가 각각 몸의 머리이신 그리스도 안에서 서로 참여하면서 일치를 추구하는 것이다. 다양한 개인들로 구성된 정치체는 각각의 목적을 자유스럽게 선택할 수 있기에 각자의 것을 경배하는 갈등과 충돌의 긴장감이 존재한다. 근대 국가처럼 초월적인 목적이 없는 다수들의 일치와 연합은 위험에 빠질 수 있으며 국가가 그 스스로 초월성을 띠지 않을 때, 어려움에 빠질 수 있다.[37]

성만찬의 예전은 철저히 정치적이다. 그 이유는 인간의 창조적 소명을 새롭게 함으로써 인간을 다른 방식으로 재형성시키기 때문이다. 특히 근대적 사회관계들에 있어서 계약과 교환의 우선성을 약화시키는 정치적 실재이며 공동체가 합당한 목적을 추구하고 진정한 사회성을 발휘하기 위한 자양분을 제공한다. 성만찬은 인간이 자신이 속한 국가에 충성하는 것이 아니라 그리스도에게 충성하도록 안내하면서 전혀 다른 정치적 소속감을 제공한다. 진정한 사회성이 세속의 계약적 관계를 통해서 완성되는 것이 아니라 은혜의 수단인 말씀과 성례를 통하여 구체화 된다. 세례와 성찬은 종교적인 동시에 공동체의 정체성을 형성하고 실천하게 하는 정치적인 특징을 지니는 의식들이다. 그것을 통해 인간은 각자가 연결되고 스스로 누구인지 깨닫게 된다. 독립적 자아로 존재할 수 없으며 자아보다 더 큰 존재와 공동체에 연결될 때 스스로의 삶이 가능함을 깨닫게 한다.

성만찬은 미래의 하나님 나라에 참여하는 동시에 예수의 삶을 기억하고 가시적 공동체의 형식으로 오늘을 살아내게 한다는 면에서 사회 변혁적이라 할 수 있다. 성만찬적 공동체가 진실된 정치체인 이유는 성만찬 안에서 인류가 그리스도의 몸으로 연합하며, 세속 정부가 이룩하지 못하는 구원의 완성과 시민들의 행복한 삶을 세워주는 기초가 되기 때문이다. 예전은 절대로 사적인 영역

37) William T. Cavanaugh, *Migrations of The Holy*, 47.

이 아니며, 언제나 공적인 역할을 감당해왔다. 예전은 공동체의 평화와 안녕, 축복과 번영을 기대하는 마음으로 온 공동체가 함께 한 것이기에 시민의 삶 중심에 공적인 예전은 언제나 필수적인 부분이다. 기독교의 예전이 단지 종교적 영역에만 자리하는 것이 아니라 시민으로 살아가는 그리스도인들의 삶의 중심에서 사회를 변혁시키고 새로운 예루살렘을 지향하는데 강력한 동기로서 작동할 필요가 있다.[38]

스미스는 예전이 세속의 정치에 대한 대안적 행위가 아니라 그 자체가 이미 세상에서의 정치적 행위라 여겼다. 예전은 하나님 백성들의 도덕적 행위들을 새롭게 하면서 하나의 정치적 지향성을 가지고 있으며, 새롭게 된 인류로 회복시킨다.[39] 새로운 사회로서 성만찬 공동체는 진실된 연대를 이룰 뿐 아니라 공동체의 중심에 초월성을 담보하는 신성적 참여를 통해 온 인류를 향한 거대한 구원의 서사를 현실에서 살아내도록 이끈다. 이러한 사회는 계약과 법을 통해 운영되지 않으며 사랑과 헌신, 예배와 증언이란 신실한 삶을 통해 나타난다.

3. 참여적 존재론과 대안적 정치체

급진 정통주의의 인간 이해와 성만찬 정치체가 추구하는 것은 대안적 존재론과 참여론이다. 근대적 인간론이 해체주의와 허무주의로 가다가 종국에는 무로 끝나버렸고, 초월성을 상실한 근대의 정치구조는 인간의 갈등과 육체적 욕망의 극대화로 치닫다가 결국 스스로를 파괴하는 결과를 초래했다. 이러한 허무주의 물질주의와는 대조적으로 급진 정통주의는 참여적인 존재론, 즉 초월적이고 비물질적인 것에 의존하는 신성한 존재론을 통해서 이 세계에 의미를 부여하려 한다.[40] 참여적 존재론은 어거스틴의 복구에 초점을 두고 있다. 하지

38) Eric O. Jacobsen, *The Space Between* (Grand Rapids: Baker Academic, 2012), 204.

39) James K. A. Smith, *Awaiting the King: Reforming Public Theology* (Grand Rapids: Baker Publishing Group, 2017), 55-60.

40) 제임스K. A. 스미스, 『급진 정통주의 신학』, 101.

만 가톨릭적인 특징과 화체설과 같은 육체성의 강조들을 고려할 때, 급진 정통주의가 말하고자 하는 것을 제대로 이해하기 위해서 아퀴나스의 중요성은 더해진다. 물론 아퀴나스가 자연과 은혜의 구조를 제안하면서 창조자에게서 피조물을 분리한 것이 아퀴나스에게서 나타난다고 볼 수 있지만 그것은 은혜로 승화하기에 주목할 필요가 있다. 아퀴나스가 급진 정통주의의 새로운 대안으로 제시되려면 그에 대한 다른 이해가 전제되어야 한다. 급진 정통주의는 아퀴나스를 인식론이 아닌 존재론적 차원에서 접근하면서 진리의 문제가 인식론의 문제가 아닌 존재론의 문제로 인식했다. 진리는 사물들의 속성으로 하나의 사물이 그것의 특성과 목적을 유지한 채 그 자신을 실현할 때 참이 된다. 하나의 사물은 그것이 그 자신의 방식대로 창조자를 복사하고 신의 정신에 내재하는 지식에 따라 존재할 때 비로소 그 자신의 목적을 완수하게 된다.41 아퀴나스는 자연에 대해서 말하면서 은혜가 결여된 세계를 말하지 않는다. 오히려 피조계의 모든 존재하는 것들은 선물에 의하여 존재하기 때문에 우리가 피조물에 대하여 말할 때는 본래적으로 은혜를 입은 것으로서 말하기에 아퀴나스에게 세속적 형이상학이란 존재하지 않는다. 즉 은혜의 빛에 의한 피조계의 이해로 그 자체가 은혜에 의해 채워지고 보충되며, 하나님께 참여하는 한에 있어서만 존재하는 자연은 신적인 것, 곧 은혜로 충만한 것이다.42 성만찬을 통한 물질성의 선함에 대한 급진 정통주의의 강조는 부활한 종말론적 실존에 대한 소망으로 이어져 영과 육의 이원론을 극복하는 중요한 자원이 된다. 창조의 선함에 대한 기독교적 긍정은 인간 존재의 육체성을 원초적이고 본질적이고 피조적인 측면에서 선함으로 이해하는 것이며 부활한 종말론적 실존 역시 물질적이고 육체화 된 실존에 대한 소망을 포함하는 것이다.43

41) John Milbank, Catherine Pickstock, *Truth in Aquinas* (London: Routledge, 2001), 5-9.

42) 제임스K. A. 스미스, 『급진 정통주의 신학』, 164.

43) 제임스K. A. 스미스, 『해석의 타락』, 임형권 역 (대전: 대장간, 2015), 269-72.

예전을 통한 신성에의 참여는 인간 존재론의 근본적인 변화와 함께 참여하는 공동체를 하나의 변혁적 정치체로 끌어 올린다. 성만찬적 공동체는 그리스도를 통한 화해를 이루는 삶을 살아가는 공동체이며 하나님의 사랑으로 인해 서로에게 개방되고 함께하며 포용하고 섬김으로 나아간다. 그리스도 안에서의 깊은 사귐은 화해된 모든 것을 포괄하며 그것과 함께 화해된 잔치를 맛보는 종말론적 현실이다.[44] 세속의 정치 문제는 곧 예전 문제이다. 이것은 정치의 초월화와 하나님에 대한 의존성 강화, 그리고 정치적 존재를 훈육하는 교회의 중심적 역할을 인정하는 것이다.[45] 성만찬의 정치성은 그리스도와 그의 교회의 연합인 동시에 이웃과 연합하고 화해하라는 하나님의 초청이기도 하다. 성만찬의 실천은 교회의 환대적 실천을 가장 구체적으로 드러내는 장이며 대안적 정치활동으로서 새로운 사회를 향한 비전으로 나아가게 한다.[46] 세속 사회를 향한 열린 자세와 신성으로의 초대는 세속의 한 복판에서 또 다른 삶이 가능함을 공동체적으로 증언한다.

물론 급진 정통주의가 취하는 이런 방식이 비판의 대상이 될 수 있다. 일원론을 취하면서 자연과 은혜 사이, 창조자와 피조물 사이의 존재적 질적 차이를 간과할 수 있기 때문이다. 그러나 급진 정통주의는 성만찬의 실천을 예배의 영역으로 국한시키지 않고 모든 영역으로 확장하여 공적 참여를 가능하게 한다. 육체와 물질에 대한 지나친 긍정과 신성화를 경계하면서도 근대의 이원론적인 사고를 극복하고 피조물들의 존재 목적과 의미들을 파악고자 신적인 현존 안에서 서로 연합하는 새로운 관계를 지향해 나아가는 것이다. 신성에 참여하는 피조물은 자신의 존재 목적을 알며 서로 영화롭게 연결되이 있는 예전적 존재로서 공동체를 형성하기 때문이다. 인간을 분리된 개별자로 파악하는 것이 아니

44) 김광석, "성례전적 삶으로서 레이투르기아에 관한 연구," 「신학과 실천」 69) (2020), 161.

45) 현기상, "제임스K. A. 스미스의 예전적 정치신학에 대한 연구 및 평가," 「조직신학연구」 35 (2020), 169.

46) 김승환, "공간 정의와 포용 도시를 향한 도시 신학적 비전," 「신학과 실천」 77 (2021), 770.

라 신적 존재와의 연결을 통하여 자연상태의 불완전함을 극복하고 더 나아가 존재의 성화와 구속까지 향하면서 세속적 인간론과 정치체를 전복할 수 있는 모티브를 제안하는 것이다.

Ⅳ. 나가는 말

급진 정통주의 신학은 세속화된 근현대의 인간 이해를 극복하고 세속 정치가 갖는 물질주의와 허무주의를 극복할 수 있는 대안으로 성만찬적 정치체와 참여적 존재론을 제안한다. 하지만 이 흐름을 향한 비판도 만만치가 않다. 가빈 드 코스타Gavin D' Costa는 급진 정통주의는 "어떤 진정한 교회에 대한 책무를 가지지 않는 교회 신학"[47]라 비판했다. 교회에 대한 급진적인 이상향과 역사의 현실적 교회들과의 불확실한 관계들이 하나님의 초월적인 부분과 땅의 현실적인 부분 사이에 적절한 다리잇기를 하지 못했다는 평가이다. 또한 참여의 교리에 있어서는 개혁교회 신학자들의 비판도 있다. 하나님의 신성적 참여의 강조가 하나님과 인간 사이의 차이성을 무시하면서 하나님의 거룩성과 타자성을 침해할 수 있다는 것이다. 또 다른 비판은 급진 정통주의자들 안에서도 일어나는데 그래함 워드는 기독교가 가진 내러티브가 유일한 대안적 내러티브라면 그것이 어떻게 제국주의적 기독교로 발전할 수 있었을까를 질문한다.[48] 또한 호프마이어는 기독교의 내러티브가 독특한 정체성을 구성하고 있지만, 어떠한 내러티브라도 독립적으로 존재할 수 없으며, 다른 집단과 사회의 내러티브와의 만남을 통해 서로 영향을 주고받기에 기독교만의 내러티브로 구성된 사회를 지향하는 것은 불가능하다고 지적한다. 탈관계적인 순수한 내러티브는 존재할

47) Gavin D' Costa, "Seeking after Theological Vision," Religion and Theology, 6 (1999), 358. Steven Shakespeare, Radical Orthodoxy, 167에서 재인용.

48) Steven Shakespeare, *Radical Orthodoxy*, 170.

수 없으며 이것은 내러티브의 본질에 대한 몰이해로부터 기인한 것이라 비판을 받을 수 있다.[49] 그 뿐만 아니라 급진 정통주의가 근대의 이원론을 경계하면서 근대 이전의 일원론적 사고로 돌아가지만, 세속성과 종교성을 다시 극렬하게 구분하는 더 심한 이원론에 빠질 수 있는 점도 분명하다.

이러한 분리는 근대성, 세속주의, 정치체 등에 대한 세심한 구분없이 과도한 일반화를 시도하면서 우리와 그들us-them, 좋은 것과 나쁜 것good-bad으로 경계선을 긋기도 한다. 이러한 거짓된 이원론은 중세 시대의 기독교 왕국christendom을 다시 재건하려는 시도로 비칠 수 있으며, 유럽의 계몽주의에 대한 광범위한 공격으로 세속화에 대한 긍정적인 기여까지도 일시에 무너뜨릴 수 있다.[50]

하지만 급진 정통주의가 갖는 신학적 강점도 분명하다. 급진 정통주의가 현대 사회에서 건강한 대안 모델로 자리잡기 위해서는 관대한 해석과 실천이 요구된다. 해석자의 질문 가능성을 열어놓으면 언제든지 공론장에서 대화하고 토론할 수는 개방성을 취해야 한다. 급진 정통주의의 특정한 관점이 존중되어야 하지만 다원화된 사회에서 공론장의 대화에 있어서 서로의 공통점을 인정하지 않으려는 태도는 적절하지 않을 수 있다. 세속의 이원론적 존재론과 이성의 한계를 극복하고 인간에 대한 전인적인 이해를 추구하며 이성의 영역을 넘어선 욕망과 초월성에 집중하는 것이 세속사회가 잃어버린 초월성과 영성의 회복으로 종교가 공적 영역에서 대안적 모델로서 자리하는 방식이라 할 수 있다. 이를 통해 종교의 본연의 모습을 통해 새로운 정치적 공동체로 회복해 나아가길 기대해본다.

---

49) Steven Shakespeare, *Radical Orthodoxy*, 16.
50) Jeffrey Stout, *Democracy and Tradition* (Princeton: Princeton University Press, 2003), 100-07.

공공신학의 관점에서 사회적 상상력

최 경 환
인문학&신학연구소 에라스무스/종교철학

I. 들어가며

예언자들은 언제나 위기를 말한다. 성경 속 예언자들이 그랬고, 역사 속 비판적 지식인들이 그랬다. 지금도 다르지 않다. 기후위기와 포퓰리즘, 가짜뉴스와 공론장의 붕괴 속에서 많은 지식인이 위기를 말한다. 실제로 대중이 느끼는 위기감은 그 어느 때보다 고조되고 있다. 사회학자 김홍중은 청년들이 느끼는 위기감을 '서바이벌리즘', 즉 생존주의라고 명명한다.[1] 끝까지 살아남아야만 인정을 받을 수 있는 TV 속 오디션 프로그램이 실제 삶 속에도 그대로 적용되기 때문이다. 잠시 숨이라도 고르며 쉬고 싶지만, 그랬다간 낭떠러지로 떨어질 거 같은 두려움 때문에 불안해하고 있다. 신자유주의 체제가 만든 잔인한 서바이벌 게임은 우리의 일상 모든 곳에 스며들었고, 삶의 불안을 조장하고 있다. 하지만 이런 불안의 궁극적인 종착점에는 지구 시스템의 종말이 자리잡고 있다는 것이 더 큰 문제다. 성장을 동력 삼아 자신의 몸집을 부풀렸던 자본주의 시스템은 결국 자기 살을 깎아서 생존을 유지하는 식인종이 되어 버렸다.[2] 그

1) 김홍중, 『사회학적 파상력』 (서울: 문학동네, 2016), 7장 서바이벌, 생존주의, 그리고 청년세대.
2) 낸시 프레이저, 『좌파의 길: 식인 자본주의에 반대한다』, 장석준 역 (서울: 서해문집, 2023)

리고 결국 자연은 이러한 식인종과의 최후 결투를 준비하고 있다. 이런 위기 앞에서 그동안 재고의 여지 없이 당연하게 여겼던 민주주의라든가 시민들의 협의체 혹은 사회적 상상력과 시민운동과 같은 밝은 미래상은 이제 그 시효성을 다한 것으로 보인다. 더이상 미래를 상상하는 것이 어떤 의미가 있는지 심각하게 회의를 하기 시작했다. 최근 학문적 토론의 장에서 유행하는 개념들만 살펴봐도 지금 우리가 어떤 시대를 지나고 있는지 파악할 수 있다. 신유물론, 비판적 포스트휴머니즘, 행위자 네트워크, 객체지향 존재론, 인류세 같은 개념어들은 기본적으로 자본주의 시스템의 종말과 지구 행성적 차원에서 부상한 파국이라는 위기감을 포착하고 있다.

공공신학은 지난 20여 년간 민주주의와 세속화 그리고 다원주의라는 현대적 삶의 조건 속에서 복음과 신앙의 사회적 역할과 자리를 고민했다. 빠르게 변화하는 사회 속에서 그리스도교가 어떤 방식으로 세상과 소통하고 공동선을 이루어야 하는지 연구해왔다. 그동안 공공신학을 추동했던 신학으로는 하나님 나라에 대한 성서적·신학적 이해와 예언자적 상상력을 들 수 있다. 성서에서 말하는 하나님 나라의 원리를 공공신학과 연결하여 사회변혁의 원동력으로 삼기도 하고, 좀 더 구체적으로 예언자적 목소리를 통해 비판적이고 저항적인 운동으로 공공신학의 시대적 사명을 설명하기도 한다. 누군가는 공공신학이 여전히 근대적인 틀 안에서 참여의 방식을 고민한다고 비판할지 몰라도 근대성에 대한 복합적인 이해를 통해 이런 비판은 넘어갈 수 있다. 앞으로 살펴볼 찰스 테일러Charles Taylor의 근대성 이해를 통해 공공신학은 사회적 상상력을 다양한 방식으로 전유할 수 있으며, 오히려 새로운 이야기와 이미지를 생산할 수 있는 충분한 자원을 가지고 있다. 공공신학에서 주목하는 것은 종교가 가진 다양한 목소리와 전통이 미래사회에 필요한 지혜와 통찰을 제공할 수 있다는 가능성이고, 더 나아가 세상과도 얼마든지 소통가능한 이야기를 제공할 수 있다는 확신이다.

하지만 문제는 전혀 다른 곳에서 발생한다. 오히려 공공신학은 근대성의 패러다임 속에서 큰 충돌 없이 잘 안착했다고 할 수 있다. 세상과 소통을 위해 기독교의 복음을 번역해야 한다는 주장이나 이중언어를 잘 사용해야 한다는 논의가 근대성에 대한 해석학적 열쇠 역할을 잘 감당했기 때문이다. 기독교가 대안적이고 새로운 사회적 상상력을 제공하는데 선도적인 역할을 하지는 못할지라도 상대방의 목소리를 경청하고 자신의 주장을 겸손하게 펼칠 수 있는 자세를 함양할 수 있었다면 그 점에서 충분히 자신의 역할을 감당했다고 볼 수 있다. 그런데 앞서 언급했던 것처럼 이런 공공신학의 방법론과 내용이 후기 근대 사회에서도 여전히 유용하게 작동할 수 있을까? 지금 우리는 양극화와 불평등의 심화, 민주주의의 후퇴, 삶의 안전을 위협하는 각종 재난과 사건을 일상처럼 경험하고 있다. 거기에 더해 기후변화와 생태계 파괴는 이 모든 문제를 근원적으로 재고하게 만드는 가장 강력한 위기로 다가왔다. 이제는 파국을 향해 치닫는 지구 위기 시대에 공공신학은 어떤 사회적 상상력을 가져야 하는지 진지하게 고민해야만 한다. 그동안 공공신학이 근대 사회가 가져온 세속화와 탈세속화라는 사회적 변동 속에서 신학의 방법론과 실천을 모색해 왔다면, 이제는 임박한 종말과 파국의 시대에 공공신학은 어떤 사회적 상상력 혹은 어떤 묵시적 상상력을 가져야 하는지 숙고해야 한다.

II. 세속화 시대의 사회적 상상력

미국의 사회학자 라이트 밀즈C. Wright Mills는 개인의 경험과 그보다 더 큰 사회 구조의 상호작용을 이해하는 것이 사회학의 중요한 연구 과제임을 강조하기 위해 "사회학적 상상력"Sociological Imagination이라는 말을 제안했다. 예를 들어, 실업이나 정신 질환과 같은 사적인 문제를 단순히 개인의 실패로만 볼 것이 아니라 사회적 조건과 영향을 반영하는 문제로 간주해야 한다는 것이다. 개인의 문제는 경제 상황이나 사회적 규범과 같은 공공의 문제에 뿌리를 두고 있기 때문이다. 여기서 사회학적 상상력은 "역사와 개인의 일생, 그리고 사회라는 테두리 안에서 이루어지는 이 양자 간의 관계를 파악"하는 매개 역할을 한다.[3] 개인의 삶뿐 아니라 주변에서 일어나는 다양한 사건들의 의미를 파악하기 위해서는 개인의 서사가 사회 구조나 역사의 흐름과 어떤 관계를 맺고 있는지 파악하고, 그것이 어떤 방식으로 상호작용하는지를 인지해야 한다. 개인의 선택과 행동을 단지 취향이나 성격의 문제로 환원하지 않고, 그것이 관계 맺는 사회 구조와의 연결고리를 파악하는 능력이 바로 사회학적 상상력이다.

많은 경우 우리는 사회적 문제를 특정 정치집단이나 개인의 탓으로 돌리는 경향이 있다. 지도자 한 명을 바꾸면 문제가 해결될 거라는 기대라든가, 정권이 바뀌면 모든 것이 한 번에 해결될 수 있다는 믿음도 이와 유사하다. 반면 밀스의 사회학적 상상력은 어떤 사건의 원인을 단지 개인에게 결부시키거나 특정 정치인, 더 넓게는 정부의 탓으로 돌리지 않도록 만들어준다. 사회학적 상상력은 역사의 흐름, 사회 엘리트의 구조, 정치적, 경제적, 종교적 제도를 종합적으로 살피는 것이다. 그리고 이것들이 어떻게 서로 연결되어 상호작용하면서 오늘날 우리 앞에 직면한 이 구체적 현실에 영향을 끼치는지 설명한다.

이처럼 밀즈가 제안한 사회학적 상상력은 개인의 문제와 공적 이슈를 매개하는 상징적 상호작용에 주로 초점을 맞춘다. 그러다 보니 사람들이 자신의 사회적 존재를 어떻게 상상하는지, 규범적 개념과 이미지가 어떤 방식으로 그들의 정체성을 형성하는지 주목하지 못했다. 즉 사람들이 공유하는 도덕 질서가 어떻게 사람들의 삶을 구성하고 통제하는지 추적하지 못한 것이다. 물론 어떤 방식으로든 도덕 질서와 종교적 세계관이 현실 사회에 영향을 미친다고 가정하면, 그것이 또 다른 관념론으로 회귀하는 것 아니냐고 우려할 수 있다. 하지만 이는 관념과 물질적 요인을 이분화해서 서로 경쟁하는 방식으로 생각하기 때문

---

3) C, 라이트 밀즈, 『사회학적 상상력』, 강희경 이해찬 역 (서울: 돌베개, 2004), 19.

에 발생한 우려다. 소위 문명, 예의, 도덕, 영적 갱신과 같은 당대의 관념과 가치들은 언제나 "실천들에 둘러싸인 상태로 역사 속에 나타난다."[4] 따라서 근대라는 시공간 속에서 상상력, 도덕, 종교라는 사회적 요인이 어떤 방식으로 작동했는지를 좀 더 분명하고 정교하게 다룰 필요가 있다. 근대성과 세속화를 단순하게 일치시키거나 하나의 방식으로만 이해할 필요가 없다는 통찰은 많은 종교사회학자에 의해 제기되었다. 그중에서도 찰스 테일러는 사람들이 도덕 질서를 어떻게 형성했으며, 이런 사회적 상상은 어떻게 새로운 사회적 실천을 만들었는지 추적한다. 세속화에 대한 찰스 테일러의 설명을 주의 깊게 살펴보면 사회적 상상력과 종교의 역할에 대한 중요한 통찰을 얻을 수 있다.

찰스 테일러는 『세속화 시대』*A Secular Age*에서 그동안 사람들이 통념적으로 이해한 세속화를 다른 방식으로 해석할 것을 제안한다. 일반적으로 사람들은 세속화를 공적 영역에서 종교가 쇠퇴하는 현상으로 이해하거나 종교적 신념이 더 이상 사람들에게 어떤 영향력도 미치지 못한다는 의미로 사용한다. 개인은 종교적일 수 있지만, 사회는 믿음보다 이성에 기초하기 때문에 이를 세속화라고 부르는 것이다.[5] 하지만 테일러는 세속화를 단지 이런 방식으로만 이해할 필요는 없다고 말한다. 그는 세속화로 인해 변화된 믿음의 조건에 주목한다. 세속화로의 전환은 "신에 대한 믿음이 도전받지 않고 실제로 문제가 되지 않는 사회로의 이동을 의미한다. 그것이 다른 사람들 사이에서 하나의 선택으로 이해되는 것이다."[6] 근대 사회가 형성되고 세속화가 진행되는 과정에도 믿음을 가진 인간이 하나의 가능성으로 존재할 수 있다고 보는 것이다. 도구적 합리성이 지배하고 인간의 번영에 집중하면서도 초월에 대해 열려 있는 사회를 상상하는 것이다. 테일러는 우리가 완전히 내재적이고 세속적인 세계에 살고 있지

4) 찰스 테일러, 『근대의 사회적 상상: 경제, 공론장, 인민 주권』, 이상길 역 (서울: 이음, 2010), 59.

5) Charles Taylor, *A Secular Age* (Cambridge, Mass.: Belknap Press of Harvard University Press, 2007), 1-2.

6) Charles Taylor, *A Secular Age*, 3.

만, 어떻게 이 내재적 틀 속에서도 열린 견해를 가질 수 있고, 그것이 전부가 아니라는 것을 인식할 수 있는지 고민한다.

하지만 근대 사회는 이와 다르게 특정한 방식으로 세속화를 상상했고, 이로 인해 뒤틀린 역사가 전개되었다. 그는 이렇게 근대화가 뒤틀린 방식으로 전개된 주요 원인으로 기초주의 인식론, 신의 죽음, 권위로부터의 자유를 꼽는다. 이런 요인으로 근대화는 "닫힌 세계 구조"Closed World Structures로만 상상되었고, 이러한 상상은 사람들에게 지배적인 인상을 남겼다.[7] 닫힌 세계 구조는 자아에 대한 새로운 조건을 형성했다. 초월적 세계를 상실한 자아는 자신과 외부 세계를 분리하고, 개입을 최소화하며, 거리두기를 통해 고립되었다. 근대적 자아는 신을 통해 부여받은 도덕 질서를 자신에게 귀속시킴으로 "완충된 자아"buffered self를 형성한다.[8] 외부 세계로부터 자아를 분리해 스스로 자신을 완성할 수 있도록 변한 것이다. 이 모든 것이 바로 근대의 내재적 틀immanent frame로 작용했다. 이 내재적 틀은 수직적이고 초월적인 세계와의 접촉을 거세하고, 현세적이고 일상적인 삶의 영역 안에서만 의미를 발견하려는 근대적 인식론이다.

하지만 테일러는 근대화가 생성한 내재적 틀이 반드시 이렇게 닫힌 세계 구조로만 상상될 필요가 없다고 말한다. 오히려 서구 문화의 실제 현실은 "가장 호전적인 무신론에서 가장 정통적인 유신론에 이르기까지 모든 입장이 각자의 방식으로 자신의 가능한 견해를 통해 우리 사회 어딘가에서 표현되고 옹호된다."[9] 테일러는 하이데거나 메를로 퐁티와 같은 철학자들에 의해 개인은 사회적 피조물로서 세상에 내재된 의미의 세계를 경험하게 되었다고 말한다.

7) Charles Taylor, *A Secular Age*, 551.
8) Charles Taylor, *A Secular Age*, 27.
9) Charles Taylor, *A Secular Age*, 556.

사물을 중립적으로 파악하는 것이 그 가치보다 우선할 수 없다. 개인의 자아가 사회보다 우선할 수 없다. 우리의 가장 원초적인 정체성은 오래된 게임에 새로 진입한 플레이어다. 비록 우리가 신적인 것을 인간 행동의 피할 수 없는 맥락의 일부로 생각하지 않더라도, 그것이 긴 사슬에서 멀리 떨어져 있다거나 가장 연약한 추론이라는 생각은 인식론의 전복으로 인해 완전히 제거되었다.[10]

근대에는 다양한 견해들이 교차하고 서로에게 압력을 행사하면서 각자의 생각을 복합적으로 형성한다. 근대화가 다원화되면서 중립성의 신화에 점차 균열이 생기게 되었고, 의미를 찾으려는 사람들의 열망은 더욱 강렬해졌다. 그렇다고 근대의 내재적 틀이 무너지는 것은 아니다. 사람들의 열망은 여전히 내재적 틀 안에서 작동한다. 17~18세기 유럽의 계몽주의는 세속화가 진행되는 가운데 종교적 초월을 삶의 지평에서 제거하려 했지만, 오히려 이들은 새로운 방식으로 내재적 틀을 생성했다. 근대인은 일상의 영역에서도 삶의 충만함을 발견하고 세계-초월적world-transcendent 지평을 세계-내재적inner-worldly 지평으로 전환하면서 새로운 사회적 상상력을 발휘했다. 여기에서 중요한 것은 세속화에 대한 다양한 해석이 가능하다는 것이고, 동시에 "일상에서 사회를 상상하는 방식을 재정식화하는 과정에서 근대의 도덕 질서modern moral order가 새롭게 수립되었다"는 것이다.[11] 이러한 틀 속에서 형성된 근대의 사회적 상상이 바로 경제, 공론장, 인민 주권이다. 근대의 사회적 상상은 인간 개인의 번영과 사회의 안전을 추구하는 방향으로 전개되고 공동선의 확장으로 이어지면서 도덕적 힘을 갖게 되었다. 사람들의 종교적 열망은 근대의 내재적 틀 속에서 새로운

10) Charles Taylor, *A Secular Age*, 559.

11) 손민석, "세속의 시대를 탐색하는 정치철학자: 찰스 테일러," 김동규 외, 『우리 시대의 그리스도교 사상가들: 철학과 신학의 경계에서』 (고양: 도서출판100, 2020), 236.

방식으로 표현되었는데, 전통적으로 사람들이 가지고 있었던 신에 대한 충성심, 종교에 대한 소속감은 새로운 "정치적 정체성"을 구성하는 요인으로 전이되었다.

> 공적인 세계에서 더 고귀한 무엇에 대한 존재적 의존은 소멸되었지만 이는 우리의 정치적 정체성에서 신이 공고히 현존한다면 [그 점에 의해] 대체될 수 있다. 개인적 삶과 사회적 삶 모두에서 우리는 신성한 것을 더이상 특별한 장소, 시간, 또는 사람 안에 있는, 여러 대상들 가운데 하나의 대상으로 만나지 않는다. 그러나 신의 뜻이 우주, 국가 그리고 개인의 삶에서, 또 세상만사의 계획 안에서 우리에게 여전히 현존할 수는 있다. 신은 개인적으로나 사회적으로 우리 삶에 질서를 부여하는 권능을 위한 불가피한 근원처럼 보일 수 있는 것이다.[12]

근대는 충분히 세속적인 시대지만, 결코 신과 종교가 사라진 세속은 아니었다. 신은 단지 장소를 옮긴 것뿐이다. 신은 "개인 혹은 집단의 인격적 정체성에서 중심이 되며," 그들의 사회적 열망을 표현할 때는 "정치적 정체성을 규정하는 가능한 구성요소"로 현존한다.[13] 테일러가 "사회이론"이라는 말보다 "사회적 상상"이라는 말을 사용하는 이유가 여기에 있다. 세속화 시대에는 이미지, 이야기, 전설 등과 같은 공동의 상상이 인간의 삶을 이해하는 배경이 되며, 동시에 개인의 상상력에 침투해 실천과 행동을 결정하는 요인이 된다.[14] 사회적 규범이나 사회 전체의 이야기가 어떻게 "완충된 정체성"이라는 폐쇄적 개인의 서사에 침투해서 새로운 자기 정체성을 형성하는지 주목한 것이다. 세속화 시

---

12) 찰스 테일러, 『근대의 사회적 상상』, 288.
13) 찰스 테일러, 『근대의 사회적 상상』, 288.
14) 찰스 테일러, 『근대의 사회적 상상』, 49.

대가 전개되면서 사람들은 다른 방식으로 사회적 상상을 실현했고, 그것이 다시 자아정체성을 구성하는 요소로 작용한 것이다. 때로는 그것이 정치적 열망으로 표출되기도 하고, 사람들이 꿈꾸는 사회적 비전으로 드러나기도 한다. 보수적인 집단에서는 자신들의 전통과 가치를 지키기 위한 공동체적 열망으로 드러나고, 진보와 개혁을 외치는 이들에게는 새로운 사회적 질서를 꿈꾸는 혁명의 원동력이 되기도 한다. 이처럼 사람들의 가치와 이념을 형성하는 사회적 상상은 그들이 속한 다양한 사회적, 정치적, 경제적 현실 속에서 잉태된 것이고, 그것은 이야기와 이미지를 통해 형상화된다.

Ⅲ. 공공신학과 사회적 파상력

오늘날 실천신학은 새로운 전환점을 맞이하고 있다. 지금까지 실천신학은 성서와 역사를 통해 형성된 신학의 내용을 교회와 그리스도인의 삶에 대입하는 것이라 생각했고, 그렇기 때문에 "적용 신학"applied theology이라 불리기도 했다. 신학의 내용과 주제는 이미 정해져 있고, 그것을 변화하는 사회에 어떻게 적용할지 고민한 것이다. 하지만 신학은 우리의 현실적인 상황에서 길러져 올라오는 구체적이고 경험적인 문제로부터 출발해야 한다는 목소리가 높아지고 있다. 앞서 살펴보았듯이 근대 사회를 거치면서 사람들이 만들어낸 사회적 상상은 종교와 도덕에 지대한 영향을 미쳤고, 새로운 방식으로 세상을 상상하도록 만들었다. 신학 역시 근대성과 맞물리면서 그 내용과 방법론은 큰 변화를 경험했다. 이제는 그 어떤 신학도 동시대의 사회적, 경제적, 정치적 영향력으로부터 벗어날 수 없다는 것을 알게 되었다. 이런 생각은 실천신학이 인간의 경험과 삶의 조건을 중요하게 고려하고, 다양한 학제 간 연구를 통해 신학을 새롭게 구성해야 한다는 목소리로 전환되었다. 특별히 최근에는 실천신학과 공공신학이 서로의 문제의식을 공유하면서 변화는 더욱 가속화되고 있다.15 공공신학은 사회 현실과 공적 삶의 맥락을 중요하게 생각하고, 그것이 다양한 기독교 전통과 어떤 방식으로 상호작용하는지를 연구한다. 이런 특징 때문에 공공신학은 동시대의 물음에 응답하며 보편적인 공동선을 추구하는 신학이라고 할 수 있다. 공공신학은 그리스도교가 오랜 시간 누적해 온 신학적 가치와 비전을 통해 시민사회의 공동선에 기여할 수 있다는 것을 보여주고, 동시에 세상과의 소통과 연대를 중요한 출발점으로 삼는다.

그렇다면 공공신학과 실천신학의 중요한 과제는 지금 우리가 어떤 시대를 살고 있는지 정확하게 파악하는 것이다. 만약 현실 진단이 정확하게 되지 않는다면 신학은 엉뚱한 대답을 내놓게 될 것이고, 인류에게 주어진 시대적 물음에 제대로 대응할 수 없을 것이다. 21세기에 접어들면서 세계적으로나 국내적으로 발생하는 다양한 사건은 기존에 우리가 가지고 있었던 사회적 상상과는 전혀 다른 방식으로 전개되었다. 정치적 갈등이나 대립, 금융위기와 극단적 민족주의자들의 지속적인 테러 그리고 곳곳에서 발생하는 지진과 산불은 인간뿐 아니라 삶의 조건이 되는 지구 행성의 위기를 보여주고 있다. 우리는 지금 상시적 재난이 일상이 되는 사회를 살고 있다. 이런 사회적 변동은 단순한 문명의 전환을 넘어 현재의 지구 시스템을 더이상 작동시키기 어려운 예외상태, 즉 파상의 시대를 보여주고 있다.

사회학자 김홍중은 "사회학적 상상력"이라는 말로는 오늘날 우리가 살아가는 사회 현상을 적절하게 설명할 수도 없거니와 시대를 진단하기 위한 적합한 개념 틀도 아니라고 말한다. 그는 상상력이라는 말 대신 사회학적 "파상력"이라는 말을 제안한다. 파상이라는 말은 "가치와 열망의 체계들이 충격적으로 와해되는 체험"을 일컫는다. 김홍중은 이제 상상력의 시대에서 파상력의 시대로

15) Elaine Graham, "Showing and Telling: the Practice of Public Theology Today," *Practical Theology* 9.2 (2016), 146. 실천신학과 공공신학의 대화에 대해서는 장신근, 『공적실천신학과 세계화시대의 기독교교육』 (서울: 장로회신학대학교출판부, 2007) 제1부를 참고하라.

넘어가고 있다고 말한다.

> 사회학적 상상력은 사회적인 것의 미래를, 구조와 생활세계 사이의 원활한 번역가능성에서 발견하고자 했다. … 하지만, 21세기는 사회적인 것이 약화되고, 사회적 상상계로 기능했던 시장, 공론장, 주권적 인민의 위기가 동시에 심화되어가는 시대이다. … 이런 시대에 사회의 꿈과 마음을 냉정하게 짚어가는 작업을 시도하기 위해 필요한 것은, 밀스가 50여 년 전에 약속했던 '상상력'이 더 이상 아니다.[16]

상상력이라는 메타포는 꿈과 가능성과 희망을 지향하면서 펼쳐진다. 상상력은 "여전히 발전과 진보와 개발의 꿈"을 이야기한다. 그러나 이런 상상력이 기후위기와 상시적 재난의 시기에도 유효한 사회학적 개념이 될 수 있을까? 신학에 적용해보자면 평화의 하나님 나라를 종말론적 비전으로 꿈꾸는 장미빛 신학운동이 21세기에도 여전히 유효할 수 있을까? 혹은 비극과 고통으로 뒤덮힌 현실 속에서 여전히 하나님 나라를 이야기한다면 그것은 과연 어떤 의미일까? 멀지 않아 도래할 파국을 기다리는 위기상황에서 이제는 깨어남, 각성이 중요한 현실 인식으로 부각되어야 한다. 파상력은 그동안 사람들이 꿈꿔왔던 이상적인 가치와 체계가 무너지고 파괴되는 미래를 지향한다. 이때 비로소 새로운 세계가 열린다는 것이다.

희망이 아니라 파국을 이야기한다는 점이 신학적으로 다소 부담스러울 수 있다. 하지만 대격변의 시기에는 오히려 개혁과 진보라는 상상력보다는 묵시라는 파국적 상상력이 더 적절한 시대 인식이 될 수 있다. 성서적 전망에서도 위기의 상황이 극에 다다르면 예언자들은 희망보다 오히려 묵시를 선포했다. 어쩌면 우리를 기다리고 있는 미래는 무시무시한 은유적 표현으로 묘사되고 있

16) 김홍중, 『사회학적 파상력』, 12.

는 묵시적 상상력보다 훨씬 구체적이고 실제적인 현실일 수 있다.

> 실제로 문제가 되고 있는 것은 지구와 생명의 파산이다. 종말은 이제 결코 은유가 아니다. 그것은 실재의 표징이다. 더이상 무언가의 은유가 아니라 그 자체를 가리키기 시작한 이 '종말'은 인류에게 닥친 지구 환경의 문제를 하나의 '절대적' 문제로 재구성하고 있다.[17]

그렇다면 이런 파국의 시대에 공공신학은 어떤 도덕 질서와 희망의 약속을 제시할 수 있을까? 오늘날 많은 공공신학자가 새로운 사회적 상상으로 성서의 묵시론적 종말론에 주목하기 시작했다. 상시적 자연재해와 기후위기 앞에서 신학의 내용과 방법을 새롭게 정비해야 하는데, 특별히 코로나 바이러스 이후에는 묵시론적 종말론이 우리 시대를 설명할 수 있는 가장 적절한 분석 틀이 된다고 말한다.[18]

성서의 묵시 사상과 해방신학을 연구한 크리스 롤랜드Chris Rowland는 오늘날의 실천신학과 공동선을 위해서도 묵시론적 종말론이 중요한 역할을 할 수 있다고 말한다. 초기 기독교는 묵시적 상상력을 중요하게 생각했는데, 이는 기독교 공동체의 실천과 형태를 형성하는 원동력일뿐 아니라 미래의 방향과 전체 창조의 운명까지 결정하는 중요한 안내자 역할을 했다. 그는 신약성서의 묵시록이 "초기 기독교 신앙과 실천의 전형"이라고 말한다. 묵시록은 "공개적인 증언과 비판적 참여를 요구하며," 인류와 전체 창조세계의 전면적인 재조정을

17) 김홍중, 『사회학적 파상력』, 47.

18) 여기에 더해 인류세 논의로 더욱 심각하게 제기된 지구 행성의 위기와 인류의 대멸종은 더이상 신학이 외면할 수 없는 중요한 의제가 되었다. 이와 관련된 최근 논의로는 Alexander Belyaev and Yulia Matushanskaya, "Rehearsal of the apocalypse: Christians of the post-Soviet regions about covid-19," *International Journal of Public Theology* 15.2 (2021), 235-52; Clive Pearson, "Liveability at Risk: Rehearsing a Public Theology in the Anthropocene," *International Journal of Public Theology* 17.4 (2023), 602-21; Kjetil Fretheim, "Democracy and climate justice: Public theology in the anthropocene," *International Journal of Public Theology* 12.1 (2018): 56-72를 참고하라.

주장한다.19 묵시는 이전에 숨겨져 있던 것을 드러내며, 현재를 판단할 수 있는 대안적인 지평을 구성하고, 이에 따라 새로운 시야를 설정한다. 따라서 묵시는 비판의 언어이자 희망의 언어다. 롤랜드에 따르면 종말론이 방법론이라면, 묵시는 인식론이다. 일반적으로 기독교의 종말론은 마지막 때와 관련이 있고, 그것을 희망의 지평으로 연결지어 생각한다. 반면 묵시는 역사의 방향을 보고 인식하는 새로운 방식을 보여준다. 묵시는 지금 우리가 어떤 시대를 살아가고 있는지를 알려주는 기준점이며, 위기의 시기에 예수 그리스도의 계시가 어떤 의미인지를 더욱 분명하게 알려주는 자명종이다.20

그렇다면 희망과 대안을 상상하기 어려운 상황에서 신학은 무엇을 할 수 있을까? 파국의 시대에 성서가 가르치는 종말론적 상상력은 단순히 현실을 포기하고 내세신앙으로 도피하는 것도, 사람들에게 맹목적인 희망을 이야기하며 낙관적인 하나님 나라를 전달하는 것도 아닐 것이다. 어쩌면 그것은 희망을 찾기 어려운 마지막 순간까지 진실을 폭로하고, 현실을 드러내는 활동을 멈추지 않으면서 남은 자들을 치유하는 것이 아닐까?

신약성서가 말하는 묵시적 종말apokalypsis은 단순히 "창조세계를 폐쇄한다는 뜻"이 아니다. 오히려 반대로 닫혀있던 것을 드러내고disclose 열어젖히는open 것이다.21 감춰진 진실을 열어젖혀 새로운 현실을 마주하는 것이다. 현실의 비극을 마주하고, 분노에 찬 이들의 목소리와 애통하는 자들의 울음소리를 듣는 것이다. 묵시록에 담긴 이미지와 환상 그리고 천상의 목소리들은 "인류의 긴장상태와 트라우마들"을 보여주는 오래된 미래라 할 수 있다.22

---

19) Tim Gorringe and Christopher Rowland, "Practical Theology and the Common Good—Why the Bible is Essential," eds. Nigel Rooms and Zo Bennett, *Practical Theology in Progress* (Routledge, 2020), 156–69.

20) Clive Pearson, "Liveability at Risk: Rehearsing a Public Theology in the Anthropocene," 620.

21) 캐서린 켈러, 『묵시적 종말에 맞서서: 기후, 민주주의, 그리고 마지막 기회들』, 한성수 역 (서울: 한국기독교연구소, 2021), 24.

22) 캐서린 켈러, 『묵시적 종말에 맞서서』, 24.

따라서 묵시적 종말론은 현재 인류가 직면한 위기를 성서적 시각으로 파악할 수 있는 신학적 인식론이 될 수 있다. 그것은 단지 인류에게 남은 시간이 얼마 남지 않았다는 환경운동가들의 절박한 표어로 그치지 않는다. 묵시는 지금 우리가 어떤 시대를 살고 있는지, 우리는 어떤 시기를 지나고 있는지 알려주는 시계와 같은 역할을 한다. 동시에 지금이 바로 하나님의 현실, 예수 그리스도의 계시가 드러나는 순간임을 깨닫게 해 주는 역할을 한다. 인간의 실패를 계속해서 고발하고, 새로운 시작을 준비해야 한다고 외치는 것이 사회적 파상력의 신학적 버전이라 할 수 있다.

여기서 공공신학의 역할은 무엇일까? 묵시적 종말론으로 현실을 인식한다고 할 때, 신학적 파상력은 어떤 방식으로, 누구를 향해, 무엇을 할 수 있을까? 묵시적 종말론이 비관주의나 허무주의로 빠지지 않으려면 공공신학은 무엇으로 행동의 원동력을 삼아야 할까? 일상을 지배하고 있는 깊은 사회적 우울과 애통의 감정은 공동선을 향한 열망을 꺾고, 사회적 상상력을 가로막는 장애물처럼 느껴진다. 하지만 재난과 비상사태라는 위기상황에서 겪는 슬픔, 고통, 애통의 감정은 새로운 시대를 열 수 있는 계시적 현실이 될 수도 있다. 이어지는 내용에서는 그 가능성을 살펴보려 한다.

Ⅳ. 부서져 열린 마음

실패, 상실, 애통, 비통의 감정은 내가 쏟은 애정의 크기만큼 크다. 그런데 이런 비통함은 단지 개인적 경험에서만 느끼는 감정이 아니다. 사람들은 함께 힘을 모아 이룬 가치나 이념, 공동의 경험과 사연을 상실했을 때에도 동일한 감정을 느낀다. 대한민국이라는 사회에서 민주주의를 이루기 위해 희생했던 시민들의 헌신과 노력이 바로 그런 것 중 하나다. 촛불 혁명으로 이룬 대통령 탄핵 역시 시민들의 열정과 열망이 이룬 민주주의의 소중한 열매였다. 시민들의 힘으로 이룬 민주주의라는 무형의 가치는 어느 순간 시민들의 마음에 자리 잡은 시민종교가 되었다. 그런데 그 민주주의가 훼손되고 무너지고 있다는 생각이 들 때, 사람들은 깊은 상실과 비통함을 느낀다. 세월호 참사 이후 많은 사람이 느꼈던 충격과 울분 가운데 하나는 '대한민국이라는 나라가 이것밖에 안 되는 거였나?' 라는 당혹감이었다. 시민들은 국가적 자존심에 깊은 상처를 입었고, 개개인의 심상에도 큰 상처를 입었다. 우리가 함께 만든 국가의 시스템과 민주적 가치가 한순간에 무너지는 것을 경험했기 때문이다. 온 국민이 공적 분노와 함께 공적 슬픔을 경험했다.

파커 파머Parker J. Palmer는 민주주의를 형성하는데 마음의 습관이 매우 중요하다고 말한다. 그런데 이 마음의 습관은 "마음이 부서지는 경험을 통해 증폭되고 분출" 된다.[23] 공적 슬픔으로 인해 비통함을 느낀 사람들은 그냥 그 자리에 주저앉거나 죽음의 자리로 내몰릴 법도 한데, 오히려 그 비통한 마음의 상태를 새로운 희망으로 전환할 수 있다는 것이다. 파머는 고통으로 인해 부서진 마음이 때로는 새로운 가능성으로 전환되는 에너지가 될 수 있다고 말한다.

> 스트레스 상황에서 운동하지 않은 마음은 좌절이나 분노로 폭발할 것이다. 특별히 긴장된 상황에서라면 폭발하는 마음은 그 고통의 원천을 향해 폭탄 파편처럼 던져질 수 있다. 그러나 고통에 의식적으로 맞닥뜨리면서 마음을 일관성 있게 운동시켜왔다면 부서져 흩어지는 대신 부서져 열릴 가능성이 크다. 그러한 마음은 긴장을 잘 끌어안아 고통과 기쁨 모두가 확장되도록 근육을 사용할 줄 안다.[24]

여기서 말하는 '마음의 근육' 은 평소 낯선 사람들과 생각을 조율하고 갈등

---

23) 파커 파머, 『비통한 자들을 위한 정치학』, 김찬호 역 (서울: 글항아리, 2012), 66.
24) 파커 파머, 『비통한 자들을 위한 정치학』, 115-16.

을 기꺼이 끌어안으려고 하는 강인한 마음을 통해 배양된다. 또한 위험하고 위급한 상황에서도 시민들이 함께 사회의 중요한 문제를 풀어갈 수 있다는 희망과 역량을 통해 강화된다. 서로를 의지하고 세워 줄 수 있다는 강한 시민의식이야말로 민주주의를 든든하게 받쳐주는 토대가 된다. 나와 생각이 다른 이들과 함께 뒹굴고 부대끼며 사는 것은 공동체를 와해시키는 것이 아니라 오히려 안전하고 건강한 사회를 만드는 초석이 되고, 결국에는 공공선을 형성하는 밑거름이 된다. 이 모든 자부심, 신뢰, 믿음의 근원이 바로 '마음'이다. 그렇다면 어떻게 이런 비통한 사건이 고통이나 좌절, 분노로 이어지지 않고, 새로운 희망과 연대로 승화될 수 있을까? 그 전환의 고리를 마사 누스바움Martha C. Nussbaum은 사랑이라는 감정을 정치적으로 전유할 때 가능하다고 말한다.

누스바움에 따르면 그리스 사람들은 비극을 통해 타인의 고통에 공감할 수 있는 감각을 키웠다. 사람들은 비극을 통해 공적 슬픔을 진하게 느낄 수 있었고, 그것은 민주주의를 발전시키는 데 큰 역할을 했다. 비극은 타인의 고통이나 슬픔을 간접적으로 경험할 수 있는 장치였고, 그리스 사람들은 이를 통해 민주주의를 내적으로 학습할 수 있었다.[25] 오늘날에도 사람들이 비극을 간접적으로 체험하는 방식은 크게 다르지 않다. 어린아이들이 보는 만화 영화나 동화에서도 상실을 통한 애통함은 자주 등장하는 감정 중 하나다. 예를 들어, 주인공이 사랑하는 대상을 잃는다든가, 가까운 부모나 친구와 이별을 하게 될 때, 아이들은 동정심, 즉 다른 사람의 불행에 감응하는 감정을 경험하게 된다. 이는 일종에 예방 주사를 맞는 것과 같다. 나중에 실제로 타인의 고통이나 사회적 비극을 경험할 때, 어떤 방식으로 공감할 수 있는지 미리 배우는 것이다.

누스바움은 링컨의 게티스버그 연설을 소개하면서 어떻게 애도의 감정이 화해로 나아갈 수 있었는지 소개한다. 링컨은 남북전쟁으로 인해 죽은 장병들

25) 마사 누스바움, 『정치적 감정: 정의를 위해 왜 사랑이 중요한가』, 박용준 역 (서울: 글항아리, 2019), 409-10.

을 애도하며 시민들이 경험한 깊은 상처를 어루만져 준다. 그는 죽음 그 자체를 미화하거나 성스럽게 만들지 않는다. 다만 남아 있는 자들이 해야 할 일, 그들이 무엇에 헌신해야 하는지를 알려주었다. 미국의 민주주의를 수호하기 위해 남은 자들이 할 일은 "자유의 새로운 탄생"을 위해 함께 노력하는 것이다.

> 링컨의 연설은 전몰장병의 비극에 경의를 표하면서, 그 비극을 '품위 있는 국가의 상처 입기 쉬움'에 대한 메타포로 사용한다. 국가는 그의 연설을 듣는 이들이 기꺼이 위험을 무릅쓸 각오를 할 때에만 존속할 수 있을 것이다. 이는 청중을 전몰장병의 희생에 좀 더 가까이 다가가도록 이끌고 애도를 표현하면서도 민주주의와 자유를 위한 미래의 투쟁에 참가하도록 이끈다. 당시 이 연설은 많은 청중에게 승리와 화해를 위한 일에 동참하도록 동기를 부여했다.26

전쟁의 상흔이 너무나 크고 아프다고 하지만 그것이 민주주의라고 하는 소중한 가치보다 크진 않다. 이기심, 두려움, 무기력이라는 감정으로 사람들이 함께 만든 민주주의라는 가치를 잃어버릴 수는 없는 것이다. 링컨은 비극과 슬픔이라는 감정은 모든 사람이 공유할 수 있는 근원적 마음의 정동이기 때문에, 이를 통해 미국인들이 국가의 상처를 딛고 일어설 수 있도록 독려하고 건설적인 일에 헌신하도록 이끌었다. 즉 전쟁이라는 비극을 통해 다시 새로운 사회와 국가를 건설할 수 있도록 사람들의 사유와 실천을 이끌어낸 것이다. 결국 누스바움은 정치에서도 사랑이라는 감정이 중요한 역할을 한다고 말한다. 존엄하고 품위 있는 사회는 상대방에 대한 신뢰와 공감을 통해 가능하고, 정의로운 사회를 위해서는 사랑의 감정이 필요하다고 역설한다.

돌이켜보면 우리 사회가 다음 단계로 한 단계 더 전진하고, 새로운 시스템

26) 마사 누스바움, 『정치적 감정』, 434.

이 구축되는 시점들은 대부분 사회적 참사가 휩쓸고 간 이후였다. 재난과 참사를 겪고 난 이후 시민들은 이전보다 더 안전한 사회와 제도를 만들기 위해 노력했다. 학교 앞 횡단보도에서 사랑하는 아이를 잃어버린 부모님을 통해, 생활비를 벌기 위해 위험한 건설 현장에서 목숨을 잃은 아버지로 인해, 컵라면으로 끼니를 때우면서 고장 난 스크린도어를 고치던 청년의 죽음으로 인해, 우리는 부서진 마음을 하나로 모을 수 있었다. 시민들의 애도가 새로운 헌신으로 전환되고, 더 나아가 새로운 사회를 이루려는 열망으로 응집될 때, 결과적으로 모두가 안전한 국가를 만들 수 있다.

마음이 부서지는 경험을 통해 우리는 새로운 사회적 상상력과 책임감을 형성할 수 있다. 연대와 치유는 고통에 반응하는 마음, 슬픔을 공감하는 마음을 통해 형성된다. 여기서 중요한 것은 그러한 감정을 "느끼는 능력"이다.[27] 부정적 감정에 자신을 개방함으로써 우리는 돌봄과 복지, 위로와 격려를 경험할 수 있다. 예수는 산상수훈에서 "애통하는 자는 복이 있나니 그들이 위로를 받을 것"이라고 말했다.마 5:4 애통하는 마음으로 우리는 사람들의 마음을 치유하고 위로할 수 있다. 캐서린 켈러Catherine Keller는 묵시적 종말론이 애통함을 깊이 느끼는 능력에서 출발한다고 말한다. 우리는 그 애통함을 단순히 극복하는 것이 아니라 그것을 치유하는 곳까지 나가야 한다. 애통함에는 새롭게 시작할 수 있는 능력이 있기 때문이다.

> 애통하는 것은 상실을 지니고 살아가는 것, 그래서 그것이 의미하는 바가 무엇인지, 어떻게 세상이 변화했는지, 그리고 만일 우리가 여기로부터 앞으로 나아가려면 어떻게 우리 자신들도 변하고 또 우리의 관계들을 새롭게 해야 하는지를 절실히 느끼는 것이다.[28]

27) 캐서린 켈러, 『묵시적 종말에 맞서서』, 99.
28) 캐서린 켈러, 『묵시적 종말에 맞서서』, 102.

사람들의 마음을 건드리고 심금을 울리는 비통한 사건을 통해 우리는 변화를 위한 첫걸음을 내디딜 수 있다. 새로운 변화는 타인의 애통함을 자신의 아픔으로 끌어안는 이들을 통해 시작한다. 그런 점에서 애통함은 위로를 가능하게 하는 하나의 사건으로 작용하고, 새로운 세상을 열어젖히는 계기가 될 수 있다. 애끓는 마음을 통해 우리는 자신의 울타리를 넘어 공적 영역으로 나아갈 수 있는 힘을 얻고, 공공선을 향한 열망을 잉태할 수 있다.

V. 무너진 터전에서 부르는 애가

그동안 공공신학은 기독교가 가지고 있는 내적 가치를 시민사회의 공적 가치와 연결하기 위해 다양한 시도를 해왔다. 여기에서 중요하게 다뤄진 신학적 쟁점은 주로 정치 참여의 방식과 정당성에 대한 논의였다. 기독교 현실주의, 해방신학, 급진적 정통주의에 이르기까지 다양한 정치신학은 복음의 공공성을 각자의 방식으로 전달하기 위한 방법론이었다고 볼 수 있다. 하지만 이러한 신학은 교회의 관심을 크게 끌지 못했다.[29] 교회의 관심사와 정치신학의 내용이 일치하지 않았기 때문일 수도 있고, 시대의 변화를 더욱 예리하게 파악하지 못했기 때문일 수도 있다. 물론 스탠리 하우어워스Stanley Hauerwas와 같은 경우 교회론적 윤리를 통해 세속사회에 대한 비판적 통찰력을 제공하기는 했지만, 그것이 건설적인 비전으로까지 이어지지는 못했다. 그가 말하는 기독교 정체성은 "무의식적으로 정체성 정치"에 기여하는 방식으로 작동하기도 했다.[30] 복음의 독특성을 공적 영역에 여과 없이 보여주는 것으로 사회변화를 이끌려 했던 노력은 중간에 헤쳐나가야 할 장애물이 너무나 많았기 때문에 무산될 수밖

29) Charles T. Mathewes, *A Theology of Public Life* (Cambridge: Cambridge University Press, 2007), 165.

30) Charles T. Mathewes, *A Theology of Public Life*, 24.

에 없었다. 이런 방식으로는 그리스도교의 도덕 질서가 어떻게 사회적 상상과 만날 수 있는지, 복음의 내용이 구체적인 정치적 비전과 어떻게 연결되는지 보여줄 수 없다.

앞에서 위기의 시대에 공공신학을 이끌어가는 신학적 자원 혹은 원동력은 부서져 열린 마음이라고 말한 바 있다. 그런데 상실을 겪은 이가 느끼는 애통함은 성서의 기저에 흐르는 중요한 감정이라 할 수 있다. 특별히 예언자들은 애통함을 사회적 비전으로 연결하는 탁월한 상상력을 가지고 있었다. 예언자들의 사회적 상상력을 살펴보면 우리 시대에 공공신학은 무엇을 할 수 있는지, 공공신학의 과제는 무엇인지 배울 수 있다.

월터 브루그만Walter Bruggmann은 성서가 가지고 있는 근원적인 정동이 사회적 비전으로 어떻게 연결되는지를 탁월하게 보여준다. 예언자들은 토라로부터 길러 올린 오래된 상상력을 통해 과거와 현재를 연결하고, 더 나아가 현실 너머의 미래까지 보여준다. 브루그만에 따르면 예언자들은 "장기적인 상실과 애통을 설교"했는데, 그들이 느끼고 경험한 상실과 애통은 구약성서 전체에 흐르는 묵직한 베이스음과 같다.[31] 구약성서에서 애통함은 그저 개인적인 슬픔이나 아픔에 머무르는 것이 아니라 민족적이고 공적인 차원, 더 나아가 우주적 차원으로까지 확대된다. 물론 이스라엘 민족의 슬픔은 그들이 하나님의 율법에 나온 도덕 질서를 지키기 않았기 때문에 겪는 상실이었다. 하나님은 그들에게 과부와 나그네와 가난한 자를 돌보고 거룩한 삶을 살라고 했지만, 그들은 하나님의 말씀에 순종하지 않았다. 그런데 여기서 중요한 점은 예언자가 단지 그들에게 임한 심판을 보편적인 차원으로까지 확장해서 해석했다는 점이다. 호세아서에서는 시내산 언약의 위반이 가져온 결과를 창조세계의 붕괴로 연결한다.[32]

31) 월터 브루그만, 『예언자적 설교』, 홍병룡 역 (서울: 성서유니온, 2017), 79.
32) 월터 브루그만, 『예언자적 설교』, 93.

이스라엘 자손들아 여호와의 말씀을 들으라 여호와께서 이 땅 주민과 논쟁하시나니 이 땅에는 진실도 없고 인애도 없고 하나님을 아는 지식도 없고 오직 저주와 속임과 살인과 도둑질과 간음뿐이요 포악하여 피가 피를 뒤이음이라 **그러므로** 이 땅이 슬퍼하며 거기 사는 자와 들짐승과 공중에 나는 새가 다 쇠잔할 것이요 바다의 고기도 없어지리라. 호4:1-3, 강조 필자

이스라엘 백성이 지은 죄는 분명 도덕적인 악이었다. 그들은 하나님의 언약을 무시하고, 저주, 속임, 살인, 도둑질, 간음의 죄를 저질렀다. 그런데 여기서 예언자는 "그러므로"에 호소한다. "그러므로" 땅과 거기에 거하는 짐승이 저주를 받는다. 공중의 새와 바다의 물고기가 사라진다. 예언자는 도덕적 타락과 그로 인한 하나님의 심판을 창조세계의 파괴로 연결한다. "그러므로"는 이스라엘 백성이 하나님과 맺은 시내산 언약을 창조세계까지 확장하는 접속사다. 이처럼 예언자는 인간의 타락과 거짓 경건이 초래한 암울한 미래를 보여준다. 테렌스 프레다임Terence Fretheim은 도덕 질서와 창조세계의 연결을 다음과 같이 말한다.

도덕 질서는 근본적으로 창조의 문제로, 하나님의 우주 설계의 하부구조에 내장되어 있다. 죄악이 불리한 결과를 낳는 것은 근본적으로 이 세계가 작동하는 방식의 문제다. 그래서 나쁜 결과는 본질적으로 행위와 연관되어 있다.[33]

하나님이 이스라엘과 맺은 배타적 언약 속에는 이 세상을 다스리는 보편적인 언약, 즉 "세계가 작동하는 방식"이 이미 내재되어 있었다. 이스라엘 백성이 지은 죄는 창조세계의 보편적인 질서와 연결되어 있고, 그 작동방식은 동일했

33) 월터 브루그만, 『예언자적 설교』, 107에서 재인용.

다. 예언자들은 인간의 내면에서 일어나는 탐욕과 이기심 그리고 이웃과의 관계에서 발생하는 다양한 도덕적 타락을 궁극적으로 창조질서로 연결하는 상상력을 발휘한 것이다.

하지만 구약성서는 하나님께서 이스라엘의 죄를 심판하는 것으로 끝나지 않는다. 비록 상실과 애통은 이스라엘 백성의 죄의 결과이고 그들이 초래한 결과이지만, 이들의 애통은 하나님에게도 깊은 상처를 남겼다. 예루살렘의 멸망이 자업자득이기는 해도 하나님은 이스라엘 백성들과 함께 눈물을 흘릴 수밖에 없었다. 그들을 향한 하나님의 마음은 자식을 잃은 아비의 심정이며, 아내를 잃은 남편의 슬픔이었기 때문이다. 하나님은 이스라엘 백성을 생각할 때, "내 창자가 들끓으니 내가 반드시 그를 불쌍히 여기리라"고 말씀하신다. 렘 31:20 하나님은 이스라엘의 고난으로 인해 깊은 슬픔에 빠진 분이다. 이스라엘의 죄에 분노하신 하나님은 동시에 그들의 슬픔을 자신의 아픔으로 끌어안으시는 분이다. 브루그만은 예언자들의 목소리에 이런 하나님의 슬픔이 짙게 깔려 있다고 말하면서, 그들은 섣부른 희망이나 회복을 노래하지 않는다고 강조한다.[34]

하나님의 애통과 슬픔은 나사로의 죽음과 곧 무너질 예루살렘을 보며 눈물을 흘렸던 예수님의 애통과도 연결된다. 상실을 인정하지 않는 사회, 상실에 적응하는 사회는 예언자가 말하는 슬픔을 인정하지 않는 사회다. 오늘날 우리는 서둘러 상실을 지나치려 하고, 성급하게 회복을 이야기한다. 하지만 슬퍼할 수 있는 권리, 슬퍼할 수 있는 공간, 슬퍼할 수 있는 시간은 개인을 넘어 사회와 국가를 치유할 수 있는 힘이 있으며, 새로운 사회적 상상력을 펼칠 수 있는 모판이 된다. 하나님은 결국 "상처로부터 새 살이 돋아나게" 하시고 무너진 사람들의 마음을 치유하실 것이다. 렘 30:17

인간의 도덕적 타락을 자연세계의 붕괴로 연결한 예언자적 상상력은 오늘 우리에게도 시사하는 바가 크다. 생태계 파괴와 지구 시스템의 붕괴를 일으킨

34) 월터 브루그만, 『예언자적 설교』, 134.

주범은 인간이지만, 동시에 그것을 회복할 주체도 역시 인간이다. 극단으로 치닫는 정치의 회복도, 붕괴된 자연세계를 치유할 능력도, 결국에는 인간의 마음에서부터 출발할 것이다. 그 마음은 단지 도덕 규칙을 잘 지키고, 착하고 선한 양심으로 무장된 사적 도덕성이 아니다. 사라지는 것을 향한 슬픔, 잃어버린 것에 대한 애통, 고통받는 인간과 자연 그리고 사물에까지 연결된 마음, 공동체와 공동선을 향한 애씀, 이런 공감과 공적 마음이 변화의 시작이 될 것이다. 우리 시대에 신학이 해야 할 일은 상실한 마음, 부서진 마음, 애통하는 마음을 끌어안고 눈물을 흘리는 것이다. 신학의 실패를 겸허히 인정하고 무너져가는 도시에서 남은 자들에게 하나님의 위로를 전하는 것이다. 그것이 바로 신학의 역할이고 마지막 사명이다.

공공신학과 공동체 신학을 넘어서는 새로운 사회실천의 상상력

전 남 식
대전꿈이있는교회/기독교윤리/목사

I. 서론

이성-논리-기호-합리성에 이제는 Chat-GPT와 같은 인공지능까지 가미되어 현대 사회는 가히 과잉 지식의 시대가 되었다. 인공지능이 인간지능을 대체하기 시작했고, 급속도로 인간의 자리를 빼앗아가고 있다. 기의는 무시되고 기표만 충만하다. 현란한 이미지와 영상이 인간의 시각을 제압하고 있고, 시뮬라크르한 무한욕망의 기호들이 인간의 상상력을 잠식하고 있다. 반성과 성찰, 내러티브와 상상력이 찰라적 자극으로 도파민을 분출하게 하는 쇼츠와 릴스에게 자리를 빼앗겼다. 이제 인간은 '생각하는 기계' 의 자리조차 인공지능에 넘겨주는 것은 아닐까. 다시 말하면, 이제 지식을 포함한 생각은 인공지능과 같은 기계의 몫이 되었고, 인간은 그저 인공지능이 정리해 준 내용을 읽고 전달하는 스피커가 되어 가는 것은 아닐까.

김영하의 소설 『작별인사』는 인공지능이 발전해 휴머노이드와 인간이 함께 사는 가까운 미래를 배경으로 한 소설이다. 이 책에는 인간의 신체몸의 중요성과 더불어 인간은 단순히 계산하고 생각하는 기계가 아니라 몸을 통해 고통을 느끼며, 고통 속에서 새로운 미래를 상상하며, 동시에 고통을 줄이기 위해 몸부림치는 존재다. "인간의 존엄성은 죽음을 직시하는 데에서 온다고 말했다. 그리고 육신 없는 삶이란 끝없는 지루함이며 참된 고통일 거라고도."[1]

> 막상 몸이 사라지고 나니 그동안 얼마나 많은 것을 몸으로 해왔는가 새삼 깨닫게 되었다. 몸 없이는 감정다운 감정도 느껴지지 않았다. 볼에 스치는 부드러운 바람이 없고, 붉게 물든 장엄한 노을도 볼 수가 없고, 손에 와 닿는 부드러운 고양이 털의 감촉도 느낄 수가 없는 것이다. 나는 채 동이 트지 않은 휴먼매터스 캠퍼스의 산책로를 달리던 상쾌한 아침들을 생각했다. 몸이 지칠 때 나의 정신은 휴식할 수 있었다. 팔과 다리가 쉴 새 없이 움직일 때, 비로소 생각들을 멈출 수 있었다는 것을 몸이 없어지고 나서야 깨닫게 된 것이다.[2]

기독교는 몸의 공동체다. 공동체라는 단어 자체에 '몸' 이라는 의미가 포함되어 있다. 사도바울은 교회를 그리스도의 몸고전12:27; 엡4:12; 골1:24이라고 표현했다. 그리스도인이란 그리스도의 몸된 교회로 부름 받은 존재이며, 몸된 교회에서 그리스도의 삶과 고통과 죽음을 읽고, 자신과 타인의 고통과 죽음을 배워 간다. 그리스도의 몸에 소속되어 있을 때 '감정다운 감정' 을 느끼고 '참사람' 이 되어 간다.

질베르 뒤랑은 "서구의 이원론적 합리주의 내에서 억압받아온 인식 형태"에 문제의식을 느꼈고, "서구적 인식론 전체의 총체적 재해석"을 통해 "이미지, 상징, 신화에 입각한 새로운 인식론과 새로운 인류학"을 세우고자 시도했다.[3]

---

1) 김영하, 『작별인사』(서울: 복복서가, 2022), 268.
2) 김영하, 『작별인사』, 242.
3) 진형준, "이미지론," 『불어불문학연구』, 제43집 (2000), 287.

현실 세계는 가시적인 현상과 현상 이면의 상징의 복합체다. 인간이 몸과 영혼 생각으로 이루어져 있는 것처럼. 이 둘은 분리될 수 없으며, 몸을 통해 사유하고 감각한다. 마찬가지로 인간은 공동체를 통해 자신을 발견한다. 인간은 타인과 연결되어 있을 때 비로소 인간이 되는 것이다. 그리스도인은 교회 공동체에서 예수 그리스도의 사역과 가르침을 배우게 되는데, 이때 교회 구성원의 현실에 참여함으로써 그리스도의 고통과 죽음, 부활을 맛보게 된다. 그런 의미에서 교회 구성원은 눈에 보이지 않는 그리스도를 만나게 되는 매체이며 구체적 형상이다. 본회퍼는 그리스도의 성육신 사건을 교회로 확장한다. "그분은 오늘 우리 가운데 몸으로, 그리고 말씀과 함께 현존하신다."[4] "그리스도의 몸은-교회의 형태로-세상 안으로 들어왔다."[5] 본회퍼에 따르면 그리스도의 몸은 교회의 형태로 세상 속으로 들어오신 것이며, 따라서 그리스도인은 교회 구성원이 됨으로써 그리스도의 몸에 참여하는 것이고, 교회 구성원을 통해 그리스도를 경험하게 된다. 그런 의미에서 교회 구성원은 그리스도를 가리키는 상징이요 구체적 형상이며, 그리스도는 구체적 형상의 힘을 빌어 표현하는 유비적 재현 représentation analogique이요, 성상, 즉 아이콘eikon이라 할 수 있겠다.[6]

아이콘은 비가시적 존재의 형상으로, 아이콘은 인간을 비가시적 세계로 유도한다. 그리스도인은 교회에 속해 성경을 통해 그리스도를 읽고, 가시적 유한자인 교회 구성원을 통해 비가시적인 절대자Dieu absolu와 연결된다. "이렇듯 이마고는 부재과거하는 것을 존재 세계현재 안으로 불러내는 것, 부언컨대 다른 세계, 즉 초월 세계에 속하는 것을 가시적인 인간 세계, 현세現世 안으로 소환한다는 데 그 의의가 있다. 그런데 시간이 흐르면서 이 이마고 개념은 기독교 전

---

4) 디트리히 본회퍼, 『나를 따르라』, 손규태 외 역 (서울: 대한기독교서회, 2020), 254.

5) 디트리히 본회퍼, 『나를 따르라』, 299.

6) 박치완, '질베르 뒤랑의 이미지와 상징 해석이 갖는 현대적 의의-〈상징적 상상력〉과 〈신화비평과 신화분석〉을 중심으로'," 「해석학연구」 제25집 (2010), 123.

통에서 '신의 형상聖像으로 그 의미가 축소、고정되기에 이른다."[7] 이마고는 비가시적 세계의 형상화였는데 기독교 전통에서 이마고를 신의 형상으로 축소했다는 것을 인정한다면, 그리스도인이 교회에 소속되어 교회 구성원을 통해 그리스도와 연결됨으로써 축소된 이마고 개념을 본래의 의미로 확장할 수 있다.

이 글은 공공신학과 공동체신학에 대한 평가를 바탕으로 두 신학의 가교로서 새로운 상상력이 필요하다는 것을 말하고자 한다. 특별히 새로운 상상력은 그리스도의 몸에 속한 개인이 서로 연결되는 경험을 할 뿐만 아니라, 그리스도의 몸된 교회가 세계-내-존재임을 인식하는 것을 의미한다. 그리스도의 몸은 개인의 차원을 포함해 그리스도의 몸으로서의 교회이며, 교회 공동체는 세상 속에 존재하면서 새로운 세상을 대망하는 종말론적 공동체이다. 교회가 교회다워야 한다는 것은 교회가 보이지 않는 그리스도로 연결되어 있다는 것을 믿는 신앙공동체이며, 동시에 이 교회는 세상 속에서 하나님 나라를 미리 맛보고 보여주는 대안공동체가 되어야 한다. 이를 구현하기 위해 교회는 정기적인 예배를 통해 그리스도의 성품을 체화하는 성품공동체가 되어야 하며, 성찬을 비롯한 성례전을 통해 대안공동체를 형성해야 한다는 점을 주장할 것이다.

Ⅱ. 공공신학의 도전

2000년대에 접어들면서 한국의 개신교에 공공신학이 대두되었다. 그 이유는 개신교가 그동안 사회적 책임 의식이 부족했고, 신앙을 사사화 또는 사유화했던 것에 대한 반성이었다. 2010년도에 접어들자마자 일명 복음주의 4인방인 옥한흠, 하용조, 이동원, 홍정길 목사가 소천하거나 은퇴했다. 그중 이동원

---

7) 박치완, '질베르 뒤랑의 이미지와 상징 해석이 갖는 현대적 의의–〈상징적 상상력〉과 〈신화비평과 신화분석〉을 중심으로',"124.

목사는 2010년 퇴임사에서 조국의 민주화 운동에 기여하지 못한 일, 소외된 성도의 아픔에 동참하지 못한 일, 기득권층을 향해 예언자적 설교를 하지 못한 일을 참회한다고 말했고, 은퇴 후에는 이런 일에 여생을 보낼 것이라고 기대하게 했다.[8] 하지만 은퇴 후 이동원 목사의 행보는 여전히 민주화 운동, 소외 계층 사역, 기득권층에 대한 예언자적 설교와 거리가 멀었다. 2014년 세월호 참사가 일어났을 때 분당우리교회 이찬수 목사의 침묵과 회개를 강조한 설교가 논란이 되었다. 이 목사의 설교가 침몰하는 세월호 선내에서 울려 퍼졌던 '가만히 있으라' 는 방송으로 304명이 목숨을 잃었던 것과 맞물렸기 때문이다. 또한 그의 설교는 개인의 회개, 교회의 회개에 머무는 듯한 인상을 주었고, 사회구조적 문제와 권력의 무능과 무책임에 대해서는 아무런 언급이 없었기 때문이다.[9]

두 목사의 예를 통해 한국교회의 신앙의 사사화와 교회와 그리스도인의 사회적 책임에 대한 인식의 현주소를 파악할 수 있다. 사회적 참사에 대해 교회는 고유한 언어를 상실했다. 사회적 공론장에서 신학적 언어를 상실한 것이다. "공공성에 대한 기독교적 대안과 언어의 상실은 세계에 대한 상실을 의미한다."[10] 이러한 기독교 현실에서 비판적 대안으로 2000년대 이후 공공신학의 르네상스를 맞이하고 있다는 표현은 과장이 아닐 듯하다.[11]

공공신학을 한마디로 정의한다는 것은 쉽지 않은 일이다. 최경환은 공공신학을 공적 삶 속에서 교회의 위치와 사회적 형식 그리고 사회 속에서 교회의 역할을 다루는 학문이라고 말하고 있다.[12] 최경환은 공공신학의 특징을 세 가지로 말하고 있다. 1) 모든 사람이 지적으로 동의할 수 있는 보편성, 2) 신앙의 사

8) 이대웅, "이동원 목사의 '다섯 가지 참회와 감사, 두 가지 기대'," 「크리스천투데이」 (2010. 12. 27) (http://www.christiantoday.co.kr/news/243493, 2024년 10월 22일 검색)

9) 김은석, "침묵과 회개 강조한 이찬수 목사 설교 논란," 「뉴스앤조이」 (2014. 4. 24) (http://www.newsnjoy.or.kr/news/articleView.html?idxno=196563, 2024년 10월 22일 검색)

10) 조영호, "복음주의와 공공신학," 『조직신학연구』 제27호 (2017), 171.

11) 최경환, 『공공신학으로 가는 길: 공공신학과 현대 정치철학의 대화』 (고양: 도서출판100, 2019), 15.

12) 최경환, 『공공신학으로 가는 길: 공공신학과 현대 정치철학의 대화』, 31.

사화와 개인주의에 반대하고, 성도의 삶이 교회 내적 윤리로 환원되는 것을 반대, 3) 사회참여의 당위성을 넘어 그 방법의 정당성 고민.[13]

공공신학에 대한 정의와 특징에서 직관적으로 인지할 수 있는 부분은 시민사회는 공적 영역이고 교회는 사적 영역으로 구분하고 있다는 점이다. 그러나 교회에 한정된 신앙생활이 가능한가? 다시 말하면 교회에서의 신앙생활이 현실 세계와 철저히 분리된 채 아무런 영향을 미치지 않을 수 있을지, 사회에 대한 무관심 역시 정치적 활동이 아닐까?

기독교를 포함해 모든 종교는 자신만의 언어 문법을 가지고 있다. 오랜 세월 동안 형성해 온 예전 행위는 외부인의 시선에는 낯설 수밖에 없고, 내부인이 그것을 일일이 설명하려 할 때 언어의 한계를 경험하게 된다. 기독교 역시 자신만의 예전과 언어 문법을 가지고 있으며, 말로 설명할 수 없는 신비를 간직하고 있다. 따라서 외부인이 지적으로 동의하고 이성적으로 이해하는 일은 불가능에 가깝다. 모든 사람이 이해할 수 있는 종교라면 그것은 더는 종교가 아니며, 그런 종교에는 신비가 사라질 수밖에 없다. 신비 없는 종교는 종교가 아니다.

교회 내적 윤리와 공공윤리의 구분에도 문제를 제기할 수 있다. 교회 내적 윤리는 곧 교회 윤리인데, 교회 윤리와 공공윤리의 구분은 공공윤리가 교회 윤리보다 우월하다는 것을 암시한다. 그렇다고 교회 윤리와 공공윤리는 동일하다고 말하려는 것이 아니다. 교회 윤리는 곧 공공윤리라는 말은 교회 윤리가 존재하지 않는다는 말이 되기 때문이다. 교회윤리는 존재한다. 하지만 교회윤리는 공공윤리보다 하위에 있어서는 안 된다. 교회는 세상에 하나님 나라의 모습을 드러내는 곳이고, 산 위의 도시로서 세상 속에 머물되 세상과 구분되는 공동체가 되어야 한다는 점에서 교회 윤리는 공공윤리와 구분되지만 공공 윤리보다 열등하지 않다. 따라서 교회 윤리는 공공윤리와 다르지만 사적 윤리가 아니라 공적이 윤리라 할 수 있다. 즉 교회가 세상 속에 존재하는 한 교회는 세상에 영

13) 최경환, 『공공신학으로 가는 길: 공공신학과 현대 정치철학의 대화』, 33.

향을 미치게 되기 때문이다.

대표적 공공신학자 스택하우스Max L. Stackhouse는 기독교 신앙은 본성상 공적임을 인정한다. 교회와 성도들의 본성은 공적이기에 정치사회 공동체 안에서 공공성을 드러낼 수밖에 없다는 것이 스택하우스의 입장이다. 스택하우스는 기독교의 복음 전파와 사회정의를 위한 사회윤리 실천을 통해 공공성이 드러난다고 강조한다.[14] 스택하우스의 공공신학은 세계화를 중시하는데, 세계적 맥락에서 공공신학을 실천하는 방법을 다음과 같이 말한다. "종교 간의 접촉이 점증하는 세계화 상황에서, 다양한 종교들이 제한 없이 자유로이 제시, 검토, 선택되도록, 기독교인들은 공적 영역으로 나아가 기독교 신앙을 소개하고, 더 나은 인류 미래 건설에 기여해야 한다. 이렇게 함으로 우리는 공적인 언어와 행동으로 비기독교인들에게 하나님의 정의로운 사랑을 증거할 수 있을 것이다."[15]

키르케고르는 인간의 세 가지 실존을 말한 바 있는데, 심미적 윤리-윤리적 실존-종교적 실존이다. 키르케고르에게 있어서 종교적 실존은 비종교인이 이해할 수 없는, 때로는 비윤리적으로 보일 수 있는 여지가 있지만, 이성이나 합리적 사고로 이해할 수 없는 모습을 종교인들이 보여주는 때가 있다는 것이다. 이는 광신적인 행동으로 이해하는 것보다는 일반 윤리를 뛰어넘는 교회 윤리가 존재하며, 일상의 언어로 도무지 설명할 수 없는 신비의 영역이라고 말하고 싶다. 다시 말하면 종교적 실존은 반윤리적이고 도덕폐기론적 결단이 아니라, 오히려 세상보다 더 고차원적 윤리, 즉 자기희생까지도 감수하면서 그리스도의 사랑을 실천하는 것이라 할 수 있겠다.

스택하우스에 따르면 공공신학이 교회가 교회 밖의 공적 공동체와 공감과

14) 맥스 L. 스택하우스/이상훈 역, "공공신학이란 무엇인가?", 『공공신학, 어떻게 실천할 것인가?』 (서울: 북코리아, 2008), 25.

15) 맥스 L. 스택하우스, "공공신학이란 무엇인가?" 33.

소통을 발전시켜야 한다는 취지에서 전개된다는 점에서 긍정적으로 평가할 수 있다. 또한 다종교, 다문화 상황에서 기독교가 타종교와 평화로운 공존을 추구하면서 동시에 기독교의 고유한 메시지를 선포하고 사회적 영향을 끼쳐야 한다는 점에서 긍정적이다.[16] 하지만 위에서 언급한 바와 같이 공공신학이 출현하게 된 것은 교회가 공공성을 상실하고, 오히려 시민사회로부터 비난을 받는 상황으로 추락했기 때문이다. 공공신학은 시대적 요청에 따른 결과이다. 현 기독교의 윤리부재에 따른 반작용으로서, 그동안 교회가 놓쳤고, 놓쳐서는 안 되는 세상 속 그리스도인으로서, 사회적 책임에 대한 반성에서 공공신학이 대두되었다는 것을 인정해야 한다. 교회가 세상 속에 존재하면서 세상과 분리되어야 한다는 말은, 윤리적으로 세상보다 탁월해야 한다는 의미였다. 존 요더는 이것을 "능가의 윤리학"이라고 명명했다. 요더는 교회의 윤리는 평균적 수준을 거절하는 윤리라고 말하는데,[17] 이것은 교회가 세상 속에 머물되 세상과 다른, 세상 속에서의 소금과 빛이요, 산 위의 도시임을 의미한다.

그러나 교회의 현실은 언제부터인가 세상보다 못한 교회가 되고 말았다. 문시영은 공공신학과 교회 윤리에 가교를 놓으려고 시도하면서 두 신학의 공통점으로 '교회가 교회되게 하라'를 강조한다. 신학이란 다가오는 하나님 나라의 지평에서 공공성을 말해야 하며, 시대의 고난에 동참하고 실존의 현장에서 하나님 나라를 향한 희망을 말하는 것이다.[18] 이는 신학이 교회만이 아니라 세상 속에서 구현되어야 할 하나님 나라를 위해 기능해야 한다는 것을 의미한다.[19]

그러나 스택하우스 신학의 한계는 기독교의 초월적 규범을 결여한 또 다른 의미의 상황적 신학이 된 것이다. 문시영에 따르면, 스택하우스는 자신의 공공

16) 이창호, "맥그래스의 스택하우스 공공신학 비판에 관한 비평적 탐구," 『기독교사회윤리』 제58집 (2024), 89.

17) 존 하워드 요더, 『근원적 혁명』, 김기현 전남식 역 (대전: 대장간, 2011), 71.

18) 위르겐 몰트만, 『신학의 방법과 형식』, 김균진 역 (서울: 대한기독교서회, 2001), 32.

19) 문시영, 『교회의 윤리 개혁을 향하여: 공공신학과 교회윤리』 (서울: 대한기독교서회, 2016), 37.

신학이 “미국적 신학”이라는 사실을 인정했다. 글로벌 시대에 기독교 사회윤리, 기독교윤리를 표방했지만 결과적으로 미국적 신보수주의 신학을 벗어나지 못했다는 것이다.[20] 이것은 공공 영역에 대한 낙관론의 결과였고, 콘스탄틴 결탁의 열매였다.[21]

한국교회는 공공성의 인식을 통해 윤리적으로 성숙해야 하며, 시민사회를 향하여 교회의 초월적 통찰력을 보여줄 수 있어야 했지만, 현실은 참담해 보인다. 2023년 기독교윤리실천운동에서 발표한 한국교회 사회적 신뢰도 조사에 따르면, 국민의 74%가 한국교회를 신뢰하지 않는다고 답했고, 신뢰한다는 긍정 평가는 21%에 그쳤다.[22] 문시영은 이를 “공공성의 역습”counterattack of publicness이라고 표현했다.[23] 교회가 전통적으로 사회적 윤리와 공공성에 기여해 왔지만, 현대 사회에서 기독교가 공적 이슈에 충분히 대처하지 못하고, 오히려 민폐를 끼치는 집단으로 인식되고 있다는 점에서 공공성의 역습, 즉 사회적 지탄의 대상으로 전락했다는 것이다. 문시영은 교회가 공론장에 참여하고 사회적 문제를 해결하기 위한 대안을 제시하는데 실패하고 있으며, 특히 한국교회의 신뢰도가 급격히 하락하고 있다고 분석한다.[24]

그렇다면 한국교회의 신뢰도를 회복하기 위해서 가장 필요한 것이 무엇일까? 이 질문에 34.2%가 “교회 이기주의”를 개선해야 한다고 답했다. 이어 교회 지도자들의 삶이 19.6%, 불투명한 재정 사용이 17.9%로 그 뒤를 이었다. 신뢰도 제고를 위해 필요한 사회적 활동으로는 “윤리와 도덕 실천 운동”이 55.8%로

20) 문시영, 『교회의 윤리 개혁을 향하여: 공공신학과 교회윤리』, 129.

21) 문시영, 『교회의 윤리 개혁을 향하여: 공공신학과 교회윤리』, 127.

22) “기윤실, ‘국민 5명 중 1명만 한국교회 신뢰’, 『평화나무』(2023. 2. 16) (http://www.logosian.com/news/articleView.html?idxno=5399, 2024년 10월 22일 검색).

23) 문시영, 『교회의 윤리 개혁을 향하여: 공공신학과 교회윤리』, 133.

24) 문시영, “기독교사회윤리에서 본 공공성: 스택하우스(Max L. Stackhouse)를 중심으로,” 『종교문화학보』 제18권 제2호(2021. 12), 28-30.

나타났고, 이어 봉사와 구제활동, 환경 및 인권 등 사회운동이 뒤따랐다.[25]

그리스도인의 정치 집회에 참여하는 것에 대해서는 부정적69.2%이었으나, 시민사회 활동에는 긍정적으로 평가하고 있다는 사실이 흥미롭다. 이는 교회가 특정 정당을 지지함으로써 정치적 이익을 얻으려는 행위에 대해서는 부정적이지만, 현대 사회에 대해 예언자적 목소리를 내고 시민사회 활동에 참여하는 것이 곧 하나님 나라 선교에 부합하는 일이라고 판단하는 것으로 보인다.

공공신학이 사회정의, 인권, 경제적 평등 등 중요한 사회적 문제에 대해 목소리를 내야 한다는 사회적 윤리의 강조는 긍정적인 평가를 받을 수 있겠다. 하지만 종교다원주의 사회에서 기독교 윤리를 보편적 도덕기준으로 제시한다는 것은 자칫 타종교와의 대화보다는 기독교의 절대적 기준을 강조함으로 배타적으로 될 수 있다는 비판에 직면한다. 또는 정반대로 기독교적 정체성을 드러내지 않는 것이 예의라는 강박에 오히려 고유한 정체성을 희석시킨다. 나아가 기독교가 제시한 정책이 현실 정치나 경제 구조에 구체적으로 어떻게 적용할 것인지에 대한 실천적 지침이 부족하다는 점을 지적할 수 있다.

Ⅲ. 교회윤리의 응전

스탠리 하우어워스Stanley Hauerwas는 교회 윤리의 대표적인 학자다. 하우어워스는 매킨타이어Alasdair MacIntyre의 덕의 윤리와 존 하워드 요더John Howard Yoder의 신학에 영향을 받았다. 하우어워스는 이들의 사유를 통해 기독교윤리는 개인적 차원에 머무는 것이 아니라고 말한다. 그는 기독교 윤리는 곧 교회윤리이며, 동시에 교회 윤리는 사회 윤리적 성격을 지닌다고 말한다.[26] 다시 말

25) 양봉식, "기윤실, '국민 5명 중 1명만 한국교회 신뢰'," 「교회와 신앙」 (2023. 2. 16)(http://www.amennews.com/news/articleView.html?idxno=19411, 2024년 10월 22일 검색)

26) 조영호, "복음주의와 공공신학," 174-75.

하면 교회 윤리는 곧 사회윤리다. 따라서 교회가 교회다워질 때, 즉 교회됨을 회복할 때 교회는 이 사회의 대안 사회가 될 수 있다.

하우어워스는 교회됨의 근거를 신약성서, 특히 예수 내러티브에서 찾는다. “교회는 예수 내러티브로 형성된 공동체이자, 예수 내러티브로 살아가기를 배우는 자들의 공동체”인 것이다.[27] 그의 교회 윤리에서 예수 그리스도는 그리스도인의 삶과 행위의 텔로스인 동시에 정체성을 보여주는 근간이 되는 것이다.

하우어워스가 교회 윤리를 강조하는 이유는 다름 아니라 교회에서 윤리가 사라졌기 때문이다. 그런데 여기서 주의해야 할 점은, 교회가 시민 사회에 대해 관심을 기울이는 것은 부적절하다는 뜻이 아니라는 사실이다. 교회가 사회정치적인 일에 참여하기 전에 교회 개혁 나아가 교회됨의 회복이 우선이기 때문이다. 다시 말하면 하우어워스는 ‘시민답지 못한 것’에 대한 비판이 아니라 ‘교회답지 못한 것’에 대한 비판을 하고자 한 것이다.[28] 교회가 교회답기 위해서는 신약과 초대교회의 고백을 회복해야 한다고 강조했다. 교회가 사회를 향해 개혁과 비판적 목소리를 내기 위해서는 교회가 사회보다 나아야 하기 때문이다. 교회가 사회문제에 대해 기독교적 정책과 전략을 제안한다는 명분으로 사회문제에 관심을 기울이는 과정에서 자유주의 정치에 동화되어 정체성이 상실될 수 있음을 지적한다.[29]

하우어워스는『교회됨』에서 복음의 재발견, 복음의 성품화, 복음의 공동체화를 강조한다. 그는 복음이 사회적 의의를 주장하기 위해서는 기독교적 확신이 내러티브 구조를 지닌다는 사실에 유의해야 한다고 주장한다. 여기서 내러티브는 하나님과 예수, 그리고 그의 제자들과 초기교회의 이야기를 말한다. 그리스도인은 이 세상에서 올바른 시민이 되라고 부름받은 자들이 아니다. 올바

27) 문시영,『교회의 윤리 개혁을 향하여: 공공신학과 교회윤리』, 147.
28) 문시영,『교회의 윤리 개혁을 향하여: 공공신학과 교회윤리』, 143.
29) 문시영,『교회의 윤리 개혁을 향하여: 공공신학과 교회윤리』, 152.

른 시민이 되어 세상을 개혁하고 정의롭게 바꾸라고 부름받은 자들이 아니라, 이 세상 속에서 하나님 나라를 선보이는 교회 공동체를 세워 가라고 부름받았다.[30] 따라서 교회는 세상 속에 머물되 세상에 종속된 곳이 아니다. 하우어워스는 특히 그리스도인과 교회가 국가 권력이나 경제 권력에서 해방된 공동체라는 사실을 강조한다. "통제로부터 자유로운", "필연성"에서 해방된 자들이기에, 사회정책에 대해 상상적 대안을 줄 수 있어야 한다.[31] 여기서 말하는 "상상적 대안"을 제공할 수 있기 위해서는 현실 정치, 국가 권력이나 경제 권력 등을 두려워하지 않을 수 있는 용기가 요청된다. 그리고 이 용기는 선물로 주어진 십자가에 대한 신뢰에서 발생한다.

하우어워스가 내러티브, 특히 예수 내러티브에 집중하는 이유는 분명하다. 그는 자유주의 신학이 예수의 메시지를 "순수하게 종교적"이라고 주장하는 것을 용납할 수 없기 때문이다. "순수하게 종교적"이라는 이 표현은 트뢸치Ernst Troeltsch가 한 말로, 예수의 메시지를 영혼구원, 내세, 개인의 일상과 내면의 신앙훈련 등에 한정한다. 즉, 트뢸치는 예수의 윤리는 "중간윤리"interim ethics로, 예수는 사회정치적인 문제에 대해서는 관심을 가지지 않았다는 것이다.[32] 하우어워스는 예수의 윤리를 일반 시민이 따를 보편윤리로부터 구원해 내서 그리스도인이 따라야 할 교회 윤리로 정립하고자 했다. "완전한 의미의 기독교윤리는 하나님께서 예수를 그 중심에 세워주셨다고 믿는 신앙인들을 위한 삶의 방식이자 전형이다. 보편타당한 객관적 도덕 모델의 원천이라고 해서는 안 된다."[33] 그렇기 때문에 예수의 윤리는 제자도에 해당하며, 제자도는 "통치 권력과의 도덕적 충돌로 인해 예기된 결과"였던 십자가의 길까지 나아가려는 결단

30) 스탠리 하우어워스, 『교회됨』, 문시영 역(성남: 북코리아, 2017), 29.
31) 스탠리 하우어워스, 『교회됨』, 31.
32) 스탠리 하우어워스, 『교회됨』, 85-6.
33) 스탠리 하우어워스, 『교회됨』, 94.

이다.[34] 따라서 기독교의 제자도는 그 자체로 정치이며, 예수의 윤리는 제자들의 순종으로 사회에 도전하는 사회윤리다.

하우어워스의 교회 윤리는 사회 개혁이 아니라 교회 개혁, 나아가 교회가 교회다워지는 것이다. 그는 낙관론적 인간관에 대해 부정적이다. 인간은 본성상 이기적, 탐욕적 존재라고 바라보는 것이다. 라인홀드 니버를 비롯한 자유주의자는 인간이 정의로워지지 않고서도 정의로운 정치가 가능하다고 착각하고 있다.[35] 따라서 하우어워스는 집요하게 자유주의의 숨은 의도를 파악하고 폭로하는데 집중한다.

여기에서 하우어워스의 한계가 드러난다. 자유주의의 숨은 의도를 파헤치고, 교회됨을 강조하다가 교회라는 테두리에 갇혀 버린 것으로 보인다. 실제로 그는 『교회됨』의 3부 "복음의 공동체가 되라"에서 그는 가정, 성, 낙태에 모든 장을 할애한다. 가정을 기독교 공동체의 중요한 요소이며, 성적인 행위 역시 단순히 개인의 쾌락이나 자유의 문제로 제한할 수 없다고 주장한다. 성은 결혼이라는 맥락 안에서 온전히 의미를 가질 수 있으며, 사회적 공동체적 책임을 내포해야 한다고 강조한다. 하우어워스는 가정의 결속력을 사랑이나 행복, 친밀감, 자유로운 분위기에서 찾으려는 것을 비판한다. "전통적으로 가정의 장점은 애정과 도덕적 정직성에 기초한 상호인격적 관계라기보다는 가정이 불가피한 사회적 기관으로서 중요한 의의를 지닌다는데 있었다. 그러나 사랑이 결혼과 가정의 필수조건이라는 현대인의 낭만주의적 관점은 심각한 오류이다."[36] 이러한 주장은 현대 사회가 지나치게 사랑을 감정적이고 개인적인 것으로 이해하기 때문으로 보인다. 하우어워스는 결혼이나 가정이 단순히 감정적 사랑에 기반한 것이 아니라, 공동체와 하나님 앞에서 맺는 신성한 언약이라는

---

34) 스탠리 하우어워스, 『교회됨』, 106.
35) 스탠리 하우어워스, 『교회됨』, 151.
36) 스탠리 하우어워스, 『교회됨』, 321.

점을 강조한다.

> 나는 결혼에 대한 강좌를 시작할 때면 기독교와 결혼이라는 두 가지 모두가 삶이란 "행복"을 주목적으로 삼는 것이 아님을 가르쳐 주는 것임을 일깨우고자 애쓰고 있다. 히브리-기독교전통은 행복을 이룰 수 없는 이 세상을 살아갈 소망의 덕을 심어준다. 소망에 관해서는 세속적 유비도 가능하겠지만, 유대교와 기독교의 전통에 비춰볼 때, 가정을 지속해간다는 사실이야말로 핵심적인 증거일 듯싶다.[37]

이러한 하우어워스의 주장은 복잡하고 다원화된 현대사회에서 지나치게 전통적인 입장에 갇혀 있다는 비판을 면하기 어려워 보인다. 가정이나 성이 다양한 방식으로 존재하고 있는데 그러한 사실을 충분히 반영하고 있지 않기 때문이다. 사랑이 결혼의 전제조건이 아니라 결혼을 통해 길러지고 발전되는 것이라고 보는 입장 역시 전근대적 사고에서 벗어나지 못하고 있다고 판단된다. 낙태에 대해서도 하우어워스는 여성의 자기결정권을 과소평가하고 있는데, 이는 현대 여성운동과 인권의 관점에서 낙태는 단순한 생명의 문제가 아니라 여성의 신체적·정신적 권리에 대한 문제인데, 그의 생명 절대주의적 입장이 현실의 복잡한 윤리적 문제를 충분히 고려하지 못하고 있는 것이다.

IV. 새로운 상상력

공공신학은 교회의 사사화에 대한 반동으로 공적 사회적 책임을 강조하기 위한 시도였다. 하지만 교회와 사회의 이분법적 틀에 갇혀 오히려 교회를 사적 영역에서 구출하는 것을 어렵게 했다. 또한 기독교의 고유한 언어인 예전, 예

---

37) 스탠리 하우어워스, 『교회됨』, 317.

배를 포함한 신비 영역까지 보편화된 언어로 번역하려는 시도는 기독교에서 신비를 제거하는 우려를 낳았다.

반면 교회 윤리는 '교회됨'이 우선이고, 교회가 교회다워지면 자연스레 그 영향력이 사회로까지 확장된다고 주장한다. 교회가 이미 윤리적으로 병들었는데, 어떻게 사회를 개혁할 수 있겠느냐는 인식에서 교회의 윤리 회복에 집중했고, 교회 안에서 정기적으로 예배함으로 그리스도인이 예수의 성품을 닮아갈 수 있다고 강조했다. 하우어워스는 콘스탄틴주의와 미국식 자유주의에 대해 예민하게 거부 반응을 보였고, 따라서 교회 안에서 이러한 바이러스가 침투해 들어오지나 않았는지 철저하게 점검하고 제거하는데 집중했다. 그런데 사회에 대한 대안공동체이자 '하나님의 새로운 언어'로서의 교회[38]가 되려는 집요한 시도는 교회의 사회로부터의 퇴거, 신 소종파주의란 비판을 면하지 못했다.

문시영은『교회의 윤리 개혁을 향하여』에서 공공신학과 교회 윤리에 가교를 놓으려 시도했다. 두 관점이 모두 교회로 교회되게 하는 공통분모를 지니고 있기 때문에 상호보완적 양립가능성을 모색하고자 한 것이다.[39] 그는 두 관점의 공통점으로 '윤리'와 '교회'를 키워드로 삼고 있다는 데서 양립가능성을 찾았다.[40] 그리고 두 관점은 아우구스티누스를 중요한 인물로 설정한다. 스택하우스는 아우구스티누스를 기독교 현실주의의 연원으로 해석하고, 하우어워스는 그를 기독교 공동체주의에 속하는 고전이라고 해석한다.[41] 스택하우스는 니버의 기독교 현실주의를 계승했기에, 아우구스티누스가 초월적인 하나님 나라와 역사적 현실 사이의 변증법적 통일을 추구했다고 해석한다.[42] 스택하우

38) 오세준, "Stanley Hauerwas의 교회윤리: 하나님의 새로운 언어로서의 교회" (미발행, 현대기독연구원, 4.29 발제 원고),

39) 문시영,『교회의 윤리 개혁을 향하여: 공공신학과 교회윤리』, 23.

40) 스탠리 하우어워스,『교회됨』, 259-61.

41) 스탠리 하우어워스,『교회됨』, 267.

42) 스탠리 하우어워스,『교회됨』, 270.

스는 아우구스티누스의 하나님의 도성과 지상의 도상을 이상과 현실로 이해했다. 인간이 초월적 존재이면서 동시에 죄인인 것처럼, 현실은 하나님의 도성이 지닌 우주적 보편적 특징과 이기적이고 비윤리적인 권력과 문화가 변증법적 긴장 관계를 형성하고 있다고 본다. 따라서 그리스도인은 지상의 도성에서 하나님의 도성을 지향하도록, 즉 사랑하도록 부름받았다는 것이다.[43]

반면 하우어워스는 아우구스티누스가 콘스탄틴 결탁으로부터 교회를 해방시키고 덕의 공동체를 회복시킨 인물로 이해한다.[44] 니버의 아우구스티누스에 대한 해석은 교회가 지닌 공동체적 정체성을 간과했다는 것이 하우어워스의 비판이다. 하우어워스는 니버가 아우구스티누스를 정치공동체라고 주장했던 것을 지적하면서, 아우구스티누스가 사랑의 질서를 강조하고 교회를 통해 질서 있는 사랑의 덕을 훈련받아야 한다고 강조했던 중요한 사실을 니버가 놓쳤다고 주장한다.[45]

스택하우스와 하우어워스의 양립 가능성을 모색하는 과정에서 문시영은 포레스터Duncan B. Forrester를 소환한다. 공공신학자인 포레스터는 하우어워스의 교회윤리에 깊은 관심을 가지고 있다는 점을 언급한다. 그는 교회의 책무는 사회가 깨닫지 못한 정의의 형식을 보여주는 공동체가 되는 것이라고 해석하고 있는데, 이것이 하우어워스와 맥을 같이 하는 것이라고 말한다.[46] 그러나 아쉬운 점은 여기서 포레스트의 핵심 주장을 다루지 않고 있다는 사실이다. 실제로 포레스터는 『참된 교회와 윤리』에서 기독교 윤리는 개인 윤리가 아닌 교회 윤리이고, 교회는 세상 속에서 하나님 나라를 기다리는 종말론적 공동체임을 강조하면서, 예배 예전이 현실 세계에서 하나님 나라를 상상하고 구체화하는 동력이 된다는 점을 강조하고 있기 때문이다. 그는 교회가 "사회의 주변에서 인

43) 스탠리 하우어워스, 『교회됨』, 273.
44) 스탠리 하우어워스, 『교회됨』, 276.
45) 스탠리 하우어워스, 『교회됨』, 276-77.
46) 스탠리 하우어워스, 『교회됨』, 317.

간을 거룩한 교회the una sancta와의 교제 안에서 그 무엇을 기다"[47]리는 "기다림의 공동체"[48]라고 말한다. 주변 사회와 구분되는 대조사회이자 대항 공동체로서 '거룩' 이란 단어를 사용하고 있고, '거룩' 은 화해, 일치, 용서, 평화를 추구함으로 존재 그 자체로서 대항공동체를 형성하는 것이라는 뜻으로 이해할 수 있다. 따라서 포레스터는 세계를 향하고 세계를 위한 책임을 다하는 교회적 책무를 강조한다.[49] 평화와 정의를 위해 투쟁하는 교회의 값비싼 일치를 강조하면서 포레스트가 제시하는 교회 일치의 가장 중요한 방편이 바로 예배다.

> 예배는 하나님의 백성들의 중심적인 행위이며, 또한 하나님의 백성임을 규정하는 행위이다. … 우리는 예배를 통하여 하늘 나라의 삶에 참여하게 되며, 앞으로 다가올 삶을 부분적으로 경험하게 되며, 나아가서는 모든 인간과 모든 창조물을 향한 하나님의 목적을 희미하게나마 바라보게 된다. 기독교인은 예배에서 새로운 공동체와 코이노니아를 표현하고 또 창조한다. 예배에서 우리는 윤리와 삶의 방식을 구체화시키고 또 지탱시켜 나갈 힘을 얻는다. 정통적인 기독교 예배 안에서 교회는 일치와 조화와 하나님께서 그의 백성을 위하여 준비해 두신 화해의 보다 깊은 의미를 발견한다. 예배에서 일치의 보다 충만한 제도적인 실현을 향한 노력이 활발하게 추구되며, 예배드리는 사람들은 평화와 정의와 해방을 위한 투쟁 속으로 자신을 참여시키도록 초대받으며 또한 격려받는다.[50]

설교와 성례전으로 이루어진 예배를 통해 그리스도인은 분열된 사회 속에서 일치를 기도하고 경험한다. 이 과정에서 포레스터는 일치를 위해 성찬의 중

---

47) 스탠리 하우어워스, 『교회됨』, 25.
48) 던칸 포레스터, 『참된 교회와 윤리』, 김동선 역 (서울: 한국장로교출판사, 1999년), 24.
49) 던칸 포레스터, 『참된 교회와 윤리』, 28.
50) 던칸 포레스터, 『참된 교회와 윤리』, 73-4.

요성을 강조한다. "예배드리기 위해 모인 교회 안에서 교회의 일치는 성만찬에 참여하려고 함께 모일 때 가장 충만하게 나타난다."[51] 구로이안Vigen Guroian은 하우어워스의 교회가 사회윤리는 말에 사회 윤리는 "세례 안에서 유래하며, 교회의 모든 예전적이고 성례전적인 행위 안에서 계속된다"고 응답했다.[52]

하우어워스는 교회가 사회윤리라는 말을 '교회됨'에만 제한했다면, 포레스터는 "교회가 하나의 사회윤리라면, 교회의 사회윤리는 예배와 봉사와 희생 안에서 가장 명확히 나타날 수 있다는 기대를 가진다는 것 역시 바람직한 것"이라고 말한다.[53] 성찬은 설교와 함께 예배를 구성하는 두 기둥이다. 성찬은 교회가 식탁공동체임을 선명하게 보여주는 상징이다. 분열과 적의의 분위기가 만연한 현실 속에서 성찬은 일치와 화해, 용서와 나눔을 재현한다. 따라서 성찬은 교회의 구성원을 위한 양식인 동시에 세상을 위한 생명이다.[54] 여기서 주목해야 할 점은 성찬을 개인이나 교회를 넘어 사회로 확장하고 있다는 점이다.

성찬을 통해 교회 구성원이 형제자매가 된다. 화해와 용서가 선포되고, 모든 종류의 불의, 인종차별, 인종분리주의, 자유의 결핍이 근본적으로 도전받는다. "따라서 성만찬에 참여하는 자들로서 우리가 만일 세계의 상황과 인간의 상태를 지속적으로 회복시키는 일에 적극적으로 참여하지 않는다면, 우리가 일관성이 결여되어 있다는 사실이 드러날 것이다."[55]

예수는 어디에 계시는가? 그분은 교회에 계시는가? 아니면 세상 어디든, 하나님의 은혜와 도우심을 필요로 하는 연약한 자들 가운데 계시는가? 예수 그리스도는 교회에 계신다. 그러나 그분은 또한 그분의 도움을 필요로 하는 모든 이

---

51) 위의 책, 76쪽. 이 문장은 세계교회협의회 밴쿠버 총회(1983년)에서 정교회 신학자 뷔탈리 보로보이(Vitaly Borovoy)가 한 말을 포레스터가 인용한 것이다.

52) Vigen Guroian, *Incarnate Love: Essays in Orthodox Ethics* (Notre Dame, IN : Notre Dame UP, 1989), 69. Forrester, 『참된 교회와 윤리』, 77에서 재인용.

53) 던칸 포레스터, 『참된 교회와 윤리』, 82.

54) 던칸 포레스터, 『참된 교회와 윤리』, 88.

55) 「세례 성만찬 직제」의 '성만찬, paras 19-24) 던칸 포레스터, 『참된 교회와 윤리』, 91에서 재인용.

들, 고난 받는 사람들과 함께 계신다. 성찬은 예수 그리스도가 어디에 계시는지, 그리고 어디로 향해야 할지를 보여주는 상징이다. "성만찬에서 우리는 예수가 어디 계신지를 분별하는 방법을 배우게 되며, 예수께 봉사하는 방법을 발견할 수 있다."[56]

V. 예전적 상상력

개신교는 가톨릭이나 정교회와 달리 예전보다는 설교에 초점을 두고 발전해 왔다. 전자가 상징인 반면 후자는 언어를 전달 매체로 삼는다. 전자가 시각적이고 은유적인 다양한 의미를 담아내지만 형식주의에 빠질 수 있다는 단점을 가지고 있는 반면, 후자는 청각을 통한 감정에 호소한다.

현대 사회는 과잉감정의 시대다. 자본주의는 예전이 제공하는 심미적 상징을 진부하고 고리타분한 것으로 간주하는데, 이는 자본주의가 인간의 소비 욕망에 호소하고 있기 때문이다. 막스 베버는 『프로테스탄티즘의 윤리와 자본주의 정신』에서 자본주의가 개신교 사회에서 꽃을 피운 이유를 밝히고 있다. 자본주의가 인간의 소비 욕구를 부추겨야만 전할 수 있었던 것처럼, 개신교의 설교 중심 예배는 청중의 감정을 자극함으로 교회 성장에 기여했다. 한병철은 『리추얼의 종말』에서 감정을 소비하는 현실에 대해 신랄하게 꼬집는다. "오늘날 우리는 사물을 소비할 뿐 아니라 사물에 실린 감정도 소비한다. 사물은 무한히 소비할 수 없지만, 감정은 무한히 소비할 수 있다. 그리하여 감정은 새롭게 무한한 소비의 장을 연다."[57]

윌리엄 윌리몬은 개신교 예배의 문제점을 다음과 같이 지적한다. "우리 개신교식 예배는 가톨릭의 예배에 비해 너무 얄팍하고, 메말랐으며, 인위적이

56) 던칸 포레스터, 『참된 교회와 윤리』, 95.

57) 한병철, 『리추얼의 종말』 (파주: 김영사, 2021년), 13.

다."[58] 윌리몬은 개신교의 설교 중심 예배가 감정 과잉을 자극하는 분위기로 흘러갈 수밖에 없으며 이것이 개신교 예배의 한계라고 주장한다.

엘리노어 크라이더는 『성품을 빚는 성찬』에서 16세기 이래로 개신교인들은 "텅빈 예전"을 비난해 왔다고 지적한다. 개혁자들은 의미 없이 반복되는 말과 종교적 의례들에는 영적 신실함이라고는 전혀 없다고 주장했다는 것이다. "개신교인들에게 중요한 것은 하나님의 은혜로운 사랑, 그것에 대한 올바른 이해, 잘 정립된 신조 … 반복되는 의례는 불필요한 겉치레였다. 정해진 기도문들은 '중언부언' 이었다."[59]

이렇듯 설교 중심 예배는 로고스를 강조한 결과였다. 개신교는 로고스가 육신이 되어 우리 가운데 거한다요1:14고 해석함으로 설교 중심 예배를 합리화했다. 설교 중심 예배는 설교자와 회중을 분리했다. 설교자는 강단 위에 있고, 회중은 회중석에 앉아 있다. 설교자는 청중의 공감을 끌어내기 위해 언어를 극적으로 표현해야 했지만, 극적 언어는 한계에 봉착했다. 종교개혁 당시 상징을 우상과 동일시하여 폐기하였고, 청각에 호소하는 설교를 육신이 된 로고스로 이해한 결과 감정 과잉화를 초래했다. 상징이 거세된 예배는 자본주의적 실용성을 추구하는 예배로 전락했다. 다니엘 블록은 『영광의 회복』에서 미국식 실용주의 예배를 강도 높게 비판하는데, 실용주의 예배는 감정 자극에 집중하다가 소수의 예배 인도자만 예배에 참여하고, 다수의 회중은 수동적 태도로 예배를 '보는' 이원화가 발생했음을 지적한다. 이러한 이원화는 곧 성과 속, 감정과 이성, 지식과 실천, 일상과 성사의 분리를 초래했다.[60]

한병철은 리추얼, 즉 예전을 상징적 행위로 규정하고 있는데, 리추얼은 "소통 없는 공동체를 발생시킨다"고 지적한다.[61] 감정을 극대화하는 공동체는 소

---

58) 윌리엄 윌리몬, 『예배가 목회다』, 박성환 외 역 (성남: 도서출판 새시대, 2017), 21.

59) 엘리노어 크라이더, 『성품을 빚는 성찬』, 여정훈 외 역 (논산: 대장간, 2020), 197.

60) 다니엘 블록, 『영광의 회복』, 전남식 역 (서울: 성서유니온, 2019), 144.

61) 한병철, 『리추얼의 종말』, 8.

통을 강요한다. 서로의 연결성을 조직 내 소통으로 이해한 결과다. 소통의 효율성은 곧 조직의 성장과 직결하며, 따라서 교회 내의 조직을 세분화하고 세포화cell한다. 하지만 한병철에게 이러한 소통만을 강조하는 공동체는 더 이상 공동체가 아니다. 신속한 정보 전달만 존재하는 가상이고 허상일 뿐이다. 상징은 주인과 손님이 서로를 다시 알아볼 수 있기 위해 사용하는 환대의 표지다. 상징은 다른 말로 상징적인 집단에 들이기 기술Einhausung이다.[62] 상징적 행위로서의 리추얼은 사람에게 안정감과 지속성을 가져다 준다. 상징의 본래적 의미가 환대의 표지이자 동맹의 확정을 뜻하기 때문이다.[63] 한병철은 예전을 환대와 동맹, 집안에 들이기 기술이자 몸 공동체로 이해하고 있는데, 이 부분이 개신교 예배가 상실한 부분이다. 예전적 상징이 사라지고 교회 정문 앞에 '신천지 출입금지,' '차별금지법 반대' 라는 현수막만 나부낀다. 환대로서의 상징이 부재한 교회는 배타적 차별적 집단으로 전락한다.

예전은 단순한 반복이 아니다. 이민형은 "리추얼의 종말과 부활"에서 코로나 이후 청년 세대를 중심으로 리추얼이 부활하고 있다고 말하면서 "루틴의 의례화"에 대해 다음과 같은 예를 든다. "직장인 A씨는 아침 일찍 일어나 운동을 하거나 명상을 하며 몸과 정신을 가다듬는다. 가능하면 남들보다 조금 먼저 집을 나서서 출근 전까지 회사 앞 카페에서 공부를 한다. … 퇴근 후에는 가능한 한 약속을 잡지 않고 집에 들어온다."[64] 이에 대해 이민형은 이러한 현상은 '진정성의 과잉' 이라는 점에서 한병철의 비판을 피할 수 없다고 지적한다. 리추얼은 단순히 반복된 삶이 아니다. 이러한 삶은 공동체 없는 개인에 집중한 것이고, 이는 진정성의 과잉에 해당하기 때문이다. 예전의 핵심은 단순한 반복이 아니라, 상징, 즉 주인과 손님의 조우, 환대, 공동체성을 전제로 한다.

62) 한병철, 『리추얼의 종말』, 9.

63) 한병철, 『리추얼의 종말』, 14.

64) 이민형, "리추얼의 종말과 부활청년 세대 문화현상에 내재된 의례의 가능성," 『대학과 선교』 제59집 (2024), 80.

'상상력' 에 해당하는 영어 단어가 '이마고' 에서 왔다. '이마고' 가 신의 성품을 모방한다는 뜻의 '이마고 데이' imago Dei와 연관된 단어라고 한다면, 상상력은 곧 신의 성품에 참여하는 것이며, 신의 형상을 표현하는 예전 예배에 참여한다는 의미다. 기독교 예전 또는 예배에 반복적으로 참여함으로 그리스도인은 예수 그리스도의 성품을 닮아간다. 그런데 어떻게 보이지 않는 예수를 닮아갈 수 있을까? 여기에서 상상력이 요청된다.

제임스 스미스는『하나님 나라를 욕망하라』에서 피에르 부르디외의 '아비투스' 개념을 이용해 예전적 인간을 소개한다. 아비투스란 개인은 그가 속한 가정, 사회적 배경과 환경, 가치관, 분위기, 종교, 사상, 권력이나 계층과 같은 사회문화적 환경에 의해 결정된다는 것을 의미한다. 오랜 시간 인간의 반복된 습관으로 몸이 습득하는 습관이다. 그러나 이러한 반복된 습관은 개인적인 습관에 머물지 않는다. 아비투스는 한 개인이 자신이 속한 공동체 또는 사회 속에서 오랜 세월 동안 머물면서 체득하는 것이다. 따라서 아비투스는 문화자본이다. 사회적 상상력도 동일한 맥락으로 이해할 수 있다. 사회적 상상력은 "우리가 세상에 관해 어떻게 생각하는가가 아니라, 우리가 세상에 관해 생각하기도 전에 그것을 어떻게 상상하는가의 문제다. 따라서 사회적 상상은 상상력을 불러일으키는 것들, 즉 이야기, 신화, 그림, 서사로 이루어진다. 더 나아가 그런 이야기는 언제나 이미 공동체적이며 전통으로 내려온다. 사적인 이야기란 존재하지 않는다."65 아비투스는 이렇듯 공동체적이고 전통으로부터 물려받는 문화 자본이다. 부르디외는 "실천적 논리"를 언급했는데, 그는 "실천에는 논리학자의 논리와는 전혀 다른 논리가 있다"고 말한다.66 이 말은 인간이 논리적이고 합리적으로 행동하는 것이 아니라 그가 속한 공동체에서 오랜 세월 몸으로 습득한 방식으로 자신을 형성해 간다는 뜻이다.

---

65) 제임스 스미스,『하나님 나라를 욕망하라』, 박세혁 역 (서울: IVP, 2016년), 96-7.
66) 제임스 스미스,『하나님 나라를 욕망하라』, 97.

제임스 스미스는 인간은 생각하는 사물이 아니라 욕망하는 존재, 사랑하는 존재라는 아우구스티누스의 전통을 계승한다. "우리가 사랑하는 것이 우리의 궁극적인 정체성우리를 우리 되도록, 어떤 종류의 사람이 되도록 만드는 것을 결정짓는다고 생각한다. 더 구체적으로, 우리의 정체성은 우리가 궁극적으로 사랑하는 것, 혹은 우리가 궁극적인 것으로서 사랑하는 것-결국 우리에게 의미와 목적, 이해를 부여하며 세계-내-존재being-in-the-world로서 우리를 방향 짓는 가장 중요한 것-에 의해 형성된다."[67]

욕망하는 인간, 사랑하는 인간은 곧 예전적 인간이다. 예전은 동일한 예배 대상을 향해 동일한 공간에서 동일 시간에 동일 신앙을 고백하는 사람들이 행하는 예배다. 예배는 궁극적인 사랑의 대상을 향해 동일한 고백을 하는 사람들의 행위다. 따라서 예배는 공동체적 반복이며, 서로의 신앙고백과 찬양, 기도가 공명하는 공동체다. 이러한 과정을 통해 성품이 형성된다.

예전은 공동체 내에서 아비투스적으로 반복하는 습관적 행위로서, 이러한 예전적 아비투스가 성품을 형성한다. 아비투스는 몸과 연관된 개념이다. 프랑스 작가 아니 에르노는 중산층과 하층민의 경계선에서 성장했다. 그녀는 신분상승을 위해 어려서부터 클래식 음악을 듣도록 훈련받았다. 그러다가 사랑에 빠진 순간부터 그녀의 몸속 깊숙이 자리잡고 있던 대중가요, 감상적인 곡조와 가사가 클래식을 밀어냈다. 가난한 집안 태생으로 열심히 공부해 대학교수가 되었고, 상류층에 속하기 위해 클래식을 들었지만, 사랑하는 남자를 만난 후로는 오로지 대중가요만을 듣고 흥얼거리기 시작했다.[68] 제임스 스미스는 조지 오웰의 『위건 부두로 가는 길』을 인용하면서 다음의 문장을 볼드체로 인용한다. "**하층 계급은 냄새가 난다.** The lower classes smell"[69] 영화 〈기생충〉에서도 냄

67) 제임스 스미스, 『하나님 나라를 욕망하라』, 37-8.
68) 아니 에르노는 자신의 이러한 경험을 『단순한 열정』을 비롯한 자전적 소설에서 다루고 있다.
69) 제임스 스미스, 『하나님 나라를 욕망하라』, 42.

새에 대한 대사가 나온다. "근데 냄새가 선을 넘지 냄새가 … 지하철 타는 분들 특유의 냄새가 있거든."

아니 에르노나 영화 〈기생충〉에서 말하고자 하는 메시지는 분명하다. 오랜 세월 그가 속한 공동체에서 습득한 아비투스는 쉽게 바뀌지 않는다는 것을 의미한다. 따라서 아비투스는 제2의 천성이다. 아비투스의 주요 개념은 방향성, 또는 지향성이다. 무엇을 추구하느냐에 따라 아비투스가 형성된다. 아비투스는 개인이 속한 공동체의 정체성과 에토스에 따라 결정된다. 아비투스는 지식이 아니라 욕망에 따라 형성되는 것으로, 이러한 아비투스로 성품이 형성되는 것이다. 몸, 욕망을 훈련시키기 위해서는 "특정한 텔로스가 내재된 신체적 실천이 필수적"이다. 그리고 실천은 공동체적이고 사회적이다. "사적 실천이란 존재하지 않는다. 오히려 실천은 제도적 기반과 표현을 갖는 사회적 산물이다."[70]

여기에서 공동체 예전은 기표이고 설교는 기의다. 예전은 비생산적이고 나아가 반생산적이다. 기표로서의 예전은 노동과 생산이 아니라 사치이고, 정보 전달이 아니라 향유를 위한 시공간이다. "리추얼적 기호들에도 명확한 의미를 귀속시킬 수 없다. 그래서 기호들은 신비롭게 느껴진다."[71] 신비는 기표, 리추얼, 예전, 놀이에서 나온다. 다시 말하면 노동과 생산을 강요하는 자본주의 체제에 도전하는 무의미한 반복 행위, 비생산적 예전 행위를 통해 신비가 만들어진다. 외부인은 예전 공동체의 모습에 의구심과 매혹을 느끼게 된다는 것이다.

현대는 탈마법화, 탈신화화, 탈기표화, 탈심리화 되었고, 과학적, 합리적, 기의적, 의미 추구의 시대가 되었다. 탈신화화는 결국 의미만을 추구한다. 기표가 없고, 기의만 남는 현대는 신비가 사라지고 그 자리를 신비주의가 차지했으며, 마법이 사라지고 마술쇼가 그 자리를 대체했고, 시 대신 산문만 차고 넘

---

70) 제임스 스미스, 『하나님 나라를 욕망하라』, 90.
71) 한병철, 『리추얼의 종말』, 82.

친다.

엘리노어 크라이더는 성찬을 공동체의 기억과 연결한다. “이를 행하여 나를 기념하라”라는 말은 “나를 기억하여remember 다시 한번 한 지체가 되어라.re-member 너희의 삶과 영혼을 다시 하나 되게 하라”라는 의미였다.[72] 그녀에게 성례전은 공동체 구성원 됨을 인식하고, 공동체 구성원을 돌아보는 과정이다. 특히 그녀는 떡과 포도주의 예식성찬, 세족식, 평화의 입맞춤의 공통적 요소에 관심을 기울인다. 물리적 신체, 물과 수건, 떡과 포도주 같은 물질을 통해 구성원이 서로 연결되어 있음을 확인하고, 신앙의 대상을 지향한다는 사실을 경험한다. 본질이 물질에 내재되어 있다. 크라이더에 따르면, 성례전을 통해 교인들은 교회 안의 불평등에 대한 무관심과 사랑의 결핍에 대한 무감각, 파편화된 공동체의 삶에 대한 무관심을 인식하고 주의 식탁을 남용 또는 오용하고 있는지를 살펴보게 된다.[73]

성찬은 신학적 상상력이다. 나아가 성찬은 새로운 세상, 하나님 나라를 상상하는 정치적 상상력이다. 신학적 상상력은 근대 국가가 만들어 낸 ‘성속 이분법’ 에 도전한다. 근대 국가는 종교를 공적 영역에서 배제하고, 사적 영역에 가두었다. 하지만 신학적 상상력은 이런 구분을 거부하고, 종교적 공동체가 공적 영역에서 역할을 해야 한다고 주장한다. 즉 신학적 상상력은 교회가 정치적 현실에 대해 신학적으로 다시 상상하고 대처할 수 있는 대안적 비전을 제시한다. 성찬이 희생과 연대를 통해 새로운 관계의 틀을 제시하며, 교회가 세상 속에서 어떻게 정치적 상상력을 발휘할 수 있는지를 보여주는 상징적 사건이라는 윌리엄 캐버너의 주장처럼, 신앙 공동체는 단순한 종교적 모임에 그치지 않고, 폭력에 대한 대안을 제시하며, 종말론적 시각을 통해 새로운 정치적 현실을 상

72) 엘리노어 크라이더, 『성품을 빚는 성찬』, 202.
73) 엘리노어 크라이더, 『성품을 빚는 성찬』, 205.

상하도록 촉구해야 한다.74

Ⅵ. 결론

공공신학과 공동체 신학은 공통적으로 교회라는 공동체를 상정한다. 두 영역은 서로를 배척하는 것이 아니라, 교회의 교회다움을 강조하는 것이다. 그리스도의 몸으로서 교회는 그리스도인이 개인으로 존재하는 것이 아니라 예수 그리스도를 중심으로 서로를 연결된 존재로 인식한다. 공공신학이 교회가 간과한 공적 영역에 대한 관심을 강조한 반면, 자칫 교회의 윤리적 특성을 간과할 가능성이 있다. 반면 공동체 신학 또는 교회 윤리는 교회됨을 강조하다가 공적 영역을 소홀히 할 수 있다. 교회는 사적 영역에 갇혀 있지 않다. 교회는 그 자체로 사회 윤리이며, 이는 교회가 세계-내-존재임을 인식할 때 유효한 윤리가 된다.

교회 윤리가 지나치게 교회 내의 자유주의 바이러스 침투를 막아내고 색출하는데 집중하다가 교회가 세계-내-존재라는 사실을 잊어버리고 교회 윤리를 가정, 성, 낙태의 범주에서 벗어나지 못하게 했다. 따라서 공공신학과 교회 윤리가 지닌 한계를 극복하기 위해서는 새로운 상상력이 요청된다. 새로운 상상력이란 하나님 나라가 이 땅에 임할 것을 기대하고 대망하는 신학적 상상력이다. "성찬은 교회 안에서 거행되고 교회는 성찬에 의해서 건설된다. 쉴레벡스의 표현대로, '우리가 교회 안에서 경축하는 것은 교회 밖, 즉 인간 역사에서 성취되는 일을 경축하는 것' 이다. 이 성취-여기서 깊은 인간애가 창조된다-야말로 교회의 존재 이유이기도 하다."75

---

74) 윌리엄 T. 캐버너, 『신학,정치를 다시 묻다:근대의 신학-정치적 상상과 성찬의 정치학』, 손민석 역(서울:비아,2019년),226.

75) 구스타보 구티에레즈, 『해방신학』 성염 역 (왜관: 분도출판사, 2017), 295-96.

3부

복음주의와 사회적 상상력

복음주의의 확장: 성경주의를 중심으로

김근주
기독연구원 느헤미야/구약학

I. 들어가는 말

조직신학자 김동춘의 저서 『전환기의 한국교회』[1]는 한국교회의 패러다임 전환에 대해 간결하면서도 충분한 요약과 평가를 제시한다. 이 책에서 제안된 여섯 가지 패러다임은 십여 년이 지난 지금까지도 여전히 우리네 기독교 안에서 그 모습과 지분을 확보하고 있다. 현실 기독교의 변화를 다루면서 김동춘이 제시한 '본질과 역사' 라는 두 차원, '복음의 정체성과 타당성' 이라는 두 긴장[2]은 여전히 세상 속에 교회가 어떻게 존재해야 할 지를 돌아보고 가늠하며 스스로를 평가하는 적절한 범주라고 할 수 있다. 이 책은 그가 제시한 범주를 따라 여섯 가지 패러다임을 차근차근 다룬다. 저자는 로잔 언약과 연관된 총체적 복음주의, 신칼빈주의와 연관된 세계형성적 기독교세계관, 해방신학의 변혁주의 기독교, 아나뱁티스트적 대안주의 기독교, 그리고 다원주의적 톨레랑스 기독교를 향해 적절한 비판을 가하면서도 기본적으로 긍정적 시선을 지니고 있다. 여러 패러다임에 대한 고찰 가운데 김동춘은 흔히 복음주의에서 볼 수 있는

1) 김동춘, 『전환기의 한국교회』(논산: 대장간, 2012)
2) 김동춘, 『전환기의 한국교회』, 12-3.

"구원의 개인주의적 한계"를 언급하면서, "구원 지평의 확대"를 다음과 같이 명확하면서도 폭넓게 제안한다.

> 결론적으로 하나님의 구원은 피조물 전체를 향한 해방과정의, 샬롬과 치유 등으로 요약된다. 죄와 속박이라는 소극적 차원으로부터의 구원은 인간실존 전체의 행복이라는 적극적 차원으로의 구원을 지향한다. 따라서 구원은 인간화, 웰빙, 해방을 포괄하는 다양한 차원들을 함축하고 있다.[3]

"구원의 개인주의적 한계"를 비판하면서도 그는 이와는 반대편에 서 있다고 할 수 있는 해방신학 패러다임에 대해서는 "해방신학의 문제점은 복음주의가 안는 한계의 정반대의 측면"이라는 표현과 함께 "죄용서와 거듭남, 칭의와 같은 개인구원은 거의 보이지 않고, 역사 안에서 구원만이 주로 부각되고, 복음의 초월적 차원은 내재적이고 인간화의 차원으로 격하되고, 구원사가 세속사로 흡수되고, 하나님과의 수직적 차원은 인간과의 수평적 차원으로 옮겨가고 있다"고 비판한다.[4]

Ⅱ. 복음주의와 그 위기

이 글에서 주목하고 싶은 것은, 이 같은 명료한 평가에서 엿볼 수 있는 '복음주의'에 대한 김동춘의 애정이다. "구원 지평의 확대"에 관해 앞에서 인용한 김동춘의 주장이 "총체적 복음주의"를 다루는 부분[5]에서 제시된다는 점 역시 그가 지닌 복음주의에 대한 애정 혹은 선호를 반영한다고 볼 수 있다. 한국 기독

3) 김동춘, 『전환기의 한국교회』, 108.

4) 김동춘, 『전환기의 한국교회』, 187-88.

5) 김동춘, 『전환기의 한국교회』, 106-08.

교의 여러 패러다임을 다루지만, 김동춘이 서 있는 자리는 명확히 '복음주의'라고 여겨진다. 위 인용문에서 볼 수 있듯이, '복음주의'라는 틀로, 그는 개인적 변화만이 아니라 사회구조적 변화까지도 포괄해 낸다.

이 글은 김동춘이 서술한 "구원 지평의 확대"를 흉내내면서 '복음주의의 확장'을 모색해보려고 한다. 이를 모색하는 까닭은, 앞서 언급하고 인용한 김동춘의 주장에 충분히 동의함에도, 오늘날 우리네 교회에서 '복음주의'가 여전히 타당한 시각 혹은 입장인지 의심스럽기 때문이다. 김동춘의 글은 개인 구원과 사회 구조의 변화가 맞물려 있다는 점, 그리고 세상 속에서 기독교가 관용하며 때로 "대조 사회"로 존재해야 한다는 점을 잘 보여주었다. 이러한 주제는 더 이상 기본적인 논의가 필요 없는 사항들이라고까지 거칠게 말할 수 있다. 문제는, 이렇게 '총체적이며 기독교세계관과 공적 제자도에 입각한 복음주의'가 지난 몇 년간의 한국 사회의 변화 속에서 사실상 무력했다고 여겨진다는 점이다. 이러한 '복음주의'는 80년대의 상황에서는 새로운 길, 세상과 교회를 두루 포괄하는 길일 수 있었는데, 2000년대 우리네 현실에서는 곳곳에서 넘어지고 현실 적응력이 떨어지며 구태의연한 길로 전락한 것처럼 보인다. 간단히 말해, '복음주의'는 이른바 '87년 체제'에서는 타당성이 있었으나, 2020년 이후 현실에서는 그 타당성을, "복음의 시대 적합성과 적절성"[6]을 잃어버린 것으로 보인다.

'복음주의의 쇠퇴'라고까지 말할 수 있는 변화는 주로 민주당과 연관된다. 지난 2022년 20대 대통령 선거를 둘러싸고 '복음주의' 진영에 쏟아진 표현 가운데 하나가 '민주당 복음주의'였다. 로잔언약과 기독교세계관 이해 등을 거치며 현실 정치와 신앙의 적절한 통합이 이루어졌다고 할 수 있지만, 지난 수십여 년 세월 동안 '복음주의'는 사실상 민주당을 넘어서지 못했다. 이와 더불어 그 시기 '복음주의' 진영을 대표하며 여러 분야에서 활동하는 이들의 대다수가

6) 김동춘, 『전환기의 한국교회』, 12.

40-50대 이상의 남성들이었다는 점 역시, 복음주의의 실상을 단적으로 드러내었다. 사실 이전에는 이렇게 온통 중장년 남성으로 이루어진 리더십에 대해 의문조차 가지지 못했었고, 이에 대한 문제 제기는 한국 사회 전체에 불어 닥친 페미니즘의 진전으로 인해서야 겨우 제대로 다루어질 수 있었다. 상황이 복음의 본질을 되돌아보게 한 셈이다.

특히 민주당의 핵심 인물이던 안희정, 박원순 등을 둘러싼 '성폭력' 상황과 그에 대한 상당한 의견 차이는 이 '복음주의' 진영을 확연하게 갈라놓았고, 조국 전장관 사태를 둘러싼 의견 차이 역시 '복음주의' 진영의 붕괴를 가속화시켰다. '복음주의' 진영에 오래 머물던 이들은 다른 쪽을 향해 '정치도 모르는 이들, 정의에는 관심이 없는 이들, 나때는 말이야'를 반복하며 정치 이야기하기를 즐겨하는 이른바 '꼰대'처럼 여겨졌고, 다른 쪽에 선 이들에게 '복음주의'는 아무런 설득력 없는 협소한 표현으로 전락해 버렸다. 이러한 균열이 일시적인 상황이 아니라 근본적인 지점에 닿아 있다는 점은 차별금지법과 성소수자 이슈에 대한 대응에서 확연히 드러났다. 이 이슈에 대해 '복음주의' 전반은 기존의 보수적 개신교보다 다소 점잖은 태도를 보일 뿐, 근본적으로 아무런 차별성을 보이지 못했다고 여겨지고, 그 점에서도 기회주의적인 태도를 보이는 민주당과 차별성을 드러내지 못했다고 여겨진다. 이제 남은 것은 '국민의힘 같은 정당을 결코 용납할 수 없는 정도의 사회적 실천에 힘쓰는 복음주의' 정도가 되어 버렸다. 그래서 끊임없이 '윤석열 퇴진' 구호를 되풀이할 뿐, 다른 이슈들에 대해 한 걸음도 나아가지 않는다. 여전히 '로잔 언약'을 말하고 상기시키는 이들이 있지만, 로잔 언약의 결과가 '민주당 복음주의' 이상을 넘어갈 수 있을지 지극히 의문이다. 페미니즘이나 퀴어 이슈에 대해서는 로잔 언약 정도로는 아예 대응 자체가 불가능해 보이기도 한다.

그러면 '복음주의'는 이제는 기각해야 할 구시대의 유물인 것일까? 이 글은 여전히 '복음주의는 타당하고 적실성 있는 범주'라고 주장한다. 이를 위해

이 글에서 살피고 싶은 것은 '복음주의를 이루는 중요하면서도 기본적인 명제들이 의미하는 바를 어떻게 확장할 수 있을까' 이다. 복음주의를 둘러싼 폭넓은 논쟁을 다루는 것은 필자의 능력을 벗어나는 일이다. 복음주의를 규정하는 네 가지 특징으로 베빙턴D.W. Bebbington이 제시한 회심주의, 행동주의, 성경주의, 십자가 중심주의 가운데, 이 글은 "성경에 절대적인 권위를 두는 성경주의"에 초점을 두려고 한다. 그래서 이 글은 복음주의를 이루는 모든 토대들에 대해 검토하는 보다 큰 연구의 첫걸음일 따름이다.

Ⅲ. '성경주의'

개신교의 출발로 볼 수 있는 '오직 성경' 주장과 닿을 수 있는 '성경주의' 는 성경을 정확무오한 하나님 말씀으로 믿는 성경관, 그리고 성경을 신앙과 행위의 유일한 규범이자 절대 권위로 강조하는 것 등을 내용으로 한다. 1974년 〈로잔 언약〉에서는 "성경의 권위와 능력"이라는 제목 아래, "신구약 성경의 신적 영감과 진리성, 권위"에 대한 고백, 그리고 "그 전체가 하나님의 유일한 말씀으로 그 모든 주장하는 바에 전혀 오류가 없으며, 신앙과 행위에 대하여 유일하게 오류가 없는 규범임을 믿는다"고 선언한다. 2010년 3차 로잔 대회의 결과물인 〈케이프타운 서약〉에서는 "우리는 하나님의 말씀을 사랑한다"는 제목 아래, "우리는 인간 저자들이 하나님의 영감을 받아 기록한 성경을 완전한 하나님의 말씀으로 확신한다. 우리는 우리의 믿음과 행위를 주관하는 궁극적이고 유일한 권위로 성경을 따른다," "성경은 거짓되지 않으며 오류가 없는 하나님의 말씀이기 때문에, 우리는 성경이 증거하는 모든 것들이 참되고 확실한 진리임을 믿고 성경 말씀에 복종한다"와 같이 진술하였다. 〈로잔 언약〉과 〈케이프타운 서약〉을 이하에서는 간략하게 로잔과 케이프타운으로 표현한다

로잔과 케이프타운에 진술된 이 같은 '성경관' 은 복음주의자들이 완전히 동

의할 수 있는 내용이라 할 수 있고, 이 글의 출발 역시 이에 대한 동의에서 비롯된다. '성경주의' 라는 말은 지나치게 성경에 몰두하며 성경의 문자적 이해에 골몰하는 경향을 가리키는 부정적 뉘앙스를 지닐 수 도 있지만, '성경이야말로 신앙과 행위의 유일한 규범' 이라는 진술을 반영하는 의미로 적합하다고 할 수 있다. 이 글은 '성경주의' 라는 용어에 대해서 논의하지 않고, 로잔과 케이프타운의 성경에 대한 진술에 대해서도 논박하는 것을 목적으로 하지 않는다. 이 글은 로잔과 케이프타운에 제시된 성경관에 동의하면서, 이를 베빙턴이 표현한 복음주의가 지닌 '성경주의' 의 내용으로 받아들인다. 이러한 전제 위에서, 로잔과 케이프타운에서 볼 수 있는 '성경주의' 가 어디까지 확장될 수 있는지를 모색해보고자 한다.

1. 성소수자 이슈와 페미니즘 이슈

복음주의가 지닌 성경관을 단적으로 보여주는 로잔과 케이프타운의 내용은 매우 명확하게 진술되어 이해하기 쉽게 쓰여졌지만, 실질적으로 성경을 읽고 그 말씀을 따라 살아가기 위해서는 저 진술에도 불구하고 '해석' 이라는 상당한 작업을 필요로 한다. 오늘 복음주의 교회는 구약이 규정하는 절기인 유월절, 맥추절, 초막절을 글자 그대로 따르지 않는다. 마찬가지로, 오늘 복음주의 교회는 사도행전 15장이 규정하고 선포한 네 가지 금지 사항우상의 제물, 피, 목매어 죽인 것, 음행; 행 15:20,29을 글자 그대로 따르지 않는다. 성경의 "믿음과 행위를 주관하는 궁극적이고 유일한 권위" 임을 고백하지만, 그것이 신구약 성경이 선포한 것을 글자 그대로 따른다는 의미로 곧바로 이어지지는 않는다. 이런 일이 가능한 까닭은, 복음주의 교회가 신구약 성경의 글자에 매이지 않고 본문을 '해석' 하기 때문이다.

앞서 언급했듯이, 오늘날 복음주의 진영은 '성수소자' 이슈에 대해 매우 불분명하다. 성경이 말하는 것에 대한 이해는 근본주의 진영을 따르되, 이 문제를 드러내어 정죄하지 않으려 한다고 여겨진다. 그러나 과연 성경 본문에 대한 문자적인 이해는 타당한가? 바울은 '본성'에 맞지 않는 행동은 스스로를 불명예스럽게 하여 '부끄러움'을 끼친다고 표현한다. 이와 연관되어 바울이 언급하는 두 가지 현실은 '동성 성행위'와 '머리 길이'이다. 바울은 동성과의 성행위는 '본성'을 거스르는 것이며 '부끄러운' 욕심이라 규정하는데롬 1:26-27, 남자가 머리가 긴 것 역시 '부끄러움'임을 '본성'이 가르친다고 규정한다.고전 11:14 바울에게 동성간의 성행위, 여자의 짧은 머리, 남자의 긴 머리는 '본성에 맞지 않는 행동'이며, 이러한 행태는 스스로를 '부끄럽게,' '욕되게' 한다.

오늘의 모든 복음주의 교회는 교인들의 머리 길이에 대해 전혀 개의치 않는다. 놀랍게도, 머리 길이에 대한 바울의 단호한 선언"논쟁하려는 생각을 가진 자가 있을지라도 우리에게나 하나님의 모든 교회에는 이런 관례가 없느니라," 고전 11:16을 전혀 고려하지 않으며, 사실상 이 부분에 대해서는 바울의 주장을 "신앙과 행위의 유일한 규범"으로 여기지 않는다. 반면, 동성 성행위에 대한 규정은 글자 그대로 철저하게 받아들일 뿐 아니라, 이를 '동성애'에 대한 정죄 규정으로까지 확장해 버린다. 그렇다면 기준은 무엇인가? '본성에 안 맞는 부끄러운 짓'으로 규정된 것 가운데 어떤 것은 무시하고 어떤 것은 절대화하는 기준은 무엇인가?

이것은 바울에게만 국한된 상황이 아니다. 하나님 백성 이스라엘의 올바른 삶을 다루는 레위기는 정한 동물과 부정한 동물을 가르면서 이를 지키는 것이 스스로를 더럽히지 않는 것이고 몸을 구별하여 거룩하게 하는 것이라고 가르친다.

> 너희는 기는 바 기어다니는 것 때문에 자기를 가증하게 되게 하지 말며 또한 그것 때문에 스스로 더럽혀 '타메'의 히트파엘형 부정하게 되게 하지 말라 나는 여호와 너희의 하나님이라 내가 거룩하니 너희도 몸을 구별하여 거룩하게 하고 땅에 기는 길 짐승으로 말미암아 스스로 더럽히지 '타메'의 히트파

엘형 말라레 11:43-45

그런데 '스스로를 더럽히지 않고 몸을 구별하는 거룩한 삶'에 대한 강조는 남성 동성 성행위를 비롯한 금지된 성관계를 다루는 18장과 20장 결론 부분에서도 볼 수 있다.

> 너희는 이 모든 일로 스스로 더럽히지 '타메'의 히트파엘형 말라 내가 너희 앞에서 쫓아내는 족속들이 이 모든 일로 말미암아 더러워졌고… 그러므로 너희는 내 명령을 지키고 너희가 들어가기 전에 행하던 가증한 풍속을 하나라도 따름으로 스스로 더럽히지 '타메'의 히트파엘형 말라 나는 너희의 하나님 여호와이니라18:24, 30; 너희는 짐승이 정하고 부정함과 새가 정하고 부정함을 구별하고 내가 너희를 위하여 부정한 것으로 구별한 짐승이나 새나 땅에 기는 것들로 너희의 몸을 더럽히지 말라 너희는 나에게 거룩할지어다 이는 나 여호와가 거룩하고 내가 또 너희를 나의 소유로 삼으려고 너희를 만민 중에서 구별하였음이니라20:25-26

레위기에 표현된 고대 이스라엘의 제의 체계는 부정한 짐승을 먹는 것과 남성 사이의 동성 성행위를 모두 '타메' 동사의 히트파엘형을 일관되게 사용하면서 '스스로를 더럽히는 행위'로 규정한다. 이러한 일관된 사용을 통해 부정한 짐승이든 금지된 성관계이든, 모두 하나님의 거룩한 백성의 삶에 합당하지 않음을 규정한다. 오늘날 우리의 기준에서는 전혀 연관되어 보이지 않는 두 행위, 부정한 짐승 먹는 것과 동성 성행위는 레위기에서는 전적으로 일치하는 논리 체계에 기반해서 규정된다. 그래서 '거룩한 삶'은 정신적인 어떤 것이 아니라 몸을 둘러싼 구체적이고 실질적인 것임을 명확히 증언한다. 그런데 오늘날 적지 않은 '복음주의' 교회는 레위기 11장의 동물의 정부정은 전혀 개의치 않되, 18장과 20장에 나오는 남성 동성 성행위 금지 규정은 절대적으로 지켜야 한다고 주장한다. 다시 한 번, 그렇다면 기준은 무엇인가? 레위기의 어떤 규정을 오늘날에도 중시 여기고, 어떤 규정을 무시해도 괜찮다고 보는 기준은 무엇인가? 분명한 것은, 바울의 글에서 '동성 성행위' 금지 규정과 '남녀의 머리 길이' 레위기에서 '동성 성행위' 금지 규정과 '음식의 정부정 규정' 이 서로 전적으로 동일한 관점으로 진술되어 있어서, 그 가운데 하나를 그대로 수용하고 다른 하나는 거부하는 것이 불가능하다는 것이다.

그러므로 로잔과 케이프타운이 제시한 내용에 전적으로 동의한다 할지라도, 막상 신구약 성경 본문을 읽고 이해하며 현실에 적용하는 일은 별개이다. 그렇다면 로잔과 케이프타운으로 대표되는 복음주의의 '성경주의' 는 성경 본문을 '해석' 하지 말고 글자 그대로 따라야 한다는 명령이 아니라, 성경이 오늘의 삶과 현실 속에서도 여전히 하나님의 말씀이며 권위임에 대한 선언이라 할 수 있다. 성경에서 여호수아의 정복 전쟁 같은 기사로 인해 오늘날에도 기독교 신앙을 지니지 않은 민족이나 나라에 대해 성경 본문처럼 제거하거나 배제해야 한다고 생각하는 복음주의자는 없을 것이다. 아울러 그럼에도 '성경주의' 를 간직한 복음주의 진영은 성경에서 잔혹한 정복 전쟁이 발견된다 하여 성경을 구시대적 유물이나 고대의 케케묵은 사고를 담은 책이라 여기지 않고, 여전히 여호수아서와 같은 책이 오늘의 세상을 향해서도 권위있는 말씀이며 증언하는 바가 있다고 확신한다. 그것이 로잔과 케이프타운이 증언하는 '성경주의' 의 핵심적인 의미일 것이다.

이를 고려하면, 복음주의자들은 레위기 18장과 20장, 로마서 1장에 서술된 '동성 성행위' 에 대한 정죄와 규탄을 달리 해석할 여지를 얻게 된다. '성경주의' 를 견지하는 것이, 성경이 신앙과 행위의 유일한 근거라고 확신하는 것이, 저 본문의 내용을 글자 그대로 받아들여야 한다는 것과는 아무 상관이 없기 때문이다. 이 글에서 '동성 성행위' 를 어떻게 해석할 것인가를 다루지는 않는다.[7] 다만, 복음주의 진영이 동성 성행위 본문의 해석 가능성에 대해 활짝 열려 있다는 점은 명확하다고 볼 수 있다.

성경의 권위와 유일성을 확고하게 인정함에도, 이처럼 문자에 매이지 않는 '해석' 을 인정하고 이미 당연한 듯이 수행해왔다는 점은 좀 더 진지하게 고려될 필요가 있다. 성경에 대한 해석이 필요한 까닭은 성경에서 진술된 내용이 시대적이고 문화적인 제약 안에 있기 때문이다. 가령, 신명기 22:28-29은 남자가 약혼하지 않은 여성을 성폭행하였을 경우 그 여성의 아버지에게 은 오십 세겔을 주고 그 여성을 아내로 삼아 평생 버리지 말아야 한다고 규정한다. 이 같은 규정은 여성의 인권에 대한 인식이나 여성의 '성적 자기결정권' 같은 것에 대한 인식이 없던 수 천 년전의 고대 세계를 배경으로 하기에 오늘날 시대에는 글자 그대로 적용될 수 없다. 저와 같은 본문은 남성으로 하여금 자신의 욕구로 인해 약혼하지 않은 여성에게 제 멋대로 행동해서는 안 되고, 멋대로 행동했다면 반드시 그에 대해 제대로 책임질 것을 촉구한다. 그렇기에 이 신명기 구절은 오늘날에는 글자가 아니라 본문이 추구하는 취지에 따라 '여성 인권 존중' 이라는 이 시대의 '인권 감수성' 에 맞게 해석되고 적용되어야 한다.

이처럼, 성경의 표현은 고대의 시대와 문화에 제약되어 있기에, 그 말씀의 본질적인 취지에 맞게 오늘날의 독자와 청중의 눈높이에 따라 해석되어 재진술되어 표현되어야 한다. 그런 점에서 신구약 성경의 '본질적인 의미' 는 고정적이어도 그 의미를 구체화시켜 표현한 '문자' 는 고정적이거나 절대적이지 않다. 성경의 문자를 존중하며 극도로 보존하는 까닭은 그 문자가 절대적이어서가 아니라, 그 문자야말로 고대의 시대와 문화 안에 구체화되어 표현된 실체이며, 그 문자가 보존되어야 오늘 우리 시대의 눈높이에 따라 우리 시대의 말로 표현할 수 있게 되기 때문이다. 성경의 권위에 대한 인식은 이와 같은 사고와 해석 전체에 대한 존중으로 이해되어야 한다. 그렇다면 우리 시대에 '여성도

7) 이에 대해서는 김근주, 『네 이웃을 네 몸과 같이』 (논산: 대장간, 2020)을 참고하라.

사람이다' 라는 극히 당연하면서도 간결 명료한 진리에 기반한 '페미니즘' 은 신구약 성경의 문자를 오늘 시대의 것으로 표현하는 데 결정적인 역할을 한다고 볼 수 있다. 모든 사람이 동등하다는 페미니즘은 시대적인 한 사조에 국한되는 것이 아니라 인류의 오랜 역사 속에서 점점 더 또렷해지고 분명해진 진리 주장에 속한다. 인류는 근대에 이르러서야 노예가 반인류적인 제도라는 데에 합의했고 모든 사람이 평등하다는 진리에 다다를 수 있었고, 이제 그보다 더 시간이 지나고 나서야 여성도 남성과 평등하다는, 허무할 정도로 마땅한 진리에 이를 수 있었다. 그러므로 신구약 성경의 문자는 노예제에 대한 거부, 그리고 페미니즘이라는 극히 타당한 관점으로 해석되어 우리 시대의 문자로 재진술되어야 한다. 나아가, 이에 직접적으로 연결되는 것은 신구약 성경에서 공기처럼 당연한 듯 전제되어 있는 '가부장제' 일 것이다. 가부장제는 영원한 진리가 아니라 시대에 구속되는 현상일 따름이다. 왜냐하면 가부장제는 남녀의 평등 혹은 '주 안에서 여자나 남자나 하나' 갈3:28라는 보편타당한 진리에 기반하고 있지 않기 때문이다. 신구약 성경이 가부장제에 기반한다고 비판하는 것은 전혀 충분하지 않다. 신구약 성경은 가부장제가 당연한 사고이던 고대를 배경으로 하고 있기 때문이다. 해야 할 일은, 성경이 전제한 가부장제를 진리로 여기지 않고 우리 시대의 인권 감수성에 따라 해석하고 재진술하는 작업이다. 그것이야말로 '성경주의' 가 실질적으로 의미하는 실체이다.

문제는, '성경의 문자적 이해' 에 대해 일찍이 우리네 복음주의가 충분히 주의하고 반대해왔음에도, 어떤 문제에 대해서는 일관되게 대응하지 않았다는 점이다. 그 누구도 '성경의 문자적 이해' 를 일관되게 수행하는 이가 없음에도, 우리네 근본주의적인 교회는 여성 안수 쟁점이나 '창조과학' 쟁점에서 난데없이 '문자적 이해' 를 고수한다. 복음주의 진영은 이에 대해 충분히 타당하게 그 문제점을 인식하고 비판하면서도, '페미니즘' 이나 가부장제에 대해서는 갑자기 문자적 이해를 끄집어 내기도 하고, '성소수자' 이슈에 대해서는 거의 대부분의 복음주의자들이 이제까지의 태도와는 일관적이지 못하게 '문자적 이해'로 회귀한다. 이런 경우 대체 해석의 일관성은 어디에 있는가?

로잔과 케이프타운으로 대표되는 복음주의 진영이 지닌 '성경주의'는 페미니즘 이슈나 성소수자 이슈에 대해 충분히 다양한 논의와 주장을 포용할 수 있다. 복음주의의 '성경주의'는 성경의 문자가 지닌 중요성을 충분히 인식하면서도 성경의 문자가 고대라는 시대와 문화, 그 당대의 세계관으로 표현되었음을 인지하면서 성경의 문자를 해석하고 우리 시대에 적합한 표현으로 새롭게 '문자화한다'. 앞서도 말했지만, 이 '성경주의'는 성경이 지난 세대만이 아니라 오고오는 세대에도 여전히 권위있는 하나님의 말씀임을 고백하기 때문이다.

2. 역사비평?

성경의 시대와 문화에 대한 인식에 이어지는 또 다른 고려 사항은 본문 상호간에 지닌 충돌과 모순, 반복을 어떻게 설명할 것인가이다. 이와 연관해서 18세기 후반 이래 신구약성경을 다루는 방법으로 '역사비평'이라는 것이 제시되었고, 오늘에 이르기까지 이 방법은 성경을 연구하는 정당하고도 보편적인 수단으로 인정된다. 그러나 적지 않은 복음주의자들은 이를 단호하게 거부하거나 어정쩡하게 부정적인 입장을 취한다. 그들에게 있어서, 성경의 권위를 인정한다는 선언은 '성경의 무오'를 확고하게 고백하고 견지하는 것이고, 이것은 곧바로 창세기부터 신명기까지 다섯 권의 책을 모세가 썼다는 주장에 대한 확고함으로 이어지곤 한다. 로잔과 케이프타운에 실린 "신앙과 실천의 유일하고도 정확무오한 척도"로잔 언약라는 표현, "성경은 거짓되지 않으며 오류가 없는 하나님의 말씀"케이프타운 서약 같은 표현은 곧바로 '성경 무오'라는 진술로 이어져 버린다.

그러나 신구약성경 어느 곳도 '성서의 정확무오'에 대해 증언하거나 확언하지 않는다. 디모데후서 3:15-17이나 마태복음 5:17,18 같은 본문이 이런 주장의 근거로 제시되지만, 이는 전혀 타당하지 않은 본문 이해이다. 디모데후서 본문은 성경 안에 구원에 이르는 지혜가 있음을 명확히 증언하면서, 성경이 "하나님의 감동으로 된 것"이라 증언한다. 아마도 여기에서 '무오'와 같은 주장이 생겨날 여지가 있었겠지만, 본문은 곧바로 '하나님의 감동으로 되었다'는 의미를 서술한다. 그런 책이기에 성경은 "교훈과 책망과 바르게 함과 의로 교육하기에 유익"하며, "하나님의 사람으로 온전하게 하며 모든 선한 일을 행할 능력을 갖추게" 한다. 즉, 성경은 구원에 이르는 지혜, 그리고 의롭고 선한 삶을 살아가는 능력을 기른다. 이러한 점으로 인해 로잔은 "신앙과 실천의 … 척도"라는 표현을 간직했을 것이다. 마태복음5:17-18 역시 '행함'에 초점이 있지, '무오' 같은 개념에는 아무런 관심이 없다. '과학이나 역사나 여러 영역과 연관된 진술에 있어서 아무런 오류가 없는 것' 같은 내용을 가리키고 싶은 오늘날의 '무오' 주장은 아예 성경의 관심사 자체가 아니다. 그런 관심사는 근대 이후 현대인의 관심일 수는 있지만, 그들의 관심으로 수 천 년 전을 배경으로 한 성경에 그런 용어를 적용하는 것은 명확히 '시대착오' anachronism 이다.

당장, 성경 안에는 서로 충돌되는 진술이 존재한다. 창세기 1장은 엿새 동안 질서 있게 이루어진 창조를 진술하지만, 2:4-25에서 제시된 창조 이야기는 1장의 창조 이야기와는 꽤 다르다. 사람과 초목, 사람과 동물 가운데 어느 것이 먼저 존재하게 되었는지 창세기 1-2장은 일치된 견해를 보여주지 않으며 두 장의 내용은 한 쪽을 희생하지 않고는 조화되지 않는다. 창세기 2장은 '6일 창조'와 같은 질서정연한 틀을 전혀 염두에 두지 않는다. 노아의 홍수 사건에서 방주에 몇 쌍의 동물을 태웠는가 창 6:19-20; 7:8-9, 14-16; 7:2-3; 8:20 는 결코 깔끔하게 해결되지 않는다. 그리고 하나님이 친히 쓰셔서 모세에게 주셨다는 십계명 돌판에서, 왜 안식일을 지키는가에 대한 출애굽기 20장의 십계명과 신명기 5장의 십계명 내용 출 20:10-11; 신 5:14-15 은 서로 충돌되며, 조화롭게 설명될 수 없다. 이러한 사례는 그외에도 무수하다. 신구약성경 본문이 지닌 이러한 현실은 흔히 언급되는 '성경의 무오'를 글자의 무오라든지, 역사적 과학적 시각에서 전혀 틀리거나 모순되지 않는 객관적인 일관된 기록 같은 의미로 이해해서는 안 된다는 점을 분명히 보여준다. '무오' 식의 접근은 필연적으로 두 개의 충돌되는 자료 가운데 하나를 틀린 것으로 다른 하나를 맞는 것으로 판정해야 하기 때문이다. 다시금, '무오' 식의 표현은 근대적인 사고로 고대의 글에 저지르는 폭력에 다름 아니다.

이른바 '문서설'로 대표되어 시작된 '역사비평'은 본문에 존재하는 여러 모순과 충돌에 대한 간결하면서도 납득 가능한 설명을 찾는 작업이다. 창세기 6–9장에 존재하는 홍수 이야기는, '야휘스트 자료'와 '제사장 자료'라는, 독자적으로 완결된 두 개의 버전이 서로 결합된 것으로 풀이할 때, 본문에 존재하는 여러 문제들을 가장 쉽고 명확하게 해결한다. 창세기 6–9장이 두 개의 자료를 합친 것이라는 주장이 성경의 권위를 훼손하거나 "신앙과 실천에 있어서 정확무오한 척도"라는 표현과 충돌하는가? 전혀 그렇지 않다. 역사비평의 주장이 훼손하는 것이 있다면 창세기부터 신명기까지 오경 전체를 한 사람 모세가 썼다는 주장이다. 오경 본문 안에 명백히 존재하는 모순이 있음에도, 그리고 모세가 시내산에 올라 하나님이 친히 십계명으로 알려진 내용을 쓰신 돌판을 받았다고 했음에도 두 돌판의 내용이 적지 않게 다르다는 것을 보여주는 본문이 있음에도, 이 전체 내용을 한 사람 모세가 썼다고 주장하는 것은 전혀 설득력이 없을 뿐더러, 이 같은 주장이야말로 성경의 권위를 훼손하기 십상이다. 오경을 모세가 쓰고 안 쓰고에 성경의 권위는 전혀 좌우되지 않는다.

가령, 사도행전 4장에서 저자는 사도들이 함께 모여 시편 2편 첫 구절을 인용하는 장면을 다루며 2편을 두고 "주의 종 우리 조상 다윗의 입을 통하여 성령으로 말씀하시기를"이라 표현한다. 행 4:25 그런데 시편 2편에는 아무런 표제가 없다. 시편 1권과 2권에 속한 72개의 시들은 대부분 표제를 지니고 있는 반면

10, 33, 43, 71편 제외, 처음 두 개의 시인 1편과 2편은 표제가 없다. 칠십인역 시편의 경우 그야말로 '표제광' 이라고까지 부를 수 있을 정도로 1-3권에 실린 모든 시들에 표제를 붙이지만105-107편, 111-119편, 135-136편, 146-150편에는 첫머리에 '할렐루야' 가 붙었으며, 1편, 2편, 137편을 제외하고 모든 시들에 표제가 붙었다, 1편과 2편에는 표제를 달지 않았다. 그만큼, 처음 두 시편의 특별함을 인식했던 것이라 볼 수 있다. 그런데 사도행전의 저자는 2편을 두고 매우 거창하고 진지하게 다윗과 성령을 연결시킨다. 이로 보건대, 주후 1세기 유대인들은 '시편은 다윗' 이라는 일종의 자명한 전제를 지녔다고 볼 수 있다. 마찬가지로, '율법은 모세' 같은 명제도 그 당시에 확고했을 것이다. 그러나 이러한 진술들을 두고, 오늘날 우리가 생각하는 저자 개념으로 풀어가는 것은 타당하지 않다.

그외에, 구약과 신약 사이에 존재하는 충돌도 있다. 사도행전 7장에서 스데반은 아브라함이 "하란에 있기 전 메소보다미아에 있을 때에" 하나님이 그에게 나타나셔서 떠나라 하셨고 그래서 아브라함이 갈대아를 떠나 하란에 거하다가 그 아버지 데라가 죽은 후에 하란을 떠나 가나안 땅으로 왔다고 말한다. 행 7:1-4 그러나 창세기 11:31-12:5은 갈대아를 떠나는 결정이 아브라함의 아버지 데라의 결정이었다고 전하고, 데라가 죽기 전에 아브라함이 하란을 떠났다고 전한다. 그러면 아브라함이 언제 하란을 떠났는가에 대해 창세기와 사도행전 가운데 어느 것이 정확한 설명일까? 누가복음 4:18은 예수께서 안식일에 회당에 들어가셔서 이사야 예언자의 글을 읽으셨다고 하면서 이사야 61:1-2을 인용한다. 그러나 예수께서 읽으셨다는 내용으로 누가복음에 언급된 "눌린 자를 자유롭게 하고"는 이사야 61장 본문에 나오지 않는다. 이러한 문제를 '성경 문자의 정확무오' 라는 말로 해결할 수 있는가? 이러한 상황에도, 성경이 과학적으로나 역사적으로 아무 오류가 없다 식의 선언을 하면 끝나는 것인가?

그러므로 '역사비평' 이 성경의 권위를 해친다며, 성경의 무오에 몰두하는 것은 성경이 '구원에 이르는 지혜' , 그리고 '의롭고 선한 삶을 살아갈 능력을 갖추게 하는 책' 이라는 관점을 놓치는 것이며, 성경을 과학이나 역사책과 같은 기록에 견주려는 태도에서 비롯된다. 과학은 수 천 년전과 오늘날에 비교할 수 없을 만큼의 차이가 생겼고, 역사 역시 그러한데, 수 천 년전 독자와 청중을 위해 기록된 책을 두고, 과학에서나 역사에서나 오류가 없다는 식의 주장은 성경 자체가 증언하는 바와는 전혀 맞지 않다.

역사비평은 본문에 존재하는 모순과 충돌을 다루는 방법이며, 본문이 단 시간에 일필휘지로 기록되어 전해진 것이 아니라 긴 시간에 걸쳐 형성되어왔음을 그 결과로 보여준다. 역사비평은 본문에 대한 신앙 여부와는 무관하게 우리 앞에 주어진 본문 자체에 대해 연구하고 살피는 방법이다. 그렇기에 역사비평은 성경의 권위를 훼손하는 방식이라 볼 수 없다. 모세가 오경을 쓰지 않았다는 결론으로 인해 성경의 권위가 훼손되었다면, 그러한 권위는 지극히 허약한 기초 위에 놓인 것이며 지탱될 수 없는 권위임을 보여줄 따름이다. 본문의 권위를 인정하는 것과 노아 홍수 본문에서 홍수의 기간, 방주에 태운 동물의 숫자 등에 관한 서로 다른 두 개의 버전이 존재하는 것을 해결하는 문제는 별개이다. 그러므로 로잔과 케이프타운으로 대표되는 복음주의는 역사비평이라는 방법과 충분히 공존가능하며 공존가능해야 한다. 그렇지 않다면, 사실상 성경에 명백히 존재하는 객관적인 문제를 전혀 그런 문제가 없다며 외치는, 벌거벗은 임금님을 보고도 입은 옷이 아름답다 외치는 꼴이 되어 버린다. 성경은 그렇게 허약한 글이 아니다. 도리어, 성경은 하나님의 감동으로 된 것으로, 사람을 의롭게 선하게 살게 하며 구원에 이르는 지혜가 있게 하는 책이다.

VI. '오직 성경' 그리고 '변화된 현실'

'성경주의' 와 비슷한 의미이면서 저 같은 표현의 출처라고 할 수 있는 '오직 성경' 은 종교개혁을 상징하는 구호이다. 중세 교회의 현실 속에서 자행되는 끔

찍한 행태를 배경으로 종교개혁자들은 '오직 은혜', '오직 믿음'과 같은 구호와 더불어 '오직 성경'을 제시하였다. 디모데후서 3:15-17에서 보았듯이, 이미 성경은 하나님의 감동으로 된 권위있는 출처였으되, '오직 성경'은 종교개혁 시기라는 상황 속에서 생겨난 표어라는 점에 주목할 필요가 있다. 종교개혁의 상황 속에서 저 구호는 성경 외의 전통이나 다른 어떤 것보다도 성경에 주어져야 하는 권위, 현실을 변화시키고 바로잡기 위한 근거로서의 성경에 주목하게 하였다. 그러나 종교개혁 시기와는 달라진 현실 속에서 저 구호는 과연 어느 정도의 타당성을 지니는가? 오늘날 우리네 개신교 교회에서 벌어지는 여성안수 반대, 차별금지법 반대, 군사독재 정권에 대한 지지, 반공 정권에 대한 지지, 그리고 심지어 교회 세습에 이르기까지 교회가 내세우는 최대의 근거는 다름아닌 '성경'이었다. 이것은 노예제도 폐지를 끝까지 반대하던 19세기 미국 남부 교회 입장의 최대 근거이기도 했다. 성경을 충실하게 읽고 주해하며 그에 따른 삶을 살아가는 것과 거리가 멀던 시대에 제기된 '오직 성경'이라는 구호는 성경의 문자적 의미에 몰두하며 온갖 개혁적인 변화를 가로막고 수 천 년 전 본문의 배경이 되는 문화에 머물러 있게 하려는 오늘의 교회 현실에 과연 적합한가?

'오직 성경'은 성경 본문의 다양한 해석 가능성을 제대로 다루어내지 못한다. 아울러 앞에서 다루었듯이 서로 충돌되는 입장을 가진 본문들에 대해서도 제대로 다루어내지 못한다. 그렇기에 '오직 성경'은 오고오는 세대에 여전히 성경이 권위 있는 하나님 말씀이라는 상징적 주장을 요약한 표현일 수는 있어도, 그것만으로는 변화되는 세상이라는 현실을 충분히 담아낼 수 없다. 도리어, '오직 성경' 구호는 구태의연한 방식을 고수하는 것의 근거가 되고, 폐쇄적이고 권력 옹호적인 입장을 뒷받침하는 근거가 되기 일쑤이다. 우리 시대에 훨씬 중요한 것은 도리어 '상황에 대한 민감한 고려'일 수 있다. 이것이 우선되지 않으면, '오직 성경'은 압제자의 논리가 되어 버린다. 이를 잘 보여주는 것이

사도행전 15장의 예루살렘 공의회이다.

사도행전 15장에 따르면, 바울과 바나바가 함께 참여한 안디옥 교회에서부터 비롯되어 '이방인 그리스도인에게도 할례를 요구할 것인가' 라는 주제를 다루는 예루살렘 공의회가 열렸다. 이것은 오늘 우리에게는 하나도 고민되지 않는 문제이지만, 1세기 중반 첫 교회에게는 결코 쉽지 않은 문제였다. 왜냐하면 할례는 그만큼 중요한 문제였기 때문이다. 창세기 17장이 할례에 대해 가장 자세하게 다룬다. 하나님께서는 아브라함과 언약을 맺으시면서 그에게 언약의 표시로 할례를 행하라고 명하셨다. 언약과 더불어 내려진 가장 첫 명령이 할례이다. 가령 선악과를 먹지 말라는 명령도 하셨지만, 그것은 아담, 하와에게만 해당되지 에덴 바깥에서 사는 그 후손에게는 해당되지 않는 명령이다. 노아와 언약을 맺으시고 방주에 들어가라 명하셨지만창 6:18, 이 역시 자손 세대에게는 해당되지 않는 명령이다. 언약과 연관해서 자손 대대로 연관되는 최초의 명령이 바로 할례를 행하라는 명령이다. 아브라함은 당장 할례를 행해야 하고, 태어나는 아이는 팔 일째에 할례를 받아야 한다. 태어나자 말자 할례를 받는다는 것은 하나님의 언약 백성이 된다는 것이 사람의 행위나 업적이 아니라 오직 하나님의 은혜임을 말한다. 갓난아기가 어떤 행동으로 하나님을 기쁘시게 할 수 있을까? 그래서 할례는 하나님의 은혜를 상징한다. 구약 곳곳에서 할례는 매우 중요한 지점에서 언급된다. 하나님의 언약 백성이라면 할례를 받아야 한다는 것에 대해 구약 성경은 명확하게 증언한다. 특히 첫 할례 본문은 아브라함의 혈통만이 아니라 "너희 자손이 아니라 이방 사람에게서 돈으로 산 자"17:12 역시 할례 받아야 한다고 명시한다. 베드로가 고넬료에게 세례를 베푼 후에도 이를 "무할례자의 집에 들어가 함께 먹었다"고 유대인 교인들이 비난한 것을 생각하면행 11:2-3, 할례 문제가 결코 간단한 문제가 아니었음을 알 수 있다. 이방인도 할례를 받아야 한다는 주장의 가장 큰 근거가 성경 자체, 하나님 말씀 자체이기 때문이다. 할례가 구약 성경에서 차지하는 중요한 비중을 생각할 때, 이방인도 할례 받아야 한다는 주장, 예수를 믿고 하나님의 언약 안에 들어오는 사람이라면 할례 받아야 한다는 주장은 당연해 보였다. 바울이 할례에 대해 제대로 로마서와 갈라디아서에서 다루지만, 아직 바울의 생각이 담긴 바울 서신은 하나도 쓰이지 않았고, 첫 교회는 이에 대해 생각이 전혀 정리되어 있지 않았던 점을 생각하면, 이방인이 할례 받아야 한다는 주장에 문제점을 찾기 어려웠을 것이다. 성경의 근거를 떠나서, 예수께서는 할례 받으셨다. 예수님의 열두 제자 모두 당연히 할례 받은 유대인들이었고, 첫 교회 구성원들 모두 할례 받은 유대인이었다. 당연히 바울 역시 할례를 받았다. 그리고 바울은 자신의 제자 가운데 디모데의 경우 할례를 받게 했다.16:1-3 무엇보다도 예수께서 할례 받으셨다는 사실, 그리고 예수께서 단 한번도 할례에 대해 부정하시거나 거부하지 않으셨다는 사실을 생각하면, 이러한 안건은 토의할 안건이 아니었을 것 같은데 놀랍게도 그들은 이를 회의에 부쳐 논쟁한다.

더욱 놀라운 것은, 이 모든 회의가 성경과 신학에 대한 검토로 인해 결정되고 추진한 상황 때문에 생긴 것이 아니라 교회가 떠밀리듯이 놓이게 된 상황에서 비롯되었다는 점이다. 교회가 확정하지도 않았는데 사마리아인 그리고 심지어 이방인에게까지 복음이 전해지면서 이 같은 회의가 벌어지게 된 것이다. 이전처럼 교회가 유대인들이나 유대교에 입교한 이방인들 뿐이었을 때에는 할례는 아무런 이슈가 아니었다. 그런데 이방인 그리스도인이라는 이전에 없던 이들이 등장하게 되자, 교회는 할례에 대해 회의를 열어 토론하게 된 것이다. 교회가 상황을 이끌어가는 것이 아니라 교회가 상황에 끌려다니며 대응하는 회의를 한다. 그것도 성경에 명확한 명령이 있는 말씀을 회의한다. 세상의 흐름에 좌우되지 말라, 세상이 바뀐다고 우리 신앙도 바뀌어서는 안된다 식의 말을 종종 듣게 되고, 세상이 아무리 변해도 성경대로 우리는 지켜야 한다며 성경의 글자가 명령하는 것에 따르라는 촉구도 듣게 된다. 그런데 이 첫 교회 공동체는 성경이 명확히 규정하는 할례를, 그들이 이전에 안 지켜도 된다고 상상조차 해본 적 없는 할례를, 변화된 상황 때문에 성경 말씀대로 지킬 것인지 말 것인지 의논하기 시작한다.

베드로의 경험, 바울과 바나바의 선교 사역 보고까지 들은 후에 최종적으로 야고보가 나선다. 그는 베드로의 의견이 선지자들의 말씀과 일치한다고 말하면서, 아모스서 9:11-12를 인용한다.

> 이 후에 내가 돌아와서 다윗의 무너진 장막을 다시 지으며 또 그 허물어진 것을 다시 지어 일으키리니 이는 그 남은 사람들과 내 이름으로 일컬음을 받는 모든 이방인들로 주를 찾게 하려 함이라 하셨으니 즉 예로부터 이것을 알게 하시는 주의 말씀이라 함과 같으니라행 15:16-18

> 그 날에 내가 다윗의 무너진 장막을 일으키고 그것들의 틈을 막으며 그 허물어진 것을 일으켜서 옛적과 같이 세우고 그들이 에돔의 남은 자와 내 이름으로 일컫는 만국을 기업으로 얻게 하리라 이 일을 행하시는 여호와의 말씀이니라암 9:11-12

> 그 날에 내가 다윗의 무너진 장막을 일으키고 그 무너진 것을 다시 짓고 그 허물어진 것을 일으켜서 옛적과 같이 다시 짓고 그 남은 사람들과 내 이름으로 일컬음을 받는 모든 이방인들로 찾게 하려 함이라 이 일을 행하시는 주 하나님의 말씀이니라칠십인역 암 9:11-12

야고보는 칠십인역 아모스 구절에서 이방인을 받아들이는 근본 원칙을 발견한 것이라 여겨진다. '에돔'을 '아담', 즉 '사람'으로, '물려받다'를 의미하는 '야라쉬'를 '찾다'를 의미하는 '다라쉬'로 읽고 동사의 주어를 달리 읽은 칠십인역의 읽기를 통해 사도행전은 이방인을 하나님 백성으로 받아들이는 데로 성큼 나아간다. 아모스 본문은 할례에 대해 아무런 말도 하지 않되 이방인들이 하나님을 찾을 것이라는 것만을 이야기하는데, 여기에 기반해서 야고보는 할례를 요구하지 않겠다는 파격적인 판단에까지 이른다.

주목할 것은 야고보가 결론을 내리면서 베드로의 주장이 선지자들이 말씀하신 것과 일치한다고 말했다는 점이다. 할례를 요구하지 않는 것은 모세 율법을 다 내팽개치는 것이라고, 하나님 말씀 전체를 포기하는 것이라고 생각하는 이들이 있었는데, 야고보는 여전히 선지자의 말씀과 베드로의 주장이 일치한다고 말한다. 그에게 여전히 하나님 말씀의 권위는 살아 있다. 율법이 요구하는 할례를 이방인에게 요구하지 않지만 그것이 하나님 말씀을 포기한 것이 결코 아님을 알 수 있다. 야고보와 첫 교회는 본문의 글자가 아니라 원칙에 따라 성큼 나아간다. 그러므로 베드로와 야고보는 구약을 글자 그대로 따르는 것이 아니라 구약이 정말 말하고 있는 것이 무엇인지에 대해 해석하고 있다고 말할 수 있다. 바리새파 기독교인을 비롯한 이들은 글자 그대로 따르는 것이 아니면 하나님 말씀을 버린 것이라 보는데, 베드로와 야고보는 전혀 그렇게 보지 않았다는 것이며, 바울과 바나바 역시 마찬가지였다.

야고보는 "내 의견"이라고 말하며 우상, 음행, 목매어 죽인 것, 피, 네 가지를 제안했다.15:19 성경에서 할례를 명한 것인데도 놀랍게도 야고보는 할례 요구가 이방인 그리스도인들을 괴롭히는 것이라 표현한다. 그리고 이를 가리켜 "내 의견"이라 표현한다. 교회는 이를 받아들였다. 여기에서 이방인 그리스도인에 대한 관대함 그리고 긍휼, 따뜻한 마음을 확인할 수 있다.

이렇게 변화된 상황의 핵심은 '이방인 그리스도인' 의 존재이다. 첫 교회인 예루살렘 교회는 모두 유대인으로 이루어진 교회였다. 그런데 박해 상황과 더불어 유대인으로 이루어진 교회에 변화가 생겼다. 먼저 사마리아 사람들이 교회 공동체 안에 포함되었고, 급기야는 헬라인이나 로마 사람 같은 이방인이면서 예수를 고백하는 그리스도인이 생겼다. 그래서 이방인 그리스도인은 첫 교회 유대인 기독교인들에게 완전히 새로운 존재, 낯선 존재였다. 이 낯선 존재를 접하게 되면서 그들의 고민이 시작되고 오늘 15장과 같은 공의회까지 열리게 된 것이다. 낯선 존재로 인해 자신들의 성서 해석 자체에 대해 논의하게 된 것이 이 첫 공의회이며 이것이 선교적 교회, 세상 속에 보내어진 교회, 새로운 변화 앞에 서 있는 교회의 본질적인 특징이다.

베드로가 이 회의에서 물줄기를 바꾸는 과감한 발언을 하게 된 가장 근본적인 이유 역시 로마 사람이면서도 하나님을 경외하는 고넬료라는 낯선 존재를 만난 경험이었다. 행 10장 고넬료를 만나고 나서야 베드로는 자신이 보았던 부정한 짐승에 대한 환상이 이제부터 돼지고기 먹어도 된다는 것을 말씀하시는 환상이 아니라 이방인도 하나님 백성이라는 것, 하나님은 유대인만의 하나님이 아니라 이방인의 하나님이기도 하다는 의미임을 깨닫게 되었다. 즉, 하나님이 환상에서 가르쳐 주셔서 이방인에 대해 깨닫게 된 것이 아니라 이방인인 고넬료를 만나면서 하나님이 주신 환상의 의미를 깨닫게 되었다는 것이다.

변화는 말씀 묵상과 신학적 숙고에서 비롯되지 않았다. 낯선 현실과의 만남으로 인한 충격이 우리에게 주어진 권위 있는 성경을 다시 읽게 만든다. 변화된 현실을 직면하는 것, 세상이 어떻게 바뀌어 가는지를 아는 것, 어느새 우리에게 낯설어진 현실을 직면하는 것이 중요하다. 그럴 때 우리는 성경을 읽으면서 어떻게 우리가 대응할 지를 찾아가게 된다. 그 낯선 현실 한 가운데에 이방인 그리스도인과 같은 그전에 만나보지 못한 낯선 존재가 있다. 야고보는 "내 의견"이라며 제안했고, 교회는 이를 받아들여 결정하되 안디옥 교회에게 보내는 편지에서는 "성령과 우리는"이라고 표현한다. 15:28 이방인 그리스도인을 괴롭히지 말자며 야고보는 제안하고, 교회는 "성령과 우리"라고 표현하며 이를 확정한다. 낯선 이웃에 대한 사랑에 기반한 개인의 제안이 성령의 결정으로 표현된다. 유념할 것은 예수께서 할례 폐지를 명하셨거나 할례에 대해 부정적인 의견을 지닌 바울의 견해가 아직 널리 받아들여지기 전이라는 점이다. 그런데도 성경이 명하는 할례를 성령이 명하셔서 폐지하거나 예수께서 명하셔서 폐지한 것이 아니라 상황의 변화에 따라 회의를 통해 결정한 것이다. 그리고 그것을 두고 성령의 결정으로 표현한다. 성령의 인도하심이라는 것이 낯선 존재의 등장으로 인한 상황의 변화에 따라 이루어진 것이다. 이러한 결정에 빠질 수 없는 것이 이방인 그리스도인이라는 낯선 존재에 대한 긍휼이다.

이상에서 살펴본 대로, 예루살렘 공의회와 거기에서 내려진 결정을 이끄는 중심에는 '변화된 현실' 이 있다. 이 공동체는 여전히 성경의 권위를 조금도 후퇴시키거나 포기하지 않고 고수하였지만, 구약의 표면적인 할례 강조를 넘어 이방인 그리스도인을 향한 놀라운 결정을 내린다. 기존의 가치관과 이해를 그대로 고집한 채로 새로 들어온 낯선 존재와 함께 살아갈 수는 없다. 첫 교회는 자신들의 기존 이해와 판단을 버렸다. 그럴 때 첫 교회는 이방인과 유대인이 함께 형제자매가 되어 살아갈 수 있는 공동체가 되었다. 여기에서 교회는 유대교와 확연히 다른 길을 걸어갔다. 개종자에게 할례를 요구하거나 혹은 할례 없이 유대교의 테두리에 머물게 하여 끝까지 민족 종교로 남은 유대교와 달리 교회는 개종자에게 할례를 요구하지 않으면서 이방인이나 유대인이나 아무런 차이 없이 하나님의 은혜 앞에 나아가게 함으로 세계 종교가 되었다.

그러므로 '오직 성경' 은 여전히 변함없는 성경의 권위에 대한 강조라는 의미로는 타당하되, 변화된 현실 앞에 서야 하는 신앙 공동체를 위한 표어가 되기에는 그리 적합하지 않고, 도리어 '변화된 현실' 을 도외시하게 만드는 데 기여한다. 이제 이 구호는 재고되어야 한다.

V. 복음주의와 진보

'성경주의' 는 성경의 권위를 인정하는 태도이다. 이 말은, 하나님의 말씀으로서의 성경이야말로 우리가 가지는 기대와 비전, 희망의 근거요 출처라는 의미로 이해할 수 있다.

이사야 2:2-5은 이사야가 본 환상과 그에 따른 이사야의 말을 보여준다. 이사야의 눈에 보인 것은 여호와의 전의 산, 즉 하나님의 성전이 있는 시온산이 모든 산 꼭대기에 굳게 서는 것, 모든 작은 산 위에 뛰어나게 되는 것, 그래서 모든 나라가 그리로 모여드는 광경이었다. 온 나라가 시온산으로 모이는 까닭은 무엇인가? 3절은 많은 백성이 여호와의 산, 야곱의 하나님의 성전으로 오르며 기대하는 것이, "그의 길", 즉 시온에서부터 나오는 율법, 예루살렘에서부터 나오는 여호와의 말씀임을 보여준다. 율법과 여호와의 말씀이 나란히 대응되어 쓰인 경우는 구약에서 그리 많지 않은데, 무엇보다도 이사야서 1:10에서 두 표현은 대응되었다. "너희 소돔의 관원들아 여호와의 말씀을 들을지어다 너희 고모라의 백성아 우리 하나님의 법에 귀를 기울일지어다" 사 1:10 이사야 1:10 이하의 내용은 흔히 '정의로운 삶으로의 부르심' 이라 할 수 있다. 그래서 무수한 예배를 합당하게 만드는 것은 예배 자체가 아니라 고아와 과부의 억울함을 풀어주고 정의를 시행하는 것임을 선포한다. 1:16-17 1장에서 율법과 여호와의 말씀을 대응시키며 정의를 행하는 삶을 다루었고, 곧바로 이어지는 2장에서는 온 나라 사람들이 시온산으로 몰려오는데 그들의 기대가 바로 율법과 여호와의 말씀임을 알려준다.

율법과 여호와의 말씀을 기대하며 나아온 온 열방을 향해 하나님은 어떻게 대하시는가? 4절에 보면 하나님이 열방 사이에 판단하시며 많은 백성을 판결하신다고 표현한다. 여기에서 '판단하다,' '판결하다' 는 모두 재판을 가리키는 동사들이다. '판단하다' 로 번역된 동사는 1:17에서는 '신원하다' 로 번역되었고, '판결하다' 동사는 1:18에서 '변론하다' 로 번역되어서, 2장 본문이 1장과 연관되어 있음을 다시금 보여준다. 시온으로 나아온 모든 사람들 앞에서 여호와 하나님이 행하시는 것은 '재판' 이다. 양쪽의 사정을 들으시고 공정하게 판결하신다. 하나님은 그를 경외하는 이스라엘에게 정의를 행하며 고아를 위해 재판하라, 즉 고아의 억울함을 풀어주라 명하셨다. 1:16-17 하나님에게 재판은 고아와 과부처럼 자신의 권리를 잘 지키기 어렵고 권력과 부를 지닌 이들에게 짓밟히기 쉬운 자들을 지켜내는 행위요 절차이며 제도이다. 2:4은 여호와 하나님이 그렇게 시온으로 나아온 모든 백성 앞에서 재판하시는 재판장이심을 증언한다.

그랬더니 어떤 일이 이루어지는가? 나아온 온 열방 백성들이 그들이 지녔던 칼을 쳐서 보습을 만들고 그들이 지녔던 창을 쳐서 낫을 만든다. 하나님의 재판, 고아와 과부 같은 약자를 지켜내고 정의를 행하시는 하나님의 재판을 겪어보니, 더 이상 자신들의 칼과 창이 필요 없더라는 것이다. 여호와께서 재판장으로 좌정하시어 정의를 구하고 고아를 신원하며 과부를 변호하는 율법이 시온에서 나오면 사람들은 칼을 쳐서 보습으로 만들게 된다. 칼과 창에는 "그들의 칼," "그들의 창"처럼 누구의 것인지 붙었지만, 보습과 낫에는 그러한 대명사 없이 그저 보습과 낫이다. 자신의 칼 들고 나서야 하는 세상이 누구라도 함께 보습과 낫을 사용하는 세상이 되었다. 그래서 그 세상은 더 이상 전쟁이 없는 세상이다.

이것이 이사야가 본 환상이다. 이 본문은 개역의 구분과는 달리 4절에서 끝나지 않고 5절까지 이어져야 한다. 개역은 "야곱 족속"이라는 표현이 5절과 6절에 있어서 5절을 6절 이하와 연결시켰다. 그러나 6절부터는 죄악에 대한 고발과 심판 선포라는 점에서 5절 내용과 안 맞다. 그리고 '오라 우리가 무엇무엇을 행하자' 는 표현은 3절에도 있다는 점에서, 5절은 3절과 대응된다. 3절에서는 많은 백성이 시온으로 가면서 '오라 우리가 그 길로 행하자' 말하고, 5절에서는 야곱 족속, 이스라엘을 향해 '오라 우리가 여호와의 빛에 행하자' 말한다. 그래서 이 단락은 4절까지가 아니라 5절까지여야 한다. 새번역과 가톨릭성경 역시 5절까지 단락이 이어진다고 구분하였다.

이런 단락 구분은 왜 중요할까? 2-4절은 이사야가 본 환상이다. 이제 곧 임할 그 날에 하나님께서 온 열방의 재판장으로 서실 것이며 전쟁 없는 세상이 오게 될 것이다. 그리고 이사야는 자기 백성을 향해 5절에서 권면한다. 그 날이 다가온다. 그러니 여호와의 빛, 우리 하나님께서 보여주신 그 영광의 빛 가운데 걸어갑시다라고 이사야가 권면한다. 그러므로 5절은 4절까지의 놀라운 환상에 대한 공동체의 응답을 촉구하고 격려하는 말씀이다. 이제 곧 하나님이 재판장으로 행하시는 하나님의 나라가 올 것이니, 그 날을 향해 한 걸음 걸어가자고 이사야는 초대하고 부른다. 하나님이 보여주신 전쟁 없는 평화의 나라라는 환상을 간직하며 이사야는 이제 그 빛 가운데 한 걸음 걸어가자고 공동체를 부른다.

이사야서는 고대 팔레스타인을 배경으로 한다. 이집트와 앗수르, 바벨론에 의해 늘 침략과 전쟁의 위협 속에 살아가던 지역을 배경으로 이사야는 하나님이 보여주시는 환상을 보았다. 도대체 전쟁 없는 세상이라는 것은 가능하기나 한 것인가? 그러나 이사야는 그 환상을 보았고, 그 환상을 그저 망상이나 몽상으로 여기지 않고, '야곱 족속아 우리가 그 빛으로 걸어가자' 초대하고 권면한다. 이러한 태도와 생각을 표현할 수 있는 가장 적절한 말은 '진보' 이다.

'변화 혹은 발전에 대한 추구' 라고 간략히 말할 수 있는 '진보' 를 좀 더 세밀하게 표현하자면, '정신적, 영적, 사회경제적 차원을 비롯한 현재 삶의 모든 측면에서 힘겹고 어려운 처지에 있는 사람들이 더 나은 안전과 평안을 누릴 수 있고 자신의 삶을 풍성하게 살아갈 수 있게 되는 것' 이다. 여기서 초점은 '정신적, 영적, 사회경제적 차원을 비롯한 현재 삶의 모든 측면' 그리고 '힘겹고 어려운 처지에 있는 사람' , 두 가지라 할 수 있다. 진보는 그저 물질적인 어떤 변화에만 연관된 것이 아니며, 막연하게 '모든 사람' 의 변화를 추구하는 것도 아니다. 참으로 '모든 사람의 변화' 를 얻기 위해서는 '최대 다수의 최대 행복' 이 아니라 '힘겹고 어려운 처지에 있는 사람' 의 삶의 변화에 초점을 두어야 한다.[8]

8) 이에 대해서는 김근주, 『복음의 공공성』(서울: 비아토르, 2017)을 참고하라.

쫓겨난 아담과 하와, 나그네로 살아가는 아브라함, 애굽의 종인 이스라엘, 강대국의 틈바구니에 놓인 이스라엘, 포로된 이스라엘이라는 구약 전체를 관통하는 하나님 백성의 모습은 하나님의 나라가 크고 강한 제국이 아니라 쫓겨난 자들, 포로된 이들, 나그네 길을 걷는 이들과 연관되었음을 명확히 보여주며, 이 핵심적인 주제는 죄인과 병자를 건지시는 예수, 나그네로 살아가는 그리스도인이라는 신약의 주제로 곧바로 연결된다. 진보는 이렇게 나그네이며 포로된 이들, 죄인과 병자인 사람들을 위한 더 나은 삶, 풍성한 삶을 추구하는 것이다.

온통 전쟁 가능한 현실을 살아가며, 강대국에 의해 이제 곧 패망하게 되는 약소국 백성으로 존재하지만, 가장 강력한 나라가 되어서 우리를 괴롭히던 강대국에 보복하는 날을 기대하며 사는 것이 아니라, 우리 민족이 세상의 중심이 되는 날을 꿈꾸며 살아가는 것이 아니라, 모든 열방 백성이 시온으로 나아와 하나님의 율법에 귀 기울이는 세상, 하나님이 온 백성의 재판장으로 공정하게 판결하시는 세상, 그래서 더 이상 사사로운 복수 같은 것은 하지 않아도 되고, 나를 지키느라 사람들이 나를 함부로 하지 못하게 하느라 내 칼과 내 창을 들지 않아도 되고, 옆 나라와 옆 사람과 끝없이 경쟁하지 않아도 되는 세상, 그래서 각자 자기 하고 싶은 일을 하며 살아도 되는 세상, 그것이 이사야가 본 세상, 칼을 쳐서 보습을 만드는 세상이요 전쟁 없는 세상이다. 듣기만 해도 불가능하고 비현실적인 세상에 대한 하나님의 말씀을 듣고 그 말씀을 간직하고 공동체의 비전으로 삼아, 이러한 여호와의 빛 안에서 걸어가자는 이사야는 그래서 말 그대로 진보적이다.

이 나라는 혈통이나 피부색, 국적이나 민족, 성별 같은 특정한 자질을 가진 사람들만 누리는 나라가 아니라, 야곱 족속만 누리는 나라가 아니라 온 열방이 나아와 참여하는 나라라는 점에서 '보편적' 이다. 여호와의 성전 산은 예루살렘에 있고 여호와 하나님은 "야곱의 하나님" 으로 불린다. 말인즉슨, 여호와는 야곱, 즉 이스라엘의 하나님이라는 의미이다. 그렇다면 이스라엘이 그 하나님께로 나아가는 것은 당연한데, 다른 열방이 그리로 나아오는 까닭은 무엇일까? 이스라엘의 하나님이시니 오직 이스라엘만 돌보시고 이스라엘만 사랑하시며 아끼실 것이 아닌가? 구약 성경은 여호수아서에서 보듯, 이스라엘만 사랑하시고 나머지 나라들은 우상 숭배하는 이방이라며 모두 없애 버리시는, 오직 이스라엘만의 하나님을 증언하고 있지 않은가?

3-4절 어디에도 시온으로 나아온 열방을 향해 신앙을 요구하거나 온 열방이 여호와를 경외한다 언급하지 않는다. 열방으로 하여금 칼을 쳐서 보습을 만들게 한 것은 고아와 과부를 신원하시는 여호와의 재판이었다. 그래서 나아온 열방은 이스라엘의 하나님이 이스라엘만 편드시는 분이 아님을 깨닫게 되었을 것이다. 근본적으로, '이스라엘의 하나님' 은 이스라엘만을 사랑하시는 존재가 아니라 온 인류의 하나님이심을, 누구라도 그 앞에 나아와 그의 율법에 귀 기울이는 이들의 하나님이심을 의미한다. 구약에서 이스라엘에 대한 하나님의 사랑은 상징이다. 온 인류를 향한 하나님의 사랑을 구체적으로 보여주는 것이 이스라엘에 대한 사랑이다. 2:2-4절은 시온산이 혈통 유대인만을 위한 산이 아니라 온 인류를 위한 산임을 선포한다.

특정 집단만 누릴 수 있는 것을 강조하는 것을 '부족주의' tribalism 라고 한다면, 부족주의의 반대말은 모두가 동등하게 참여하고 누린다는 점에서 '보편주의' universalism 라고 할 수 있다. 그래서 진보의 또 다른 중요한 가치는 특정 부족에만 해당되는 부족주의가 아니라 모든 사람을 향한 보편주의이다. 이사야 본문은 이를 명확히 보여준다. 그 점에서 이른바 '보수' 나 '우파' 는 명확하다. 모두의 평화가 아니라 '아메리카 퍼스트' 같은 지극히 협소한 구호에서 나오는 대로, 철저하게 자민족 중심이다.

인간을 향한 하나님의 끝없는 자비와 사랑을 증언하는 책이 바로 신구약 성경이다. 낮은 자를 향한 하나님의 무한하신 긍휼, 곤고하고 신음하는 이들의 소리를 들으시는 하나님이 복음의 핵심이다. 근본적인 원칙은 복음인데 복음의 핵심은 낮은 자를 찾으신 하나님, 곤고하고 신음하는 사람을 향한 하나님의 무한하신 긍휼이다. 모든 사람을 위한 구원과 같은 보편적 가치가 구현될 수 있는 가장 타당한 길은 가장 낮은 자에게 집중하고 잃어버린 한 마리 양에게 집중하는 것이다. 그래서 앞서 언급한 대로, '보편' 은 가장 약한 자를 향한 관심으로 구체화된다.

사람들은 언제나 울타리를 쳐서 그 안의 사람과 그 밖의 사람을 구분하려고 한다. 이러한 울타리에는 인종이나 민족, 언어와 같은 것이 있었고, 재산이나 경제력 같은 것도 있으며, 나아가 성별 혹은 성 정체성 같은 것도 동원된다. '진보' 를 추구한다는 것은 무엇을 의미하는가? 그 모든 울타리를 제거해 버리고, 누구라도 하나님의 율법과 말씀을 듣고자 나아올 수 있다는 것이며, 누구라도 하나님의 재판에서 배제되거나 부당한 대우를 받지 않는 세상을 추구하는 것이다. 주후 1세기 기독교와 유대교의 분리에 결정적인 역할을 한 것은 예수 그리스도와 바울에게서 볼 수 있는 안식일에 대한 재해석, 할례와 음식 규정에 대한 재해석이었고, 이를 통해 유대인과 이방인을 가르는 울타리가 제거되었다. 얼핏 구약 안에 이러한 울타리들이 잔뜩 있는 것으로 보이지만, 그것은 구약의 문자만을 읽는 데서 비롯된 판단이며, 예수 그리스도와 바울의 구약 해석은 특정한 시대와 상황 속에 있는 본질적인 의미를 찾아내는 것이었다. 그럴 때 구약과 신약은 모두 온 인류를 향한 복음이라는 본질적 가치를 명확하게 드러낸다.

그렇다면 이사야야말로 진보적이다. 흔히 마르크시즘 혹은 사회주의를 진보 혹은 좌파의 본질로 생각하기도 하지만, 마르크시즘이건 무엇이건 그것은 도구이다. 훨씬 더 본질적인 것은 지금 어려움 가운데 있는 이들 누구라도 더 나은 삶을 살 수 있다는 것, 자신의 삶을 풍성하게 살아갈 수 있다는 것에 대한 확신이다. 구약과 신약 곳곳에 하나님의 나라, 하나님의 세상이 그려져 있다. 이사야 11장에는 이리와 어린 양이 함께 뛰어노는 세상이라는 불가능한 모습도 있고 예수님께서는 어린 아이 한 명이 존중되는 세상, 길 잃은 한 마리 양이라도 반드시 찾아내고 회복하는 세상이라는 이상적인 세상을 보여주셨다. 참으로 성경은 진보적이다. 그리고 이 말씀을 끝까지 포기하거나 허황되다 여기지 않고 그 말씀대로 살아가려는 그리스도인들이야말로 진보적이다.

이사야의 이러한 환상과 선포야말로 '성경주의' 의 진수를 보여준다. 그에게 하나님이 보여주신 환상은 최종적인 권위이며 현실이 아무리 참담해도 끝까지 부여잡고 나아가야 할 방향이다. 그렇기에 이사야는 지금 하나님의 빛 안에서 걸어가자고 초대한다. 이처럼 성경의 권위를 인정하고 견지한다면, 필연적으로 복음주의자는 진보적일 수밖에 없다. 현실적 실현 가능성이 기준이 아니라 하나님의 말씀이 기준이기 때문이다.

이것은 이른바 '창조과학' 이라는 그릇된 지점과도 연관된다. 창세기를 과학으로 읽어내고 과학과 일치시키려는 노력은 얼마나 협소한가! 그러나 창세기는 하나님께서 이 모든 세상과 피조물을 지으셨음을 선언한다. 창세기 1장은 여러 번 반복되는 표현들을 통해 창조의 아름다움과 장엄함을 선포한다. 1장에서 가장 빈번히 반복된 표현은 "종류대로"이다. 채소와 나무가 생겨난 셋째 날 이래, 식물과 동물 창조와 연관하여 이 "종류대로"라는 표현은 모두 열 번이나 반복된다.창 1:11-25 이와 같은 표현은 명확하게 '생물 다양성' 을 증언한다. 창세기 본문은 식물이건 동물이건 살아있는 모든 존재는 각기 종류대로 하나님에 의해 만들어졌음을 선포한다. 땅 위에 존재하는 모든 생명을 멸하는 노아의 홍수 사건 이래, 하나님은 사람과 모든 생물들과 언약을 맺으시며 무지개를 그 증거로 보여주신다.창 9:9-17 사람만이 아니라 모든 생물까지 언약의 한쪽 편에 세우시며 보이신 언약의 증거가 무지개라는 점에서, 이 언약이 증언하는 핵심 역시 '각각의 종류대로 다채롭게 살아가는 생명' , 즉 '생물 다양성' 이라 할 수 있다. 그러므로 "종류대로" 존재하는 생물을 멸종에까지 이르게 하는 것은 하나님의 창조에 정면으로 거스른다. 그렇기에 성경이 증언하는 창조에 주의한다는 것은, 이 성경으로 과학에 들어맞게 해보려는 '창조과학' 같은 사이비 주장이 아니라, 생물 다양성을 지키고 보존하려는 노력에 힘쓴다는 것으로 이어진다. 그리고 이러한 생태계 파괴의 중심에 이른바 선진국이라 불리는 나라들의 무한정한 개발과 확장, 성장 논리가 있다는 점에서, 하나님의 창조에 주의한다는 것은, 무한정한 성장에 반대하는 '기후 정의'와도 연결된다. 노아 홍수의 원인이 '인간의 폭력'이었다는 점창 6:11-13 역시, '정의' 문제가 의로운 삶의 핵심에 있음을 고려하게 한다. 창조 신앙을 말하면서 기후 정의로 나아가지 않는다면, 그런 창조 신앙은 피조 세계에 대해 완전히 무책임한 채로 그저 창조에 관한 노래 부르기를 반복하는 것 밖에 되지 않는다.

VI. 결론

우리네 기독교는 늘 복음 그 자체에 집중해야 한다는 일종의 강박이 있으며, 그로 인해 현실 속에서 한 걸음 더 나아가지 못하고 제자리에 맴돌곤 한다. 그와 연관해 김동춘은 "복음의 역사적 실재보다 복음의 본질적 가치가 더 우선하며, 복음의 타당성보다 복음의 정체성이 더 근본적이라고 말하는" 것을 두고 단호하게 "섣부른 판단"이라 단언한다.[9] 다음과 같은 진술은 여전히 명확하면서도 명료하게 복음과 현실의 관계를 서술한다.

> 복음과 기독교 신앙, 그리고 교리적 고백들과 신앙의 표현들은 진공상태에서 형성되는 것이 아니라 그 시대의 물음에 대한 응답이요, 이해이며 해석이다. 복음이든 신앙고백이든 신학적 유산이든 그 모든 것은 그 시대마다 각기 다르게 역사화되어 출현하지 않을 수 없으며, 그 시대의 문화와 삶의 양식, 그리고 철학적 사유들과 관련성을 띨 수밖에 없다. 그리고 세상

9) 김동춘, 『전환기의 한국교회』, 12.

> 속에 들려져야 하고 확장되어야 할 복음의 논리와 내용은 성육신적 방식처럼 세상 속으로 녹아들어가지 않는다면 복음은 당대의 인간문화와 사회현실, 그리고 지성의 영역에서 보편성을 획득하지 못한 채 왜소한 울림으로만 남게 될 것이다.[10]

그의 진술과 진단은 오늘 우리네 교회와 복음주의가 맞닥뜨린 현실에도 매우 타당하다. 최근 우리 사회현실과 교회, 복음주의 진영에서 일어나는 변화는 영원토록 변치 않는 복음이 어떻게 우리 현실이라는 구체적 상황 속에서 변해야 하는지를 강력하게 촉구한다. 이 글에서 살펴본 대로, 복음주의와 그 내용으로서의 '성경주의'는 협소하지 않으며, 상황과 맞물려 얼마든지 확장될 수 있다. 죄인과 병자를 향한 주님의 사랑, 가난한 자를 향한 하나님의 긍휼, 그리고 이사야서 2장에서 보는 전쟁없는 평화 세상을 향한 추구와 같은 성경의 가치는 '성경주의'를 표방하고 간직하는 한, 복음주의가 추구하고 달려갈 핵심적인 가치이다. 그렇기에 페미니즘, 성소수자, 전쟁 반대, 기후 정의와 같은 이슈는 단번에 복음주의자들이 참여할 수 있는 중심적인 영역일 것이다. 그래서 '성경주의'를 표방하며 견지하는 복음주의는 마땅히 진보적일 수밖에 없다. 진보하지 않으면 그 어떤 것이라도 진부해질 것이다.

---

10) 김동춘, 『전환기의 한국교회』, 12-3.

공공성과 영성

김 형 원
기독연구원 느헤미야/조직신학

I. 한국 기독교의 쇠퇴

한국의 비종교인 비율은 지속적으로 상승하면서 반대로 대부분 종교의 교인수가 감소하고 있다.

연도	1980년	2004년	2016년	2021년
비종교인 비율	30%	46%	56%	60%

지난 40년 동안 비종교인 비율이 두 배로 증가했다. 이것은 한국 사회가 비종교 사회로 들어가고 있다는 것을 보여준다.

기독교인의 숫자는 어떻게 변화되고 있는가? 국가에서 조사한 인구센서스에 나타난 기독교인 숫자는 줄어드는 것이 아니라 정체 내지는 증가하는 것으로 나타난다. 1995년 851만 -> 2005년 845만 -> 2015년 968만 하지만 각 교단들이 조사한 자체 통계는 2019년 약 700만 명 남짓으로, 교단에 속한 교회의 출석교인이 지속적으로 하락하고 있다는 것을 보여준다.

교단	예장 합동	예장 통합	고신	기감	기장
2010년 교인수	290만	280만	47만	160만	31만
2019년 교인수	255만	250만	41만	128만	22만

인구센서스와 교단 자체의 통계가 차이가 나는 이유는 무엇일까? 이단에 속한 사람들이나 '탈교회 성도' 로 인한 차이일 가능성이 크다. 여러 조사에 의하면 탈교회 성도가 적게는 10%에서 많게는 23%까지 나타난다. 대부분의 사람들은 특별한 일이 발생하지 않는 한 앞으로 기독교 인구가 계속해서 감소할 것으로 전망하고 있다.

기독교인의 감소를 예견할 수 있는 중요한 지표 중 하나로 지적되고 있는 것은 한국교회 신뢰도가 지속적으로 하락하고 있다는 점이다. 한국교회를 신뢰하지 않는다고 응답한 사람의 비율이 2009년 33.5%에서 2010년 48.4%, 2020년 68%, 2021년 76%까지 증가했다. 더 비관적인 사실은, 다른 주요 종교와 비교해서 기독교에 대한 신뢰도가 전반적으로 낮다는 점이다.

〈가장 신뢰하는 종교〉 기윤실 2023년 한국교회의 사회적 신뢰도 여론조사 결과 보고서

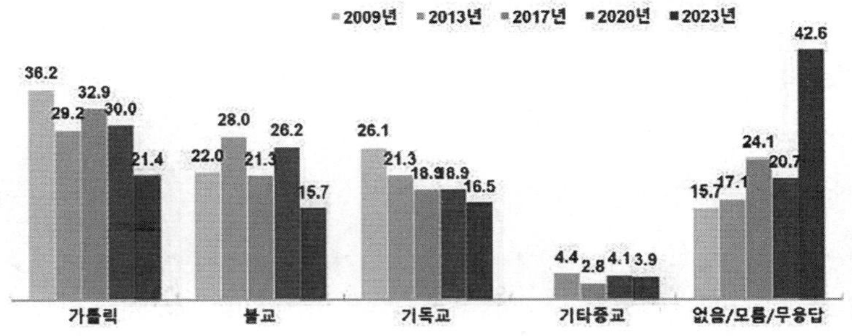

Ⅱ. 원인과 처방

지난 수십 년 동안 급격하게 성장하던 한국의 기독교가 왜 이렇게 빨리 하락

세로 돌아서게 되었을까? 크게 두 가지 방향에서 쇠퇴의 원인에 대한 진단과 다시 반전키기 위한 처방이 제시되고 있는데, 그 결이 서로 많이 다르다.

1. 원인

(1) 일반적으로 보수적인 교회에 속한 사람들은 한국 교회 쇠퇴의 주된 원인으로 두 가지를 꼽고 있다.

첫째, 전도를 하지 않는다. 그 결과 새신자 유입이 안 된다. 둘째, 신자들의 영성이 약화되어 쾌락주의, 세속주의, 인본주의에 물들어 신앙을 버리거나 교회를 떠나고 있다.

(2) 반면 진보적인 교회에 속한 사람들은 한국 교회 쇠퇴의 원인을 다른 곳에서 찾는다.

가장 핵심적인 원인은 교회가 도덕적으로 타락했고 그로 인해 사회에서 신뢰성을 상실한 것이다. 그 결과 쇠퇴할 수밖에 없다는 것이다.

이에 더해 세상은 이성, 개인, 자율, 합리성을 추구하는 방향으로 지속적으로 나아가고 있는데, 기독교는 초월성과 내세성來世性을 여전히 붙들고 있기에 결국 현대인들의 외면을 받을 수밖에 없다는 것이다.

또한 기독교의 공공성 결여도 쇠퇴에 한몫하고 있다고 진단한다. 한국의 주류 보수 교회는 사회/정치적으로 보수화 되었기에 종교적인 일에는 열심이지만 인권, 평화, 정의와 같은 가치들에는 무관심하고, 사회의 약자들을 보호하는 일에도 관심을 기울이지 않고 있으며, 그로 인해 사회적 신뢰를 잃고 쇠퇴하고 있다고 지적한다.

2. 처방

원인에 대한 생각이 다른 만큼 한국 교회가 다시 회복할 수 있는 방법에 대한 생각에도 차이가 있을 수밖에 없다.

(1) 보수적인 교회

보수적인 교회는 지난 세대에 한국교회가 급격하게 성장한 주된 이유 중 하나가 성도들이 열정적으로 전도를 했기 때문이라고 생각한다. 하지만 지금은 전도에 대한 열정이 식었고 그 결과 교회의 쇠퇴를 경험하고 있다고 본다. 그렇기에 교회를 다시 회복하고 부흥시키기 위해서는 전도에 대한 헌신이 다시 회복되어야 한다고 생각한다. 그래서 다양한 전도법을 가르치는 세미나를 지속적으로 전국 각처에서 개최하고 있다. '전도는 어명이다' '고구마 전도' '진돗개 전도'

또한 부흥을 위한 갈망과 노력이 다시 회복되어야 한다고 생각한다. 평양 대부흥 100주년을 전후해서 한국 교회에 부흥이 다시 일어나야 한다고 생각한 교회 지도자들은 그것을 위해 회개 집회, 찬양 집회, 성령 집회, 연합 집회와 같은 다양한 집회들을 개최하고 있다.

세속화의 흐름에 대항하여 전통적인 종교적 실천을 회복해서 성도들이 신앙으로 재무장해야 한다는 생각도 보수적인 교회의 주요한 처방의 하나다. 예배, 새벽기도, 주일성수와 같은, 한국 교회의 오랜 전통이었지만 지금은 시들해진 종교적 활동을 다시 강조하면서, 이것을 기초로 한국 교회를 다시 일으키려는 노력을 하는 것이다.

마지막으로, 교계의 여러 지도자들은 한국 사회의 반기독교적 정서가 오해에 기인한 측면이 많고, 일부 부정적인 면이 지나치게 과장된 측면이 많다고 생각한다. 대표적인 예로 코로나19 확진자 중에서 교회 발 감염 비율에 대한 인식 조사를 보면, 일반 국민들은 확진자의 48% 정도가 교회에서 발생했다고 생각하지만 실제로는 11%에 불과하다는 점이다. 또한 개신교가 사회봉사에 가장 열심임에도 불구하고 국민들이 이것을 제대로 인식하지 못하고 있다고 여긴다. 이렇게 기독교에 대한 부정적 여론몰이가 증대하면서 오히려 기독교의 장점과 선한 점이 전혀 부각되지 못한 것에 대해 억울한 마음을 가지고 있다. 그 결과 교회 지도자들은 기독교에 대한 오해를 불식시키려는 노력의 일환으로 '한국교회 언론회' 를 결성하여 세상을 대상으로 한국교회의 긍정적인 면을 부각시키려고 애쓰고 있다.

(2) 진보적인 교회

그러나 진보적인 교회는 교회 쇠퇴의 근본 원인이 교회 내부에 있다고 보기 때문에 처방 역시 교회 내부의 변화에서 찾으려고 한다. 우선, 교회 개혁을 통해 교회의 본질을 회복해야 한다고 목소리를 높인다. 비민주적이고 권위적이고 차별적인 구조와 제도를 바꾸는 개혁이 일어나야 교회에 대한 사회적 인식이 제고될 수 있다고 생각한다.

또한 내세 위주의 신앙을 지양하고 공공성의 회복을 위해 노력해야 한다고 생각한다. 세상을 섬기는 것이 기독교의 핵심이자 교회의 사명이기 때문에 교회 내부로만 들어가서 교회 성장을 위해서만 노력을 기울이지 말고 세상으로 나가 세상을 섬기는 역할을 다할 때 교회가 교회다워질 것이고, 그로 인해 교회에 대한 사람들의 인식도 좋아질 것이고, 이것이 자연스럽게 교회의 회복으로 이어질 것으로 생각한다.

그러나 좀 더 과격한 전망과 처방도 있다. 어차피 새로운 시대에는 전근대적인 교회라는 제도와 기관은 소멸될 운명이니 교회를 회복하려고 쓸데없는 노력을 하지 말고 기독교가 견지했던 '가치들' 만 남기자는 주장이 그것이다. 이런 주장을 편 대표적인 사람이 시카고 신학대학원 교수였던 테드 제닝스였는데, 그는 여러 차례 한국을 방문하여 강연을 하였다. 2010년 6월 7일 제3시대 그리스도연구소 초청 강연에서는 '교회와 성' 을 주제로, 2018년 8월 30일 평화교회연구소 주최 강연에서는 '그리스도교 이후 신학' 이라는 주제로, 그리고 2019년 10월 14일 크리스찬아카데미 주체 강연에서는 '세계 신학, 한국 신학을 향한 기대와 전망' 을 주제로 강연하였다. 2018년 8월 30일에 그가 한겨레신문과 인터뷰한 내용에는 급진적 생각이 그대로 담겨있다.

> 도그마이자 기관으로서 기독교는 이제 의미가 없어지고 있습니다. 하지만 종교로서 기독교가 사라지더라도 우리 사회를 풍요롭게 한 사랑과 정의, 관용, 환대 같은 가치들을 남겨서 인간의 얼굴을 한 사회를 만들어가는 데 공헌할 수 있게 해야 합니다. 애초에 구약 성서의 인물들과 예수와 바울은 기독교인이 아니었다는 점을 우리는 기억해야 합니다."

무슨 뜻인가? 기독교나 교회는 현대 사회에서 부정적인 존재이기 때문에 의미가 없어졌고, 따라서 소멸되어 가는 것은 어쩔 수 없다. 이렇게 기독교와 교회가 사라져도 기독교적 가치는 남겨야 한다. 그것만이 유일하게 의미가 있는 것이다. 구약의 인물들과 예수와 바울이 말한 '공공성' 만을 남기면 된다. 개인적 영성, 미래적 구원과 같은 것은 의미 없는 것이다.

한국 교회가 쇠퇴하는 원인과 그것을 회복하기 위한 처방에 대한 보수적인 생각과 진보적인 생각 중에 어느 것이 옳을까?

Ⅲ. 세계 기독교의 변화에 대한 바른 이해

1. 기독교 쇠퇴에 대한 세밀한 분석

(1) 현재 세계 기독교는 북반구 기독교에서 남반구 기독교로 전이되고 있다.

두 개의 도표 중 첫 번째는 지난 100년 동안 '세계 기독교 인구 변화' 를 나타내는 것이고, 두 번째는 대륙별 기독교인의 비율이 1970년에서 2020년 사이에 어떻게 변화되었는지를 보여주는 것이다.

먼저 주목할 것은 첫 번째 도표 맨 아래에 나와 있는 global total이다. 1910년

	1910			2010		
	Population	Christians	%	Population	Christians	%
Africa	124,228,000	11,663,000	9.4	1,032,012,000	494,668,000	47.9
Eastern Africa	33,030,000	5,266,000	15.9	332,107,000	214,842,000	64.7
Middle Africa	19,443,000	207,000	1.1	129,583,000	105,830,000	81.7
Northern Africa	32,002,000	3,107,000	9.7	206,295,000	17,492,000	8.5
Southern Africa	6,819,000	2,526,000	37.0	56,592,000	46,419,000	82.0
Western Africa	32,933,000	557,000	1.7	307,436,000	110,084,000	35.8
Asia	1,028,265,000	25,123,000	2.4	4,166,308,000	352,239,000	8.5
Eastern Asia	556,096,000	2,288,000	0.4	1,562,575,000	140,012,000	9.0
South-Central Asia	345,121,000	5,182,000	1.5	1,777,378,000	69,213,000	3.9
South-Eastern Asia	94,104,000	10,124,000	10.8	594,216,000	129,700,000	21.8
Western Asia	32,944,000	7,529,000	22.9	232,139,000	13,315,000	5.7
Europe	427,154,000	403,687,000	94.5	730,478,000	585,739,000	80.2
Eastern Europe	178,184,000	159,695,000	89.6	290,755,000	246,495,000	84.8
Northern Europe	61,474,000	60,326,000	98.1	98,352,000	79,610,000	80.9
Southern Europe	76,940,000	74,532,000	96.9	152,913,000	125,796,000	82.3
Western Europe	110,556,000	109,134,000	98.7	188,457,000	133,838,000	71.0
Latin America	78,269,000	74,477,000	95.2	593,696,000	548,958,000	92.5
Caribbean	8,172,000	7,986,000	97.7	42,300,000	35,379,000	83.6
Central America	20,777,000	20,566,000	99.0	153,657,000	147,257,000	95.8
South America	49,320,000	45,925,000	93.1	397,739,000	366,322,000	92.1
Northern America	94,689,000	91,429,000	96.6	348,575,000	283,002,000	81.2
Oceania	7,192,000	5,650,000	78.6	35,491,000	27,848,000	78.5
Australia/New Zealand	5,375,000	5,206,000	96.9	25,647,000	18,816,000	73.4
Melanesia	1,596,000	245,000	15.4	8,589,000	7,847,000	91.4
Micronesia	89,400	68,600	76.7	575,000	532,000	92.5
Polynesia	131,000	130,000	99.2	680,000	653,000	96.0
Global total	**1,759,797,000**	**612,028,000**	**34.8**	**6,906,560,000**	**2,292,454,000**	**33.2**

*Rate = average annual growth rate, percent per year, between dates specified

전 세계 기독교 총인구는 6억 1천 2백만 명세계 인구의 34.8%이었는데, 세계 인구가 약 3.5배가량 증가한 2010년에는 기독교의 총인구가 22억 9천 2백만 명세계 인구의 33.2%으로 비율에서 별 차이가 없다는 것을 알 수 있다.

〈표〉 대륙별 기독교인 비율

대륙	1970년	2020년
아프리카	38.7%	49.3%
아시아	4.5%	9.2%
유럽	75.0%	78.0%
라틴아메리카	94.2%	92.1%
북아메리카	91.2%	76.9%
오세아니아	92.5%	73.3%
전체	33.2%	33.3%

두 번째는 두 개의 도표가 모두 보여주듯이 세계 기독교 지역별 비중이 달라지고 있다는 점이다. 유럽과 북미에서 기독교인의 비율은 하락하는 반면, 아프리카, 아시아, 중남미 교회는 계속 성장하고 있다. 그 결과 현재 세계 개신교에서 각 지역이 차지하는 비율은 아프리카 35%, 아시아 24%, 중남미 13%, 북미 14%, 유럽 10%로 나타나고 있다. 이런 변화에 대해 마크 놀은 다음과 같이 생생하게 묘사한다.[1]

1) 마크 놀, 『복음주의와 세계 기독교의 형성』, 박세혁 역 (서울: IVP, 2015), 28-9.

지난 주일에 소위 '기독교 유럽' 보다 중국에서 더 많은 기독교 신자가 교회에 출석했을 수도 있다. 케냐, 남아프리카공화국, 탄자니아, 우간다에서 지난 주일에 교회에 출석한 각각의 성공회 교인 수는 영국과 캐나다, 미국 성공회 교회의 예배 참석자 수를 합친 것보다 많았다. 지난 주일 스코틀랜드보다 가나에서 더 많은 장로교인이 교회에 출석했으며, 남아프리카 연합장로교회Uniting Presbyterian Church of Southern Africa 교인 수는 미국의 장로교회보다 많다. 지난 주일에 한국 여의도순복음교회에 출석한 사람들은 북미주개혁교회Christian Reformed Church나 복음주의 언약 교회Evangelical Covenant Church, 미국장로교회Presbyterian Church in America 같은 미국 주요 교단에 속한 모든 교회의 예배에 참석한 사람들보다 많았다. 미국의 로마 카톨릭 교인들은 지난 주일 미국 역사상 그 어느 때보다 다양한 언어로 미사를 드렸다. 지난 주일에 영국과 프랑스에서 예배 참석자가 가장 많은 교회의 대부분은 흑인 교회였다. 런던의 예배 참석자 중 절반가량은 아프리카계나 아프리카-카리브계였다. 필리핀에서 지난 주일에 이탈리아나 스페인, 폴란드를 포함해 역사적으로 가톨릭 국가인 유럽의 어느 나라보다 많은 로마 가톨릭 교인들이 미사에 참석했다. 지난주 영국에서는 최소한 1만 5천명의 외국인 기독교 선교사들이 영국을 복음화하기 위해 열심히 일했다. 이 선교사들 대부분은 아프리카와 아시아 출신이다.

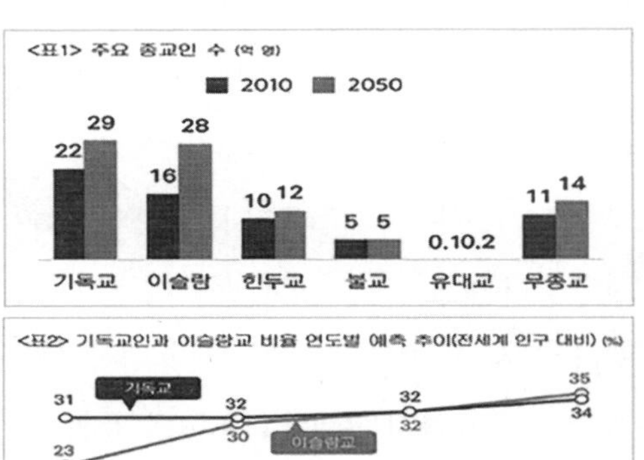

그렇다면 앞으로는 어떻게 될까? 또 다른 조사에 의하면 전 세계 기독교 인구는 지난 100년 동안에도 줄어들지 않았고, 앞으로도 줄어들지 않을 것이라고 전망한다.

(2) 이번에는 미국과 유럽, 그리고 한국의 각 교단별 교인 감소 현황을 살펴보자.

다음 표는 미국의 교세 변화를 보여준다. 1975-2015년 사이 미국의 인구는 2억 1500만 명에서 3억 2천만 명으로 약 50% 증가했다. 그렇다면 각 교단들도 인구 증가에 따른 자연적인 증가분이 있을 것이다. 그것을 감안하면서 통계를 봐야 할 것이다.

	가톨릭	남침례교	Assemblies of God	UMC	ELCA	PCUSA	Episcopal	UCC
1975년(만)	5천	1270	1240	1000	540	355	285	181
2015년(만)	7천	1530	3290	770	370	157	181	94

유럽의 여러 나라들은 어떤 변화를 겪고 있을까? 독일의 복음주의 교회는 인구의 3%에 불과하지만 지속적으로 성장하고 있는데, 국가 교회와 같은 위치를 차지하고 있는 루터교회 교인들이 2.5%만 주일예배에 참석하는 반면 이들은 88%가 예배에 참석하고 있다. 프랑스에서는 1970년에 복음주의 교회가 769개에 불과했지만, 2015년에는 2,440개로 증가했다. 1945년에는 5만 명이 그 교회에 소속되어 있었지만, 2015년에는 60만 명이 소속되어 있다. 영국에서는 1989년 국교회 교인 중 복음주의 교회 교인 수가 26%에 불과했지만, 2012년에는 40%로 증가했다.[2]

마지막으로 한국교회는 어떨까? 서두에서 본 도표에서 지난 10년 동안 교인 수 감소 비율을 확인할 수 있다.

2) 김경동, 『기독교 공동체 운동의 사회학』(서울: 한들출판사, 2010), 228.

연도 / 교단	예장 합동	예장 통합	고신	감리교	기장
2010년	290만	280만	47만	160만	31만
2019년	255만	250만	41만	128만	22만
감소 비율	12%	10.7%	12.7%	20%	29%

이 통계들은 무엇을 말해주는가? 우선 미국 기독교는 전체 인구 중에서 기독교인의 비율이 하락한 것은 맞지만 절대적인 숫자는 늘고 있다. 반면에 한국 기독교는 양자 모두 감소하고 있다는 점이다. 또 하나 눈 여겨 봐야 할 중요한 것은, 미국에서 보수적인 교회남침례교, Assemblies of God는 교인 수가 증가하고 있는 반면, 진보적인 교회들Episcopal, UCC은 교인 수가 급격하게 줄어들고 있다는 점이다. 한국 교회 역시 모든 교단이 쇠퇴하고 있는 가운데 특히 보수적인 교회합동, 통합, 고신보다 진보적인 교회감리교, 기장가 훨씬 더 빨리 쇠퇴하고 있다는 점이다.

2. 왜 이런 현상이 나타나는 것일까?

(1) 보수적인 교회가 미국에서 성장하거나 한국에서 감소하는 속도가 더딘 이유가 무엇일까?

이것은 우리 피부로도 쉽게 확인할 수 있다. 여의도 순복음교회, 금란교회, 사랑의교회, 광림교회, 명성교회 등 대표적인 보수적인 교회들은 여러 문제와 비판에도 불구하고 여전히 건재하다. 그래서 이 교회들에 몰려드는 교인들에 대해 두 가지 비판적인 시각이 있다. 하나는, 이들이 번영과 성공의 복음에 취한 사람들이라는 것이고, 또 하나는 교회와 기독교인의 사회적 책임을 도외시한 개인적이고 영육 이원론적인 복음에 경도된 사람들이라는 것이다.

이런 비판은 어느 정도 타당한 면이 있다. 세상살이가 힘들다보니 위안을 구하고, 성공을 추구하는 사람들이 늘어났다. 목회데이터연구소의 2024년 조사에 의하면, '종교를 왜 믿는가?' 라는 질문에 대해 '마음의 평안을 위해서' 라고 답한 사람의 비율42%이 과거에 비해 부쩍 늘었다. 전통적으로 강세를 보였던 '구원과 영생' 과 같은 응답의 비율36%이 뒤로 밀렸다는 것은 교인들이 매우 현세적이라는 것을 보여준다.

보수적인 교회들은 대개 세상 속에서 참된 그리스도인으로 살아가는 것을 강조하거나 교회가 공의와 평화와 인권 증진과 같은 사회적 책임을 감당하는데 힘쓰기보다는, 전통적인 좁은 의미의 영성, 즉 예배, 기도, 찬양, 교회 내적 봉사와 같은 것을 훨씬 더 중요하게 여긴다. 따라서 그 교회의 교인들 역시 개인 영성, 내세 신앙, 개인 윤리, 교회 내적 활동, 사회봉사에 집중하면서 신앙에 대해 편협한 개념을 가지고 있다고 봐도 크게 틀리지는 않을 것이다. 그렇다면 보수적인 교회에 사람들이 몰려드는 것이 결코 좋은 것도 아니고, 한국교회에 바람직한 모습도 아니라고 볼 수 있다. 교회의 외적 성장과 규모가 교회의 건강함이나 방향의 올바름을 말해주는 것은 아니기 때문이다. 그래서 보수적인 교회가 성장하거나 건재하다고 해서 건강하거나 올바르다고 말할 수도 없고, 진보적인 교회가 쇠락한다고 해서 잘못된 것이라고 쉽게 단정할 수는 없다.

(2) 하지만 우리는 또 다른 측면을 살펴봐야 한다. 그렇다면 진보적인 교회는 왜 쇠퇴하는가? 그 원인이 무엇인가?

기독교가 공공성을 상실한 것이 기독교에 대한 부정적인 인식과 쇠퇴의 원인이라면, 공공성을 강조하고 회복하기 위해 노력하는 교회를 사람들이 인정하면서, 공공성을 외면한 교회를 떠나 공공성을 강조하는 교회로 사람들이 모여 들어야 하지 않을까? 하지만 위에서 살펴본 통계 자료에서 나타나듯이, 미국과 마찬가지로 한국에서도 교회의 공공성을 강조하는 진보적인 교회들이 오히려 더 빠르게 쇠퇴하고 있는 아이러니한 현상이 벌어지고 있다.

그 이유가 무엇일까? 아직 그런 교회의 가치를 사람들이 알아보지 못하는 탓도 있을 것이다. 또는 기독교와 교회 전체를 향한 부정적인 인식 때문에 나름대로 애쓰는 교회조차도 제대로 인정받지 못하고 있는 탓이라고 볼 수도 있을 것이다. 혹은 진보적 신학자들의 인식대로, 지금은 '후기 기독교 시대' 이기 때문에 기독교가 필연적으로 쇠퇴하는 것을 막을 수 없기 때문에 진보적 교회가 아무리 공공성을 강화하려고 애써도 이러한 도도한 흐름을 거스를 수 없기 때문에 쇠퇴하고 있다고 말할 수도 있을 것이다.

그러나 이런 진단만으로 진보적인 교회의 쇠퇴 원인을 명확하게 설명할 수는 없을 것 같다. 오히려 이런 이유들은 진보적인 교회가 항상 내놓는 변명 같은 느낌이 들기도 한다. 그렇다면 단순히 공공성의 결여가 교회 쇠퇴의 핵심적인 원인이 아니라 그것을 넘어서는 또 다른 중요한 이슈가 있는 것은 아닐까? 혹시 진보적 교회가 놓치고 있는 것, 반대로 보수적인 교회가 여전히 견지하고 있는 기독교의 핵심적인 무엇이 있지 않을까?

우리는 그 단서를 테드 제닝스와 같은 진보적인 신학자의 주장과 그것에 동조하는 진보적인 목회자/교회에게서 발견할 수 있다. 그들은 종교를 현세적, 사회적, 공공적으로만 바라보는 오류를 범하고 있는 것처럼 보인다. 그들이 현세의 공공성이나 사회적 책임, 정의와 평화, 공평과 포용과 같은 중요한 가치를 설파하는 것은 의미가 있지만, 그러는 와중에 혹시 보수적 교회가 빠져 있는 이원론의 오류를 정반대 방향에서 동일하게 범하고 있는 것이 아닐까?

성경과 기독교 신앙은 현세가 중요하다고 말하는 동시에 내세도 중요하다고 말한다. 그래서 기독교는 폐쇄적 체계closed system 우리의 삶이 이생으로 끝난다고 보는 것가 아니라 열린 체계open system 이생 넘어 내세까지 이어진다는 생각에 기초를 두고 있다. 또한 성경은 사회적 책임을 강조하는 동시에 개인과 초월적인 존재인 하나님과의 실존적인 만남과 관계도 강조하고 있다. 그러나 우리가 진보적 교회와 신학자들에게서 발견하는 것은 거의 일방적으로 현 세상에만 관심을 집중하면서 현세와 내세의 균형이 깨진 모습, 또한 신앙의 사회적 차원만 강조하다가 개인의 실존적이고 영적인 차원을 놓쳐버린 모습과 같은 것이다. 이것은 영육 이원론의 또 다른 극단의 모습이다.

이렇게 신앙의 현재성과 공공성을 강조하게 될 때 나타나는 위험은, 그것을 추구하는 기독교인과 사회적 책임을 다 하는 비기독교인 사이의 구별이 모호해지고, 사회적 책임에 경도된 교회와 시민운동을 하는 단체가 구별되지 않는다는 점이다. 그래서 이런 교회를 종교의 특성을 잃어버린 'NGO 교회' 라고 부를 수도 있을 것이다.

몇 년 전 어느 진보적인 교회에 출석한 지 2년 남짓 된 청년의 교회에 대한 고민을 상담한 적이 있었다. 그는 보수적인 교회에서 자랐지만 너무 보수적인 정치색을 드러내는 것에 환멸을 느끼고 교회를 나와 친구의 인도를 따라 지금 교회로 옮기게 되었다. 친구의 추천처럼 처음에는 교회가 촛불집회에 적극적으로 참여하고, 기후 위기를 바로 잡으려는 활동에 참여하고, 세습을 하는 교회에서 시위하는 등, 교회의 사회적 책임을 다하는 모습을 보면서 이제야 바른 교회를 찾은 것 같아 기뻤다고 한다. 하지만 교회에 등록하고 2년 남짓 교회에 참여하는 동안 교회의 관심과 활동이 대부분 이런 것들에만 집중되는 것을 보면서 내면에서 조금씩 의구심이 들기 시작했다고 말한다. '교회의 본질이 무엇일까?' '현세적이고 사회적인 활동에만 집중하는 것이 교회의 궁극적 목적일까?' '하나님과의 실존적인 만남과 교제는 어디로 갔을까?' '영적이고 내세적인 것은 사라진 것인가?' 이와 같은 실존적인 고민 끝에 그는 점차 이 교회가 자신이 예전에 활동했던 NGO와 별로 다르지 않다는데 생각이 미치기 시작했고, 교회는 이런 활동을 넘어서 종교만이 줄 수 있고 담을 수 있는 초월적이고 영적인 것이 있어야 하지 않을까 라는 생각 끝에 결국 교회를 계속 다녀야할지 고민이 된다고 말한다. 그는 전통적인 종교의 핵심적 기능인 '영성' 에 대한 질문을 한 것이다. 세상 어디에서도 줄 수 없고 찾을 수 없는 '하나님과의 실존적 만남' 에 관한 갈망을 나타낸 것이다.

이 청년의 고민은 모든 인간들의 심층에 자리 잡고 있는 근본적인 질문이고 갈망이기도 하다. 이것은 단지 종교에서뿐만 아니라 일반 사회에서도 점차 중요성을 인식하고 있는 질문이다. 심지어 가장 세속적이고 실용적인 기업 문화에서도 최근에 이와 유사한 새로운 흐름이 나타나고 있다. 직원들의 생산성을 제고하기 위해서는 단순히 물질적이고 심리적인 동기 부여만으로는 부족하고 그들의 존재 심층에 자리 잡고 있는 '영성' 에 관심을 기울여야 한다는 깨달음이다. 인간에게는 인생의 목적과 의미와 같은 형이상학적인 질문이 가장 밑바닥에 자리 잡고 있기 때문에 이것을 도외시한 채 물질적이고 심리적인 것만을 다루게 되면 그로 인한 인생의 공허함을 채울 수 없다는 것이다. 가장 세속적이고 물질적인 기업에서도 이렇게 영성의 중요성을 인식하고 있다면 영성을 중심으로 다뤄야 하는 교회가 이것을 도외시하는 것은 자신의 존재 기반을 무너뜨리는 것과 같은 어리석은 일이다. 이것은 인간의 종교성, 영성, 실존적 문제, 내세, 초자연성과 같은 것과 관련된다. 하나님과의 실존적 만남, 내/외적 영적 체험, 그로 인한 실존적 변화, 현세를 넘어선 내세적 전망이 주는 소망과 위로, 종교적 체험을 통해 사람 심층에 자리 잡고 있는 종교성을 만족시키는 것, 등등.

그렇다면 진보적인 교회는 인간의 근본적인 갈망과 종교교회의 본질적인 사명을 너무 경시한 것이 아닐까? 딘 켈리와 켄트 헌터도 이미 한 세대 전에 진보적인 교회가 쇠퇴하는 이유가 사회를 섬기는 공적 책임을 잘 감당하기 때문이 아니라 교회만이 줄 수 있는 본질적인 것에 소홀히 했기 때문이라고 분석했었다.[3]

이와 관련해서 남미 해방신학의 실패는 또 다른 확증을 제공해준다. 해방신학자들은 정치권력과 결탁하여 패권 세력이 된 남미의 가톨릭을 개혁하고 공정한 사회를 건설하기 위해 '기초 공동체' 운동을 시작했다. 그들은 마르크스주

---

3) Dean M. Kelly, *Why Conservative Churches are Growing*: *A Study in Sociology of Religion* (Macon, Georgia, Mercer University Press, 1986), xx-xxi. Kent R. Hunter, "Membership Integrity: The Body of Christ with a Backbone," in *Church Growth State of the Art*, C. Peter Wagner, ed. (Wheaton, IL: Tyndale House Publishers, Inc., 1986), 95.

의를 기초로 자본주의를 철저하게 반대하면서 생산수단의 사적 소유를 철폐하고 모두가 균등하게 잘 살 수 있는 사회를 건설하자고 주장했다.

그러나 수십 년 동안 열정적으로 이런 생각을 설파했지만, 대중은 이런 주장에 별로 귀를 기울이지 않았다. 이 과정을 심층적으로 연구한 사회학자 로드니 스타크는 이렇게 결론을 내렸다. "'토대기초 공동체'는 민중을 일깨워 기독교 사회주의를 건설하는 데 실패했다. 사실 대부분의 토대 공동체는 도심의 지역사회에서 형성되고 느슨하게 조직된 비거주자들의 스터디그룹 수준을 한 번도 넘어서지 못했다. 가난한 사람들은 미지근한 신앙을 특징으로 하는 해방신학 서클에 매력을 느끼지 못했고, 학식이 높고 '책을 좋아하는' 사람들이 매력을 느꼈다. 결론적으로 토대 공동체에 참여한 남미인은 극소수였다. 아마도 거의 6억에 달하는 전체 남미 인구 중 채 200만 명이 안 되었을 것이다. 해방신학은 '남미보다는 유럽과 미국의 … 카톨릭 신자들에게 더 큰 영향을 미쳤다'는 주장도 있다."[4] 해방신학이 실패한 이유가 무엇인가? 로드니 스타크는 "그것이 혁명 운동도, 종교 운동도 아닌, 자기모순에 빠진 양자의 무기력한 혼합이었기 때문"이라고 주장한다.[5]

이런 상황에서 최근 개신교가 남미에서 급속하게 성장하고 있다. 그 이유가 무엇일까? 대부분의 학자들은 실증적인 조사를 하지 않고 단순히 기복신앙을 설파하는 오순절 교회의 주장에 "농어촌에 거주하는 아주 가난하고 무식하며 건강 문제가 있는 나이든 기혼 여성들"이 교회로 몰려들었기 때문이라고 생각한다.[6] 그러나 실증적인 연구는 가난한 사람이나 부자나, 여자나 남자나, 노인이나 청년이나, 미혼자나 기혼자가 농어촌 거주자나 도시 거주자나 무식자나 지식인이나 상관없이 거의 대등하게 교회로 몰려들었다는 것을 확실하게 보여

4) 로드니 스타크, 『우리는 종교개혁을 오해했다』, 손현선 역 (파주: 헤르몬, 2018), 211.
5) 로드니 스타크, 『우리는 종교개혁을 오해했다』, 211-12.
6) 로드니 스타크, 『우리는 종교개혁을 오해했다』, 212.

준다.[7] 현재 전 세계 오순절 교인 수는 6억 4천만 명으로 전 세계 기독교 인구의 26%를 차지한다.

그렇다면 남미의 개신교 부흥의 원동력을 무엇이라고 말해야 할까? 그것은 기복신앙 때문이 아니라 종교적 매력 때문이었다. "교회가 성령의 임재를 부르는 설교를 함으로써 종교적 동기를 활성화했기 때문이었다."[8] 이것은 초기 한국 교회의 부흥과도 유사하고, 중국 교회의 부흥과도 유사하다. 그들은 기복신앙 때문에 교회로 몰려든 것이 아니라 종교만이 줄 수 있는 영적 갈망을 채울 수 있었기 때문에 교회로 들어온 것이다.

따라서 우리는 보수적인 교회의 성장을 단순히 '기복 신앙' 때문이라고 폄하하는 것을 넘어서 그들이 제공하고 있는 '종교적 매력'의 가치를 이해해야 한다. 그것은 2천년 동안 교회가 유지되어 온 비결이었고, 세속화 사회를 질주하고 있는 지금도 여전히 많은 사람들이 기독교로, 교회로 몰려드는 이유이기도 하다.

(3) 물론 이런 현상이 나타난다고 해서 보수적인 교회가 다 잘하고 있고 문제가 없다고 말할 수는 없다.

서두에서도 지적했듯이 공공성을 상실한 교회는 심각한 문제가 있으며, 여러 조사 자료들을 볼 때 그것이 한국교회의 쇠퇴를 가져온 중요한 원인이라는 것은 분명하기 때문이다. 이런 점에서 보수적인 교회가 외적으로 성장한다고 해도 다른 면에서 균형을 상실했다는 것은 분명한 사실이다. 개인적, 내세적, 영적 측면을 붙잡으려고 노력하지만, 그리스도인과 교회의 또 다른 중요한 측면인 공공성을 놓친 것이다.

Ⅳ. 그러면 어떻게 할 것인가?

7) 로드니 스타크, 『우리는 종교개혁을 오해했다』, 213-14.
8) 로드니 스타크, 『우리는 종교개혁을 오해했다』, 215.

1. 예수님의 의도

(1) 우리는 여기서 예수님의 유명한 말씀을 기억할 필요가 있다.

> 그러나 주님께서는 그에게 말씀하셨다. '지금 너희 바리새파 사람들은 잔과 접시의 겉은 깨끗하게 하지만, 너희 속에는 탐욕과 악독이 가득하다. 어리석은 사람들아, 겉을 만드신 분이 속도 만들지 아니하셨느냐? 그 속에 있는 것으로 자선을 베풀어라. 그리하면 모든 것이 너희에게 깨끗해질 것이다. 너희 바리새파 사람들에게 화가 있다! 너희는 박하와 운향과 온갖 채소의 십일조는 바치면서, 정의와 하나님께 대한 사랑은 소홀히 한다! 그런 것들도 반드시 행해야 하지만, 이런 것들도 소홀히 하지 않았어야 하였다. 눅 11:39-42

> 율법학자들과 바리새파 사람들아! 위선자들아! 너희에게 화가 있다! 너희는 박하와 회향과 근채의 십일조는 드리면서, 정의와 자비와 신의와 같은 율법의 더 중요한 요소들은 버렸다. 그것들도 소홀히 하지 않아야 했지만, 이것들도 마땅히 행해야 했다. 마 23:22

예수님은 바리새인들의 위선을 비판하신다. 그런데 그들이 보여준 위선의 내용은 일반적으로 '위선' 이라는 단어가 의미하는 것처럼, 겉으로는 경건한 체 하면서 실제로는 추악한 모습을 보여준 것이 아니었다. 균형을 잃은 모습을 위선이라고 판단하신 것이다. 예수님에 의하면 바리새인들은 "박하와 운향과 온갖 채소의 십일조"를 바치는 것에는 철저했다. 하지만 "정의와 자비와 신의"는 무시했다. 이것을 위선이라고 보신 것이다. 십일조를 바치는 척 하면서 실제로는 바치지 않은 것을 위선이라고 말씀하지 않았다. 정의와 자비와 신의를 시행한다고 떠들어대지만 실제로는 하지 않은 것을 위선이라고 말씀하지 않았다. 두 가지 모두 해야 했음에도 하나만 하고 다른 하나는 하지 않은 것을 위선이라고 비판하신 것이다.

바리새인들은 전통적으로 종교적인 규율을 지키는 데에는 철저했다. 즉 수직적인 측면에서 하나님과의 관계라고 생각하는 것을 중요하게 여겼던 것이다. 하지만 수평적인 관계인 다른 사람과 사회를 향한 의무에 대해서는 소홀했던 것이다. 지금 이 상황에서 예수님이 강조하시는 것이 '정의와 자비와 신의'를 행하는 것이라고 말할 수 있을 것이다. 그러나 그것은 지금 바리새인들이 그 영역에서 문제를 드러내고 있고, 당시 유대교의 보편적인 모습이었기 때문이다. 예수님은 '오직 그것만'이 중요하며 그것만을 행하라고 말씀하시는 것이 아니다. 만약 당시 어떤 사람이 '정의와 자비와 신의'를 잘 행하면서도 하나님과의 수직적인 관계를 소홀히 했다면 그것에 대해서도 비판하셨을 것이다.

(2) 균형을 강조하는 모습은 예수님이 사람들의 현실적인 필요들을 채워주면서도 그것이 자신을 따르는 유일한 목적이 되어서는 안 된다는 점을 지속적으로 강조하는 데서도 잘 드러난다.

예수님은 간음하다 잡힌 여인을 즉결 처분하려는 사람들의 시도를 중지시키셨다. 살려주시고 용서하신 것이다. 이것은 예수님의 긍휼과 자비와 사랑을 보여주는 대표적인 사건으로 인식된다. 그러나 살기등등했던 사람들이 모두 떠난 후에 예수님은 여인에게 중요한 말씀을 하셨다. "이제부터 다시는 죄를 짓지 말아라."요 8:11 죄, 즉 하나님의 뜻계명을 어기는 행위를 더 이상 하지 말라는 것이다. 하나님과의 관계가 바로 서야 한다는 말씀이다. 예수님은 사람들이 사랑과 긍휼을 추구할 것을 원하셨지만, 그와 동시에 하나님을 향한 영적 의무도 소홀히 하면 안 된다고 생각하신 것이다.

오병이어의 기적을 행하여 굶주린 사람들을 먹이신 후에 예수님은 자신을 왕으로 삼으려는 사람들의 의도를 알고 자리를 피하셨다. 그러나 사람들이 계속해서 예수님을 따라다니자 예수님은 정색을 하시고 그들을 질책하셨다.

> 예수께서 그들에게 대답하셨다. '내가 진정으로 진정으로 너희에게 말한다. 너희가 나를 찾는 것은 표징을 보았기 때문이 아니라, 빵을 먹고 배가 불렀기 때문이다. 너희는 썩어 없어질 양식을 얻으려고 일하지 말고, 영생에 이르도록 남아 있을 양식을 얻으려고 일하여라. 이 양식은, 인자가 너희에게 줄 것이다. 아버지 하나님께서 인자를 인정하셨기 때문이다.' 요 6:26-27

그들의 육체적 필요를 채워주는 것도 중요한 일이지만, 그것만 중요한 것이 아니라는 것이다. 하나님을 하나님으로 드러내는 '표징' 을 보고 바르게 반응하는 것과 육신 너머까지 이어질 수 있는 '영생에 이르도록 남아 있을 양식' 이 훨씬 더 중요하다는 것이다. 비록 예수님이 사람들의 육체적 필요를 채워주시기는 했지만, 육적 필요와 영적 필요 사이에서 균형을 잃은 사람들을 질책하면서 균형을 강조하신 것이다.

사도들은 예수님의 의도를 잘 이해했다. 그래서 초기 예루살렘 교회가 성장하면서 다양한 필요가 발생했을 때, 성도들의 현실 삶의 필요를 채워주는 사역과 영적 필요를 채워주는 사역 사이에 균형을 잡으려고 노력했다. 그 결과 일곱 명의 집사를 세워 과부 성도들의 필요를 채워주는 일을 전담하게 하는 한편, 사도들은 '기도하는 일과 말씀을 섬기는 일에 헌신' 하였다. 행 6:1-4 이것이 예수님이 의도하신 것이다. "그런 것들도 반드시 행해야 하지만, 이런 것들도 소홀히 하지 않았어야 하였다." 눅 11:42 '둘 중 하나' 가 아니라 '둘 다' 해야 한다는 것이다.

2. 양쪽 진단이 모두 맞다.

(1) 한국교회의 타락과 그 결과로 나타난 침체는 진보의 진단이 맞다는

것을 보여준다. 교회가 내적으로 타락하는 모습을 보고 실망하여 교회를 떠나는 사람들이 늘어나고 있다. 이것은 탈 교회 성도가 지속적으로 증가하고 있는 데서 여실히 드러난다. 또한 보수적인 목사와 성도들이 공공성이 결여된 모습을 보여주면서 기독교는 사회의 조롱거리로 전락했다. 그 결과 사회적 신뢰도가 떨어지면서 기독교에 부정적인 분위기가 형성되었고, 당연히 새로운 사람들이 교회로 유입되는회심과 개종 길이 막히는 결과가 초래되었다. 한국 교회가 하락세를 보이는 것은 이상한 일이 아니다.

(2) 그러나 인간 안에 자리 잡고 있는 종교성의 본질을 생각하면 보수의 진단도 어느 정도 맞다는 것을 인정하게 된다. 우리의 신앙적 열심이 과거 신앙인들에 비해 약해진 것은 분명하기 때문이다. 21세기 교인들은 하나님을 향한 '열정과 헌신' 의 모습을 별로 보여주지 않는다. 성경을 읽고 공부하고 묵상하는 열의가 사라지고 있다. 기도에 대한 열정도 식었다. 공동체와 다른 성도들을 향한 헌신과 섬김의 모습도 약화되고 있다. 자신의 신앙이 확고하지 못하니 다른 사람에게 복음을 전하는 동력이 나오지 않는다. 자녀들에 대한 신앙교육도 입시에서 좋은 성적을 올리는 것에 밀려 버렸다. 한 마디로 말해서, 하나님과의 깊이 있는 만남이 많이 약해졌고, 영적 성장을 위한 노력도 약화되었다. 하나님나라의 가치를 중심에 놓고 삶을 재편하려는 노력도 기울이지 않는다. 교회가 동력을 잃고 성장이 멈춘 것은 전혀 이상한 일이 아니다.

3. 균형 잡힌 노력이 필요하다.

작금의 한국교회의 쇠락을 멈추고 교회다운 모습을 회복하기 위해서는 어떤 노력을 해야 할까?

(1) 먼저 진보적 처방을 받아들이고 바른 교회와 신자들이 되기 위한 노력을 기울여야 한다.

담임목사가 교회의 제왕으로 군림하여 저지르는 각종 전횡을 멈춰야 한다. 재정의 불투명한 운영, 교회가 정한 절차를 무시한 밀실 행정과 운영, 담임목사직 세습과 같은 것들을 멈춰야 한다. 교회와 교단이 사회/정치적 영향을 행사하기 위해 힘을 과시하려는 시도를 멈춰야 한다. 오히려 십자가 정신을 따라 희생하고 양보하는 겸손한 기독교의 모습을 보여주어야 한다. 종교적 이익을 위해 공의와 인권을 무시하는 행태를 지양하고 오히려 약자를 보호하고 섬기며, 경제적 이익을 앞세우기보다 기후 위기를 극복하기 위해 희생을 감수하고라도 삶의 조건을 바꾸기 위한 노력에 힘을 실어주고, 기독교가 사회 정의를 세우는 주춧돌이 되어 공공적 책임을 다하면서 세상을 섬겨서 사회적 대안으로 자리매김하도록 노력해야 한다.

그러나 이런 노력들은 하나님의 뜻이 이 땅에서도 이루어지기를 바라는 마음에서 비롯된 것이라는 점을 기억하면서 이 땅에 우리의 힘으로 유토피아를 만들려는 시도를 경계해야 한다. 그래서 교회가 사회 변화를 위한 NGO와 다를 바 없는 모습으로 전락하지 않기 위해 조심해야 한다.

(2) 이것을 위해서 보수적 처방의 긍정적인 부분에도 노력을 기울여야 한다.

종교기독교의 본질은 하나님과의 만남이다. 갈대아 우르의 아브라함, 호렙산의 모세, 갈릴리 바닷가의 베드로, 다메섹 도상의 바울은 모두 하나님예수님과 실존적으로 대면하면서 변화되었고 새로운 소명을 받았다. 이 사건들의 본질은 하나님과의 일대일 대면이며 관계 형성이다. 인간에게는 이와 같은 만남이 필요하다. 이 만남이 우리 삶의 기초가 되어야 한다. 우리가 어떻게 기독교인이 되었는가? 개인적으로 실존적으로 하나님을 만났기 때문이다. 개인적 체험과 확신이 있었기 때문이다. 이런 점에서 기독교는 개인적이지만personal 사적인 것private은 아니라는 말과 더불어, 기독교는 공적이지만public 동시에 개인적이라는individual 것도 강조되어야 한다.

기독교인의 삶이 하나님과의 만남으로 시작된 것처럼 이후의 삶도 하나님과의 지속적인 만남을 통해 이끌어져야 한다. 성도들은 매일의 삶에서 하나님과 인격적 교제를 지속하면서 그리스도를 닮은 사람으로 성장하기 위한 노력을 기울여야 한다. 영성 증진을 위한 전통적인 수단인 성경 묵상과 기도의 중요성을 다시 강조해야 한다. 개인뿐만 아니라 교회 공동체적으로도 동일한 노력을 기울여야 한다. 성도들이 모여 함께 예배하고 함께 기도하고 함께 성경을 공부하면서 하나님과 더 가까워지고, 하나님의 뜻을 더 깊이 깨닫고, 그의 뜻에 헌신하는 결단이 이루어지도록 노력해야 한다.

(3) 우리는 모든 활동 속에서 공공성과 영성의 통합을 위한 노력을 해야 한다.

하나님께서 우리에게 주신 공적 사명을 감당하기 위해 세상 속으로 들어가서 정의와 평화를 위한 다양한 활동을 열심히 해야겠지만, 우리가 함께 모일 때는 말씀과 기도를 통해 하나님과 깊은 교제를 하고, 하나님의 존재와 놀라운 사역을 찬양하는 예배를 드리고, 그리스도의 온전한 제자로 변화되고 성장하기 위한 노력을 기울여야 한다.

사회적 책임을 다하는 공공적 활동을 할 때에도 겸손하게 하나님의 초월적인 능력과 도움을 항상 구해야 한다. 반대로, 개인적으로나 교회적으로 영성을 위해 모일 때에도 우리의 관심에 세상을 위한 공적인 것들이 늘 포함되어야 한다.

이와 같은 통합과 균형을 이렇게 말할 수 있을 것이다. '하나님과 깊은 교제의 기반 위에 굳건히 서서, 세상을 섬기기 위해 헌신하고, 그것을 위한 능력을 하나님으로부터 공급받는다.' 이렇게 영성과 공공성이 통합될 때 개인의 영성이 살아나고 한국 교회도 다시 회복하는 길로 돌아설 수 있을 것이다.

도널드 W. 데이턴의 사회적 상상력과 복음주의:
"장로교 패러다임"에 대한 한 변방 신학자의 도전

배 덕 만
기독연구원 느헤미야/교회사

I. 글을 시작하며

2020년 5월 2일, "변방의 신학자" 도널드 W. 데이턴Donald W. Dayton이 세상을 떠났다. 그는 드류대학교에서 나의 지도교수였다. 그가 세상을 떠나자, 그의 제자 크리스찬 윈Christian T. Collins Winn 교수가 스승의 죽음을 슬퍼하며 「크리스챠니티 투데이」Christianity Today에 데이턴의 업적과 특징을 정리한 글을 기고했다.

> 도널드 "댄" W. 데이턴은 어느 모로 보나 탁월했으며, 엄청난 독서광이요 책을 사랑한 사람이었고, 미국 종교사의 가장 뛰어난 해석자 중 한 사람이었다. 자신의 세대를 형성하는 작품을 남긴 학자들은 그리 많지 않다. 다음 세대를 형성할 수 있는 토대를 새롭게 마련한 사람은 더더욱 드물다. 데이턴의 작업은 그런 수준의 가치를 지닌다. 학자로서, 그가 복음주의 역사서술, 그리고 성결운동과 오순절운동의 역사서술 및 신학적 해석에 기여한

공로는 미국 종교사에 대한 우리의 해석을 근본적으로 변화시켰다.[1]

한편, 웨슬리안교회 출신으로 예일대학교 신학대학원B.D.과 시카고대학교Ph.D.에서 공부한 데이턴은 평생 칼 바르트Karl Barth의 영향 하에 분파주의와 주류 문화 사이에서 균형을 유지하기 위해 힘겨운 줄타기를 했다. 동시에, 중심의 변화를 위해 사회적 종교적 변방에서 약자들과 연대하며 치열한 싸움을 전개했다. 그래서 그래서 그의 은퇴를 기념하여 그의 주요 논문들과 지인들의 논찬을 묶은 기념논문집이 출판되었을 때, 제목이 *From the Margins*변방으로부터로 결정된 것은 매우 적절했다.[2]

그랬기 때문일까? 그가 가진 학문적 역량과 영향은 미국과 한국에서 상대적으로 덜 알려지고 저평가되었다. 그와 함께 학문적 작업을 했던 동료 학자들이나 그에게 배운 학생들은 예외 없이 그의 방대한 지식과 예리한 통찰에 혀를 내두른다. 또한, 그가 주로 활동한 복음주의, 성결운동, 오순절운동 분야에선 세계적 권위자로 동경의 대상이다. 한국에도 수차례 방문해서 한국복음주의신학회, 서울신학대학교, 감리교신학대학교, 성결대학교, 한세대학교, 횃불트리니티대학원대학교, 건신대학원대학교 등에서 강의했다. 그의 대표작인 *The Theological Roots of Pentecostalism*과 *Rediscovering An Evangelical Heritage*는 『오순절운동의 신학적 뿌리』와 『다시 보는 복음주의 유산』이란 제목으로 한국에서 출판되었다.[3] 뿐만 아니라, 드류대학교에서 그에게 배우거나 영향을 받은 한국 학생들이 한국과 미국에서 왕성히 활동 중이다. 그럼에도 여전히 도

---

1) Christian Collins Winn, "Donald Dayton: The Heart Makes the Theologian," *Christianity Today* (May 12, 2020) (https://www.christianitytoday.com/2020/05/donald-dayton-heart-makes-theologian/. 2024년 9월 15일 접속).

2) Christian Collins Winn ed., *From the Margins: A Celebration of the Theological Work of Donald W. Dayton* (Eugene, OR.: Wipf and Stock Publishers, 2007).

3) 도널드 W. 데이턴, 『오순절운동의 신학적 뿌리』, 조종남 옮김 (서울: 대한기독교서회, 1993); 도널드 데이튼, 『다시 보는 복음주의 유산』, 배덕만 옮김 (서울: 요단, 2003).

널드 데이턴이란 이름은 한국에서 낯설다.

이런 맥락에서, 이 글은 한국에 도널드 데이턴을 본격적으로 소개하는 최초의 학문적 작업이다. 학자로서 그의 관심 영역은 대단히 광범위하지만,[4] 이 글에선 복음주의 역사서술에 남긴 그의 공헌에 한정하여 복음주의 연구자로서 데이턴에 주목하고자 한다. 이를 위해, 먼저 그의 생애를 간단히 정리 소개하고, 복음주의 역사서술의 지배적 견해에 대한 그의 비판과 그것을 지탱하는 역사적 근거, 해석, 공헌 등을 차례로 살펴볼 것이다. 이를 통해, 복음주의 역사서술의 발전에 끼친 그의 공헌을 보다 객관적으로 평가하고, 한국교회가 주목해야 할 학자로서 데이턴의 역량과 가치를 소개하고자 한다.

II. 도널드 데이턴은 누구인가?

제2차 세계대전이 한창이던 1942년, 데이턴은 윌버 T. 데이턴 2세Wilber T. Dayton Jr.와 도나 데이턴Donna Fisher Dayton의 네 자녀들 중 첫째로 시카고에서 태어났다. 당시 그의 아버지는 북침례신학교Northern Baptist Theological Seminary에서 박사과정 중이었다. 장차, 그의 아버지는 웨슬리안교회 최초의 신학박사가 되었으며, 1950년대에 그의 교단이 세대주의와 성서무오설을 수용하면서 근본주의로 경도되는데 주도적인 역할을 담당했다. 데이턴은 이 문제로 아버지와 오랫동안 갈등을 겪었고, 그의 신학적 정체성과 방향 설정에 심대한 영향을 끼쳤다.

데이턴은 아버지를 따라 애즈버리신학교Asbury Theological Seminary가 위치한 캔터키주 윌모어Wilmore로 이주하여 어린 시절을 보냈다. 라틴어를 사랑하

4) 데이턴의 학문적 연구 분야는 장 칼뱅과 종교개혁, 청교도와 경건주의, 존 웨슬리와 감리교, 성결운동과 오순절운동, 칼 바르트와 신정통주의, 에큐메니즘 등을 포괄하며 신학, 윤리학, 성서학, 교회사 등의 영역을 넘나들며 강의하고 글을 썼고, 철학, 문학, 사회학, 대중문화 등에서 학문적 방법론을 자유롭게 활용했다. 이런 데이턴의 학문적 영역과 관심, 방법 등이 향후 관련 학자들의 연구를 기다리는 흥미로운 주제들이다.

고 천체물리학자를 꿈꾸던 데이턴은 아버지의 집회를 따라다니며 슬라이드 봉사도 했지만, 끝내 회심을 체험하지 못했다. 1960년, 아버지의 모교이자 웨슬리안교회 소속인 호튼대학Houghton College에 입학하여 수학과 철학을 전공하고 3년 만에 졸업했다. "동부의 휘튼"으로 알려진 이 대학에서 데이턴은 엄격한 율법주의적 규칙과 충돌하며 "그런 문화에서 도피하길 갈망했다."[5] 그럼에도 그가 후설Edmund Husserl의 현상학에 깊이 매료되고, 프린스턴신학교Princeton Theological Seminary에서 칼 바르트의 강연을 직접 들었던 것은 호튼 시절이 남긴 소중한 선물이다.

데이턴은 1963년 대학을 졸업하고 '우드로윌슨재단' 장학금으로 컬럼비아대학교Columbia University에서 공부할 기회를 얻었다. 그가 컬럼비아와 뉴욕에서 공부한다는 생각에 경악한 부모의 두려움을 해소하기 위해, 애즈버리신학교에서 "자유주의라는 질병에 대비해서 백신접종을 해야" 했다.[6] 하지만 데이턴이 신앙으로 다시 돌아온 것은 흥미롭게도 뉴욕과 컬럼비아대학교에 머물 때였다. 그는 이곳에서 자신이 공부하고 싶었던 다양한 인문학, 특히 철학수업을 마음껏 들으면서 훌륭한 그리스도인들을 만났고, 칼 바르트와 쇠렌 키르케고르Sören Aabye Kierkegaard를 깊이 읽었다. 그 결과, 그는 잃었던 신앙을 회복할 수 있었으며, "새롭게 찾은 기독교 신앙을 위한 신학을 탐구하기 위해 신학교에 가고 싶다"는 결심도 했다.[7] 또한, 콜롬비아에서 흑인 인종차별과 도시 폭동을 경험하면서, 남은 생애 동안 지속될 '도시사역' ubrban ministry에 본격적으로 관심을 갖게 되었다.

드류대학교Drew University 역사상 "신학교에서 공부한 적 없이 박사과정에

---

5) Donald W. Dayton, "An Autobiographical Response," in Christian T. Collins Winn ed, *From the Margins: A Celebration of the Theological Work of Donald W. Dayton* (Eugene, OR.: Wipf and Stock Publishers, 2007), 393.

6) Donald W. Dayton, "An Autobiographical Response," 395. 데이턴은 애즈버리신학교에서 종교철학 교수인 헤롤드 쿤(Herold Kuhn)과 이레니우스와 아우구스티누스에 대해 공부했다.

7) Donald W. Dayton, "An Autobiographical Response," 396.

입학이 허락된 최초의 학생"이 된 데이턴은 우드로윌슨 장학금을 계속 받을 수 있음을 확인한 후, 드류대학교 박사과정을 포기하고 예일대학교 신학대학원Yale Divinity School 석사과정으로 진로를 급선회했다. 이런 결정은 한 드류대 학생에게 "왜 그런 근본주의 학교에서 공부하려 하느냐?"란 질책성 질문을 들어야 했지만, 데이턴 본인은 "내 생애에 벌어진 최고의 섭리적 사건들 중 하나"라고 후에 평가했다.[8] 당시의 예일대 신학대학원은 그가 사랑했던 바르트 신학이 지배적이었고, 케네스 라투렛Kenneth S. Latourette, 로버트 칼훈Robert L. Calhoun, B. S. 차일즈Brevard S. Childs 같은 신학의 대가들이 가르치고 있었다. "나의 예일 시절은 더 좋을 수 없을 만큼 대단했다. 그 시절은 나를 위한 완벽한 해결책이었다."[9] 데이턴은 신학자들의 수업과 성서학 공부에 집중했는데, 특히 차일즈 교수에게 큰 영향을 받았다.

데이턴의 예일 시절은 학문적 만족과 함께 다양한 경험으로 대단히 풍요로웠다. 첫 학기에 다른 학생들과 함께 미시시피로 내려가서 SNCC[10]와 COFO[11] 같은 민권단체들과 함께 일했으며, 예일신대원 도서협동조합에서 일하는 동안 도서관에 대한 관심이 폭발했다. 또한, 예일대학 캠퍼스를 강타한 은사주의 운동과 접하면서 오순절운동에 대한 관심과 연구의 문도 열렸다. 뿐만 아니라, 1966년부터 2년 동안 휴학하면서 브루클린Brooklyn의 도시사역에 참가해서 평생 동지가 된 하워드 스나이더Howard Snyder를 만났다. 가족들과 함께 남미 컬럼비아에 선교여행도 다녀왔으며, 이스라엘의 '예루살렘성지연구소' the Institute of Holy Land Studies in Jerusalem에서 공부했고, 키브츠에서 현대 히브리어 집중강의도 들었다. 그러면서 제3차 중동전쟁을 직접 겪었다.

---

8) Donald W. Dayton, "An Autobiographical Response," 397.

9) Donald W. Dayton, "An Autobiographical Response," 398.

10) '학생 비폭력 조정 위원회' (Student Nonviolent Coordinating Committee, SNCC). 1960년대 미국 민권운동에 참여했던 핵심적 학생단체.

11) '민권운동단체협의회' (Council of Federated Organizations, COFO). 1960년대 초반, 미시시피주에서 활동했던 다양한 민권운동단체들의 연합체.

이스라엘에서 돌아온 데이턴은 애즈버리신학교에서 신약학 석사과정ThM. 수업을 들으면서 캔터키주립대학교University of Kentucky에서 도서관학 석사과정도 시작했다. 동시에, 예일로 돌아가서 남은 과정을 마치던 중 사랑에 빠졌다. 1969년 6월 9일, 아침에는 대학 졸업식에 참석하고 저녁에는 루실 사이더Lucille Sider와 결혼식을 올렸다. 그녀는 로날드 사이더Ronald Sider의 여동생이다. 졸업 후, 그는 애즈버리신학교 도서관에 취직하여 3년간 교수와 사서로 일했고, 그 사이 캔터키주립대학교에서 석사학위도 받았다. 이때, 데이턴은 도서관협회 연례모임에서 성결운동에 대한 도서목록 작성 작업을 맡았다. 그의 작업은 평생의 학문적 동지가 된 빌 포펠Bill Faupel과 데이비드 번디David Bundy에 의해 오순절전통과 케직운동Keswick Movement에 대한 서지작업으로 이어졌다. 최종적으로, 그들의 수고 덕분에 "The Higher Christian Life" 연구를 위한 일차 자료들이 48권으로 묶여 영인본으로 출판되었다. 이 자료집은 이 운동들과 노예제도폐지운동, 여성 목회 등과의 관계를 재정의함으로써, 이 분야 연구에 획기적인 전환점을 가져왔다. 동시에, 데이턴의 학문 여정에도 결정적인 전환점이 되었다. 한편, 이 시기에 데이턴은 아내와 함께 웨슬리언교회에서 목사안수를 신청했으나, 성서무오설에 대한 견해 차이로 무산되고 말았다. 대신, 그는 남은 생애 동안 '평신도 신학자'로서 교단을 위해 수고했다.

1972년, 데이턴은 시카고대학교University of Chicago에서 박사과정을 시작했다. 그때, 시카고에는 제임스 구스타프슨James M. Gustafson, 데이비드 트레이시David Tracy, 폴 리쾨르Paul Ricoeur, 랭던 길키Langdon B. Gilkey, 제랄드 바우어Jerald Bauer, 마틴 마티Martin E. Marty 등이 가르치고 있었다. 본래, 그는 칼 바르트의 성화론에 대해 학위논문을 쓸 계획이었지만, 스승들의 설득으로 오순절운동의 신학적 근원을 규명하는 논문을 썼다. 당시에 그는 노스파크신학교North Park Theological Seminary에서 전임 사서로 일하면서 논문을 써야 했기에, 그의 학위 논문은 10년만에 완성되었다. 당시, 시카고대학교에는 그의 논문을 제대로 이해하는 교수들이 없었기에, 그는 홀로 논문을 써야 했다. 논문은 수정 없이 통과되었고 구두시험도 면제되었다. 후에, 데이턴은 당시를 회상하며 이런 글을 남겼다. "나는 무엇을 위해 등록금을 내야 하는지 몰랐다. 하지만 자유는 만끽했다."[12] 그의 박사학위 논문은 1987년 Scarecrow에서 *The Theological Roots of Pentecostalism*이란 제목으로 출판되었다.

노스파크신학교는 스웨덴 경건주의에 뿌리를 둔 복음주의언약교회the Evangelical Covenant Church와 관련이 있었다. 데이턴은 이 학교에서 7년간 일하면서 경건주의의 중요성을 발견했고, 여성학, 특히 여성목사 안수의 역사를 집중적으로 연구했다. 또한, '소저너스 공동체' Sojourners Community를 만나 최초의 책 편집자가 되었으며, 소저너스가 워싱턴 D.C.로 이주한 후에도 오랫동안 관계를 유지했다. 그 외에도, 민권운동 계열의 *The Other Side*, 여권운동의 *Daughters of Sara*, 나사렛교회의 *The Epworth Pulpit*, 도시사역과 관련된 *Inside* 같은 잡지 들에도 관여했다. 그 연장선에서, 로날드 사이더, 데이비드 모벅David Moberg, 리차드 피라드Richard Pierard, 루푸스 존스Rufus Jones, 칼 헨리Carl Henry 등과 함께 〈복음주의 사회적 관심의 시카고 선언〉The Chicago Declaration of Evangelical Social Concern, 1973에 주도적으로 참여했다. 「시카고선타임즈」Chicago Sun Times는 이 선언문의 출현을 "이 시대 종교계에서 가장 중요한 사건"이라고 평가했다.[13] 이후, 사이더는 '미국복음주의협회' National Association of Evangelicals, NAE가 이 선언문을 채택하도록 노력했지만 냉담한 반응 속에 실패하고 말았다. 반면, 데이턴은 이것을 성결운동 연합체인 '기독교성결연합회' Christian Holiness Association 실행위원회에 제출하여 만장일치로 통과시켰다. 이 경험 이후, 데이턴은 더 이상 NAE 모임에 참석하지 않았으며, 복음주의와 거리를 두면서 성결전통에 관심을 집중하기 시작했다. 그 결과, 남북전쟁 이전 부흥운

12) Donald W. Dayton, "An Autobiographical Response," 410.

13) Donald W. Dayton, "An Autobiographical Response," 412.

동의 사회적 증언과 관련된 다양한 흐름들을 발견할 수 있었고, 그 결과물을 「포스트어메리칸」The Post American, 후에 Sojourners에 연재했다. 이것은 1976년 *Rediscovering An Evangelical Heritage*란 제목으로 Harper and Row에서 출판되었다.

1979년, 데이턴은 성서무오설을 강요하는 노스파크신학교를 떠나, 시카고 교외에 위치한 북침례신학교에 사서로 합류했다. 그는 몇몇 동료들과 의기투합하여 이 학교를 휘튼대학과 시카고대학교 사이의 중도적 학교로 발전시킬 꿈을 꾸었다. "성서연구에서 비평학을 적용하고, 적극적으로 사회에 참여하며, 해방신학과의 대화에도 개방적이고, 에큐메니컬 정신을 견지하는 '포스트-복음주의' 를 지지"하면서 말이다.[14] 하지만 주요 인물들이 차례로 학교를 떠났고, 신임 총장과 다른 교수들의 무관심 속에서 이 숭고한 꿈은 무산되고 말았다. 동시에, 그는 이혼과 교통사고 등의 악재가 겹치면서 삶의 심각한 위기를 맞았다. 다만, 이 학교의 훌륭한 안식년 제도 덕분에, 학문적 넓이와 깊이는 크게 확장할 수 있었다. 1980년 첫 안식년에는 독일 튀빙엔 대학교에서 위르겐 몰트만Jürgen Moltmann과 에버하르트 윙엘Eberhard Jüngel의 도움 속에 경건주의 연구에 집중할 수 있었고, 두 번째 안식년 때는 '아르헨티나연합신학대학교' ISEDET에서 연구하며 호세 보니노Jose Miquez Bonino 같은 해방신학자 및 자생적 오순절주의자들과 교류할 수 있었다. 세 번째 안식년은 제네바의 '세계교회협의회' World Council of Churches, WCC에서 보냈다. WCC의 극심한 유럽중심주의를 몸소 체험했고, 멜 로벡Mel Robeck과 함께 WCC가 오순절-성결운동에 관심을 갖는데 결정적인 역할을 했다. 또한, 이 기간 동안 '옥스퍼드감리교연구소' Oxford Institute for Methodist Studies에서 활동했다. 향후 25년간 이 단체의 준비위원회에서 활동하면서, 이 단체가 감리교회의 범주를 넘어 모든 웨슬리언 전통을 포괄하도록 도움을 주었다.

---

14) Donald W. Dayton, "An Autobiographical Response," 416.

이후, 데이턴은 드류대학교로 이적했다. 그는 이곳의 감리교고문서도서관에 매료되었으며, 학생들, 특히 한국 학생들의 뜨거운 관심과 사랑을 받았다. 하지만 여기서도 수많은한때는 50편 박사논문을 지도하라는 무리한 요구와 고통스러운 학교 정치에 휘말리면서 어려운 시간을 보냈다. 데이턴은 드류에서 보낸 세월을 "매우 값진 보상의 시간이자, 좌절의 시간이었다"고 회고했다.[15] 결국, 데이턴은 2002년 드류대학교를 떠나 아주사퍼시픽대학교Azusa Pacific University에서 2년 정도 가르치다 35년의 교수 경력을 마무리했다. 이 학교가 성결전통을 계승했지만 페미니즘, 동성애, 낙태 등의 문제에 있어서 기독교우파의 입장을 수용했고, 교수들의 정치적 갈등도 재발했기 때문이다. 이후, 데이턴은 자신의 책들이 소장되어 있는 풀러신학교 주변에 거하면서 글쓰기와 강연을 이어갔다.[16] 데이턴은 35년 동안 5개 신학교육 기관에서 교수직을 얻었으며, 6개 대륙 35개 기관에서 가르치거나 강연을 했다. 15권의 저서를 집필 혹은 편집했고, 82개의 논문을 출판했다. 그리고 웨슬리신학회와 오순절신학회에서 회장을 지낸 유일한 인물이었으며, 미국바르트학회에선 부회장으로 섬겼다. 2020년 5월 2일, 77세로 이 땅의 치열하고 고단했던 삶을 마감했다.

III. 데이턴은 복음주의 역사서술에 어떤 기여를 했는가?

1. 문제제기

1980년대 이후 일군의 복음주의 역사가들이 엄청난 양의 연구물을 쏟아냈다. 이런 복음주의 르네상스를 주도한 학자들은 네이선 해치Nathan O. Hatch, 조엘 카펜터Joel A. Carpenter, 도널드 블로쉬Donald G. Bloesch, 버나드 램Bernard L.

15) Christian T. Collins Winn, *From the Margins*, 419.

16) 1991년, 데이턴은 그동안 자신이 수집한 성결-오순절운동, 미국 복음주의, 노예제도폐지운동, 칼 바르트 관련 저서 22,000권을 재정적인 이유로 풀러신학교에 매각했다. 하지만 내가 1999년 드류대학교에서 그를 만났을 때, 그의 집, 연구실, 자동차는 약 8천 권의 책들로 다시 가득 차 있었다.

Ramm, 조지 마즈던George M. Marsden, 마크 놀Mark A. Noll, 페리 밀러Perry G. E. Miller, 시드니 앨스트롬Sydney E. Ahlstrom, 쉘턴 스미스Shelton H. Smith, 로버트 핸디Robert L. Handy, 레퍼스 로쳐Lefferts A. Loetscher, 윌리엄 맥러플린William G. McLoughlin, 어니스트 샌딘Ernest R. Sandeen 등이다. 이들은 개인적으로 칼뱅주의/개혁주의 전통에 속하거나 이런 전통에 영향을 받았다. 특히, 이들 중 해치, 마즈던, 놀은 소위 "복음주의 마피아"evangelical mafia로 불린다.[17] 이런 칼뱅주의/개혁주의 계열의 복음주의 역사서술을 더글라스 스위니Douglas A. Sweeney는 "지배적 모델"predominant model로, 리차드 크베도Richard Quebedeaux는 "기성 복음주의"Establishment Evangelicalism로 각각 명명했는데, 복음주의 역사서술을 칼뱅주의/개혁주의 시각이 지배해왔다는 뜻이다.[18] 로버트 크라폴Robert H. Krapohl은 이들의 주장을 다음과 같이 요약했다.

> (1)사상과 신학적 명제를 강조한다. (2)1940년대와 1950년대 신복음주의의 발흥을 대체로 개혁주의적 미국 근본주의특히, 프린스턴신학교의 보수적이고 신앙고백적인 구파 장로교회에서 기원한 저항운동dissenting movement으로 간주하는 경향이 있다. 그래서 해롤드 오켕가Harold John Ockenga와 칼 헨리Carl F. H. Henry 등의 신복음주의 지도자들은 자신들이 성장했던 1920년대-30년대 근본주의를 개혁하는 일에 일차적으로 관심을 갖고 있었다. (3)19세기 말 네덜란드 개혁교회 신학자-정치가인 아브라함 카이퍼Abraham Kuyper에 의해 대중화된 인식론에 매료되어, 칼뱅주의 개혁주의적 관점은 기독교적인 방식으로 당대 세속 문화의 변화를 강조하는 세계관을 지지한다.[19]

---

17) Robert H. Krapohl and Charles H. Lippy, *The Evangelicals: A Historical, Thematic, and Biographical Guide* (Westport, CT.: Greenwood Press, 1999), 7.

18) Robert H. Krapohl and Charles H. Lippy, *The Evangelicals: A Historical, Thematic, and Biographical Guide*, 7-8.

19) Robert H. Krapohl and Charles H. Lippy, *The Evangelicals: A Historical, Thematic, and Biographical Guide*, 7-8.

한편, 크라폴은 이렇게 칼뱅주의/개혁주의 해석이 지배해 온 복음주의 역사서술 분야에서 유일한 저항의 목소리로 나사렛교회 출신의 티모시 스미스 Timothy L. Smith, 1924-1997와 웨슬리안교회 출신의 도널드 데이턴을 소개한다. 오랫동안 이 분야의 "광야에서 외치는 목소리"였던 티모시 스미스는 그의 저서 『부흥운동과 사회개혁』*Revivalism and Social Reform*, 1957에서 "회심 체험"을 복음주의를 정의할 때 중요한 요소로 강조했고, 부흥운동을 웨슬리안 아르미니안주의Wesleyan Arminianism의 동의어로 재정의했다. 심지어, 부흥운동적 칼뱅주의자들을 "위장한 아르미니안주의자"로 규정하기도 했다.[20] 한편, 1974년부터 복음주의 역사서술에 참여해온 데이턴은 이런 지배 모델을 "장로교적 모델"presbyterian paradigm로 규정하고, 이 모델의 대표자들인 버나드 램과 조지 마즈던을 집중적으로 공격했다.[21] 특히, 조지 마즈던과는 지면과 학회에서 3차례 공개 토론을 벌였다.[22] 크라폴은 데이턴의 입장을 다음과 같이 정리했다.

> 데이턴의 지배적인 학문적 사명은 미국 복음주의의 "잃어버린 역사"를 "복원"하는 것, 특히 19세기 초반의 감리교단들과 19세기 후반 및 20세기 초반 웨슬리안 계열의 성결-오순절 그룹들예를 들어, 나사렛교회, 하나님의성회, 그리스도안의하나님의교회 내에 존재하지만 자주 무시된 근대 복음주의 뿌리를 강조하는 것이다. 데이턴의 이해에 따르면, 복음주의에 대한 아르미니안/웨슬리안/성결운동적 관점은 근본적으로 칼뱅주의적/개혁주의적 관점에 대한 반작용이다.[23]

---

20) Robert H. Krapohl and Charles H. Lippy, *The Evangelicals: A Historical, Thematic, and Biographical Guide*, 8.

21) 데이턴은 1974년 6-7월부터 1975년 5월까지 잡지 *Post-American*(후에 Sojourners)에 "Recovering a Heritage"란 제목으로 10차례 연재했고, 이것은 후에 *Rediscovering an Evangelical Heritage*란 제목의 단행본으로 출판되었다.

22) *Christian Scholar's Review* 7:2-3 (1977), 미국종교학회 전국대회의 한 심포지움(1988), 그리고 *Christian Scholar's Review* 23:1 (September 1993): 12-40, 62-71.

23) Robert H. Krapohl and Charles H. Lippy, *The Evangelicals: A Historical, Thematic, and Biograph-*

데이턴에게 깊이 영향 받은 존 피John Fea는 "복음주의 마피아"들과 데이턴이 대결하던 1990년대 초반을 회상하면서, 그들이 학계에서 차지했던 위치와 주장을 열거하고 양자의 차이를 설명했다.

> 1990년대 초반, 조지 마즈던과 마크 놀 같은 개혁주의 역사가들은 그들의 학문적 전성기를 맞이했다. 그들의 책과 논문 들은 미국 복음주의에 대한 우리의 이해를 심오한 방식으로 형성했다. 데이턴에겐 마즈던과 놀이 향유하던 기금이 없었다. 그는 주류 학계가 인정할 만한 출판사에서 자신의 책을 출판하지 않았다. 하지만 그는 거침이 없었다. 그는 근대 복음주의가 경건주의, 웨슬리안, 그리고 성결운동 전통에 뿌리를 둔 개신교 운동이라고 주장했다. 복음주의자들은 노예제 폐지론자, 페미니스트, 개혁가, 그리고 사회정의 방어자 들이었다고 데이턴은 역설했다. 마즈던과 놀이 조나단 에드워즈, 혁명기 칼뱅주의자, 구파-신파 장로교인, 상식철학, 프린스턴 신학자, 그리고 그레샴 메이천에 대해 글을 쓴 반면, 데이턴은 조나단 블랜차드, 찰스 피니, 시어도어 웰드, 테픈 형제들, 피비 파머, 그리고 A. B. 심슨을 주목한다. 그의 저작들 대부분은 복음주의 좌파에게 역사적 토대를 제공했다.[24]

2. 비판과 도전

근본적으로, 데이턴은 조지 마즈던과 버나드 램이 대표하는 "장로교 패러다임"이 복음주의에 대한 부분적 설명, 혹은 부정확한 해석이라고 비판한다. 무엇보다, 데이턴에 따르면, 장로교 패러다임은 복음주의를 구성하는 주요 전통

ical Guide, 9.

24) John Pea, "Remembering Donald Dayton," *Current* (May 13, 2020) (https://currentpub.com/2020/05/13/remembering-donald-dayton/. 2024년 9월 14일 접속).

들 중, 웨슬리안 전통성결운동과 오순절운동을 배제하고, 단지 성서무오설과 프린스턴신학교를 축으로 한 근본주의 및 신복음주의 계열에 연구범위를 한정하는 오류를 범했다. 또한, 장로교 패러다임은 '보수주의 대 자유주의' 틀로 복음주의 정체성과 계보학을 규명함으로써, 이 틀에서 벗어난 수많은 복음주의자들의 존재를 제대로 설명하지 못한다. 장로교 패러다임의 이런 한계를 직시하면서, 데이턴은 "우리가 의미하는 '복음주의' 해석을 위해, 장로교 전통에 서있는 프린스턴신학교의 근본주의/근대주의 분열의 역사 보다, 오순절운동과 성결운동의 역사가 더 나은 실마리를 제공한다."고 확신한다.[25] 그렇다면 데이턴은 무슨 근거로 이렇게 비판하고 확신하는가?

먼저, 데이턴은 이런 장로교 패러다임이 복음주의의 전체 모습 대신 지극히 제한된 영역만 설명한 반면, 성결-오순절 패러다임은 보다 총체적인 설명을 가능하게 한다고 주장한다. 예를 들어, 조지 마즈던은 복음주의를 설명할 때, 1910년대 프린스턴신학교에서 발생한 '근본주의 대 근대주의 논쟁'에 주목하고, 그 결과로 탄생한 정통장로교회Orthodox Presbyterian Church를 대표적인 예로 제시한다. 1940년대 출현한 신복음주의도 이 논쟁의 연장선상에서 이해한다. 하지만 이렇게 복음주의 계보를 정리할 경우, 현재 미국복음주의협회the National Association of Evangelicals를 구성하는 수많은 성결-오순절 교회들의 존재를 제대로 설명할 수 없다. 따라서 데이턴은 1880년대 출현한 기독교복음선교회Christian and Missionary Alliance와 그 설립자 앨버트 심슨Albert B. Simpton이 제창한 사중복음the Fourfold Gospel, 즉 주님Savior, 성화자Sanctifier, 치유자Healer, 다시 오실 왕Coming King에 주목한다. 이들이 이후 전개된 복음주의의 부흥운동적 특성, 종말론의 유행, '고상한 기독교적 삶' Higher Christian Life 경건, 성결-오순절-은사주의 운동의 유행을 보다 더 포괄적이고 설득력 있게 설명한다고 주장한다. 무엇보다, 이런 흐름은 프린스턴 신학자 와필드B.B. Warfield의 공격 대상

25) Donald W. Dayton, "An Autobiographical Response," 384.

이었고, 그가 대표했던 정통주의에 대한 저항운동이었다는 것이 데이턴의 주장이다.[26]

또한, 데이턴은 장로교 패러다임이 복음주의에 대한 심각한 왜곡을 초래한다고 비판한다. 예를 들어, 버나드 램이 그의 책 *the Evangelical Heritage*에서 복음주의 계보를 '서방 기독교->종교개혁->개신교 정통주의->19세기 구파 칼빈주의->근본주의->신복음주의'로 설정한다.[27] 하지만 이런 계보학은 현재 복음주의의 중요한 구성원인 성결-오순절운동과 그들의 신학적 뿌리인 존 웨슬리John Wesley의 경우를 철저히 배제한다. 즉, 웨슬리의 경우, 서방 기독교보다 동방 기독교에 뿌리를 두고 있으며, 개신교적인 것만큼 가톨릭적이었고, 정통주의보다 경건주의와 관련이 더 깊었다. 이후, 웨슬리의 후예들은 19세기에 "프린스턴이 싸웠던 '신파' 칼뱅주의 및 초교파적 부흥운동과 동일시"되었고, "20세기 중반 근본주의와 신복음주의의 영향 아래 들어가기 전까지, 개신교 정통주의와 성서 무오설로 자신들의 성경론을 표현하지 않았다."[28] 뿐만 아니라, 조지 마즈던의 경우처럼, 복음주의를 '근본주의 대 근대주의' 논쟁에서 기원한 의미로 사용할 경우, 흔히 '보수주의 대 진보주의'란 틀 안에서 복음주의를 바라보면서, "근본주의와 복음주의를 대략 보수적 혹은 전통적이란 의미로 사용"하게 된다.[29] 하지만 이런 패러다임은 현재 NAE를 구성하는 교회들의 다수가 NCC 소속 교회들보다 먼저 다양한 진보적 사회운동에 참여했었다는 사실을 간과하게 만든다. 데이턴의 말을 직접 들어보자.

> 이 보수주의적/진보적 구조와 관련된 문제들의 가장 강력한 예는 여성사

26) Donald W. Dayton, "An Autobiographical Response," 385.

27) Bernard Ramm, *The Evangelical Heritage: A Study in Historical Theology* (Grand Rapids, MI.: Baker Books, 1973).

28) Donald W. Dayton and Robert K. Johnston, *The Variety of American Evangelicalism* (Downers Grove, Ill.: InterVarsity Press, 1991), 50.

29) Donald W. Dayton and Robert K. Johnston, *The Variety of American Evangelicalism*, 246.

역ministry of women과 관계가 있다. 이 구조가 유효했다면, 우리는 NAE 소속 교회들이 여성사역을 반대했고, NCC 소속 교회들이 그런 관행의 선구자였다고 기대할 것이다. 시실, 복음주의의 보수적/진보적 구조가 우리 사고 속에 깊이 각인되어서, 그 반대가 진실임에도 많은 정보를 갖고 있는 사람들조차 이것이 맞다고 생각한다. 여성사역을 개척한 것은 NAE 소속 교회들이었고, 많은 경우, NCC가 설립되기100년 전에 그렇게 했다. 그리고 NCC에선 아직 꿈도 꾸지 못하는 비율에 도달했다. 이것은 부분적으로 NAE 안에서 성결교회와 오순절교회들이 우세하기 때문이다. 일단 그런 패턴에 주목하면, '규범적 복음주의' normative evangelicalism의 다른 중심들 Evangelical Free Church, 그리고 A. J. 고든의 활동으로 시작된 뉴잉글랜드의 복음주의적 흐름들 안에서도 그런 사실을 확인할 수 있을 것이다.30

3. 대안과 모델

복음주의 역사서술을 지배하는 장로교 패러다임에 도전하면서, 데이턴은 성결-오순절 패러다임을 제시한다. 무엇보다, 장로교 패러다임이 성서무오설에 과도히 집착하고 복음주의를 보수적 전통적 기독교로 환원한다고 비판하는 데이턴은 그런 비판의 일차적인 근거를 19세기 전반 신파 칼뱅주의와 웨슬리안 계열 안에서 탄생한 부흥운동과 사회개혁에서 찾는다. 여기서 데이턴이 특별히 주목하는 것은 찰스 피니Charles G. Finney, 1792-1875와 오벌린대학Oberlin College이다. 데이턴은 19세기 복음주의를 대표하는 이들 안에서, 장로교 패러다임이 제시하는 20세기 복음주의와 전혀 다른 모습의 복음주의를 발견했기 때문이다.

먼저, 데이턴이 주목하는 찰스 피니의 생애와 사역을 잠시 살펴보자. 1792년 코네티컷주에서 출생하여 뉴욕 북부에서 성장한 피니는 법률가로 활동하던

30) Donald W. Dayton and Robert K. Johnston, *The Variety of American Evangelicalism*, 246.

중 극적으로 회심했다. 비공식적 신학교육을 거친 후 목사 안수를 받았으며, 1830년대부터 뉴욕 북부에서 전도사역을 시작하여 미국 동북부에서 명성을 얻었다. 그는 자신의 부흥회에서 소위 "신조치"new measure라는 혁신적 방법, 즉 '연장집회' 와 '결단석' 등을 도입하고 여성들의 간증과 기도를 허용하여 뜨거운 논쟁을 촉발했다.[31] 특히, 구파 칼뱅주의자들의 공격이 극심했다. 하지만 피니는 이런 공격에 대응하면서, 그들이 옹호하는 예정론을 "선택 받은 자들의 귀족 정치"라고 비판했고,[32] 모든 인간의 구원 가능성과 인간의 의지와 능력을 긍정적으로 강조하면서 회심의 중요성을 역설했다. 특히, 죄의 본질을 이기심으로 규정하고, "타인의 이익을 위해 자신의 이익을 포기하는 것"을 회심으로 이해했다.[33] 그 결과, 피니는 부흥과 사회개혁을 긴밀히 연결했으며, 그를 통해 회심한 사람들이 다양한 개혁운동에 투신했다. 특히, 피니는 노예제도와 회중석 대여제도 같은 사회적 교회적 악습에 깊은 관심을 갖고, 자신의 집회, 담임한 교회, 그가 교수와 총장으로 섬긴 오벌린대학에서 이런 문제들의 해결을 위해 다각도로 노력했다.[34] 다음의 메시지는 개혁적 부흥사로서 피니의 본질을 단적으로 표현한다.

> 나의 형제들이여, 우리 모두 앞으로 나서서 우리 자신들이 바로 개혁자들임을 보여주십시다. 우리의 마음과 머리를 모아 모든 개혁운동과 부흥운동을 일으키는데 헌신합시다. 그렇게 되면 우리들은 부흥운동이나 개혁운동에서 그 시대의 오류들에 대해 성공적으로 반대하고 또 개혁할 수 있는

---

31) '연장집회' 는 기대한 성과를 얻을 때까지 집회기간을 계속 연장하는 것이고, '결단석' 은 회심이나 성령 체험을 원하는 사람들을 위해 강단 앞에 임시로 설치한 좌석을 말한다.

32) 도널드 데이턴, 『다시 보는 복음주의 유산』, 48.

33) 도널드 데이턴, 『다시 보는 복음주의 유산』, 50.

34) 찰스 피니에 대해선, Charles E. Hambrick-Stowe, *Charles G. Finney and the Spirit of American Evangelicalism* (Grand Rapids, Ill.: William B. Eerdmans Publishing Company, 1996)를 참조하시오.

위치를 선점하게 될 것입니다.[35]

다음으로, 피니가 교수와 총장으로 합류했던 오벌린대학에 대해 살펴보자. 데이턴은 찰스 피니와 오벌린대학의 관계, 그리고 오벌린대학의 특징과 역사적 의미를 다음과 같이 정리한다.

> 찰스 피니의 부흥운동과 그의 사회적 입장을 계승하고 발전시키기 위해 설립된 중심적 기관이 바로 오벌린대학이다.… 현재의 기독교 대학들 가운데 상당수가 '작은 오벌린'이 되기 위해 설립되었다. 하지만 오벌린은 단지 또 다른 기독교 대학들 중 하나가 아니었다. 그 당시, 이 대학은 진보주의의 온상으로서 많은 비난의 대상이 되었다. 사회적으로, 오벌린 대학은 노예제도폐지운동에 크게 기여하였다.… 그러나 오벌린과 그 지지자들은 그 외에도 여성운동, 평화운동, 시민불복종사상, 금주운동, 그리고 그 시대의 다른 개혁운동들에서도 중요한 역할을 감당하였다.[36]

이 내용을 좀 더 상세히 살펴보자. 무엇보다, 피니는 기독교대학으로서 오벌린이 회심과 성화를 모든 교육활동의 목표로 설정하고 추구하길 원했다. 그래서 모든 학생과 교수들이 방학 동안 부흥회를 인도했고 선교활동에도 힘을 쏟았다. 또한, 오벌린에 조직된 노예제도반대협회 회원 200여 명은 회원들이 "모든 흑인들의 즉각적인 해방"을 위해 헌신하기로 서약했고, 동문들은 미국 전역에서 학교들을 세우면서 흑인들을 위해 헌신했다. 오벌린 무저항회, 오벌린 평화회 등을 중심으로 평화운동에도 관여했으며, 미국의 전쟁정책을 강력히 반대했다. '여권운동'도 세계 최초의 남녀공학 대학인 오벌린의 주된 관심

35) 도널드 데이턴, 『다시 보는 복음주의 유산』, 59.
36) 도널드 데이턴, 『다시 보는 복음주의 유산』, 77-8.

사였다. 미국 최초로 안수 받은 여성 목사 앙트와네트 브라운Antoinette Brown 외에, 루시 스톤Lucy Stone, 베시 코울스Betsy M. Cowles 등의 수많은 여성운동가들을 배출했다. 건강에도 관심이 많았던 오벌린은 건강과 육체노동의 중요성을 인지했고 학생들의 생활비 보조를 위해 매일 4시간씩 육체노동을 하며, 채식주의를 권장했고 일체의 단 음식을 금지했다. 무엇보다, 오벌린은 시민불복종운동의 기수였다. 흑인 노예들이 자유를 찾아 캐나다로 탈출하는 비밀 루트 '지하철도' underground railroad 운동에 오벌린 학생과 교수들이 적극적으로 참여했던 것이다.[37]

> 이 대학은 '도망자를 위한 기금' 을 갖고 있었으며, 흔히 많은 비용이 공공기금에서 지출되었다. 대단히 빈번하게 교수들의 집이, 심지어 총장의 관저마저 도망 노예들을 숨겨주기 위해 사용되었다. 오벌린에서 죽은 사람들은 공공비용으로 그 마을 묘지에 매장되었다. 그 마을은 단 한 명의 '손님' 도 그냥 보내지 않았음을 대단히 자랑스럽게 여겼다.[38]

4. 탐구 주제

데이턴은 장로교 패러다임이 웨슬리안 계열의 복음주의자들을 복음주의 역사서술에서 배제하거나 차별하며, 특히 복음주의를 획일적으로 보수적-전통적 기독교로 규정하는 것에 반대한다. 그가 기존의 주류적 해석을 강하게 비판하는 것은 19세기 복음주의자들, 특히 웨슬리안 계열의 복음주의자들 안에서 발견한 진보적, 심지어 급진적 사상과 활동 때문이다. 그렇다면, 그의 학문적 관심의 주된 대상이 되었고, 장로교 패러다임의 대안으로 성결-오순절운동 패

---

37) 오벌린대학의 특성과 활동, 특히 노예제도 반대운동에 대해선, 도널드 데이턴, 『다시 보는 복음주의 유산』, 77-112를 참조하시오.

38) 도널드 데이턴, 『다시 보는 복음주의 유산』, 93.

러다임을 제시하게 한 역사적 주제들은 무엇일까?

(1) 노예문제

데이턴은 자신의 책 『다시 보는 복음주의 유산』에서 대표적인 복음주의자 빌리 그레이엄Billy Graham과 관련된 흥미로운 일화 하나를 소개한다. 베트남 전쟁 막바지에 미국의 북베트남 폭격을 중단하도록 닉슨 대통령을 설득해달라고 목회자들이 그에게 요청했다. 이에 대해, 빌리 그레이엄이 공개적으로 이렇게 답했다. "나는 하나님께서 구약의 선지자가 아닌, 신약의 복음전도자로 나를 부르셨다고 확신한다! 일부의 사람들이 복음전도자가 일차적으로 사회 개혁자나 정치적 활동가가 되어야 한다고 해석하기도 하지만, 나는 결코 그렇게 생각하지 않는다."[39] 데이턴의 관점에서, 빌리 그레이엄의 이런 입장은 복음주의자들의 일반적인 입장을 대변한 것이다. 하지만 19세기 복음주의자들 안에서, 우리는 전혀 다른 모습을 발견할 수 있다. 당시에 가장 첨예한 정치적 사회적 쟁점이었던 노예제도에 대해 많은 복음주의자들이 강력히 반대하며 폐지를 위해 헌신했기 때문이다.

데이턴은 조나단 블랜차드Jonathan Blanchard, 시어도어 웰드Theodore Weld, 그림케Grimke 자매, 태픈Tappan 형제 등에 먼저 주목한다. 블랜차드는 복음주의의 지적 요새인 휘튼대학의 초대 총장이었다. 그는 노예제도반대협회 직원으로 활동했으며, 1845년 라이스N. L. Rice와의 공개토론에서 "노예를 소유하는 것 자체가 죄악이며, 주인과 노예 간의 관계는 잘못된 관계다"라고 설파했다.[40] 이런 블랜차드에 대해 데이턴은 "최소한 노예제도에 관해서, 자유주의자라기 보다는 급진주의자"였다고 평가한다.[41] 한편, 웰드는 피니의 목회를 통

---

39) Billy Graham, "A Clarification," *Christianity Today* (January 19, 1973), 36. 도널드 데이턴, 『다시 보는 복음주의 유산』, 35에서 재인용.

40) 도널드 데이턴, 『다시 보는 복음주의 유산』, 39.

41) 도널드 데이턴, 『다시 보는 복음주의 유산』, 44.

해 회심했고, 평생을 개혁과 노예제도반대운동에 투신했다. 그는 언론이나 도시, 공직 등을 끝까지 피하면서 "권력의 중심부인 동부로부터 멀리 떨어진 서부, 특히 오하이오"의 작은 마을 농부들 틈에서 활동했다.[42] 1833년 미국노예제도반대협회the American Anti-Slavery Society가 조직되었을 때, 오하이오주에서 그 운동을 확산시키는데 결정적인 공헌을 했다. 또한, 노예제도의 잔학상에 대한 증거들을 수집하여 출판한 그의 저서 『노예제도의 현실』*Slavery As It Is*은 "노예제도에 대한 강력한 비판서"가 되었으며,[43] 노예제도 폐지에 결정적인 영향을 끼친 헤릿 비처 스토우Harriet Beecher Stowe의 『톰 아저씨의 오두막집』Uncle Tom' s Cabin에 큰 영향을 끼쳤다. 한편, 웰드와 결혼한 안젤리나 그림케Angelina Grimke와 동생 사라Sarah는 퀘이커 출신으로 본래부터 노예제도를 강력히 반대했고, 웰드의 저술 활동에도 큰 도움을 주었다. 그리고 태픈 형제는 당시에 크게 성공한 기업인들로서, "자신들의 부를 다양한 자선사업, 구호사업 단체, 그리고 사회개혁운동 등에 환원했다."[44] 특히, 이들은 즉각적 노예해방을 주창한 윌리엄 로이드 게리슨William Lloyd Garrison이 발행한 잡지 「해방자」Liberator, 노예제도반대협회, 레인신학교와 오벌린대학, 흑인 노예들의 선상 반란과 관련된 아미스타드 재판1839-42, 노예제도를 반대하는 미국선교연합회the American Missionary Association 등을 재정적으로 후원했다.[45]

이런 개인들의 활동 외에, 데이턴이 특별히 주목하는 것은 그의 교단이자 19세기 노예제도 반대를 교단의 정체성으로 규정한 웨슬리안감리교회Wesleyan Methodist Church, 그리고 이 교회 설립을 주도한 오렌지 스코트Orange Scott와 루터 리Luther Lee다. 존 웨슬리는 노예제도를 강력히 반대했고, 노예무역 폐지를 위해 투쟁한 정치가 윌리엄 윌버포스William Wilberforce의 든든한 지원자였다.

42) 도널드 데이턴, 『다시 보는 복음주의 유산』, 62.
43) 도널드 데이턴, 『다시 보는 복음주의 유산』, 71.
44) 도널드 데이턴, 『다시 보는 복음주의 유산』, 116.
45) 태픈 형제의 활동에 대해선, 도널드 데이턴, 『다시 보는 복음주의 유산』, 113-27을 참조하시오.

그런 영향 하에, 1784년 감리교 창립총회는 노예무역과 관련된 회원들의 자격 박탈을 요구했다. 하지만 1820년대와 1830년에 이르러 감리교인들이 노예제도를 수용하게 되었고, 『장정』*Discipline*도 명목상의 반대만 유지했다. 하지만 1830년대에 노예제도반대운동이 고조되면서, 오렌지 스코트를 비롯한 일부 감리교인들이 양심의 가책을 느끼고 노예제도반대운동에 참여하기 시작했다. 동시에, 그의 반대자들로부터 "무분별한 선동가이거나 정신병자임에 틀림없다"[46]란 비난을 받았던 스코트를 포함한 노예제도 반대파들이 1836년 총회에서 결정적으로 패배했고, 이후 악의적인 차별이 뒤따랐다. 교단 내에서 긴장은 고조되었다. 마침내 "새로운 노예제도 폐지운동, 금주운동, 그리고 잘못된 교회조직에 대한 일체의 반대운동"을 목적으로 '웨슬리안감리교동맹' the Wesleyan Methodist Connection이 탄생했다.[47] 스코트를 연구한 도널드 매튜스Donald G. Mathews는 그에 대해 이렇게 평가했다.

> 그를 한낱 개혁가로 부르는 것은 그의 중요성을 오해하는 것일 수도 있다. 오히려 그는 혁명가였다고 할 수 있다. … 그는 한 체제 전체를 반대했다. 그는 노예제도의 개혁을 요구했던 것이 아니라, 그 제도의 폐지를 주장했으며, 그렇게 함으로써, 그와 그의 동시대인들이 이해하고 있던 남부와 심지어 미국사회 전체의 해체를 의도했던 것이다.[48]

(2) 여성문제

데이턴의 지적처럼, "오늘날 기독교 서점들은 남성에 대한 여성의 복종을

46) 도널드 데이턴, 『다시 보는 복음주의 유산』, 132.

47) 도널드 데이턴, 『다시 보는 복음주의 유산』, 135.

48) Donald G. Mathews, "Orange Scott: The Methodist Evangelist as Revolutionary," in *The Anti-Slavery Vanguard: New Essays on the Abolitionists*, ed. Martin Duberman (Princeton: Princeton University Press, 1965), p. 100. 도널드 도데이턴, 『다시 보는 복음주의 유산』, 147에서 재인용.

강조하고, 복음주의 여성들에게 그들 자신들의 개성과 열망들을 철저하게 억누르는 '온전하면서도 매력적인 여성다움을 요구하는, 그러면서 여성들의 전통적 역할을 긍정하는 수많은 책들로 가득 차 있다."[49] 대표적인 예가 그레이엄 부부다. 빌리 그레이엄은 "이브는 산모가 되어야 하며, 아담은 생계 부양자가 되어야 한다…아내, 어머니, 가정주부–이것이 진정한 여성스러움의 주어진 운명이다."고 주장했으며,[50] 그의 아내 루스Ruth는 "저는 개인적으로 여성안수에 대해 반대하는 입장이다. 일단, 제가 보기에 남자들의 수가 그렇게 부족한 것 같지는 않다."라고 자신의 입장을 공개적으로 밝혔다.[51]

이런 복음주의 내의 지배적인 목소리에 반기를 들면서, 데이턴은 18세기부터 시작된 부흥운동의 역사를 추적한다. 먼저, 존 웨슬리가 생애 말년 일부 여성들에게 설교권을 허락했으며, 비슷한 시기에 '자유의지 침례교회' the Free-Will Baptists 같은 단체들 내에서 여성 설교자들이 출현하기 시작했다. 위에서 언급했던 피니의 부흥회, 교회, 오벌린대학에서 여성들에게 발언권, 교육 기회, 여성 안수 등이 허용되었다. 특별히, 성결운동이 이 영역에서 선구적인 역할을 담당했다. 최초로 여성의 참정권을 요구했던 1848년 '세네카 폴 회의' Seneca Fall Meeting가 한 웨슬리안감리교회에서 개최되었다. 당시에, 이런 급진적인 주장을 수용할 준비가 된 교회는 이곳 밖에 없었기 때문이다. 하나님의교회인디애나 앤더슨 소재, 1880년 설립, 나사렛교회1894년 설립, 필그림성결교회1897년 설립는 초기부터 여성안수를 허용했고, 그 수가 교단 전체 목회자들 중 20–30%를 차지했다.[52] 또한, 이 운동은 뛰어난 여성 활동가들을 배출했다. 1850년대 성결운동을 주도했던 피비 파머Phoebe Palmer는 여성의 권리를 변호하기 위해 『아버지의 약속』the Promise of the Father, 1859을 출판했으며, 구세군 설립자 윌리

49) 도널드 데이턴, 『다시 보는 복음주의 유산』, 149.
50) 도널드 데이턴, 『다시 보는 복음주의 유산』, 159.
51) 도널드 데이턴, 『다시 보는 복음주의 유산』, 149.
52) 도널드 데이턴, 『다시 보는 복음주의 유산』, 168–69.

엄 부스William Booth의 아내 캐서린Catherine Mumford Booth은 『여성 목회』Female Ministry, 1859에서 교회 내에 만연한 편견을 강력히 비판하고 여성 목회를 옹호했다. 불기둥성결교회the Pillar of Fire를 설립하면서 교회사 최초의 여성 감독이 된 엘마 화이트Alma White는 여성들의 완전하고 평등한 참정권을 요구했다. 그 외에도, 케직운동의 중심인물이자 『행복한 그리스도인 생활의 비결』the Christian' s Secret of a Happy Life의 저자 한나 위톨 스미스Hanna Whitall Smith, 기독교여성금주연맹the Women' s Christian Temperance Union의 설립자 프란시스 윌라드Francis Wilard, 세계적인 명성을 얻은 흑인 여성 전도자 아만다 베리 스미스Amanda Berry Smith 등도 기억해야 할 인물들이다.[53] 이렇게 19세기 복음주의 여성운동을 소개하면서, 데이턴은 그 상관관계를 다음과 같이 정리한다.

> 사실, 퀘이커주의 다음으로 교회 생활에서 여성들에게 가장 큰 역할을 부여했던 것이 바로 복음주의이다. 이런 관행은 19세기 미국 부흥운동에서 그 절정에 달했지만, 그 이전 세기의 복음주의 부흥속에서 이미 예견되었던 것이다.… 활기찬 복음주의 종교 내에는 평등화를 지향하는 힘이 내재해 있다. 어떤 이들은 심지어 복음주의 부흥이, 다른 곳에서는 근대의 혁명들을 발효시켰던 급진적 평등사상을 영국 사회에 전달해 주었다고 주장했다. 이 평등화의 영향력이 교회 생활 속에서도 평신도들의 성장에 기여하였고, 또 그들에게 설교권이 주어지고 다른 형태의 지도력을 발휘할 수 있도록 허락되었던 것 같이, 이런 과정 속에서 여성들도 그 이전에는 그들에게 거부되었던 새로운 역할들을 발견하게 되었다.[54]

53) Donald W. Dayton, "A Neglected Tradition of Biblical Feminism," in *From the Margins*, 3-20; 도널드 데이턴, 『다시 보는 복음주의 유산』, 149-70을 참조.

54) 도널드 데이턴, 『다시 보는 복음주의 유산』, 152.

(3) 빈곤문제

데이턴은 이 주제와 관련해서 미국교회 내에 존재하는 오해를 먼저 지적한다. 즉, 이 주제에 가장 깊은 관심을 갖고 주도적인 역할을 담당한 것은 '사회복음' the Social Gospel 이며, 1920년대와 1930년대 발생한 '근본주의 대 근대주의' 논쟁의 결과로 "사회적 양심을 견지하는 이들과 개별적 중생을 강조하며 '개인복음' 을 옹호하는 이들 간에 분열을 초래"했다는 것이다.[55] 데이턴은 이런 묘사가 "어느 정도의 진실을 담고 있지만, 이것은 또한 진실에 대한 중대한 왜곡을 초래한다"고 지적한다. 왜냐하면 역사적 자료들을 검토하면, "사회복음이 신학적 자유주의자들 내부에서의 사회적 양심의 표명인 것처럼, 신학적으로 보다 보수적인 사람들 내에서도 부르주아적 교회 생활에 대한 반감이 존재"했고, "어떤 면에선 사회복음보다 보수적이지만, 또 어떤 면에서는 더 급진적"이었기 때문이다.[56]

기본적으로, 데이턴은 이런 빈곤에 대한 깊은 관심과 활동은 찰스 피니의 부흥운동과 관계가 있으며,[57] 노예제도가 폐지된 후 그동안 그 운동에 관여했던 이들이 빈곤과 관련된 다양한 사회운동으로 활동영역을 옮겼다고 지적했다. 하지만 그가 보기에 보다 근원적으로, 이 문제는 성경에 근거할 뿐 아니라, 신학과 교파의 경계를 넘어 가장 보편적인 교회의 관심사였다.

> 만약 해방신학에서부터 전통적인 구호사업에 이르기까지, 교회내에서 행해지는 운동들 가운데 어떤 일관된 주제가 있다면, 그것은 이 세상의 가난한 자들과 억압받는 자들에 대한 기독교인들의 특별한 책임을 선언하는 일일 것이다. 이 운동들은 경제적으로 가난한 자들을 우대하는 일종의 편견

---

55) 도널드 데이턴, 『다시 보는 복음주의 유산』, 187.

56) 도널드 데이턴, 『다시 보는 복음주의 유산』, 172.

57) "이 운동은 피니의 '신조치' 부흥운동으로부터 많은 영감을 얻었다…이런 충동은 분명하게 피니와 그의 친구들의 사역에 근거하고 있었다." 도널드 데이턴, 『다시 보는 복음주의 유산』, 174.

을 갖고 있다고 선언한다. 이런 관심은 예수가 자신의 선교사명을 밝히기 위해서 이사야서의 본문, 즉 '가난한 자들에게 복음을 전하기 위하여 기름 부음을 받았다' 를 인용했던 누가복음4:8 속에서 분명하게 드러난다. 누가복음의 나머지 부분들도 '가난' 이라는 것이 일차적으로 경제적인 용어로 이해되어야 함을 분명히 해주고 있다.[58]

이런 전제 하에, 데이턴은 19세기 복음주의자들의 대표적인 빈민사역들을 소개한다. 먼저, 19세기 초반 "뜨거운 감자"였던 "회중석 대여제도"Pew Rental에 주목한다. 교회들이 화려한 예배당을 건축하기 시작하면서, 교회 재정 마련을 위해 회중석을 대여하거나 판매하는 것이 시대적 관행이 되었다. 이런 흐름에 반대하여, 무료로 자유롭게 좌석에 앉는 것을 허용한 소위 "자유교회들"free churches이 출현했다. 이런 목적으로 설립된 대표적인 교회가 '자유감리교회' Free Methodist Church다. 전통적으로, 감리교회는 "모든 교회 건물들은 소박하고 단정하게 지어져야 하며, 그 좌석은 누구나 자유롭게 앉을 수 있어야 한다. 그렇지 않으면 돈에 대한 필요성으로 인해 부자들만 우리 곁에 모이게 된다"라고 『장정』*Discipline*에서 명백히 규정했다. 하지만 이 조항이 1852년 삭제되면서 회중석 대여제도가 감리교회에 도입될 수 있는 길이 열렸다. 자유감리교회는 이런 감리교회의 변질에 강력히 반대하며 1860년 설립되었다. 모든 좌석을 무료로 제공하고 단정하고 소박한 복장과 단순한 생활양식을 실천했으며, "노예제도, 유리한 조건의 거래, 피고용인들의 임금 착복 등"을 금지했다.

한편, 나사렛교회는 "가난한 자들을 돌보는 것이 그리스도인들의 책임이라는 믿음을 공유했던 일군의 사람들에 의해 조직된 초교파적 운동"이었다.[59] 그 설립에 중추적인 역할을 맡았던 피니스 브레시Phineas F. Bresee는 캘리포니아에

58) 도널드 데이턴, 『다시 보는 복음주의 유산』, 174.
59) 도널드 데이턴, 『다시 보는 복음주의 유산』, 187.

서 안정된 대형교회 목회를 포기하고, 1895년 LA 빈민지역에서 목회를 시작했다. "나사렛교회"란 이름도 "그리스도의 고통스럽고 비천했던 사역을 상징하기 위해 선택"한 것이다.[60] 1860년, 기독교선교회the Christian Mission로 시작한 구세군도 빼놓을 수 없다. 1880년부터 미국에서 가난한 자들에게 복음을 선포하고 음식, 의복, 쉼터 등을 제공했으며, 빈민은행, 탁아소, 무료 법률상담소 등을 운영했다. 뿐만 아니라, 죄수들이 감옥에 가지 않도록 보호자 역할을 했으며, "백인노예제도"라고 불리던 '매춘을 위한 여성들의 인신매매' 를 막기 위해 분투했다.[61]

그 외에, 빈민선교를 목적으로 설립된 여러 선교단체들도 다수 출현했다. 우범지대에 위치하여 알코올 중독자들의 구원과 재활을 위해 음식, 숙소, 의복, 의학 치료를 제공한 '시카고퍼시픽가든선교회' Pacific Garden Mission in Chicago, 1877년 설립, 알코올과의 전쟁을 선포한 '워터스트리트선교회' Water Street Mission, 1872년 설립, 매춘 여성들을 위해 헌신한 '희망의 문' Door of Hope, 1890년 설립과 '플로렌스크리탠턴선교회' the Florence Crittenton Homes, 1882년 설립 등이 대표적인 예들이다.[62]

5. 해석과 설명

데이턴의 복음주의 연구는 19세기 전반 복음주의 운동이 부흥운동과 사회개혁을 결합했던 역사를 발견하면서 본격적으로 시작되었고, 그 망각된 역사의 복원을 평생의 학문적 과제로 삼았다. 동시에, 그의 주된 학문적 업적은 19세기의 진보적 개방적 복음주의가 20세기에 성서 무오설에 집착하며 보수적 반동적 근본주의로 변모한 이유와 과정을 설명한 것이다. 그의 분석은 미국의

60) 도널드 데이턴, 『다시 보는 복음주의 유산』, 188.
61) 도널드 데이턴, 『다시 보는 복음주의 유산』, 194.
62) 도널드 데이턴, 『다시 보는 복음주의 유산』, 188-92.

보수적 군소교단인 웨슬리안교회Wesleyan Church[63]에서 성장한 개인적 배경, 20대부터 관여했던 도시사역, 그리고 신학, 윤리, 역사를 넘나드는 그의 학문적 역량이 종합된 결과물이다.

먼저, 데이턴은 19세기 사회개혁을 주도했던 복음주의자들 안에서 발생한 '경제적 성장' 에 주목한다. 남북전쟁1861-65 전 노예제도반대운동, 여성운동, 빈민운동 등에 적극적으로 참여했던 교회와 인물 들은 대체로 경제적으로 가난하고 사회적 신분이 낮은 경우가 대부분이었다. 그런데 이들이 엄격한 윤리 규범을 성실히 준행함으로써, 세월이 흐르면서 사회적 계급과 경제적 수준이 상승하여 중산층에 진입했다. 그 결과, "이 새로운 교회는 자신들의 삶을 위협하는 자들, 특히 한때는 활력의 원천이었던 하층계급에 대항하는 요새로 탈바꿈하게 된다."[64] 이런 변화를 데이턴은 "부르주아 현상"embourgeoisement이라고 명명한다.[65]

둘째, 데이턴은 이런 '경제적 성장' 과 '세대 변화' 사이의 상관관계도 분석한다. 즉, 이런 19세기 초반의 복음주의자들은 높은 수준의 윤리 규범을 엄수하고 자신들이 설정한 거룩한 목적에 열정적으로 헌신했다. 하지만 다음 세대는 이런 규범과 헌신을 그 전통과 문화로 보존하지만, 자녀 교육과 양육에 더 큰 관심을 쏟게 되었다. 이런 관심의 변화는 궁극적으로 교회의 조직과 신학의 변화로 이어졌고, 이런 과정이 여러 세대에 걸쳐 반복되면서 결국 "그 이전 세대에 의해 의도되었던 것과는 완전히 정반대의 결과를 가져오게 된다."[66]

셋째, 데이턴은 이런 세대 간의 변화와 관련해서, '사회심리적인 요소' 도 언급한다. 이것은 데이턴 자신의 개인적 경험과 무관하지 않다. 즉, 1세대 복

63) 웨슬리안감리교회(the Wesleyan Methodist Church, 1843년 설립)와 필그림성결교회(the Pilgrim Holiness Church, 1897년 설립)가 1968년 통합되어 웨슬리안교회가 되었다.

64) 도널드 데이턴, 『다시 보는 복음주의 유산』, 202-03.

65) Donald W. Dayton, "The Search for the Historical Evangelicalism: George Marsden's History of Fuller Seminary as a Case Study" in Christian T. Collins Winn, *From the Margins*, 263.

66) 도널드 데이턴, 『다시 보는 복음주의 유산』, 201.

음주의자들은 자신의 신념에 따라 세상과 구분되는 삶의 양식을 추구했다. 노예제도, 여성, 빈곤 같은 거대담론 외에, 금주, 금연, 춤 금지 등의 엄격한 윤리 규범을 강조했다. 하지만 이런 종교문화 속에서 자란 어린이들은 그런 규범과 생활방식 때문에 주변의 친구들이나 사회로부터 소외되는 뼈아픈 경험을 했다. 따라서 이들은 주류 문화에 소속 적응하고 싶다는 강한 열망을 품고 성장했으며, "독특한 행동양식이 철저히 포기되지 않았을 때, 그들이 금하고자 했던 것들을 수용할 수 있도록 행동양식을 변형 수정했다."[67] 결국, 데이턴은 과거에 혁신적 진보적 역사를 갖고 있던 교회들이 20세기 중반에 근본주의-신복음주의를 수용한 근본적인 이유 중 하나가 바로 '주류에 합류하고 싶은 사회적 문화적 열망'이라고 해석한다.

넷째, 데이턴은 역사적으로 '남북전쟁'이 복음주의에 끼친 영향력을 강조한다. "남북전쟁 자체가 엄청난 영향을 끼친 것으로 보인다."[68] 남북전쟁 이후 복음주의자들은 노예제도반대운동과 평화운동이 충돌하는 가슴 아픈 경험을 하면서 세상이 자신들의 생각보다 훨씬 더 복잡하다는 것을 절감했다. 이처럼, "남북전쟁은 초기의 유토피아적 환상들을 허물어뜨림으로써 개혁 충동들이 소멸하는데 기여하였다."[69] 동시에, 남북전쟁은 복음주의자들이 추진했던 개혁운동을 불완전하지만 어느 정도 해결하는 성과도 내었다. 그 결과, 이후로 부흥운동은 금연, 금주, 춤과 도박 금지 같은 개인적 도덕성에 관심을 집중하는 경향을 보인 반면, 보다 구조적 사회적 쟁점들에 대한 관심은 약화되고 말았다.

다섯째, 데이턴은 복음주의자들이 사회개혁을 통해 "기독교적 미국"Christian America를 건설하려던 원대한 꿈을 무너뜨린 여러가지 사회적 요인들을 제

67) 도널드 데이턴, 『다시 보는 복음주의 유산』, 202.
68) 도널드 데이턴, 『다시 보는 복음주의 유산』, 204.
69) 도널드 데이턴, 『다시 보는 복음주의 유산』, 204.

시한다. 무엇보다, 새로운 이민자들의 유입이 큰 영향을 끼쳤다. 독일 루터교인들과 아일랜드계 천주교인들의 대량 유입은 금주법과 기독교 미국의 건설을 위해 치열하게 싸우던 복음주의자들의 의지를 꺾는 치명타가 되었다. 남북전쟁 이후 급속도로 전개된 도시화와 산업화도 중요한 변수로 작용했다. 이런 새로운 근대화 현상들이 새롭고 난해한 문제들을 야기하면서, "부흥운동적 개혁의 비전을 대단히 복잡하게 만든 것이다."[70] 뿐만 아니라, 성서비평학과 진화론의 출현은 신앙의 전통적 토대가 붕괴되는 것으로 이해되어, 사회개혁에 헌신했던 복음주의자들이 기독교 미국에 대한 원대한 꿈을 포기하고 생존을 위해 자신들 내부에 집중하는 경향을 양산했다.[71]

여섯째, 데이턴은 신학적 차원에서 이런 변화의 주된 원인으로 '종말론의 변화'를 지적한다. 후천년설은 "하나님의 은총의 유효성과 그 영향 하의 점진적 진보를 강조"[72]하면서 세상이 점점 더 좋아지고 있다는 증거로 해외선교의 확장과 교육의 확대 등을 제시한다. 반면, 전천년설은 인간의 죄와 악의 세력에 주목하면서 천국을 위해 이 세상을 포기해야 한다고 생각했고, 범죄와 각종 도시 문제들을 세상이 점점 더 악해지고 있다는 증거로 강조한다. 그런데 남북전쟁 이전에 복음주의의 주된 종말론이었던 후천년설이 남북전쟁 이후 전천년설에게 주도권을 빼앗겼다. 결국, 이런 종말론의 변화가 복음주의 사회활동에 중대한 영향을 미쳤으며, 장기간에 걸친 사회개량사업 대신, 타락한 세상에서 영혼을 구원하는 전도에 더욱 집중하게 된 것이다.[73]

---

70) 도널드 데이턴, 『다시 보는 복음주의 유산』, 204.

71) 도널드 데이턴, 『다시 보는 복음주의 유산』, 205.

72) 도널드 데이턴, 『다시 보는 복음주의 유산』, 207.

73) "조나단 블랜차드, 웨슬리안 감리교인들, 그리고 다른 복음주의 개혁가들의 운동뿐만 아니라, 피니의 부흥운동도 후천년설과 관련되어 있었다. 하지만 1880년대부터 전천년설이 복음주의 세계에 빠르게 확산되기 시작하여, 조나단 블랜차드의 후천년설적 비전에 의해 운영되었던 휘튼대학이 1920년대에 이르러서 신학강령 속에 전천년설을 삽입시켰고, 이 대학은 현재에도 이 헌장의 영향 하에 있으며, 이 대학의 교수회의는 매년 이 헌장에 의무적으로 서명해야 한다." 도널드 데이턴, 『다시 보는 복음주의 유산』, 206-07.

끝으로, 데이턴은 복음주의 내부에서 오벌린대학교 대신 프린스턴신학교의 위상과 영향력이 급증한 것에 주목한다. 데이턴에 따르면, 프린스턴신학교는 사회개혁운동에 대해 비판적인 입장을 고수했다. 예를 들어, 찰스 하지 Charles Hodge는 "정치적 독재와 국내의 노예제도는 도덕적 측면에서 볼 때 사소한 일들이며, 별로 중요하지도 않다"고 결론을 내렸으며,[74] 그를 포함한 프린스턴 교수들은 여성 참정권도 반대했다. "한 가정에서 두 개의 자율적인 투표권을 갖는다는 생각은 가정에서 남성의 우월권을 주장하는 성서적 가르침에 철저히 위배되는 것이다."[75] 또한, 프린스턴 신학은 "귀족제 및 사회의 상류층들과 긴밀히 연관되어 있"으며,[76] 결정론을 지지하여 "우리가 인생에서 어떤 위치에 있던지 우리는 그것에 저항하지" 말아야 한다고 주장했다.[77] 그런데 부흥운동과 사회개혁을 함께 추구했던 19세기 복음주의자들의 사회적 경제적 상황이 호전되면서, "프린스턴적 시각이 자신들의 위치에 보다 적합하다는 것을 깨닫게 되었"고,[78] 성서비평학의 출현으로 당황하던 상황에서 '성서무오설'의 아성인 프린스턴신학교에게 도움을 청했다. 그 결과,

> 기독교 평등주의로 시작했던 것이 기독교 엘리트주의로 변형되었다. 한때는 노예들의 해방을 지지하던 부흥운동적 경향들이 이제는 시민권운동에 반대하는 부와 권력에 자신들을 일치시켰다. 여성들을 위해 새로운 역할들을 개척했던 교회와 운동들이 동일한 목표를 추구하는 현대의 운동들에 대해서 가장 적대적이 되었다.[79]

74) 도널드 데이턴, 『다시 보는 복음주의 유산』, 211.
75) 도널드 데이턴, 『다시 보는 복음주의 유산』, 210-12.
76) 도널드 데이턴, 『다시 보는 복음주의 유산』, 212.
77) 도널드 데이턴, 『다시 보는 복음주의 유산』, 213.
78) 도널드 데이턴, 『다시 보는 복음주의 유산』, 216.
79) 도널드 데이턴, 『다시 보는 복음주의 유산』, 218-9.

6. 결론과 영향

데이턴은 "복음주의"라는 용어 자체에 대해 근원적인 문제를 제기한다. 일차적으로, 복음주의evangelicalism란 단어가 "모호할 뿐 아니라, 근본적인 함의면에서 부정확하고, 그 현상을 제대로 이해하려는 노력에 방해가 된다."는 것이다.[80] 데이턴에 따르면, 복음주의란 단어 속에 최소한 세가지 상이한 흐름들이 공존한다. ① 16세기 종교개혁, ② 18세기 경건주의-회심주의, ③ 20세기 근본주의. 하지만 이런 상이한 흐름들이 모두 '복음주의' 란 하나의 단어로 표기됨으로써 의미의 혼란이 가중된다. 그래서 데이턴은 상이한 복음주의 흐름들을 보다 명확히 구분하기 위해, 각각에 해당하는 적절한 용어를 독일어에서 차용한다.

먼저, 16세기 종교개혁과 관련된 것은 evangelische로 표시한다. "기본적으로, [이것은] 종교개혁 주제들과 관계가 있는데, 특히 천주교에 대항하여 루터교 전통 안에서, 그리고 보통 아우구스티누스 인간학의 전통, 신적 주도권에 대한 종교개혁 교리들, 그리고 그것과 관련된 선택교리에서 표현된다."[81] 다음으로, "18세기 경건주의-회심주의에 해당하는 단어는 Pietismus, Erwekungsbewegung, Neupietismus 등이며, 17세기 경건주의와 청교도, 18세기의 복음주의적 부흥운동과 대각성 전통, 19세기 부흥운동을 포괄한다. 여기에는 "회심, 선교와 전도, 사회적 관심을 강조하는 일종의 '구원론적 환원주의' soteriological reductionism가 존재한다."[82] 끝으로, 20세기 초반에 출현한 근본주의와 제2차 세계대전 이후 발전한 신복음주의와 관련하여, evangelikal이란 신조어를 제시한다. 데이턴에 따르면, "자유주의의 발흥 이후 '근대성의 쓰라린 맛' 에 대항하여…근본주의자들과 신복음주의자들이 예를 들어, 복음주의신학회

80) Donald W. Dayton and Robert K. Johnston, eds., *The Variety of American Evangelicalism* (Downers Grove, IL.: InterVarsity Press, 1991), 246.

81) Donald W. Dayton and Robert K. Johnston, eds., *The Variety of American Evangelicalism*, 47.

82) Donald W. Dayton and Robert K. Johnston, eds., *The Variety of American Evangelicalism*, 48.

에서 대표되듯이, 성경에 대한 한가지 교리, 특히 성서 무오설에서 일차적으로 공통된 요소를 발견했다."[83] 이렇게 복음주의 내의 다양한 흐름들의 존재와 이것을 표현하는 영어 단어 'evangelicalism' 의 한계를 지적한 후, 데이턴은 복음주의 역사서술의 역사상 가장 담대하고 충격적인 결론에 도달했다. "나는 오히려 그 용어[복음주의]의 사용에 대해 모라토리엄잠정적 사용 중지을 요청한다. 우리가 보다 적절하고 유용한 분석의 범주들을 발견하게 되길 소망하면서 말이다."[84] 이것은 오늘날 복음주의 연구자들이 당면한 핵심적인 과제 중 하나다.

또한, 오랫동안 복음주의 역사서술을 지배해온 "장로교 패러다임"에 대해, 데이턴은 부흥운동과 사회개혁을 결합했던 19세기 초반 피니의 신파 장로교와 성결운동이 주도한 복음주의 역사를 발굴함으로써, 소위 "성결-오순절 패러다임"을 제시했다. 즉, 데이턴의 관점에서, 장로교 패러다임은 과거나 현재의 복음주의를 지극히 부분적으로만 포괄하며, 심지어 복음주의를 보수주의로 환원함으로써 복음주의의 본질을 왜곡한다. 결국, 복음주의 신학계에서 오랫동안 "광야의 고독한 목소리"였던 데이턴의 치밀한 연구와 담대한 도전으로, 복음주의 역사서술에 대한 장로교 패러다임의 독점적 지위가 흔들리고, 최근의 연구자들은 두 패러다임의 종합을 추구하기 시작했다. 예를 들어, 더글라스 스위니Douglas Sweeney는 "신복음주의 역사서술에 대한 두 접근 모두 도움이 된다. 하지만 어떤 접근도 그 자체로는 아직까지 그 운동에 대한 완벽한 그림을 제공하지 못했다."[85]고 평가했으며, 조엘 카펜터Joel Carpenter도 "그 이야기의 교훈은 복음주의자들을 연구하는 우리가 서로 배워야 할 것, 전체 그림에 추가해야 할 것이 많다는 것이다."[86]라고 비슷한 주장을 했다. 심지어, 데이턴의 공

83) Donald W. Dayton and Robert K. Johnston, eds., *The Variety of American Evangelicalism*, 48.

84) Donald W. Dayton and Robert K. Johnston, eds., *The Variety of American Evangelicalism*, 251.

85) Douglas Sweeney, "The Essential Evangelicalism Dialectic: The Historiography of the Early Evangelical Movement and the Observer-Participant Dilemma," *Church History* 60:1 (March 1991), 76.

86) Joel Carpenter, "The Scope of American Evangelicalism: Some Comments on the Dayton-Marsden

격을 한몸에 받았던 조지 마즈던도 끝까지 데이턴에게 굴복하지 않았으나, "우리가 상반되는 패러다임을 고수해야 한다고 주장하는 대신, 우리가 다차원적이고 서로 침투하는 복음주의 운동이 존재한다는 것을 인정하는 보다 단순한 렌즈를 통해 그런 자료들을 읽는다면, 내가 볼 때, 우리는 보다 건설적으로 발전할 것이다."87라고 자신과 데이턴의 공존 가능성을 인정했다. 로버트 크라폴 Robert H. Kraphol도 "미국 복음주의는 너무 다양하고 복잡한 현상이기에, 어떤 한가지 해석적 좌표나 패러다임에 정교하게 들어맞을 수 없다."고 현재 복음주의 역사서술의 현실을 평가했다.88 데이턴의 수고가 초래한 미국 복음주의 역사학계의 지각변동이다.

Ⅳ. 글을 마치며

나는 지금까지 복음주의 연구자로서 도널드 데이턴의 생애와 학문적 여정을 살펴보았다. 이상의 내용을 토대로, 다음과 같은 결론에 도달했다.

먼저, 데이턴의 출생, 교육, 사역, 그리고 학문은 시종일관 사회적 약자들에 대한 관심을 유지했다. 그는 장로교, 감리교, 침례교 같은 미국교회의 주류가 아닌, 웨슬리안교회라는 비주류 출신이다. 특히, 이 교회가 과거의 개혁적 특성을 상실하고 근본주의적 요소를 빠르게 흡수하던 시기에 성장하면서, 그는 사회적 주변인으로서 뼈아픈 경험을 내면화 했다. 그가 뉴욕, 뉴헤이븐, 시카고 등지에서 공부할 때, 직접 도시빈민들을 대상으로 한 다양한 도시사역과 프로그램에 참여했다. 결국, 이런 출생과 교육, 사역의 경험이 19세기 부흥운

Exchange," *Christian Scholar's Review* 23:1 (September 1993), 61.

87) George M. Marsden, "Response to Don Dayton," *Christians Scholar's Review* 23:1 (September 1993), 40.

88) Robert H. Krapohl and Charles H. Lippy, *The Evangelical: A Historical, Thematic, and Biographical Guide*, 10.

동가요 개혁자였던 찰스 피니를 알게 되면서, 그리고 그가 자기 교회의 망실된 역사를 발견하면서, 그리고 그와 비슷한 생각을 공유하는 학문적 동지들을 만나면서, 데이턴은 사회적 종교적 주변인들의 신앙인 성결운동과 오순절운동의 역사를 복원하는데 학문적 관심과 역량을 집중했다. 결국, 우리는 데이턴의 77년 생애를 관통하는 하나의 일관된 주제가 바로 "가난한 자에게 복음을 전한다"는 예수의 말씀이었음을 부인할 수 없다.

둘째, 데이턴이 조지 마즈든으로 대표되는 소위 '장로교 패러다임'을 강력히 비판하며 '성결-오순절 패러다임'을 주창한 것도 이런 개인적 경험과 그것에 근거한 역사적 신학적 연구의 산물이다. 지금까지 미국 복음주의 연구를 주도하는 중심세력은 단연 개혁주의적 배경을 지닌 학자들이다. 미국을 건국한 주체 세력이 청교도적 배경을 가지고 있었으며, 미국의 가장 오랜 역사와 전통을 지닌 아이비리그 대학들도 예외 없이 칼뱅주의와 관계가 깊다. 반면, 데이턴이 속한 성결운동 진영은 전통적으로 부흥운동과 전도, 성결체험과 율법적 삶에 관심과 힘을 집중해왔다. 따라서 지금까지 아이비리그 대학들에 견줄만한 학문의 전당들이 그들에겐 없다. 이런 상황에서, 복음주의 역사서술이 개혁주의 역사가들의 전유물이었던 것은 지극히 당연한 결과다. 결국, 그들의 학문적 자부심과 우월감, 편견이 비개혁주의 진영에 대한 객관적이고 공정한 관심을 방해할 수밖에 없었다. 이런 상황에서, 데이턴은 한 세대 전에 활동했던 티모시 스미스를 제외하곤, 거의 유일하게 이 영역에서 웨슬리안/성결운동/오순절운동의 역사적 지위와 공헌, 가치를 복원하려 했던 학계의 의미 있는 예외적 목소리였다. 결국, 이런 복음주의 역사서술의 "패러다임 변화"Paradigm Shift는 데이턴이 비개혁주의 전통의 후예였기 때문에 가능했던 일이며, 그의 전통에 속한 대부분의 보수적 학자들과 달리, 그가 사회적 약자들에 대한 관심과 개혁운동에 대한 열정을 소유했기 때문에 가능했고, 무엇보다 그가 개혁주의 학자들과 대등한 위치에서 경쟁할 수 있는 뛰어난 학문적 역량을 소유했기 때문에 가능했다. 그는 자신의 말처럼, "변방에서 중심을 변화" 시킨 학자다.

셋째, 데이턴이 쓴 수많은 논쟁적 논문들, 성결운동의 학문적 연구의 토대를 놓은 자료집 출판, 19세기 복음주의와 사회개혁에 대한 연구서, 그리고 오순절운동의 신학적 뿌리를 규명한 그의 박사학위논문 등이 없었다면, 여전히 우리는 복음주의를 성서무오설에 집착하는 근본주의의 연장선상에서 이해하고, 사회적 쟁점에 대해 수구적인 태도를 고집하는 보수주의의 전형으로 간주할 것이다. 하지만 데이턴의 연구를 통해, 우리는 복음주의가 개혁주의의 전유물이 아니며, 웨슬리안/성결운동/오순절운동의 또 다른 이야기를 담고 있음을 알게 되었다. 또한, 그의 학문적 수고 덕분에, 우리는 복음주의 내에 적어도 세가지 상이한 흐름들이 역사적으로 공존해 왔음을 알게 되었고, 20세기 중반 이후의 복음주의와 철저히 대비되는 다른 버전의 복음주의가 19세기 전반에 존재했다는 사실도 알게 되었다. 동시에, 과거에 부흥운동과 사회개혁을 창조적 역동적으로 통합했던 복음주의가 20세기 중반 이후 근본주의와 보수주의로 경도된 이유도 데이턴의 설득력 있는 분석과 설명을 통해 이해하게 되었다. 심지어, 데이턴은 복음주의evangelicalism란 용어가 서로 공통점보다 차이점이 더 많아 보이는 개신교 하위그룹들을 획일적으로 지칭하는데 사용됨으로써 심각한 오해와 갈등이 초래되었다고 지적하면서, 이 용어의 사용 중지를 제안했다. 결국, 데이턴의 이런 연구와 문제제기를 통해, 복음주의 연구와 역사서술이 훨씬 더 풍요롭고 역동적으로 발전했다.

끝으로, 데이턴의 삶과 학문이 남긴 교훈과 한계에 대해 살펴보자. 무엇보다, 데이턴은 잃어버린 복음주의의 역사를 복원함으로써, 복음주의 역사서술의 균형을 회복하고, 왜곡된 이해를 교정하는데 크게 기여했다. 동시에, 그런 과거의 복음주의가 현재의 모습으로 변화한 이유와 과정도 설득력 있게 설명했다. 하지만 데이턴은 현재의 복음주의가 상실한 과거의 모습을 어떻게 회복할 수 있는지에 대해선 거의 언급하지 않았다. 또한, 데이턴은 분파주의적 특성을 지닌 19세기 복음주의의 후예들이 경제적으로 성장하면서 중산층으로 신분이 상승했고, 그 과정에서 자신들의 본래적 특성을 상실했다고 설명했다. 하지만 그는 이런 변화 과정이 불가피한 것인지, 혹은 그것을 극복할 수 있는 방법이나 극복한 예들이 존재하는지 등에 대해서도 글을 쓰지 않았다. 뿐만 아니라, 현재 남반구를 중심으로 오순절운동이 크게 확산 활성화되면서 기독교의 중심축이 이동하고 있는데, 그 지역의 오순절운동은 19세 미국 복음주의의 개혁적 특성보다, 현재 미국 복음주의의 신앙적 근본주의와 정치적 보수주의에 더 가까운 것처럼 보인다. 그렇다면, 데이턴의 '성결-오순절 패러다임"은 이런 남반구의 상황에도 여전히 유효하게 적용될 수 있을까? 그의 새로운 패러다임은 미국의 경우에만 해당되는 특수한 것인지, 아니면 현재 남반구의 상황에도 적용할 수 있는 보편적인 것인지 데이턴의 답변이 궁금하다.

그럼에도, 우리는 일생동안 사회적 약자들에 대한 관심을 기독교 신앙의 핵심으로 수용하고, 그것을 자신의 삶과 학문, 사역의 토대로 삼았으며, 그런 신념의 연장선상에서 19세기 복음주의 역사를 복원하고 현재의 복음주의를 집요하게 비판했던 데이턴을 통해, 현재 우리의 모습을 비판적으로 성찰하고, 위기에 처한 교회를 개혁하며 새로운 미래를 준비할 수 있는 역사적 지식과 신학적 지혜, 신앙적 모범을 배울 수 있다. 한국의 복음주의자들이 도널드 데이턴에게 주목하고, 그의 생애와 학문을 연구해야 할 일차적인 이유다. 부디, 주 안에서 그의 영원한 안식과 한국교회 안에서 그의 학문적 부활을 기원한다.